Historia de los reinos cristianos

LUIS JIMÉNEZ ALCAIDE

Historia de los reinos cristianos

Los monarcas de la reconquista, desde Don Pelayo hasta Juana la Loca

℘

ALMUZARA

Editorial Almuzara · Colección Historia
Director editorial: Antonio Cuesta
Edición al cuidado de: Alfonso Orti
Corrección de: José López Falcón

www.editorialalmuzara.com
pedidos@almuzaralibros.com - info@almuzaralibros.com

Editorial Almuzara
Parque Logístico de Córdoba. Ctra. Palma del Río, km 4
C/ 8, Nave L2, n.º 3. 14005, Córdoba

Imprime: Romanyà Valls
ISBN: 978-84-18578-63-2
Depósito Legal: CO-1382-2022
Hecho e impreso en España - *Made and printed in Spain*

A quien poco atiendo, menos ayudo
y mucho quiero, Camila.
Gracias por estar a mi lado.

Índice

Prólogo 13

I. HECHOS RELEVANTES RELACIONADOS CON LOS REINOS
CRISTIANOS DE LA PENÍNSULA IBÉRICA 17

II. DEL REINO VISIGODO AL DE ASTURIAS 41
Los últimos reyes visigodos 41
Invasión musulmana del reino visigodo 42
Pelayo (718-737), el primer rey de Asturias 49
Favila (737-739), el sucesor de Pelayo 54
Alfonso I (739-756), «el Católico» 55
Fruela I (757-768), «el Cruel» 56
Aurelio (768-774), «el de El Entrego» 59
Silo (774-783), «el Noble de Pravia» 60
Mauregato (783-788), «el Moro» 62
Bermudo I (788-791), «el Diácono» 63
Alfonso II (791-842), «el Casto» 64
Ramiro I (842-850), «la Vara de la Justicia» 68
Ordoño I (850-866), el primer rey por herencia 69
Alfonso III (866-909/910), «el Magno» 72

III. EL REINO DE PAMPLONA 77
Íñigo Íñiguez o Eneko Arista (824-852), el primer rey de Pamplona . 80
García Íñiguez I (852-870) 84
Regencia de García Jiménez (870-880/882) 87
Fortún Garcés o Fortún Íñiguez (882-905), «el Monje» o «el Tuerto» 88
Sancho Garcés I, «el Grande» (905-925) 90
García Sánchez I (925-970) 94
Sancho Garcés II (970-994), «Abarca» 97
García Sánchez II (994-1000), «el Temblón» 100
Interregno (1000-1004) 102
Sancho Garcés III (1004-1035), «el Mayor» 103
García Sánchez III «de Nájera» (1035-1054) 108
Sancho IV «el de Peñalén» (1054-1076) 110
Sancho V (1076-1094), Sancho Ramírez I de Aragón 113
Pedro I de Aragón y Pamplona (1094-1104) 117

Alfonso I «el Batallador» (1104-1134), rey de Aragón y Pamplona..... 118
García IV Ramírez de Pamplona (1134-1150), «el Restaurador»......... 124
Sancho VI (1150-1194), «el Sabio»... 127

IV. EL REINO DE LEÓN 131
Alfonso III (866-910), «el Magno» 131
García I (910-914), el primer rey de León.. 132
Ordoño II de León (914-924).. 133
Fruela II (924-925), «el Leproso»... 137
Alfonso IV (925-931), «el Monje».. 138
Ramiro II (931-951), «el Grande» 140
Ordoño III (951-956) 144
Sancho I (956-958), «el Craso» o «el Gordo» 146
Ordoño IV (958-960), «el Malo» o «el Jorobado» 147
Sancho I (960-966), «el Craso», ahora «el Restaurado» 150
Ramiro III (966-984/5) 152
Bermudo II (984/5-999), «el Gotoso» 154
Alfonso V (999-1028), «el Noble».. 156
Bermudo III (1028-1037), «el Mozo» 159
Fernando I (1038-1065), «el Magno», rey de León y Castilla 161
Alfonso VI (1065-1109), «el Bravo», rey de León y Castilla................. 165
Urraca I (1109-1126), «la Temeraria» o «la Indomable», reina de León
y Castilla.. 175
Alfonso VII (1126-1157), «el Emperador», rey de León y Castilla 182
Fernando II (1157-1188) 187
Alfonso IX (1188-1230), el último rey de León, «el rey Peregrino»..... 192

V. EL REINO DE ARAGÓN.. 201
Ramiro I (1035-1063), primer rey de Aragón 207
Sancho Ramírez (1063-1094), Pedro I (1094-1104) y Alfonso I, «el
Batallador» (1104-1134), reyes de Aragón y Pamplona 210
Ramiro II (1134-1157), «el Monje» o «el Rey Campana» 211
Petronila (1157-1164) y Ramón Berenguer IV (1137-1162), «el Santo» 215

VI. EL REINO DE CASTILLA.. 221
Conde Fernán González, «el Buen Conde» (931-970)............................ 222
Conde García Fernández, «el de las Manos Blancas» (970-995) 226
Conde Sancho García (995-1017), «el de los Buenos Fueros» 227
Conde García Sánchez (1017-1029) 228
Fernando I (1029-1065), «el Magno», también rey de León 229
Sancho II (1065-1072), «el Fuerte»... 230
Alfonso VI (1072-1109), Urraca I (1109-1126) y Alfonso VII (1126-1157),
también monarcas de León 234
Sancho III (1157-1158), «el Deseado» 236
Alfonso VIII (1158-1214), «el Noble» o «el de Las Navas de Tolosa» .. 239
Enrique I (1214-1217), «el Rey Infortunado».. 247

Berenguela I (1217), «la Grande» o «la Prudentísima»........................ 251
Fernando III (1217-1252), «el Santo» 253

VII. LA CORONA DE ARAGÓN 265
Alfonso II (1164-1196), «el Casto».. 266
Pedro II (1196-1213), «el Católico».. 269
Jaime I (1213-1276), «el Conquistador».................................... 273
Pedro III (1276-1285), «el Grande» 279
Alfonso III (1285-1291), «el Liberal» o «el Franco» 282
Jaime II (1291-1327), «el Justo».. 284
Alfonso IV (1327-1336), «el Benigno»...................................... 288
Pedro IV (1336-1387), «el Ceremonioso».................................... 290
Juan I (1387-1396), «el Cazador» 294
Martín I (1396-1410), «el Humano».. 297
Interregno (1410-1412) 300
Fernando I «de Antequera» (1412-1416)..................................... 301
Alfonso V (1416-1458), «el Magnánimo»..................................... 304
Juan II (1458-1479), «el Grande».. 308
Fernando II (1479-1516), «el Católico» 314

VIII. EL REINO DE NAVARRA 325
Sancho VI (1150-1194), «el Sabio».. 325
Sancho VII (1194-1234), «el Fuerte» 326
Teobaldo I (1234-1253), «el Trovador» 329
Teobaldo II (1253-1270), «el Joven»... 332
Enrique I (1270-1274), «el Gordo» 334
Juana I de Navarra (1274-1305) 335
Luis I (1305-1316), «el Obstinado» 338
Felipe II (1316-1322), «el Largo» 339
Carlos I (1322-1328), «el Calvo».. 341
Juana II de Navarra (1328-1349).. 343
Calos II (1349-1387), «el Malo» 345
Carlos III (1387-1425), «el Noble» 348
Blanca I de Navarra (1425-1441).. 351
Carlos IV (1441-1461), «el Príncipe de Viana», Blanca II (1461-1464) y
Juan I (1441-1479).. 353
Leonor I de Navarra (1479), reina por quince días 359
Francisco I (1479-1483), «Febo» 360
Catalina I de Foix (1483-1512), la última reina de Navarra.................... 361

IX. LA CORONA DE CASTILLA 365
Alfonso X (1252-1284), «el Sabio» 366
Sancho IV (1284-1295), «el Bravo»... 373
Fernando IV (1295-1312), «el Emplazado» 377
Alfonso XI (1312-1350), «el Justiciero»...................................... 384
Pedro I (1350-1369), «el Cruel»... 389

Enrique II «de Trastámara» (1369-1379)... 397
Juan I de Castilla (1379-1390), también fugaz rey de Portugal............ 400
Enrique III (1390-1406), «el Doliente».. 404
Juan II de Castilla (1406-1454).. 406
Enrique IV (1454-1474), «el Impotente».. 412
Isabel I (1474-1504), «la Católica».. 416
Juana I de Castilla (1504-1555), «la Loca», y Felipe I (1504-1506),
«el Hermoso».. 425

Bibliografía.. 433

PRÓLOGO

El origen y evolución de los reinos cristianos en la península ibérica, después de la desaparición del reino visigodo, tras la ocupación peninsular por las fuerzas del islam, es complejo y lleno de peculiaridades, que hacen a esta época un periodo de enorme interés histórico. Esta etapa comprende más de ocho siglos, desde que Pelayo ganó la primera batalla contra los musulmanes en Covadonga, en 722, hasta que al morir la reina Juana «la Loca», en 1555, su hijo Carlos I heredó los reinos de Castilla y Aragón que, unidos al anexionado reino de Navarra, constituyen la actual monarquía española.

En este texto se ha intentado describir cómo fueron apareciendo, con el trascurso del tiempo, diversos reinos cristianos con la idea de reconquistar sus antiguos territorios, ahora en poder de los musulmanes. Se describen las biografías de noventa y ocho monarcas que rigieron estos reinos cristianos. De entre estos monarcas hubo unos excelentes y otros pésimos, hubo santos y malvados, también hubo intrigantes, asesinos, oportunistas, desequilibrados, sabios, torpes, guerreros, cobardes, valientes, humildes, soberbios, lujuriosos, castos, degenerados, altruistas, intelectuales y con reinados muy breves o largos.

Para una mejor comprensión, se ha divido el texto en nueve capítulos, describiendo en el primero, de manera cronológica, los hechos acaecidos en diversas fechas consecutivas, entre los que destacan: el nacimiento del reino de Asturias, con el rey Pelayo; el inicio del condado de Aragón, con Aznar I Galíndez; el origen del reino de Pamplona, con Íñigo Íñiguez; el predominio del condado de Barcelona sobre otros contados catalanes, con Wifredo «el Velloso»; la transformación del reino de Asturias en reino de León, con Alfonso III «el Magno»; la independencia del condado de Castilla, con Fernán González; el nacimiento del reino de Castilla, con Fernando I «el Magno»; el origen de la corona de Aragón al unirse el reino de Aragón y el condado de Barcelona, al casarse Andregoto de Aragón con Ramón Berenguer IV de Barcelona; la independencia de Portugal, con Alfonso I; el cambio de denominación del reino de Pamplona por reino de Navarra, con Sancho VI «el Sabio»; el origen de la corona de Castilla al unirse los reinos de Castilla y León, con Fernando III «el Santo»; la unión de las coronas de Castilla y Aragón, con los «Reyes Católicos»; la anexión del reino de Navarra a Castilla-Aragón, con Fernando «el Católico», constituyendo el conjunto la actual monarquía española.

En los restantes capítulos se describen los pormenores que llevaron a la aparición de diversos reinos y las biografías de los distintos monarcas que los rigieron durante su historia. Así, en el segundo capítulo se considera el reino de Asturias, regido consecutivamente por doce reyes, desde que Pelayo se puso al frente del reducto visigodo en las montañas cántabras en 718, hasta que Alfonso III «el Magno» trasladó la capital del reino desde Cangas de Onis a León en 909-910, naciendo así el reino de León.

El tercer capítulo narra la historia del reino de Pamplona, considerando las biografías de los quince reyes que lo rigieron, desde Íñigo Íñiguez, que fue proclamado rey en 824, hasta que Sancho VI «el Sabio», en 1162, cambió la denominación de reino de Pamplona por la de reino de Navarra.

Las biografías de los dieciocho monarcas que ocuparon el trono del reino de León se encuentran en el capítulo cuarto, desde el rey García, hijo del último rey de Asturias Alfonso III «el Magno», hasta Alfonso IX, a cuya muerte, en 1230, el reino de León fue heredado por Fernando III «el Santo», que lo unió al de Castilla, heredado de su madre Berenguela, constituyendo la unión la corona de Castilla.

El capítulo quinto trata de los orígenes y evolución del reino de Aragón, con seis monarcas, desde que en 1035 Ramiro I, hijo ilegítimo de Sancho Garcés III «el Mayor» de Pamplona, heredó de su padre el condado de Aragón y se proclamó rey, con el reconocimiento de la nobleza aragonesa y del reino de Pamplona, hasta que Ramiro II «el Monje», en 1137, entregó su hija Petronila al conde de Barcelona Ramón Berenguer IV y se unieron el reino de Aragón y el condado de Barcelona para constituir la corona de Aragón.

La génesis del reino de Castilla se remonta a 1037, cuando el conde Fernando I «el Magno» (hijo de Sancho Garcés III «el Mayor» de Pamplona) se proclamó rey de Castilla y León después de vencer y dar muerte a su cuñado Bermudo III de León y heredar este reino en nombre de su esposa, hermana del rey fallecido sin descendencia. Todo este proceso se detalla en el capítulo sexto, al igual que las biografías de los nueve monarcas que le sucedieron, hasta que Fernando III «el Santo» constituyó la corona de Castilla en 1230.

En el capítulo séptimo se narran las biografías de los catorce monarcas de la corona de Aragón, desde Alfonso II «el Casto», como su primer rey, hasta que los «Reyes Católicos» unieron las coronas de Castilla y Aragón, en 1475, siendo el último monarca de Aragón Fernando «el Católico».

La evolución del reino de Navarra se describe en el capítulo ocho, desde Sancho VI «el Sabio» y la sucesión de dieciocho monarcas más, hasta la última reina Catalina I, cuando Fernando «el Católico» anexionó el reino navarro a Castilla-Aragón en 1515.

Finalmente, en el capítulo noveno se narra la historia de la corona de Castilla, con las biografías de catorce monarcas, desde Fernando III «el Santo» hasta que Juana «la Loca», a su muerte en 1555, cedió la Corona a su hijo Carlos I.

Por otra parte, para terminar, tras la relación de la bibliografía consultada, se presentan unos cuadros cronológicos en los que figuran los mandatarios (condes, reyes, gobernadores, emires o califas) de los distintos condados, reinos, emiratos o califatos que se sucedieron desde que Pelayo creó el reino de Asturias (718) hasta que Fernando el Católico anexionó el reino de Navarra al de Castilla-Aragón (1515), constituyendo el conjunto lo que hoy es el reino de España.

I. HECHOS RELEVANTES RELACIONADOS CON LOS REINOS CRISTIANOS DE LA PENÍNSULA IBÉRICA

Después de la caída del reino visigodo de Hispania, tras la derrota en el año 711 del rey Rodrigo a manos del bereber Tariq, enviado por el gobernador Musa del norte de África, como representante de los Omeyas de Damasco, los musulmanes dominaron la península ibérica con mayor o menor preponderancia, hasta que, en 1492, fueron derrotadas definitivamente las últimas fuerzas del islam del reino de Granada por los «Reyes Católicos».

Durante estos casi ocho siglos (711-1492) existieron en la península ibérica hasta diez reinos cristianos: Asturias, Pamplona, León, Aragón, Castilla, Galicia, Portugal, Navarra, Mallorca y Valencia; si bien puede que realmente fueran cinco los que predominaron durante periodos de tiempo más o menos largos: Asturias-León, Pamplona-Navarra, Castilla, Aragón y Portugal.

Para una mejor comprensión y localización temporal de los hechos más relevantes relacionados con el origen y la evolución de los distintos reinos cristianos de la península ibérica, es conveniente fijarse en el esquema de la página siguiente, donde se encuentran los años en los que se produjeron los mencionados hechos.

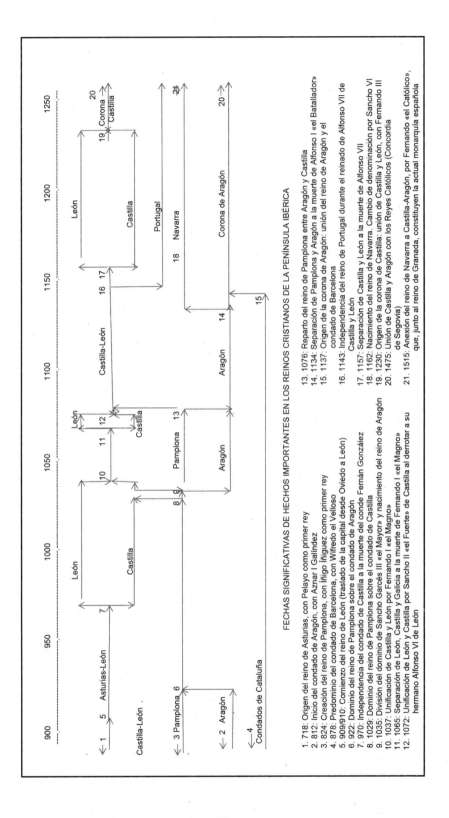

FECHAS SIGNIFICATIVAS DE HECHOS IMPORTANTES EN LOS REINOS CRISTIANOS DE LA PENÍNSULA IBÉRICA

1. 718: Origen del reino de Asturias, con Pelayo como primer rey
2. 812: Inicio del condado de Aragón, con Aznar I Galíndez
3. 824: Creación del reino de Pamplona, con Íñigo Íñiguez como primer rey
4. 878: Predominio del condado de Barcelona, con Wifredo el Velloso
5. 909/910: Comienzo del reino de León (traslado de la capital desde Oviedo a León)
6. 922: Dominio del reino de Pamplona sobre el condado de Aragón
7. 970: Independencia del condado de Castilla a la muerte del conde Fernán González
8. 1029: Dominio del reino de Pamplona sobre el condado de Castilla
9. 1035: División del dominio de Sancho Garcés III «el Mayor» y nacimiento del reino de Aragón
10. 1037: Unificación de Castilla y León por Fernando I «el Magno»
11. 1065: Separación de León, Castilla y Galicia a la muerte de Fernando I «el Magno»
12. 1072: Unificación de León y Castilla por Sancho II «el Fuerte» de Castilla al derrotar a su hermano Alfonso VI de León

13. 1076: Reparto del reino de Pamplona entre Aragón y Castilla
14. 1134: Separación de Pamplona y Aragón a la muerte de Alfonso I «el Batallador»
15. 1137: Origen de la corona de Aragón: unión del reino de Aragón y el condado de Barcelona
16. 1143: Independencia del reino de Portugal durante el reinado de Alfonso VII de Castilla y León
17. 1157: Separación de Castilla y León a la muerte de Alfonso VII
18. 1162: Nacimiento del reino de Navarra. Cambio de denominación por Sancho VI
19. 1230: Origen de la corona de Castilla: unión de Castilla y León, con Fernando III
20. 1475: Unión de Castilla y Aragón con los Reyes Católicos (Concordia de Segovia)
21. 1515: Anexión del reino de Navarra a Castilla-Aragón, por Fernando «el Católico», que, junto al reino de Granada, constituyen la actual monarquía española

1. ORIGEN DEL REINO DE ASTURIAS, CON PELAYO COMO PRIMER REY. AÑO 718

En el año 718, el noble Pelayo fue elegido jefe del reducto visigodo de las montañas cántabras. Esa fecha puede considerarse también como la correspondiente al nacimiento del reino de Asturias, si bien la consolidación del tal reino fue bastante después. En cualquier caso, tradicionalmente se considera a Pelayo como el primer rey del incipiente reino de Asturias y el que, tras vencer a los musulmanes en Covadonga (722), fijó la capital del recién creado reino en Cangas de Onís. Desde entonces se sucedieron doce reyes en el reino de Asturias, hasta que a la muerte de Alfonso III «el Magno» (año 909-910) se transformó en reino de León.

Alfonso III «el Magno» fue el último y más importante rey de Asturias, pues elevó el reino a la primera fila de potencias cristianas peninsulares: se expansionó por Portugal y zonas de Zamora y Burgos. Más tarde consiguió lugares de Soria y Guadalajara, viéndose obligado el emir cordobés Mohamed I a pagar un rescate y, por primera vez, pedir la paz a un rey cristiano. Después de tres años de tregua con el emirato cordobés, Alfonso III penetró en el sur del Tajo y también conquistó Burgos y otras plazas, por lo que el emir tuvo que pedir nuevamente la paz.

Pero también Alfonso III tuvo problemas internos, como la sublevación de sus hermanos Nuño, Fruela y Odoario, a quienes cegaron, después de sofocada la rebelión, como era costumbre para ese tipo de delito. Por otra parte, en el último año de su vida, se le rebeló su hijo García, que fue capturado y encerrado en un castillo, aunque al poco tiempo Alfonso III se vio obligado por su familia y la nobleza a abdicar y repartir el reino entre sus hijos: León para García, Galicia y Portugal para Ordoño y Asturias para Fruela.

2. INICIO DEL CONDADO DE ARAGÓN, CON AZNAR I GALÍNDEZ. AÑO 812

Puede considerarse que el inicio del dominio del conde Aznar I Galíndez de Aragón comenzó en el año 812. Unos años antes de esa fecha, los líderes locales de esta zona se encontraban indefensos ante los ocupantes musulmanes, por lo que contactaron con Carlomagno, rey de los francos, para que los defendiera. Entonces el rey franco entró en la Península para crear una zona sometida a su vasallaje y que constituyera una barrera entre los musulmanes y su propio reino. Tras una expedición del monarca franco hacia Huesca en 799-800, Aureolo, destacada personalidad de la zona, con la protección de Carlomagno, estableció una guarnición franca en la región que estaba al sur de los Pirineos, frente a Zaragoza y Huesca, y que es posible que comprendiera el condado de Aragón, en los valles de Hecho y del río Aragón.

En el año 809, tras el fallecimiento de Aureolo, el gobernador musulmán de Zaragoza y Huesca, Amrús ben Yusuf, ocupó sus fortalezas, pero al año siguiente fue expulsado de Zaragoza por el emir cordobés Al-Hakam I. Después, en 812, tras una tregua entre Al-Hakam I y Carlomagno, el rey franco envió tropas contra Amrús en Huesca y al parecer nombró al indígena Aznar I Galíndez como nuevo conde al sur de los Pirineos, quien fundaría una dinastía condal hispana: el condado de Aragón. Aznar I Galíndez empezó a gobernar manteniendo un difícil equilibrio con sus vecinos: los pamploneses, los francos, los musulmanes cordobeses y los Banu Qasi del valle de Ebro (estos eran muladíes, es decir, cristianos que se habían convertido al islam para conservar privilegios y pagar menos impuestos). Después le sucedieron en este condado de Aragón los condes Galindo I Aznárez, Aznar II Galíndez y Galindo II Aznárez, hasta el año 922.

3. CREACIÓN DEL REINO DE PAMPLONA, CON ÍÑIGO ÍÑIGUEZ COMO PRIMER REY. AÑO 824

El año 824 corresponde al inicio del dominio de Íñigo Íñiguez (824-852), también denominado Íñigo Arista, al que se puede considerar como el primer rey de Pamplona, cuyo reino surgió en torno a la única población importante de la zona: Pamplona. Este reino permaneció como tal hasta que, en 1162, Sancho VI «el Sabio» lo cambió de nombre y pasó a llamarle reino de Navarra. Mientras perduró el reino de Pamplona, ocuparon el trono quince monarcas.

A Íñigo Íñiguez le sucedió su hijo García Íñiguez, que fue apresado por los piratas vikingos y liberado tras pagar un importante rescate. Le sucedió su hijo Fortún Íñiguez, que estuvo más de veinte años como rehén en Córdoba, por lo que, a la muerte de su padre, ejerció de regente, durante doce años, García Jiménez, hasta que Fortún regresó desde Córdoba. Después, cuando este murió, hubo un cambio de dinastía: de la Íñiga a la Jimena, o de los Sancho. Su primer rey fue Sancho Garcés I (905-925), quien soslayó los derechos de los hijos de Fortún Íñiguez e hizo que recayesen en la nieta de este, Toda (esposa de este nuevo rey), lo que reforzó y legitimó el cambio de dinastía, que duraría más de tres siglos.

El más importante de los reyes de Pamplona fue Sancho Garcés III «el Mayor» (1004-1035). Consiguió para este reino su mayor hegemonía en el ámbito hispano-cristiano. En continua lucha contra el reino de taifa de Zaragoza, consiguió unificar diferentes condados en la zona, que después darían lugar al reino de Aragón. Por otra parte, tras el asesinato de su cuñado el conde García Sánchez de Castilla, Sancho Garcés III también pasó a regir los destinos de Castilla. Además, este monarca conquistó Astorga y Zamora, y posteriormente León. Fue entonces cuando Sancho Garcés III se erigió como emperador de los reinos cristianos de Hispania, pues su dominio abarcaba la mayor parte del norte peninsular: desde Astorga (León) hasta Ribagorza (Huesca).

4. PREDOMINIO DEL CONDADO DE BARCELONA, CON WIFREDO «EL VELLOSO». AÑO 878

El año 878 corresponde al momento en el que el condado de Barcelona, con Wifredo «el Velloso», empezó a predominar sobre los demás condados catalanes.

Bajo el dominio de los reyes que sucedieron al franco Carlomagno se produjeron una serie de acontecimientos en los que diferentes condes catalanes fueron aupados al poder y posteriormente apartados de él por sus tendencias independentistas. En la década de los cuarenta del siglo IX existieron varios condados (Pallars, Ribagorza, Urgell, Cerdeña, Ampurias, Rosellón y Barcelona) bajo el dominio carolingio, siendo el de Barcelona el que ocupaba frecuentemente una posición de preeminencia sobre los restantes condados.

Después, la segunda mitad del siglo IX resultó decisiva para los condados catalanes, que consiguieron independizarse del poder carolingio. Tras una serie de rebeliones y luchas —en las que participaron diferentes condes catalanes y diversos reyes carolingios, entre los años 848 y 912—, Wifredo Borrell fue el último conde de Barcelona que prestó homenaje de fidelidad a un soberano franco. A su muerte, en 911-912, y durante el reinado del carolingio Carlos «el Simple», la independencia de facto de los condes catalanes era prácticamente completa. Pero realmente fue Wifredo «el Velloso» (padre de Wifredo Borrell y conde de Barcelona [878-897] y de otros territorios) el caudillo que dominaba en los condados de la región.

El paradigma que considera a Wifredo «el Velloso» no solo como el artífice de la independencia de los condados catalanes, sino también el líder que propició el nacimiento de Cataluña, se remonta a la conversión del Wifredo histórico (magnate carolingio que aprovechó el colapso del poder real para construir su propio dominio) en el Wifredo mítico (creador de Cataluña y padre de la patria catalana), que tuvo su origen en la *Gesta comitum barchinonensium*, escrita por los monjes de Ripoll en el siglo XII. Incluso se atribuye a Wifredo «el Velloso» el origen de la bandera de las cuatro barras. La leyenda cuenta que el rey Carlos «el Calvo» mojó el dedo en la sangre de las heridas de Wifredo «el Velloso» y dibujó las cuatro barras del escudo del condado de Barcelona. Aunque se ha de matizar que históricamente el escudo de las cuatro barras lo empezó a utilizar mucho después, en el siglo XII, el conde Ramón Berenguer IV de Barcelona.

5. COMIENZO DEL REINO DE LEÓN (TRASLADO DE LA CAPITAL DESDE OVIEDO A LEÓN). AÑO 909/910

En el año 909/910 se produjo el traslado de la capital de Asturias desde Oviedo a León, lo que se podría considerar como el nacimiento del reino de León a expensas de la extinción del de Asturias, siendo el último rey de Asturias Alfonso III «el Magno» y el primero de León su hijo García I. El reino de León perduró hasta la muerte de Alfonso IX, en 1230, cuando su hijo Fernando III «el Santo» lo anexionó al de Castilla para instituir la corona de Castilla. Rigieron el reino de León dieciocho monarcas.

A Alfonso III le sucedieron, cronológicamente, sus hijos García I, Ordoño II y Fruela II, siendo este último el que consiguió unificar los territorios de León, Galicia y Asturias, como en tiempos de su padre. Después subió al trono Alfonso IV «el Monje», a quien la muerte de su esposa le afectó tanto que abdicó en favor de su hermano Ramiro II y se retiró a un monasterio. Pero al poco tiempo Alfonso IV quiso volver al trono, pero fue capturado, cegado y encerrado en un monasterio hasta su muerte.

Posiblemente, Ramiro II fue el monarca más importante dentro de la época imperial leonesa. Derrotó a Abd al-Rahman III en la importante batalla de Simancas, ayudado por pamploneses y castellanos, lo que le permitió asegurar la línea del Duero y la zona que desde entonces comenzó a llamarse Extrema Durii (Extremadura). Pero Ramiro II también tuvo problemas internos, debido principalmente a las ansias de independencia del conde Fernán González de Castilla.

El último rey de León fue Alfonso IX, que mantuvo una continua pugna con su primo Alfonso VIII de Castilla, por lo que no participó en la famosa batalla de Las Navas de Tolosa, encabezada por este rey castellano. Alfonso IX convocó la Curia Extraordinaria en León, que fue el germen de las Cortes de León, las primeras cortes representativas de Europa y del mundo. Igualmente, fue el creador del Estudio General de Salamanca, que constituyó el germen de la Universidad salmantina. Fue excomulgado por la Santa Sede en tres ocasiones: dos veces por desposarse con damas emparentadas con él (primas) y otra por aliarse con los musulmanes en contra de cristianos.

6. DOMINIO DEL REINO DE PAMPLONA SOBRE EL CONDADO DE ARAGÓN. AÑO 922

En el año 922 murió el conde aragonés Galindo II Aznárez, momento que aprovechó su cuñado Sancho Garcés I de Pamplona (casado con una hermana del conde fallecido) para ocupar las tierras aragonesas y ejercer el gobierno de Aragón, ignorando los derechos sucesorios de los legítimos herederos, entre otros los del gobernador musulmán de Huesca, casado con otra hermana del conde fallecido. El problema sucesorio se solucionó al prometerse el heredero del reino de Pamplona, García Sánchez I (que entonces era un niño) con Andregoto, hija del difunto Galindo II Aznárez. De esta manera, el condado de Aragón quedó integrado en el reino de Pamplona hasta el año 1035, durante los reinados de Sancho Garcés II (hijo de Andregoto y García Sánchez I), García Sánchez II y Sancho Garcés III de Pamplona.

7. INDEPENDENCIA DEL CONDADO DE CASTILLA A LA MUERTE DEL CONDE FERNÁN GONZÁLEZ. AÑO 970

En el año 970 se concretó la independencia del condado de Castilla respecto al reino de León, a la muerte del conde Fernán González, a quien sucedió su hijo García Fernández, que ya no prestó fidelidad al hasta ahora su rey Ramiro III de León.

El reino de Castilla nació más tarde, con Fernando I «el Magno» (hijo de Sancho Garcés III de Pamplona), quien heredó de su madre el condado castellano. Después ocuparon este trono nueve monarcas más.

El último y más importante rey de Castilla fue Fernando III «el Santo», que heredó el reino de su madre Berenguela, cuando esta lo recibió en 1217, al morir su hermano Enrique I. Este falleció con trece años, al caerle una teja en la cabeza mientras jugaba. De inmediato, Fernando tuvo problemas con su padre Alfonso IX de León, quien creía tener derecho al trono de Castilla. La cuestión se zanjó, gracias a la prudencia del hijo, con el Pacto de Toro (1218), por el que Alfonso IX renunciaba al trono castellano. Después, a la muerte de su padre en 1230, Fernando III heredó el trono de León, tras la renuncia de sus hermanastras Sancha y Dulce, mediante la Concordia de Benavente, que negociaron las dos reinas viudas de Alfonso IX: Berenguela y Teresa. De esta manera Fernando fue rey de los reinos de Castilla y de León, que permanecerían unidos dinásticamente desde entonces constituyendo la corona de Castilla. Después, Fernando III hizo una importantísima labor reconquistadora, apoderándose sucesivamente de Córdoba, Jaén, Murcia, Sevilla y muchas plazas más del sur peninsular. Puede decirse que Fernando III fue el rey que engrandeció más Castilla y León. En pocos años, la población de su reino triplicaba a la de Portugal y Aragón, se rompió el equilibrio entre los reinos cristianos peninsulares a favor de la corona de Castilla, pues territorial y demográficamente era superior a todos ellos.

8. DOMINIO DEL REINO DE PAMPLONA SOBRE EL CONDADO DE CASTILLA. AÑO 1029

En el año 1029 se produjo la unión del condado de Castilla al reino de Pamplona, tras el asesinato del conde García Sánchez de Castilla. Los hechos sucedieron como sigue: Sancho Garcés III «el

Mayor» de Pamplona (1004/5-1035) se casó con Muniadona, hija del conde castellano Sancho García. Por otra parte, Bermudo III de León, al principio de su reinado, por ser menor de edad, quedó bajo la tutela de su madrastra Urraca, hermana de Sancho III «el Mayor», por lo que este de alguna manera influía en el reino de León. En 1017, tras la muerte del conde Sancho García de Castilla, heredó este condado su hijo García Sánchez, con siete años, por lo que el rey pamplonés gobernó el condado de su cuñado. Los castellanos, para contrarrestar el dominio de Pamplona, concertaron el matrimonio del conde castellano García Sánchez con Sancha (hermana de Bermudo III), pero, con diecinueve años, cuando el conde viajó a León para casarse lo asesinaron. Entonces Sancho III «el Mayor» dirigió totalmente el destino de Castilla (como esposo de la hermana del conde fallecido). Para aplacar a herederos del asesinado, que tenían los mismos derechos que el rey pamplonés, y ser aceptado por los castellanos, Sancho III «el Mayor» nombró a su hijo Fernando conde de Castilla, como heredero de su madre. De esa manera, en el futuro, Castilla no pasaría a formar parte del reino de Pamplona cuando este fuese heredado por el primogénito de Sancho Garcés III, García Sánchez III «de Nájera». Con ello, los posibles desacuerdos se calmaron al casarse Fernando con Sancha de León (la que fuera prometida del asesinado conde García Sánchez), reino al que hasta ahora pertenecía teóricamente el condado de Castilla, pues este ya era totalmente independiente.

9. DIVISIÓN DEL DOMINIO DE SANCHO GARCÉS III «EL MAYOR» Y NACIMIENTO DEL REINO DE ARAGÓN. AÑO 1035

En 1035 murió Sancho Garcés III «el Mayor» y por su deseo quedaron sus dominios divididos en tres territorios: Pamplona para el primogénito García Sánchez III «de Nájera», Castilla para Fernando I «el Magno» y Aragón para su hijo mayor Ramiro I, que era bastardo. De esa forma resurgió el reino de Pamplona y tuvieron su origen los de Aragón y Castilla.

Esta fecha de 1035 puede considerarse también como el origen del reino de Aragón, que fue regido por seis monarcas, antes de unirse, un siglo después, al condado de Barcelona para constituir la corona de Aragón, en 1137.

Ramiro I no se tituló rey al heredar el condado de Aragón, pero sí se hacía nombrar hijo del rey Sancho Garcés III «el Mayor», por lo que ejerció como rey y recibió la fidelidad de la nobleza aragonesa y el reconocimiento del reino de Pamplona. Tras una exitosa ampliación de su reino, Ramiro quiso asaltar la fortaleza de Graus (Huesca), perteneciente a la taifa de Zaragoza, pero murió durante el ataque del ejército del reino de Castilla dirigido por el infante Sancho —hijo de Fernando I y futuro Sancho II «el Fuerte»— que auxiliaba a su vasallo reino de taifa de Zaragoza.

Le sucedió su hijo Sancho Ramírez de Aragón, quien, tras el asesinato de Sancho IV de Pamplona en Peñalén (1076), consiguió gran parte del reino de Pamplona y se le proclamó también monarca de este reino. Bajo esta nueva situación, Pamplona dependía de Aragón, lo que duraría cincuenta y ocho años, durante los reinados de Sancho Ramírez y de sus hijos Pedro I y Alfonso I «el Batallador». Este último, por no tener descendencia, dejó su reino a las Órdenes Militares, pero a su muerte se decidió dividir nuevamente el reino en dos: Aragón para Ramiro II «el Monje» —hermano del «Batallador»— y Pamplona para García Ramírez «el Restaurador».

Ramiro II estuvo toda su vida ligado a la Iglesia, como monje, abad y obispo de varias sedes (Burgos, Pamplona y Roda-Barbastro). Así que, cuando murió su hermano Alfonso I, a Ramiro le obligaron a colgar los hábitos y aceptar el trono. Por su condición de religioso intentó garantizar la continuidad dinástica sin necesidad de casarse, prohijando a algún rey cristiano, pero al no fiarse de ninguno de ellos decidió casarse, aunque solo por el deber de procrear un heredero. Así lo hizo con Inés de Poitou, y, al nacer al año su hija Petronila, los esposos se separaron e Inés se retiró a un monasterio. Años después, Petronila se desposó con el conde Ramón Berenguer IV de Barcelona y unieron el reino de Aragón y el condado de Barcelona, dando lugar a la corona de Aragón.

10. UNIFICACIÓN DE CASTILLA Y LEÓN POR FERNANDO I «EL MAGNO». AÑO 1038

En el año 1038, Fernando I «el Magno» de Castilla unificó Castilla y León. Sucedió como sigue: gobernando Bermudo III en el reino de León y Fernando I en el condado de Castilla, se inició un conflicto entre ambos por negarse Fernando a reconocer la autoridad de su cuñado Bermudo y por pleitos sobre tierras fronterizas. Los cuñados terminaron enfrentándose en la batalla de Tamarón (1037), donde Bermudo III perdió la vida. Fue entonces cuando Fernando empezó a denominarse rey de Castilla y después fue coronado como Fernando I de León (1038), como esposo de Sancha (hermana y sucesora del monarca fallecido sin descendencia), unificándose entonces León y Castilla.-

Fernando I también derrotó a su hermano García Sánchez III de Pamplona, por disputas territoriales, en la batalla de Atapuerca (1054), donde murió el rey pamplonés. Más tarde, en 1063, como ya se ha comentado, las tropas de Castilla derrotaron y dieron muerte, en Graus (Huesca), a Ramiro I de Aragón (hermanastro de Fernando I). Después de esto puede decirse que, en lucha contra Fernando I, perecieron tres reyes: sus hermanos García Sánchez III de Pamplona y Ramiro I de Aragón y su cuñado Bermudo III de León.

11. SEPARACIÓN DE CASTILLA, LEÓN Y GALICIA A LA MUERTE DE FERNANDO I «EL MAGNO». AÑO 1065

Al morir Fernando I «el Magno», en 1065, se dividió nuevamente su reino según sus deseos: Castilla para Sancho II «el Fuerte», León para Alfonso VI «el Bravo» y Galicia para García, dejando para sus hijas Urraca y Elvira las plazas de Zamora y Toro, respectivamente. De esta manera León y Castilla solo permanecieron unidos durante el reinado de Fernando I, es decir desde 1038 a 1065, solo veintisiete años.

12. UNIFICACIÓN DE CASTILLA Y LEÓN POR SANCHO II «EL FUERTE» DE CASTILLA AL DERROTAR A SU HERMANO ALFONSO VI DE LEÓN. AÑO 1072

En el año 1072 se produjo nuevamente la unificación de Castilla y León, esta vez por Sancho II «el Fuerte» de Castilla. Este, al acceder a su trono, quiso apoderarse de León y Galicia, donde reinaban sus hermanos Alfonso y García respectivamente, al considerar que solo él tenía derecho a regir todas las posesiones de su fallecido padre Fernando I «el Magno», por ser su primogénito. Para ello empezó enfrentándose a su hermano Alfonso VI de León en Llantada (Palencia, 1068) en un «juicio de Dios», por el que ambos hermanos habían acordado que el vencedor obtendría el reino del derrotado, pero cuando Alfonso vio que podía salir derrotado huyó y no cumplió la promesa. Poco después, Sancho, con la complicidad de Alfonso, derrotó a su hermano García de Galicia, y poco después Sancho y Alfonso se proclaman reyes de Galicia y firmaron una tregua que se rompió en la batalla de Golpejera (Palencia, 1072), donde nuevamente Sancho salió victorioso y unificó Castilla, León y Galicia. Alfonso fue hecho prisionero, pero por mediación de su hermana Urraca logró fugarse y se refugió en la taifa de Toledo. Ese mismo año se perpetró el asesinato de Sancho II en Zamora por el traidor Vellido Delfos, por lo que entonces Alfonso VI volvió desde Toledo y se erigió como rey de León y Castilla, pues su hermano Sancho no dejó descendencia.

Después Alfonso VI incrementó su soberanía al anexionarse parte del reino de Pamplona, cuando su rey Sancho IV murió asesinado en Peñalén (1076). Años más tarde conquistó Toledo (1085), lo que supuso un importante hito en la reconquista, pues esta importante ciudad nunca volvió a manos musulmanas. Luego conquistó otras plazas, lo que supuso un hostigamiento a las taifas del sur peninsular: Córdoba, Sevilla, Badajoz y Granada. Pero Al-Mutamid de Sevilla pidió ayuda a los almorávides del norte de África, que tras cinco viajes a la Península consiguieron que toda al-Ándalus quedase incorporada al imperio almorávide, lo que supuso la paralización de la reconquista durante treinta años.

13. REPARTO DEL REINO DE PAMPLONA
ENTRE ARAGÓN Y CASTILLA. AÑO 1076

En el año 1076 Sancho IV «de Peñalén», hijo del rey de Pamplona García Sánchez III «de Nájera», murió asesinado, tras la conjura de los nobles y de sus propios hermanos. Entonces, sin contar con sus herederos ni con sus hermanos, que no eran del agrado de los pamploneses, se dividió el reino en dos territorios: uno constituido por Pamplona y la parte oriental de Guipúzcoa, que reconoció a Sancho Ramírez I de Aragón, quien se proclamó rey de Pamplona bajo el título de Sancho V; y otro territorio formado por La Rioja, Álava, Vizcaya y la parte occidental de Guipúzcoa, que fue ocupado por Alfonso VI de Castilla y León, quien lo anexionó a su territorio castellano. Ocurrió ahora lo contrario que había ocurrido hacía tiempo, cuando Aragón estaba bajo la jurisdicción de Pamplona. Esta nueva situación, en la que el reino pamplonés dependía de Aragón, duraría cincuenta y ocho años —durante los reinados de Sancho Ramírez y sus hijos Pedro I y Alfonso I «el Batallador»—, como ya se ha comentado.

14. SEPARACIÓN DE PAMPLONA Y ARAGÓN A LA
MUERTE DE ALFONSO I «EL BATALLADOR». AÑO 1134

En el año 1134 se produjo la separación de Pamplona y Aragón. Los hechos sucedieron como sigue: como ya se ha comentado, Alfonso I «el Batallador», al no tener hijos, dejó el reino a las Órdenes Militares. Pero tras su muerte nadie respetó sus deseos, pues ello desharía la obra conquistadora de su abuelo Ramiro I, de su padre Sancho Ramírez, de su hermano Pedro I y la suya propia. Entonces villas, nobles y algunos eclesiásticos, tras una serie de compromisos, decidieron dividir nuevamente el reino en dos: Aragón para el hermano monje del «Batallador», Ramiro II, y Pamplona para García Ramírez «el Restaurador», como ya se comentó antes.

15. ORIGEN DE LA CORONA DE ARAGÓN: UNIÓN DEL REINO DE ARAGÓN Y DEL CONDADO DE BARCELONA. AÑO 1137

La unión de Cataluña y Aragón se produjo en el año 1137. Resulta, como ya se ha comentado, que Ramiro II de Aragón se casó con Inés de Poitou y engendraron a Petronila. Entonces, casi de inmediato, Ramiro II empezó a negociar el matrimonio de Petronila para él volver a la vida monástica; así, tras barajar varias alternativas, Ramiro II entregó a Petronila, al cumplir un año, a Ramón Berenguer IV de Barcelona, con más de veinte, con la promesa de matrimonio. El rey aragonés cedió al conde catalán el gobierno de Aragón con el título de príncipe, conservando el de rey para él, aunque se retiró al monasterio de San Pedro el Viejo (Huesca). En el acuerdo se especificaba además que el reino pasaría a Ramón Berenguer IV a la muerte de Ramiro, incluso en el supuesto de que Petronila falleciera sin herederos y si había algún heredero, este sería del reino de Aragón y del condado de Barcelona, que era lo que constituía la corona de Aragón, que fue regida por catorce monarcas sucesivamente.

Alfonso II «el Casto», al que su madre lo llamaba Alfonso y su padre Ramón, fue el primer rey de la corona de Aragón. Le sucedió su hijo Pedro II «el Católico», que participó, junto Alfonso VIII de Castilla y Sancho VII de Navarra, en la batalla de Las Navas de Tolosa. Murió luchando en defensa de los cátaros en 1213, cerca de Tolosa, terminando así las pretensiones hegemónicas de Aragón en Occitania (sur de Francia). Jaime I «el Conquistador», hijo del anterior, desarrolló una intensa actividad reconquistadora. Tomó Mallorca, sometió a un protectorado a Menorca y conquistó el reino de Valencia, pero al repartir sus posesiones entre sus hijos quedó la corona de Aragón como una entidad confederal.

Los siguientes monarcas —Pedro III «el Grande», Jaime II, Alfonso IV «el Benigno» y Pedro IV «el Ceremonioso»— se volcaron en la política de expansión mediterránea de Aragón. Estuvieron implicados en acciones en Mallorca, Sicilia, Córcega y Cerdeña, así como en zonas de África (Túnez, Bugía y Tremecén) y del Mediterráneo oriental (ducados de Atenas y Neopatria).

Después reinaron Juan I y su hermano Martín, «el Humano», que al morir sin hijos se produjo un interregno de dos años, tras el cual se llegó al Compromiso de Caspe (1412), por el que se proclamó rey a Fernando I «de Antequera». A la muerte de este le sucedió Alfonso V «el Magnánimo», que dejó el gobierno de Aragón en manos de su esposa María y se ocupó exclusivamente de los asuntos mediterráneos. Tras una serie de vicisitudes consiguió —después de haber caído prisionero y liberado— una alianza por la que correspondía a Aragón el sur de Italia, lo que le permitió el gobierno de Nápoles, donde estableció su corte y no volvió más a Aragón. A su muerte, le sucedió en Aragón su hermano Juan I de Navarra, bajo el título de Juan II, y sus hijos gobernaron en Nápoles y en el resto de los territorios transalpinos, por lo que puede decirse que sus conquistas fueron estériles pues desaparecieron con su muerte, al no añadirse al reino de Aragón.

Juan II, a pesar de su apelativo «el Grande», fue un monarca indeseable y ambicioso, que vivió entre guerras e intrigas políticas, siendo poco querido porque sus procedimientos fueron muchas veces condenables, principalmente al arrebatar a su hijo Carlos de Viana el trono de Navarra que legítimamente le correspondía, como herencia de su madre.

Finalmente, Fernando II, «el Católico», sería el último monarca de la corona de Aragón. Se casó con Isabel I de Castilla, un enlace que sirvió para unir las coronas de Castilla y Aragón. En 1481 se inició la guerra contra el reino nazarí de Granada que terminó en 1492, por lo que la península ibérica recuperó totalmente su condición cristiana, tal como era ocho siglos antes, en tiempos de los visigodos. Ese mismo año de 1492, tras la toma del reducto nazarí, se decretó la conversión forzosa de los judíos o la expulsión de los que no quisieron hacerlo. El papa Inocencio VIII impuso el nombre de «Reyes Católicos» a Fernando e Isabel, que también ese año conquistaron la isla de la Palma e impulsaron definitivamente el proyecto de Cristóbal Colón, que fructificó con el descubrimiento de América.

Fernando «el Católico», en su condición de rey de Aragón, se preocupó de la tradicional expansión mediterránea: recuperó El Rosellón y Cerdeña y consiguió sumar Sicilia y Nápoles a la corona de los «Reyes Católicos». También en África ocupó algunas plazas, pero en 1510 se interrumpió la ocupación africana para volcarse en la expansión de América.

Al quedar viudo en 1504, Fernando proclamó reina de Castilla a su hija Juana, pero dos años después, tras la muerte de Felipe «el Hermoso», esposo de la nueva reina, y la incapacidad de esta, Fernando la encerró en Tordesillas, por locura, y prosiguió rigiendo Castilla-Aragón, a la que anexionó Navarra en 1515, hasta su muerte en 1516, tomando entonces el relevo su nieto Carlos I.

16. INDEPENDENCIA DEL REINO DE PORTUGAL DURANTE EL REINADO DE ALFONSO VII DE CASTILLA Y LEÓN. AÑO 1143

En el año 1143 se produjo la independencia de Portugal respecto de Castilla y León. Tras la muerte de Alfonso VI subió al trono su hija Urraca, la primera reina de Europa por derecho propio. Su reinado estuvo marcado por diversos problemas internos: disputas matrimoniales con su segundo esposo, Alfonso I «el Batallador» de Aragón; conflictos en Galicia, con ansias de independencia, y primeros pasos de la independencia de Portugal. Se puede presuponer que si Urraca y «el Batallador» se hubiesen llevado bien se habría conseguido la unión de Castilla, León, Pamplona y Aragón, y con tal fortaleza lo más seguro es que Portugal no hubiese podido independizarse y estuviese aún unido al actual reino de España.

Pero la realidad fue que la independencia de Portugal se consumó durante el reinado de Alfonso VII de Castilla y León, hijo de Urraca, nacido de sus primeras nupcias con Raimundo de Borgoña. El primer rey de Portugal, primo de Alfonso VII, fue Alfonso I de Portugal, que era hijo de Teresa y Enrique de Borgoña, a quienes había cedido el condado de Portugal el padre de Teresa, Alfonso VI de Castilla y León.

17. SEPARACIÓN DE CASTILLA Y LEÓN A LA MUERTE DE ALFONSO VII. AÑO 1157

En el año 1157 se produjo la separación de Castilla y León, reinando entonces Alfonso VII, quien nuevamente dividió el reino para otorgar a sus hijos las partes: Castilla para Sancho III y León para Fernando II. Esta escisión territorial se originó después de que ambos reinos hubieran permanecido unidos durante ochenta y cinco años, desde que Sancho II «el Fuerte» consiguiera unificarlos en el año 1072.

18. NACIMIENTO DEL REINO DE NAVARRA. CAMBIO DE DENOMINACIÓN POR SANCHO VI. AÑO 1162

En el año 1162 se produjo el cambio de denominación de reino Pamplona por reino de Navarra, durante el reinado Sancho VI el «Sabio». Esto se debió a que este rey, cansado de que los reinos de Castilla y Aragón intentasen reiteradamente repartirse su reino, aprovechó las minorías de edad de reyes de Castilla —Alfonso VIII— y de Aragón —Alfonso II «el Casto»—, para intitularse rey de Navarra (rey de todos los habitantes del reino) en lugar de rey de Pamplona (rey de los barones pamploneses, la aristocracia militar que regía la ciudad). Puede, pues, considerarse que Sancho VI fue el último rey de Pamplona y el primero de Navarra, reino este último que fue regido por diecinueve monarcas, de diferentes dinastías.

A pesar de haber cambiado de nombre para hacerse más fuerte, la verdad es que el reino de Navarra estuvo durante mucho tiempo bajo la influencia de Francia, aunque al final terminó anexionándose a Castilla-Aragón en 1515.

Con la muerte de Sancho VII «el Fuerte», hijo de Sancho VI, en el año 1234, desapareció la dinastía Jimena, que perduraba desde que en 905 sustituyó a la Íñiga, y se inició la de Champaña, con Teobaldo I, su hijo Teobaldo II y el hermano de este, Enrique I «el Gordo», que dejó como heredera a Juana I, quien se casó con Felipe IV de Francia, llamado «el Hermoso», pasando Navarra a depender de ese reino durante medio siglo, hasta el año 1328. Así fue como se cambió nuevamente de dinastía, desde la de los Champaña a la de los Capetos, con los reyes Luis I «el Obstinado», Felipe II «el Largo» y Carlos I «el Calvo».

Al morir Carlos I «el Calvo», sin descendencia masculina, ascendió al trono de Francia Felipe VI de Valois, lo que aprovecharon los navarros para llamar a Juana II (hija de Luis «el Obstinado») y a su marido Felipe de Évreux para coronarlos reyes de Navarra, cambiando de la dinastía de los Capetos a la de los Évreux, aunque no se desvinculó el reino navarro de la política francesa, ya que Juana II y su marido prácticamente vivieron en Francia toda su vida.

Le sucedió su hijo Carlos II «el Malo», rey intrigante, que permaneció prácticamente toda su vida intentando conseguir la Corona francesa, que como nieto de Luis X reclamaba. A su muerte, ocasionada al incendiarse sus vestiduras que por orden del médico estaban impregnadas de coñac para sanarlo de unas fiebres, le sucedió su hijo Carlos III «el Noble», que al contrario que su padre fue bondadoso, espléndido y poco interesado, por lo que cedió en diferentes cuestiones que perjudicaron a Navarra. Le sucedió su hija Blanca I, cuyo reinado estuvo marcado por el dominio de su segundo marido, Juan I de Navarra (y después II de Aragón), quién la ninguneó siempre, hasta el punto de no respetar su testamento y no dejar reinar a su común hijo Carlos de Viana. Entonces se produjo un enfrenamiento civil entre padre e hijo, pero este, tras varias peripecias, murió pronto, puede que de tuberculosis o de una pócima que le proporcionara su madrastra Juana Enríquez (segunda esposa de su padre y madre de Fernando, el futuro «rey Católico»). A Carlos de Viana le sucedió su hermana Blanca II, pero su padre la apresó y entregó a su hija menor Leonor y a su esposo Gastón de Foix que la custodiaron hasta su muerte, dos años después. Entonces Juan I siguió como rey y Leonor como heredera, hasta la muerte del padre en 1479, siendo entonces Leonor coronada como reina de Navarra, pero murió a los quince días.

Después de la muerte de Leonor I ascendió al trono su nieto Francisco I «Febo» (cambiando la dinastía a los Foix), que murió con solo quince años, tras cuatro años de regencia de su madre Magdalena de Francia, subiendo entonces al trono la hermana del fallecido, Catalina de Foix, que sería la última monarca del reino de Navarra.

19. ORIGEN DE LA CORONA DE CASTILLA: UNIÓN DE CASTILLA Y LEÓN, CON FERNANDO III. AÑO 1230

En 1230 se produjo la definitiva unión de León y Castilla, comenzando entonces a denominarse al conjunto resultante corona de Castilla. Los hechos sucedieron como sigue: a Alfonso VIII de Castilla, el vencedor de la batalla de Las Navas de Tolosa, le sucedió el niño Enrique I, siendo la regente su hermana Berenguela, casada con Alfonso IX de León. A la pronta muerte de Enrique I heredó su hermana el trono y se lo traspasó a su hijo Fernando III «el Santo», quien al morir su padre heredó también el reino de León, que unió al de Castilla para formar la corona de Castilla, que fue regida sucesivamente por trece monarcas.

A Fernando III le sucedió Alfonso X «el Sabio», que fue el rey más esclarecido de su época. Con una gran proyección cultural, fue el fundador de la Escuela de Traductores de Toledo, las Escuelas del Latín y Arábico de Sevilla y la Escuela Murciana, e impulsó la Universidad de Salamanca a rango europeo. Le sucedió su hijo Sancho IV «el Fuerte» y a este Fernando IV «el Emplazado», llamado así porque murió después de que los hermanos Carvajal, acusados de dar muerte en Palencia a un privado del rey, lo emplazaran a comparecer ante un tribunal de Dios antes de treinta días, por sentirse injustamente ajusticiados. El rey murió a los treinta días del emplazamiento, mientras dormía la siesta. Le sucedió Alfonso XI «el Justiciero», que hizo una importante labor de reconquista, sobresaliendo la victoria de El Salado (Cádiz), batalla considerada tan importante como la de Las Navas de Tolosa, que dio lugar a que Alfonso XI fuese loado en toda Europa.

Después reinaron consecutivamente los controvertidos hermanastros Pedro I «el Cruel» y Enrique II de Trastámara: el primero, el legítimo heredero de Alfonso XI, y el segundo, un bastardo del rey habido con su amante Leonor de Guzmán. Ambos hermanastros estuvieron enfrentados largo tiempo en guerras y al final Enrique asesinó a Pedro.

Luego reinó Juan I, que también ascendió al trono de Portugal por derecho de su esposa Beatriz, aunque al final el pueblo nombró rey a Juan de Avis. A continuación, y en ese orden, Enrique III «el Doliente», Juan II y Enrique IV «el Impotente» fueron reyes de Castilla, y todos ellos gobernaron como monarcas débiles e irresolutos.

Tras la muerte de Enrique IV se proclamó reina Isabel I de Castilla, por lo que se produjo una guerra civil entre los partidarios de Isabel y los de Juana «la Beltraneja» (supuesta hija del «Impotente»), que terminó con la victoria de Isabel en 1479. La reina Isabel, tan loada como vilipendiada, tenía una rica, compleja y desbordante personalidad. Junto a su marido participó en importantes hechos que se produjeron en 1492, como la derrota definitiva del reino nazarí de Granada y el descubrimiento de América.

Años más tarde, la reina Isabel, agobiada y deprimida por las desgracias familiares —muerte de su único hijo varón, aborto de la esposa de este y muerte de la primogénita Isabel y de su hijo Miguel, que iba a unir los reinos de Castilla-Aragón y Portugal— y por el cáncer de útero o colon que padecía, murió en 1504. Entonces su esposo proclamó reina de Castilla a su hija Juana, reservándose la gobernación del reino para él. Pero las injerencias de Felipe «el Hermoso», esposo de Juana, le obligaron a ceder el reino de Castilla de forma conjunta al matrimonio en 1506. Pero ese mismo año murió Felipe, al parecer después de jugar un partido de pelota y beber agua fría, o envenenado a instancias de su celosa esposa o de su suegro. Después volvió Fernando, encerró a su hija en Tordesillas, por locura, y gobernó él hasta su muerte, en 1516, año en que se proclamó rey a su nieto Carlos I, que se trasladó desde Flandes para su reinado en Castilla y Aragón.

20. UNIÓN DE CASTILLA Y ARAGÓN, CON LOS «REYES CATÓLICOS» (CONCORDIA DE SEGOVIA). AÑO 1475

En el mismo año del fin de la guerra civil castellana (1479), Fernando sucedió a su padre Juan II en Aragón. En cambio, fue antes, en 1475, cuando se produjo la unión de las coronas de Castilla y Aragón (Concordia de Segovia), que se corroboró en 1481 con la Concordia de Calatayud.

21. ANEXIÓN DEL REINO DE NAVARRA A CASTILLA-ARAGÓN, POR FERNANDO «EL CATÓLICO». AÑO 1515

El reino de Navarra, cuyos reyes estaban influenciados por la Corona francesa, tenía poco porvenir y más pronto que tarde sería absorbido por Francia o por Castilla-Aragón, siendo al final anexionado a este último reino por Fernando «el Católico» en 1515, constituyendo el conjunto, unido al reconquistado reino nazarí de Granada, la actual monarquía Española.

La anexión de Navarra sucedió de la siguiente manera. La independencia de Navarra, constituida por un mosaico de territorios entre montañas, era insostenible con el antagonismo entre Francia y Castilla-Aragón y debía incorporarse a uno de estos reinos, consiguiéndolo al final el reino de Castilla-Aragón. En 1511 se creó la Santa Liga (el papa Julio II, el dux de Venecia y Fernando «el Católico»), a la que se adhirió Enrique VIII de Inglaterra, para expulsar a los franceses de Italia. En 1512 Fernando ocupó la Navarra peninsular con la colaboración de los navarros del norte. En 1513 las Cortes de Navarra, con la asistencia de solo los navarros del norte, proclamaron rey a Fernando «el Católico». En 1515 las Cortes de Burgos incorporaron Navarra a Castilla, sin la presencia de navarros, aunque conservando su condición de reino distinto.

II. DEL REINO VISIGODO AL DE ASTURIAS

LOS ÚLTIMOS REYES VISIGODOS

La sucesión al trono en el reino visigodo de la península ibérica a finales del siglo VII era electiva y no hereditaria, de esta manera podía contentarse a la mayoría de los nobles, quienes podían elegir al rey más adecuado o al más próximo a sus propios intereses. Así, el rey Ervigio (680-687), a pesar de que tenía hijos varones, se vio obligado a elegir a su yerno Égica (687-702), con la idea de compatibilizar los intereses de dos familias dominantes: la del propio Ervigio (familia Chindasvinto) y la de Égica (familia Wamba), pero con la condición de que el matrimonio de Égica y Cixilo (la hija de Ervigio) tuviese descendencia para que continuase reinando la dinastía y que todo quedase en casa.

Durante su reinado, Égica chocó con sectores de la alta nobleza, tanto laica como eclesiástica, incluida la familia de su suegro, por los intentos desesperados del rey para fortalecer su posición personal y familiar. A finales del siglo VII, Égica asoció al trono a su hijo Witiza, hecho que era normal en aquellos tiempos para ir introduciendo al heredero en el poder y hacer así más fácil su posible futura sucesión. Pero lo cierto es que no se sabe bien si Witiza era hijo del matrimonio de Égica y Cixilo o fruto de un matrimonio anterior del rey, lo que justificaría, si lo último fue cierto, el malestar de la familia de Ervigio por no cumplirse lo pactado en el sentido de que el sucesor debía ser hijo de Égica y Cixilo. Además, los continuados choques con la nobleza, unidos a problemas ocasionados por los esclavos judíos, las malas cosechas, las hambrunas, la peste y las terribles medidas contra los judíos, dieron lugar a rebeliones, destacando la que se produjo a comienzos del siglo VIII con la ocupación de Toledo por los rebeldes, aunque al final pudo ser controlada por Égica. A este ambiente de creciente tensión social se unía la amenaza del islam que se expansionaba por el norte de África.

A la muerte de Égica le sucedió Witiza (702-710) y, dado el mal ambiente reinante, este creyó necesario cambiar radicalmente de política, de manera que la alta nobleza fue tomando predominio sobre la realeza; pero la situación social cada vez se enrarecía más y, por otra parte, el peligro que suponía la expansión islámica era patente.

Cuando murió el rey Witiza, con menos de treinta años, si era fruto del segundo matrimonio de Égica, sus seguidores intentaron elegir a su hijo Aquila o Agila II (710-713/714), duque de la Tarraconense, aunque posiblemente no fuera uno de los tres hijos del matrimonio de Witiza y Cixilo, ya que estos eran pequeños. Agila estaba supuestamente asociado al trono desde 708. Pero al mismo tiempo, los opositores del rey fallecido eligieron a Rodrigo (710-711), duque de la Bética, quien se estableció en Toledo. Rodrigo era hijo de Teodofredo —posiblemente encarcelado y cegado por Witiza— y bisnieto de Chindasvinto. A continuación, se produjeron enfrentamientos bélicos, con un interregno de varias semanas o meses. Después, Agila y Rodrigo se repartieron el territorio visigodo, correspondiendo a Agila la peor parte, el nordeste del reino (provincias de Iberia y Septimania, es decir, el valle del Ebro, Cataluña y el sur de Francia), mientras que Rodrigo ocupó el resto del reino, con capitalidad en Toledo.

INVASIÓN MUSULMANA DEL REINO VISIGODO

Tras las disputas entre los dos reyes visigodos, los partidarios de Agila II solicitaron la ayuda del musulmán Musa, gobernador de Ifriquiya (Túnez) y El Magreb. Los musulmanes ya soñaban desde hacía tiempo con las fértiles tierras del reino visigodo, pues en 687, bajo el reinado de Ervigio, realizaron una primera incursión en las costas levantinas, desde las posiciones africanas que para entonces estaban consiguiendo. Así que ahora, Musa, después de conquistar el último reducto del norte de África —Tánger en 705 y en 709/710 Ceuta, que llevaba una veintena de años en poder de los visigodos tras la caída del imperio bizantino en África—, pidió permiso, o tal vez no, al califa de Damasco para conquistar Hispania. Entonces Musa, apoyado por el conde don Julián, envió al jefe bereber Tarif ibn Malluk a explorar con cuatro navíos y cuatrocientos hombres, que desembarcaron en julio de 710 en las proximidades de la actual ciudad gaditana de Tarifa. Al parecer, el conde don Julián era un auténtico chaquetero: primero fue exarca de Ceuta con los bizantinos, después, cuando estos fueron expulsados por los visigodos, pasó a ser gobernador visigodo de Ceuta y finalmente, cuando los musulmanes conquistaron Ceuta, quedó allí como gobernador musulmán de la ciudad. Al desembarcar Tarif en el sur de Hispania comprobó que el territorio estaba desprotegido, pues el rey Rodrigo estaba sofocando una rebelión de vascones en Pamplona, o tal vez estuviera guerreando contra el rey Agila II en la zona del nordeste de Hispania, o ambas acciones a la vez. Después, al año siguiente, Musa envió unos siete u ocho mil bereberes al mando del gobernador de Tánger, Tariq ibn Ziyad, uno de sus esclavos libertos. Con la ayuda de la flota de don Julián, Tariq desembarcó en la ladera de Gibraltar en abril-mayo de 711 y se hizo fuerte en este lugar y en sus cercanías, que eran territorios vinculados a don Julián. La leyenda cuenta que Tariq quemó las naves para evitar la tentación de volver a África y al mismo tiempo forzar la conquista de Hispania.

Al parecer, el rey Rodrigo no le dio mucha importancia a tal desembarco, porque varias incursiones musulmanas anteriores se habían rechazado o, después de conseguir los suficientes botines, se habían retirado pronto. Al principio solo Teodomiro, jefe visigodo del sur, opuso resistencia a los invasores, pero fue rechazado, seguramente por emplear una escasa tropa (unos mil combatientes). Entonces Rodrigo, informado de estos hechos, envió a su sobrino Íñigo, que también fue derrotado y resultó muerto en la batalla.

Así, durante semanas o tal vez meses, las tropas de Tariq vagaron por la zona saqueándola, al tiempo que se reforzaron con unos cuatro o cinco mil guerreros más procedentes de África. En vista de que las incursiones musulmanas no eran pasajeras y de las derrotas sufridas por los cristianos, Rodrigo, tras pactar una tregua con los vascones y negociar con los partidarios de Agila II, se decidió a intervenir contra Tariq. Eso hizo con su ejército, pero lo derrotaron en la batalla de Guadalete (Cádiz), aunque esta localización no es segura, pues hay discrepancias respecto al lugar: laguna de La Janda, río Barbate, río Sidonia, etc. Lo que sí parece cierto es que en la batalla murió Rodrigo y que Tariq consiguió un gran botín.

Existen otras versiones sobre la muerte del rey Rodrigo: una narra que murió asaetado durante la batalla y después las aguas del río lo arrastraron hasta desaparecer; otra que murió en el lugar que ocupa la ermita de la Virgen de España (Sotiel, Huelva), donde se retiró después de ser herido en la lucha contra las tropas de Tariq; una tercera que murió en la serranía de la Peña de Francia (Salamanca) y otra más que lo hizo en El Viseo (Portugal), donde en la iglesia de San Miguel se encuentra una sepultura con su nombre; aunque también hay quien considera que sobrevivió y se retiró a rezar en un monasterio. En cualquier caso, en la batalla eran más numerosas las huestes de Rodrigo, pero al parecer contribuyó a la derrota el hecho de que parte de sus tropas, afines a Agila (hijos y hermanos de Witiza), se retiraron o se pasaron al enemigo en plena batalla, aunque es posible que muchos de estos traidores también perecieran en ella.

Tras la desaparición de Rodrigo, parte de los nobles visigodos eligieron como sustituto a Oppas, obispo de Sevilla y arzobispo de Toledo, hermano de Witiza, pero no fue aceptado mayoritariamente ni coronado rey. Mientras, Tariq se deshizo de los visigodos que le habían ayudado y se dirigió hacia Toledo, deteniéndose solo para ocupar las grandes ciudades, como Estepa, Écija y Córdoba. En Écija se le unieron contingentes de don Julián y parte de la población de la ciudad (cristianos y judíos) que estaba harta de los impuestos visigodos; allí también eliminó a la nobleza visigoda que podía aspirar al trono de Toledo. No pudo tomar Córdoba hasta octubre de 711, después de vencer una importante defensa.

En esta acción destacó, por su tesón y valentía, Muguit o Mugit al-Rumi, quien fue el artífice de la conquista. Era este un noble de origen sirio, llamado «el Romano» por su ascendencia cristiano-bizantina, que debido a su fuerte carácter tuvo posteriormente problemas con sus superiores Tariq y Musa.

Después Tariq ocupó, sin apenas resistencia, Málaga, Granada, Martos, Jaén, Úbeda y Orihuela. Desde Linares siguió la calzada romana, pasó por Despeñaperros y Consuegra y llegó hasta Toledo, donde consiguió un impresionante botín: el tesoro real. Sin embargo, algunos nobles visigodos pudieron escapar con sus fortunas y riquezas, y huyeron hacia el norte o hacia las posiciones del rey Agila II, al noreste peninsular.

Una leyenda cuenta que la ayuda prestada a Tariq por el conde don Julián fue por el deseo del gobernador visigodo de vengarse del rey Rodrigo, pues supuestamente el rey había seducido a su hermosa hija Florinda, mientras esta vivía como invitada en el palacio del rey visigodo con la idea de instruirse y buscar marido. Al parecer, Rodrigo padecía sarna y Florinda fue elegida para que se la limpiara con un alfiler de oro; el rey se obsesionó tanto con su belleza que terminó por violarla. Después Florinda envió a su padre varios regalos, entre los que incluyó un huevo podrido, por lo que don Julián dedujo la tropelía. Fue entonces a por su hija con el pretexto de que su esposa estaba enferma y que solo mejoraría con la presencia de Florinda. Rodrigo entregó la chica a su padre y después este se vengó del rey con el acto de favor a los musulmanes en la conquista de la Península, aunque la ayuda más bien pudo ser por la simpatía que el conde tenía hacia los partidarios de Agila II. Otra versión sitúa a Florinda, por su edad, en la corte del rey Witiza, por lo que sería este el que la ultrajó; por tanto, ahora don Julián se vengaba en general de los visigodos, dirigidos por Rodrigo, a pesar de haber sido el propio conde, hasta hacía poco, gobernador visigodo de Ceuta.

Procedente del norte de África, Musa, celoso del éxito de Tariq, desembarcó en la Península, en la ya conquistada Algeciras, en la primavera de 712, con diecisiete o dieciocho mil guerreros, la mayoría árabes. Conquistó después Medina Sidonia, Carmona y Sevilla, tras un mes de asedio. Se dirigió luego a Mérida, en junio-julio de 712, que no pudo conseguir por oponer mucha resistencia. Después, siguiendo la calzada romana, conquistó Cáceres y Talavera y llegó hasta Toledo, donde se unió a Tariq, a quien criticó por el riesgo de su avance (los celos le corroían) y felicitó por los resultados conseguidos. Desde Toledo el ejército conjunto siguió la calzada romana hacia Alcalá de Henares, Guadalajara, Sigüenza y Medinaceli. Después, los dos caudillos se volvieron a separar: Musa se dirigió al noroeste y Tariq hacia el noreste.

Musa ocupó Clunia y Amaya —ambas en la actual provincia de Burgos—, León y Astorga, haciendo prisioneros a algunos nobles y consiguiendo importantes botines. Tariq se dirigió a Calatayud y Zaragoza, donde masacró incluso a niños, crucificó a hombres y esclavizó a mujeres. Sometió la zona del curso medio y alto del Ebro, donde al parecer murió el rey visigodo Agila II, al que sucedió Ardo (713-720). En ese lugar Tariq aceptó un pacto de sumisión del conde de la familia Casio, en la zona de Tarazona. Esta familia se islamizó para evitar perder sus bienes y llegó a formar la dinastía Banu-Qasi («hijos de Casio»), también conocidos como los renegados del Ebro, que actuaron como aguerridos guerreros y astutos diplomáticos durante dos siglos.

Debido a los sangrientos hechos ocurridos durante la conquista de Zaragoza, muchas ciudades cercanas capitularon sin apenas resistencia. Después Tariq continuó hasta Astorga, donde se unió de nuevo a Musa, y ambos se dirigieron a Lugo. En el camino aceptaron la sumisión de varias ciudades, como Gijón, donde se asentó el jefe bereber Munuza para consolidar allí el poder musulmán y cobrar tributos a los visigodos circundantes. Antes de llegar a Lugo, Musa y Tariq fueron llamados por Damasco para rendir cuentas de los botines conseguidos. Estos, después de llegar a Lugo, se dirigieron a Toledo, sometiendo a su paso Salamanca, Zamora y otras ciudades. De esta manera solo quedaban por conquistar en Hispania algunos núcleos de la cornisa cantábrica, Tarragona, Narbona (sur de la actual Francia) y Mérida, que seguía resistiendo el asedio gracias a su abastecimiento por el puerto fluvial y a sus fuertes murallas. Abd al-Aziz, hijo de Musa, consiguió conquistarla el treinta de junio de 713.

En el verano de 714 Tariq y Musa regresaron a Damasco, para no volver nunca más a Hispania. Antes de partir para el regreso, Musa repartió el gobierno de sus territorios entre sus hijos: Abd al-Aziz (714-716) quedó como gobernador de al-Ándalus (zona conquistada por los musulmanes en la Península), Abd al-Malik de Ceuta y Abd Allah, el mayor, de Ifriquiya (Túnez).

Musa fue acusado en Damasco de malversación reiterada y condenado a muerte, pero se le conmutó la pena por una gran suma, según parece aportada en su mayor parte por el conde don Julián, que lo había acompañado en su viaje de regreso a Damasco; poco después Musa murió asesinado (716/718) en la mezquita de Damasco. En cuanto a Tariq, el gran genio militar, murió joven, arruinado, decepcionado y olvidado, en 720.

Respecto a las tierras conquistadas por los musulmanes en Hispania (al-Ándalus), no fueron repartidas equitativamente entre los vencedores, pues la gente de Musa, árabes principalmente, ocupó las ricas tierras de Levante y de los valles del Guadalquivir, Guadiana, Tajo y Ebro, mientras que los bereberes de Tariq se quedaron con las improductivas, Galicia, la Meseta y las laderas de las montañas del norte, así como la sierra de Guadarrama, los montes de Málaga, la serranía de Ronda y sierra Nevada, además de Extremadura y El Algarve, en el sur de Portugal.

El hijo de Musa, Abd al-Aziz, gobernó desde Sevilla por su cercanía al mar y al Estrecho, con la posibilidad de recibir refuerzos desde África de manera rápida. Se dedicó a eliminar las resistencias del centro y, principalmente, del sur peninsular. Así, sometió nuevamente Málaga y Granada; después se dirigió a Guadix y llegó a Lorca y Orihuela, donde firmó un acuerdo con el conde Teodomiro, mediante el cual se le respetaban sus bienes y se le otorgaba una amplia autonomía.

Teodomiro, culto y prestigioso guerrero, fue el que en tiempos del rey visigodo Ervigio (687) impidió que los musulmanes desembarcasen en la región murciana; su nombre en árabe fue el origen de la designación *Murcia*. Según el acuerdo con Abd al-Aziz, Teodomiro mantenía sus propios señoríos y el gobierno de las ciudades de Orihuela, Elche, Alicante, Mula, Lorca y Hellín; Cartagena, sin embargo, quedó excluida por la importancia estratégica de su puerto. Desde esta zona del sureste, Abd al-Aziz sometió Valencia y Sagunto. Por otro lado, desde Sevilla conquistó Huelva y las ciudades portuguesas de Faro, Beja, Évora, Santarém y Lisboa, y firmó un acuerdo con Coímbra.

La boda de Abd al-Aziz con Egilona (la viuda del rey Rodrigo), quien tras su supuesta conversión al islam tomó el nombre de Umm 'Asim («madre de Asim»), atrajo a nobles visigodos hacia las posiciones del dirigente musulmán, y algunos de ellos se convirtieron al islam (los muladíes) con el fin de pagar menos impuestos y conservar sus bienes. Pero estos hechos, además de la creciente autonomía del gobierno sevillano, se interpretaron desde Damasco como una rebelión. Por eso, Abd al Aziz, en una conjura, sería acusado de haberse hecho cristiano en secreto. El califa de Damasco ordenó su asesinato, que fue perpetrado por el propio consejero que su padre Musa le había asignado, en la mezquita de Sevilla (antes iglesia de Santa Rufina). Su cabeza se envió a Damasco en 716.

Como se ha expuesto, en pocos años los musulmanes conquistaron la mayor parte de Hispania, a la que llamaron al-Ándalus, arrinconando a los pocos visigodos resistentes en un reducto de la cornisa cantábrica, ocupada por astures, cántabros y vascones, a la que llamaron Isbaniya. Este limitado reducto no preocupaba a los conquistadores, pues era una región montañosa, escarpada y pobre, con clima húmedo y frío y habitada por montaraces indígenas, que tenían la ventaja de un perfecto conocimiento del terreno. Por todo ello, tal territorio no merecía emplear esfuerzos para conseguir tan escasa potencial ganancia. En efecto, en estas montañas no existían centros urbanos, salvo Gijón, y la sumisión de la zona debía realizarse valle a valle, teniendo a veces los musulmanes que tomar rehenes para asegurar la paz y cobrar los tributos.

Realmente, el reino de Asturias surgió porque los habitantes de la zona, protegida por montañas, que habían resistido tanto a los romanos como a los visigodos, ahora no estaban dispuestos a someterse a los musulmanes. En cambio, en el resto peninsular, cuatro millones de cristianos se habían sometido, sin apenas resistencia, a menos de cuarenta mil musulmanes. La explicación de tal desproporción de efectivos humanos es sencilla: la mayoría de la población hispana, abrumada por los impuestos de los visigodos, pensó que con los nuevos amos no podía vivir peor. Por otra parte, muchos obispos y grandes señores pactaron con los conquistadores para no perder sus privilegios. Además, muchos cristianos se quedaron en territorio musulmán: unos abrazaron el islam —los muladíes— y otros se mantuvieron en el cristianismo pagando tributos —los mozárabes—; solo unos pocos cristianos huyeron hacia el norte o noreste peninsular, fuera del territorio musulmán. El sucesor interino de Abd al-Aziz fue Ayyub, uno de los que le acusaron frente al califa de Damasco. Reinó seis meses, hasta que llegó el nuevo gobernador Al-Hurr (716-719), nombrado por el hermano mayor de Abd al-Aziz, el gobernador de Ifriquiya.

Al-Hurr llegó con un ejército de árabes y trasladó el gobierno desde Sevilla a Córdoba. Después conquistó, en el norte peninsular, Huesca, Barbastro, Lérida, Tarragona, Barcelona, Gerona y Narbona, arrebatándoselas al último rey visigodo, Ardo (714-720), que gobernó en Septimania —sur de Francia— hasta el año 720. Por el otro extremo pirenaico, Al-Hurr realizó una incursión contra los vascones en Tudela y llegó a un acuerdo de capitulación con Pamplona. Después devolvió tierras a nobles visigodos leales que pagaban impuestos territoriales, como Olmundo y Ardabasto, al parecer hijos de Witiza, que se afincaron entre Sevilla y Mérida y al norte de Córdoba y Jaén, respectivamente.

PELAYO (718-737), EL PRIMER REY DE ASTURIAS

La parte de Isbaniya, la zona de Hispania no conquistada por los musulmanes, formada por la región del valle del Sella, en la parte oriental de Asturias, Cantabria y el norte de Burgos, constituyó el foco de la «reconquista», aunque este término no se utilizó hasta en los tiempos de Alfonso III (866-909/910), con el fin de aumentar la moral de los cristianos en la conquista de los territorios ocupados por los musulmanes. A esta región norteña llegaron visigodos desde el reino de Toledo, que poco a poco en los años siguientes fueron instruyendo en las costumbres visigodas a los indígenas, de marcado carácter rural y pagano.

Fue entonces cuando empezó a destacar en esta zona la figura del que después fuera el rey don Pelayo, para los musulmanes Belai al-Rumi, es decir Pelayo el Romano. Este podría ser hijo del duque astur Fafila, muerto en Tuy a manos de Witiza en tiempos del rey

Égica. También se especula que Fafila fuese estepario —guardia personal— del rey visigodo Rodrigo, e igualmente es posible que Pelayo fuese un visigodo del sur con lazos familiares astures y/o del mismo rey don Rodrigo, al parecer primo hermano de este rey visigodo. Aunque hay muchas más especulaciones: hay quien dice que era vasco, otros que toledano, otros más que gallego, incluso algunos que leonés y también están los que lo consideran de sus propios pueblos. Lo que sí parece veraz es que Pelayo luchó en la batalla de Guadalete, junto al rey Rodrigo, que después pudo huir hasta Toledo y desde allí partió hacia Asturias, junto a su hermana Ermesinda y al arzobispo Urbano de Toledo, quien portaba reliquias cristianas para evitar que las destruyeran los musulmanes.

A su llegada a Asturias, Pelayo quedó como tributario del gobernador bereber de Gijón, Munuza, quien lo envió después como rehén a Córdoba, para garantizar el cobro de los tributos que los cristianos astures debían aportar, pero al cabo de un tiempo Pelayo se escapó de Córdoba, en abril-mayo de 717, y tras atravesar la Península pasó por Brece (León), cruzó el rio Piloña y continuó hasta llegar a Cangas de Onís, donde se estaba celebrando una reunión de nobles visigodos. En esa reunión Pelayo convenció a los allí presentes de que el sur peninsular, ahora en poder de los invasores musulmanes, era propiedad de sus antepasados, por lo que se veía obligado a intentar la «reconquista», aunque ya se ha comentado que este término fue muy posterior a esa época. Igualmente parece que en esa reunión comunicó a los asistentes que los musulmanes no habían ocupado las posiciones astures porque tenían otros frentes peninsulares con enemigos más peligrosos, en la parte noreste peninsular y la Septimania, en la parte occidental de la provincia romana de Galia Narbonense, actual sur de Francia. Después a Pelayo se le aclamó como caudillo o príncipe, más que como rey, aunque muchas leyendas y crónicas así lo considerasen. Realmente los caudillos de la zona señalada (Asturias) no se consideraron reyes hasta la época de Alfonso II (791-842). También, en esa reunión en Cangas de Onís, se acordó no volver a pagar tributos o impuestos a los ocupantes musulmanes, por lo que empezaron los enfrentamientos entre los astures de Pelayo y los bereberes de Munuza.

Cabe preguntarse si en 718 nació el reino de Asturias o fue probablemente después, cuando Pelayo ganó la batalla de Covadonga (722), o aún más tarde, en tiempos del rey Alfonso I (739-756), el verdadero artífice del reino astur, yerno de Pelayo, aunque sí puede considerarse que el embrión del reino astur erige sus pilares en el año 718. El reino de Asturias fue ocupado sucesivamente por doce monarcas, antes de que se transformase en reino de León en 909-910.

En al-Ándalus, en el intervalo de tiempo de 718 a 722, Al-Samh (719-721), sucesor de Al-Hurr, fue impuesto directamente por el califa de Damasco. Intentó la conquista de Galia: consiguió Perpiñán y Narbona, esta última después de casi un año, y pasó a cuchillo a los defensores. Después se le sometieron las ciudades vecinas, a excepción de Nimes. En esta época es posible que muriese el último rey visigodo, Ardo (720), en plena batalla. En 721, Al-Samh llegó a Carcasona, fuertemente amurallada, por lo que continuó hasta Toulouse, que asaltó en junio, pero llegaron refuerzos francos, al mando del duque de Aquitania, y derrotaron a Al-Samh, quien murió en el combate. Allí mismo los soldados musulmanes proclamaron como nuevo gobernador interino a Al-Gafiqi (721-722) y poco después, desde Damasco, se nombró el gobernador Anbasa (722-726).

Mientras, en Asturias, tras años de mutuo hostigamiento y escaramuzas entre las fuerzas de Pelayo y las de Munuza, por la resistencia al pago de tributos, el dirigente bereber pensó que debía pedir ayuda a Córdoba, que accedió a enviar tropas, principalmente porque una victoria sobre estos pequeños grupos insurgentes astures levantaría la moral a los generales musulmanes después de las derrotas sufridas en Septimania.

En efecto, en 722 Pelayo fue informado de que se acercaban tropas musulmanas para atajar la rebelión de los cristianos de la zona astur por negarse a pagar impuestos, como ya se ha comentado, por lo que se apresuró a formar un ejército, que no fue superior a trescientos hombres. Después eligieron un asentamiento para esperar al enemigo: los alrededores de la cueva de Covadonga, por donde tenían que pasar los musulmanes para llegar hasta los rebeldes de Pelayo. Era un terreno abrupto que los de Pelayo conocían perfectamente, podían atacar desde arriba y tenían habilidad para ascender y bajar sin problemas, lo que las tropas del general Alqama, que obedecía a Munuza, no podían hacer por no conocer ni dominar el terreno.

Poco después, en ese mismo año de 722, estando Pelayo en Bres, consejo de Piloña, fue atacado por las tropas de Munuza, al mando del general Alqama. Entonces Pelayo y los suyos cruzaron el río Piloña y se dirigieron al monte Auseva, refugiándose en la cueva de Covadonga, donde lograron emboscar al destacamento musulmán, al que aniquilaron: esta fue la famosa batalla de Covadonga. Según sean las fuentes de información musulmanas o cristianas los datos sobre los participantes en la batalla son muy diferentes: desde no considerar siquiera como ejército a los musulmanes vencidos, sino simples cobradores de los tributos, hasta hablarse de un ejército bereber de varios cientos o incluso de ciento ochenta y siete mil guerreros. Parece que realmente fueron unos cuantos miles, tal vez veinte mil. Lo cierto es que la batalla proporcionó un gran prestigio a Pelayo y animó al alzamiento de todos los astures. Es posible que la estrategia de Pelayo consistiese en distribuir doscientos de sus hombres por los alrededores de la cueva, mientras que los cien restantes quedaron en ella. Así, el numeroso ejército musulmán no tenía capacidad de movimiento debido a la estrechez del sendero y como los astures los fustigaban desde todos los riscos y al mismo tiempo salieron de la cueva los que allí estaban, los musulmanes quedaron divididos en dos grupos, que sintieron pánico y huyeron en todas direcciones, muriendo muchos de ellos en la batalla, incluido el general Alqama. Según parece un traidor cristiano llamado Oppos, que guiaba a los musulmanes, fue capturado por las tropas de Pelayo.

Es posible que la batalla de Covadonga fuese solo una escaramuza, pero devolvió la moral y el orgullo a los derrotados visigodos, y hasta es probable que esta rebelión fuese causada, además de para no pagar tributos, porque Pelayo estaba molesto con Munuza, quién aprovecho que el astur estaba en Córdoba enviado como rehén, como se señaló antes, para desposarse con su hermana Ermesinda sin el consentimiento de Pelayo.

Existen muchas leyendas sobre la gesta de Covadonga. Una cuenta que cuando empezó la batalla se abrió el cielo y apareció la figura de la Virgen María, entonces Pelayo tomó dos ramas de roble y las unió formando una cruz, que alzó hacia el campo de batalla sobre el que llovieron piedras que, unidas a las lanzadas por los astures desde la cueva de Covadonga, fueron suficientes para derrotar a los musulmanes. Otra versión dice que al alzar Pelayo la cruz, durante la batalla, falleció el general Alqama y sus tropas huyeron aterrorizadas, y, una vez terminada la batalla, la corona de la Virgen brillaba dentro de la cueva de Covadonga.

La noticia de la derrota musulmana llegó pronto a todos los territorios cristianos y Pelayo incrementó sus tropas con ciento cincuenta jinetes y ochocientos infantes. Fue cuando, al parecer, se dispuso a conquistar territorios de León, donde se habían refugiado muchos soldados musulmanes. Lo cierto es que no se conoce el resultado de esta supuesta hazaña, si es que realmente se inició.

Poco después de la derrota de Covadonga, Munuza huyó por temor a que se sublevase la plaza de Gijón, o tal vez por miedo a que Pelayo lo apresara en esa ciudad, o simplemente por sentirse aislado en una región hostil. Munuza intentó salir de Asturias por el puerto de La Mesa hacia la Meseta, pero las tropas astures le cortaron el paso. Murió en Olalíes, actual Santo Adriano (Asturias), aunque otra versión dice que el caudillo bereber salvó la vida y huyó hacia el sur.

Después Pelayo tomó Gijón sin esfuerzo y estableció la capital del recién creado reino en Cangas de Onís. Es posible que fuera entonces cuando se le aclamó rey del nuevo reino astur. Este pequeño reino posiblemente no tuviese más que unos pocos miles de vasallos dispersos por los valles cercanos a Cangas de Onís. Pero lo cierto es que estos primeros triunfos de Pelayo atrajeron a muchos cántabro-astures y a refugiados del ocupado reino visigodo (al-Ándalus). Durante los primeros momentos el reino astur tuvo la necesidad de fortalecerse mediante alianzas matrimoniales. Una de ellas fue el desposorio de Ermesinda, hija de Pelayo, con Alfonso, hijo del duque Pedro de la visigoda Cantabria, consiguiendo así aumentar el territorio sublevado, que ahora comprendía Asturias y Cantabria. Este incipiente reino de Asturias fue el precedente histórico de los reinos de León, Castilla y Portugal y puede considerársele como el embrión del reino de España.

Tras estos hechos, el gobernador musulmán Anbasa tuvo que soportar una revuelta de vascones en 723 y otra en la zona de Aragón en 724. Después Anbasa continuó por la Galia, siguiendo por el valle del Ródano hasta Borgoña y saqueando Autun. Al final capitularon a los musulmanes los condes de Carcasona (724) y Nimes (725). Prosiguiendo con ataques en la Galia, Anbasa murió en una batalla en 726. Le sucedió Udhra (726) por orden del califa de Damasco.

Años después, los musulmanes siguieron por la Galia hasta Gascuña, Poitou y Aquitania. Fueron derrotados por Carlos Martel en Poitiers (octubre de 732), cuando gobernaba de nuevo Al-Gafiqi (730-732), quien murió en la batalla. En el año 734 otra vez los musulmanes atacaron la Galia y ocuparon Arlés y Aviñón, pero fueron nuevamente derrotados por Carlos Martel cuatro años después. Tras este trance, los musulmanes se replegaron hasta Narbona, que no fue recuperada hasta el año 759 por el heredero de Carlos Martel. Desde esa fecha los musulmanes renunciaron a la Galia y se conformaron con el conquistado reino visigodo de España, principalmente por el desgaste después de tantas batallas, por el poco provecho que sacaban en las conquistas y por el duro clima de esa zona pirenaica al que no estaban acostumbrados.

A la muerte de Pelayo su cuerpo recibió sepultura en la iglesia de Santa Eulalia de Abamia (Asturias), junto a su hermana Ermesinda y a su esposa Gaudiosa, con la que había tenido dos hijos: Favila, su sucesor, y Ermesinda. En tiempos de Alfonso X «el Sabio» (siglo XIII) se trasladaron los restos mortales de Pelayo a la cueva de Covadonga.

FAVILA (737-739), EL SUCESOR DE PELAYO

A Pelayo le sucedió su hijo Favila o Fafila, quien de inmediato construyó sobre un túmulo funerario un templo en honor de la Santa Cruz, para albergar la Cruz que forjó su padre durante la batalla de Covadonga. Fue la primera iglesia consagrada en el reino de Asturias. No se tienen noticias de actuaciones contra los musulmanes durante este corto reinado.

Favila murió al ser atacado por un oso mientras cazaba en Llueves. Era normal que los nobles jóvenes, como prueba de su valor, diesen muerte a un oso y en esa hazaña el joven rey se expuso demasiado y la imprudencia le llevó a la muerte. Aunque también puede ser que fuese asesinado tras alguna intriga política. Su cuerpo se enterró en la iglesia de la Santa Cruz de Cangas de Onís, junto a su esposa Froiluba, con la que tuvo dos hijos. Es posible que su hija fuese Favinia, quién al parecer contrajo matrimonio con el duque Luitfred III de Suevena. El sucesor de Favila fue su cuñado Alfonso I.

El Ateneo Republicano de Asturias, tal vez en clave humorística, considera que el oso que terminó con la vida del rey Favila fue el primer republicano de España y celebra la fiesta del Oso Regicida en el mes de mayo.

ALFONSO I (739-756), «EL CATÓLICO»

Dado que los hijos del fallecido rey Favila eran muy pequeños, asumió el reino de Asturias su cuñado Alfonso, casado con Ermesinda, hija de Pelayo. Alfonso, hijo del conde Pedro de Cantabria, parece que nació en Tricio en 693, en La Rioja, donde residía su padre.

Con Alfonso I se consolidó la monarquía asturiana, principalmente porque durante la época que le tocó reinar sus enemigos musulmanes, que estaban enfrentados en guerras civiles, no le hostigaron. En efecto, en al-Ándalus se inició una rebelión por el malestar de los bereberes como consecuencia del desequilibrado reparto de las tierras conquistadas. Los árabes, en minoría, llamaron a los sirios, que después de apaciguar a los bereberes se establecieron en el sur de al-Ándalus (Andalucía y El Algarve portugués).

Posteriormente, sucesivas rebeliones de los bereberes y la gran sequía de 750-753 provocaron el despoblamiento de las tierras de secano del Duero, al sur de la cordillera Cantábrica. Ello fue aprovechado por Alfonso I para, mediante guerrillas y durante casi dos décadas, acompañado por su hermano Fruela, conquistar Galicia, el norte de Portugal (Porto y Braga), León, Astorga, Salamanca, Zamora, Ávila, Segovia, la vertiente sur de la cordillera Cantábrica —el valle del Duero— y los territorios de Álava, La Bureba (Burgos) y La Rioja. Estas zonas, teóricamente en poder de Alfonso I, quedaron despobladas por la falta de medios militares y humanos del rey asturiano y se convirtieron en regiones fronterizas desérticas, en tierra de nadie, y durante décadas fueron escenarios de encarnizadas luchas.

La realidad es que a Alfonso I solo le interesaba el dominio de la Galicia septentrional y asegurar pasos estratégicos hacia la Meseta y el valle del Ebro. Después, en un futuro más o menos lejano y de forma lenta, los cristianos fueron colonizando parte de las tierras vacías señaladas. Empezaron por la construcción de numerosas fortalezas en el valle del Mena y sus aledaños, para protegerse de los musulmanes, quienes las llamaban *al-quila* (castillo), naciendo así la primera mención del nombre de Castilla.

Por otra parte, Alfonso I se preocupó mucho de engrandecer y enriquecer Canga de Onís y dio un gran impulso a la vida cristiana con la construcción del monasterio de San Pedro de Villanueva, así como el de Santa María de Covadonga, lo que le valió el sobrenombre de Alfonso I «el Católico».

Tras su muerte, a Alfonso I se le sepultó en la Santa Cueva de Covadonga, junto a su esposa Ermesinda. El matrimonio tuvo tres hijos: Fruela, Vimarano y Adosinda, que se casó con Silo, miembro de la nobleza local de Pravia. Además, Alfonso I, después de enviudar, de sus relaciones con una esclava musulmana, tuvo otro hijo llamado Mauregato.

FRUELA I (757-768), «EL CRUEL»

Coincidiendo con el ascenso de Abd al-Rahman I en al-Ándalus, en el reino de Asturias, a la muerte de Alfonso I, accedió al trono su hijo Fruela I, nacido en Cangas de Onís en 722, con los problemas internos de la heterogeneidad del reino astur: núcleo cántabro-astur, Galicia y Vasconia. Desde niño se le asoció al trono de su padre y desde muy joven parece que participó, junto a él y a su tío Fruela de Cantabria, en diversas campañas contra los musulmanes. Al acceder al trono, por elección nobiliaria, tuvo que enfrentarse a sendas rebeliones en Galicia y Vasconia. Llegó a una alianza con los vascones al casarse en el año 760 con su prima, la alavesa Munia, hija del señor vascón de Gascuña llamado Lope y de una hija de Fruela de Cantabria, aunque hay quien opina que a Munia, de espectacular belleza, la hizo suya después de tenerla prisionera. Esta dio a luz a Alfonso, futuro Alfonso II «el Casto», y a Jimena.

En al-Ándalus, como ya se ha mencionado, en estos momentos el hombre fuerte era Abd al-Rahman I. Este fue el único de la familia Omeya que sobrevivió al golpe de estado que en Damasco dio Abd Allah en el año 750, tras el cual trasladó la capital a Bagdad. Abd al-Rahman, con veinte años, huyó hasta el norte de África, llegando a Ceuta, desde donde pasó a al-Ándalus, desembarcando en Almuñécar (Granada) en 755. Aprovechando las tensiones entre los diferentes clanes y tribus de bereberes, árabes y sirios, reclutó un pequeño ejército con el que venció al gobernador Yusuf, después, en Archidona, se proclamó emir independiente de Bagdad y a continuación se trasladó a Córdoba. Entre el primer gobernador de al-Ándalus, Abd al-Aziz (714-716, hijo de Musa) y Abd al-Rahman I (756-788) hubo hasta veinte gobernadores dependientes de Damasco.

Durante los treinta y dos años que duró el emirato de Abd al-Rahman I se consolidó la paz, tras continuados combates contra muchas rebeliones internas, para lo que tuvo que reclutar un ejército de unos cuarenta mil guerreros, la mayoría mercenarios. Con el tiempo se reorganizó y fortaleció el emirato y, aunque no se había apagado el fuego de algunas rebeliones internas, entonces el emir consideró oportuno reanudar la presión bélica contra Asturias, intensificando las incursiones de los musulmanes, aunque el rey asturiano salió victorioso en muchas de ellas. Fruela I logró una importante victoria en Pontuvio (actual Puentedeume, Galicia) en 757-758, donde fue capturado y degollado Omar, el hijo de un primo hermano del emir. Esa victoria le permitió a Fruela I avanzar hacia el sur, llegando al alto y medio Miño, donde construyó nuevos edificios religiosos y pudo repoblar algunos lugares en Galicia, hasta llegar el río Miño, que marcó la frontera suroccidental del reino asturiano. Solo años después, en 766-767, los musulmanes pudieron realizar con éxito expediciones de castigo a tierras de Álava.

En esta tesitura, Abd al-Rahman I, atosigado por los problemas internos en al-Ándalus y viendo la dificultad de colonizar el reino cristiano de Asturias, rodeado de montañas y con un frío y húmedo clima, optó por fijar la frontera en el río Duero. Quedó una amplia zona de tierra de nadie, por lo que solo permaneció el conflicto directo entre cristianos y musulmanes en el valle del Ebro y Cataluña. Por entonces al-Ándalus se dividió en tres provincias militares o marcas, con capitales en Zaragoza, Toledo y Mérida, con sus respectivos gobernadores de frontera.

Por su parte, el rey Fruela procedió a restablecer la disciplina eclesiástica, prohibiendo los matrimonios a obispos y presbíteros, lo que le hizo ganar muchos enemigos, a los que castigó incluso físicamente y con encierros permanentes en los conventos. También dio muerte a su hermano Vimarano, con sus propias manos, porque ambicionaba el trono astur, apoyado por una amplia mayoría de la nobleza. Por esto y por otros episodios de crueldad y por protagonizar acciones de autoritarismo, el rey consiguió la enemistad de la aristocracia y el sobrenombre de «el Cruel». Tratando de reparar el daño causado, se encargó de criar a su sobrino, Bermudo, como un hijo propio. Pero, aun así, Fruela finalmente fue asesinado en Cangas de Onís por sus propios partidarios, los nobles de la casa de Cantabria.

Fruela es considerado como el fundador de la ciudad de Oviedo, construyó diversos monasterios de la orden de San Benito, entre ellos el de San Vicente, que puede considerarse como el origen de la ciudad. Puede que también ordenase construir varios templos en honor del Salvador, de San Julián y de Santa Basilisa. Igualmente erigió, en el año 759, un convento femenino en San Miguel de Pedroso (Burgos), en la frontera este del reino, donde un fuerte núcleo cristiano-visigodo resistió a la invasión musulmana gracias al amparo de los montes de Ayago y de la sierra de la Demanda.

Tras la muerte de Fruela, su esposa Munia se vio obligada a retirarse a su tierra natal, mientras que su hijo Alfonso, con ocho años, se refugió en el monasterio de Samos (Lugo) donde pasó parte de su infancia. Años después volvió a la corte, donde ejerció tareas de gobierno, durante el reinado de su tío Silo, pasando después, en 783, al lado de su madre en Álava.

La sepultura de Fruela se labró en la iglesia de San Salvador de Oviedo, que él mismo había construido. Después también, en la misma tumba, se sepultó su esposa Munia. En el año 794 la iglesia fue saqueada y destruida por los musulmanes y posteriormente su hijo Alfonso, ya como Alfonso II de Asturias, ordenó la reconstrucción del templo y trasladó los restos mortales de Fruela I a la Capilla del Rey Casto en la catedral de Oviedo.

AURELIO (768-774), «EL DE EL ENTREGO»

A Fruela I le sucedió su primo Aurelio (768-774), nacido en el año 740 en el actual municipio de San Martín del rey Aurelio. Fue hijo de Fruela de Cantabria, que era hermano de Alfonso I. Este reinado y los de sus tres sucesores —Silo, Mauregato y Bermudo I— son considerados como una etapa oscura de veintitrés años, en la que se replegó el reino de Asturias. Este periodo de tiempo es conocido como la época de los «reyes holgazanes», porque no llevaron a cabo acciones bélicas de importancia contra el emirato cordobés.

Estos reyes se conformaron con pagar impuestos a los musulmanes para que los dejaran en paz. Aunque si es cierto que durante ese periodo se llevaron a cabo relevantes y decisivas transformaciones relativas a cuestiones internas del reino astur.

Aurelio, que al parecer no tenía esposa ni hijos, fue uno de los nobles que apoyó la causa de Vimarano y, tras el asesinato de este por parte de su hermano, el rey Fruela I, se colocó a la cabeza de los nobles que posteriormente asesinaron al rey astur. Inmediatamente después del asesinato, Aurelio ascendió al trono por aclamación y prácticamente sin oposición.

El reinado del nuevo rey Aurelio también coincidió con una pacífica época de Abd al-Rahman I, que estaba ocupado en sofocar rebeliones internas en al-Ándalus, y al que le vino muy bien que Aurelio le propusiese pactos de paz a cambio de importantes tributos monetarios y en especies. En efecto, al parecer, Aurelio negoció con el emir la entrega de una serie de doncellas en un determinado lugar del reino asturiano a cambio de la paz; después ese lugar tomó el nombre de El Entrego (Asturias). Por otra parte, Aurelio también tuvo que enfrentarse a una rebelión de esclavos, por la gran presión fiscal a que estaban sometidos, a los que aplacó e hizo que volvieran a sus labores.

Aurelio murió de manera natural en el municipio asturiano de San Martín del Rey Aurelio, que entonces formaba parte de Langreo. Allí es donde vivió siempre y por tanto podría considerarse ese lugar como la capital del reino en su época. Al parecer, aunque hay en esto controversia, allí es donde reposan sus restos mortales, en la iglesia de San Martín. Pero, en efecto, hay quien opina que sus restos reposaron en Cangas de Onís y también hay quien opina que fue sepultado, junto con su padre Fruela de Cantabria, en la actualmente desaparecida iglesia de San Miguel de Yanguas, municipio situado en la provincia de Soria.

SILO (774-783), «EL NOBLE DE PRAVIA»

El sucesor de Aurelio fue el aristócrata indígena Silo, casado con Adosinda, hija de Alfonso I, por tanto, cuñado de Fruela I. Al parecer, tras su matrimonio, Silo se asoció al trono de Aurelio, en detrimento del sobrino de su esposa Adosinda, el futuro Alfonso II, que tuvo que huir al subir al trono el rey Aurelio, como ya se ha comentado. En cambio, durante el reinado de Silo, Alfonso volvió a la corte y ejerció responsabilidades de gobierno.

El reinado de Silo, como el anterior, también fue pacífico con los musulmanes de Abd al-Rahman I, pues este seguía teniendo que hacer frente a rebeliones internas y a Carlomagno en la región pirenaica, quien asedió la ciudad de Zaragoza y cuando se retiraba por Roncesvalles sufrió una gran derrota por parte de los vascones. La buena relación de Silo con el emir cordobés era debida también a que la madre del rey astur era musulmana o tal vez cristiana que había estado en Córdoba como rehén.

Por otra parte, Silo tuvo que sofocar una segunda rebelión de esclavos en Montecubeiro, o en el monte Cuperio o Cebrero, cerca de Lugo, después de la primera sufrida por Fruela I. También Silo trasladó la corte desde Cangas de Onís —o tal vez desde San Martín del Rey Aurelio— a Santianes de Pravia (Asturias). Esto indicaba, aparte de que allí Silo tenía posesiones, una mayor seguridad y prosperidad del reino, ya que la nueva sede estaba más centralizada, al final del valle del río Nalón y cerca de una calzada romana.

En el año 775 Silo donó a varios religiosos ciertas propiedades en las cercanías de Lugo. Igualmente construyó el monasterio de San Juan Evangelista en Pravia, donde fueron depositados los restos mortales de Santa Eulalia u Olalla, recogidos por el propio monarca en una expedición que realizó a Mérida. También se ha de resaltar la obra literaria llevada a cabo en 776 por Beato de Liébana, el consejero de la reina: *Traductus Apocalypsi*, de gran valor material e histórico. Beato de Liébana, la máxima figura intelectual del reino de Asturias, apoyó a Silo en contra del adopcionismo, herejía defendida por el monje Félix.

Se ha de señalar también que del reinado de Silo procede el documento medieval escrito más antiguo que se conoce en la península ibérica, el denominado «Diploma del rey Silo», donde se menciona que en el año 775 el rey donó a varios religiosos ciertas propiedades en Tabulata (actual Trabada), aldea de la plaza romana de Lucus Augusti (Lugo).

Tras su muerte, por enfermedad, Silo reposó en la iglesia de San Juan de Santianes de Pravia, que el propio monarca había ordenado construir. Posteriormente le acompañaron los restos mortales de su esposa, la reina Adosinda. También se ha considerado que los restos mortales de Silo se trasladaron, ulteriormente, al monasterio de San Juan de las Dueñas en la ciudad de Oviedo.

MAUREGATO (783-788), «EL MORO»

Antes de la muerte de Silo, que no tenía descendencia, su esposa Adosinda consiguió el trono para su sobrino Alfonso, hijo de Freula I y de la vasca Munia, al que había protegido en el monasterio de Samos, tras el asesinato de su padre Fruela I, y después lo había nombrado gobernador del Palatium, en la corte de Pravia, siendo aún muy joven. Debido a su juventud, Alfonso, tras la muerte de Silo, tuvo una fuerte oposición encabezada por Mauregato, por lo que el joven Alfonso tuvo que refugiarse en Álava con los parientes de su madre, y a su tía Adosinda se le obligó a ingresar en un convento.

Mauregato, nacido posiblemente en 719, era hijo bastardo de Alfonso I, cuya madre fue una esclava musulmana, hermanastro, por tanto, de Fruela I, Adosinda y Vimarano. Desde su nacimiento Mauregato debió ocupar un puesto destacado en la corte de su padre y siempre estuvo cerca del trono durante el reinado de su hermanastro Fruela I y de los posteriores reinados de Aurelio y Silo, lo que justifica que fuese proclamado rey de Asturias poco después de la muerte de Silo.

Parece ser que, debido a la ascendencia musulmana de Mauregato, Abd al-Rahman I le ayudó a acceder al trono astur y, según la leyenda, como agradecimiento, el nuevo rey le pagaba un tributo anual consistente en la entrega de cien doncellas a cambio de la paz con el emirato (a lo peor no fue una leyenda, sino una certeza, y a lo mejor no fueron cien doncellas, sino muchas menos).

Durante el reinado de Mauregato se mantuvo la paz con Abd al-Rahman I, que continuaba con sus problemas internos de rebeliones en al-Ándalus. Al rey asturiano se le presentó el problema eclesiástico del *adopcionismo*, iniciado por el monje Félix para intentar hacer más comprensible a judíos y musulmanes el misterio de la Trinidad. Se ha de destacar en ese reinado un gran avance en la organización administrativa del reino asturiano, principalmente en materia religiosa, reafirmándose su independencia con respecto a Toledo, que había decidido abrazar el adopcionismo. Parece ser que también durante este reinado se impulsó profundamente el culto al apóstol Santiago, gracias a la composición del Himno

Jacobeo dedicado al monarca y que se convertiría años más tarde en un importante elemento dinamizador del ideal de Reconquista.

Mauregato murió de muerte natural y su cuerpo está enterrado en la iglesia de San Juan de Santianes de Pravia, donde antes se había sepultado también el rey Silo.

BERMUDO I (788-791), «EL DIÁCONO»

A Mauregato, aunque tenía un hijo con Creusa, Hermenegildo, le sucedió el diácono Bermudo, sobrino de Alfonso I y hermano del fallecido rey Aurelio. Nació en el año 740 en Oviedo. Es posible que no fuera diácono, pero sí que hubiese conseguido votos menores, pues su padre lo había forzado a la carrera eclesiástica, ya que era un hijo segundón. Tras coronarse rey trasladó la corte desde Santianes de Pravia a Cangas de Onís, se casó con Ozenca (o Adosinda) y fueron padres de Cristina y del futuro Ramiro I, que subiría al trono después de Alfonso II, «el Casto».

Durante su breve reinado se preocupó por reconciliar a las distintas facciones nobiliarias enfrentadas en el interior del reino. Pero respecto a los musulmanes, la paz que había gozado Asturias se interrumpió cuando subió al trono el emir cordobés Hisam I (788-796), que reaccionó frente a los avances cristianos por Asturias y por los Pirineos. Hisam era el segundo de los tres hijos legítimos de Abd al-Rahman I y fue elegido por este al ser el más parecido a él, tanto en carácter como físicamente. Era culto y piadoso y fomentó los estudios teológicos y jurídicos. Debido a sus profundas convicciones religiosas, Hisam I, tras consolidar el poder, decidió acabar con los reinos cristianos peninsulares, impulsando la guerra santa. Así, tras más de veinte años de paz entre Córdoba y Asturias, Hisam atacó al unísono al reino astur por dos frentes: por Álava y las Bardulias y por Galicia. Por el primer frente nada pudo hacer Bermudo y Hisam conquistó Álava. En cambio, por el frente de Galicia, Bermudo intentó oponer resistencia; los musulmanes tras asolar amplias zonas de Galicia y conquistar Oviedo emprendieron el regreso con la idea de atacar Astorga, pero las tropas de Bermudo le salieron al encuentro en las proximidades de Villafranca del Bierzo, donde el rey asturiano sufrió una estrepitosa derrota en la batalla de Burbia. Dado el carácter de Bermudo, más proclive a los rezos y devociones que a guerrear contra los musulmanes, este revés con las tropas de Hisam I provocó su deseo de abdicar en favor del joven Alfonso, que estaba desterrado en Álava, por lo que lo hizo venir inmediatamente para que asumiera el mando de los ejércitos. Después, tras negociar con los nobles, renunció a su cargo y favoreció la elección de Alfonso II, que aceptó la responsabilidad de reinar después de años de destierro. Bermudo, después de dejar el poder, abandonó a su esposa y regresó a sus antiguas ocupaciones eclesiásticas, aunque permaneció junto al nuevo rey como consejero hasta su muerte. Tal servicio prestó al nuevo rey que este en agradecimiento asoció al trono al hijo de Bermudo, Ramiro.

Bermudo murió de muerte natural a los cincuenta y siete años, pasando a la historia como un rey generoso, magnánimo e ilustrado, que demostró gran bondad e inteligencia al abdicar. Sus restos mortales parece ser que se encuentran en la catedral de Oviedo, en la Capilla del Rey Casto, aunque algunas crónicas señalan que fue sepultado en la ermita de Ciella, junto con su esposa y su hija, donde sus restos permanecieron hasta que Alfonso VII de León ordenó trasladarlos al monasterio de San Juan de Corias.

El rey Bermudo I es el ascendiente real más remoto que entronca, generación tras generación, con el actual Felipe VI de España. Por ello puede considerarse que la monarquía reinante en España es la segunda más antigua del mundo, solo por detrás de la japonesa.

ALFONSO II (791-842), «EL CASTO»

Como ya se ha comentado en párrafos anteriores, Alfonso, que había nacido en Oviedo en el año 760, tras el asesinato de su padre Fruela I se refugió en el monasterio de Samos (Lugo), con solo ocho años, donde vivió parte de su infancia; después pasó, durante el reinado de sus tíos Silo y Adosinda, a ejercer tareas de gobierno en la corte de Pravia, pero a la muerte de Silo, aunque su tía Adosinda y parte de la nobleza lo auspiciaron al trono, fue destronado de inmediato por los partidarios de Mauregato en el año 783, teniendo que refugiarse en Álava, junto a su madre Munia, que allí permanecía desde la muerte de su esposo Fruela I.

Al acceder al trono, Alfonso II trasladó la capital desde Cangas de Onís a Oviedo, que además de ser su patria chica estaba protegida por los montes cercanos y situada en una posición más centrada que Cangas de Onís o Pravia. Después engrandeció la ciudad con un estilo propio, que constituyó el origen del arte prerrománico asturiano. Así, construyó un palacio con la Cámara Santa, que guardaba reliquias rescatadas del antiguo reino visigodo, la catedral de San Salvador, la iglesia-panteón real de Santa María del Rey Casto, las iglesias de San Juan Bautista —actual San Pelayo—, Santa Leocadia y San Tirso, el monasterio de San Vicente y la muralla que los protegía, y fuera de ella la iglesia y residencia real de San Julián de los Prados (Santullano), así como las iglesias de San Pedro de Nora y Santa María de Bendones.

Con respecto a los musulmanes, Alfonso II, debido a su largo reinado, tuvo que soportar los gobiernos de los emiratos de Hisham I (788-796), Al-Hakam I (796-822) y Abd al-Rahmam II (822-852).

Poco después de subir al trono, en 792-793, Alfonso II sufrió una nueva expedición musulmana por parte de Hisham I hacia Álava y otra hacia Asturias. Los musulmanes llegaron con saqueos hasta la recién nombrada sede regia de Oviedo, pero, cuando iniciaban el regreso, Alfonso los sorprendió y derrotó en la zona pantanosa de Lutos (Asturias, 794). Al año siguiente nuevamente los musulmanes llegaron y saquearon Oviedo, pero sin derrotar totalmente al reino. En 796 de nuevo lo intentaron sin éxito y desde entonces ningún ejército musulmán volvió a pisar tierras astures, dándose por terminada la reconquista de aquellos lugares.

El emir cordobés Al-Hakam I, segundo hijo de Hisam I, heredó el emirato con veintisiete años. Posiblemente fue el más cruel de todos los gobernantes musulmanes y más aficionado a la bebida que a la oración; se cuenta que le decían: «¡Borracho, ven a rezar!». Tuvo que enfrentarse a numerosos conflictos internos: problemas dinásticos con sus tíos y, sobre todo, las importantes rebeliones en Toledo (la jornada del Foso), Córdoba (la jornada del Arrabal) y Mérida, a las que sofocó con una extrema crueldad.

En lucha con los cristianos, Al-Hakam I obtuvo victorias en la zona de la futura Castilla, llegando hasta Cantabria, y en Barcelona. Pero no pudo evitar las pérdidas de Lisboa (798), a manos de los cristianos astures, y de varias localidades del noreste peninsular, a favor de los francos. Lisboa fue después reconquistada por el hijo del emir, quien llegó hasta Coímbra.

A principios del siglo ix las expediciones musulmanas a tierras cristianas se vieron dificultadas por las rebeliones internas de los musulmanes y por la unión de diversos frentes cristianos. Se llegaron a constituir alianzas entre Alfonso II de Asturias, los gobernantes de Pamplona y los carolingios de Cataluña.

Tras una larga crisis interna del reino asturiano, desde 801 a 808, en la que el rey se vio obligado a retirarse al monasterio de Ablaña (Asturias), ante la presión de un grupo nobiliario, Alfonso II volvió de nuevo al trono. Después sometió al reino a una profunda organización política y eclesiástica, que le sirvió para reforzar el poder monárquico y la dinastía alfonsina y declarar claramente la independencia del reino frente a cualquier intento de la hegemonía de los carolingios, que presionaban desde Cataluña. Pero además Alfonso II tuvo contactos cordiales con el emperador Carlomagno, si bien esto pudiera deberse a la necesidad de obtener su apoyo para mantener la integridad de su reino frente al ataque de los musulmanes y/o porque a ambos monarcas les interesaba estar unidos frente a la herejía *adopcionista*; su relación fue tan estrecha como para que Alfonso II llegase a desposarse con Berta, que era hija, o tal vez solo pariente, de Carlomagno.

El sucesor de Al-Hakam I, Abd al-Rahman II, de treinta años, fue mecenas de médicos, filósofos, astrólogos, químicos, poetas y músicos, amó el fasto, la caza y sobre todo a las mujeres, como lo confirma su larga descendencia de ochenta y siete hijos legítimos. Fomentó las ciencias, las artes, la agricultura y la industria, fue el primero en acuñar monedas en Córdoba y creó una gran biblioteca, al tiempo que sostuvo correspondencia con soberanos de muchos países. Enriqueció Córdoba, llenándola de suntuosos edificios y obras civiles; también amplió la mezquita. Durante su emirato, además de los problemas internos de pretensiones dinásticas, de religiones, clanes, razas, castas y tendencias, se tuvo que enfrentar con los vascones en Pamplona, con los francos en

Cataluña, con los muladíes —cristianos conversos al islam para seguir en sus tierras y pagar menos impuestos— en el valle del Ebro y en Mérida y con los mozárabes —cristianos que permanecieron en territorio musulmán— en Córdoba.

En lucha con los cristianos de Asturias, Abd al-Rahman II dirigió campañas veraniegas contra el rey Alfonso II, principalmente por Álava y Galicia, como lugares más vulnerables del reino asturiano, pero el resultado de estas actividades bélicas fue el fortalecimiento del reino de Asturias al ganar batallas en Narón o Nalón (La Coruña) y Anceu (Pontevedra) (825), con lo que se afianzaron dominios en Galicia, Astorga, León y la naciente Castilla, con una incursión en Medinaceli (Soria, 833). Puede decirse, pues, que Alfonso II consolidó la presencia cristiana en Galicia, León y Castilla y, en efecto, muchas familias de campesinos ocuparon tierras gallegas, del valle del Duero y de las Bardulias, al norte de Burgos.

La tradición señala que durante el reinado de Alfonso II se descubrió la tumba del apóstol Santiago en la pequeña aldea de Iria Flavia (La Coruña, 814). Al parecer, el monje Pelayo afirmó que unas estrellas le condujeron a un lugar en el bosque, que se denominó *Campus Stellae*, es decir, Campo de Estrellas, que después derivó en Compostela. En ese lugar encontró una tumba que asoció a la del apóstol Santiago, que según la tradición había llegado a Galicia. Enterado el rey, partió de inmediato hacia allí con su séquito desde Oviedo, lo que constituiría la primera peregrinación, siendo el rey el primer peregrino. Una vez allí ordenó construir una pequeña iglesia para albergar la tumba del apóstol, sobre la cual se construiría la actual catedral de Santiago de Compostela. La noticia se difundió rápidamente traspasando los Pirineos y organizándose, todavía en vida del monarca, peregrinaciones peninsulares, es decir las primeras rutas del conocido Camino de Santiago. Además, este descubrimiento favoreció mucho el avance cristiano hacia el sur, buscando el río Duero.

Alfonso II murió sin descendencia y virgen, pues ni con su esposa Berta mantuvo relaciones íntimas, de ahí su apodo, «el Casto». Recibió sepultura, junto a su esposa, en el panteón de los reyes de la iglesia de Nuestra Señora del Rey Casto de Oviedo, que el propio monarca había ordenado erigir.

RAMIRO I (842-850), «LA VARA DE LA JUSTICIA»

A la muerte de Alfonso II de Asturias le sucedió Ramiro I, nacido en 789-790, hijo del fallecido rey Bermudo «el Diácono» y de Ozenda. Desde su infancia Ramiro estuvo en la corte de Alfonso II, quien lo tenía en alta estima y se esforzaba en prepararlo para que le sucediera, ya que no pensaba tener hijos. En la corte recibió una esmerada educación tanto militar como cultural, llegando a ser un gran amante del arte. En 829, con treinta y siete años, se le asoció al trono y en 830 se envió a Galicia como gobernador.

En el momento de la defunción de Alfonso II, Ramiro se encontraba en el territorio de la futura Castilla, en las Bardulias, contrayendo segundas nupcias con Paterna. Lo aprovechó su cuñado (por parte de su primer matrimonio, o puede que solo fuese pariente), el poderoso noble Nepociano, para rebelarse, apoyado por los nobles Aldroito y Piniolo y por astures y vascones, pero este fue anulado en Cornellana, en el puente del río Narcea (Asturias), por el ejército que Ramiro reunió en Galicia, a las puertas de Lugo. Al parecer, el ejército rebelde se negó a luchar, por lo que Nepociano tuvo que huir. Con posterioridad, fue apresado, cegado y encerrado en un monasterio.

Ramiro I había contraído su primer matrimonio sobre el año 820 con Urraca, posiblemente de origen vasco-navarro, dando como fruto al heredero Ordoño y al parecer varios hijos más. Del segundo matrimonio, con Paterna, nacieron García y Aldonza (ciega); también, aunque es poco probable, de este segundo matrimonio parece que nació el que sería después el conde Rodrigo de Castilla, si bien este título puede que no fue por ser hijo de los reyes, sino por otras vinculaciones a la realeza asturiana por parte de su madre. También es posible que Ramiro I fuera el padre de Gatón, conde de Astorga y del Bierzo.

Después de la derrota de su cuñado, el rey asturiano tuvo que hacer frente a otras dos conjuras nobiliarias: la primera encabezada por Aldroito, quien tras ser vencido acompañó a Neopociano en su celda; y la segunda instigada por Piniolo, que sería ajusticiado junto a sus siete hijos. También los piratas normandos se presentaron en la costa de Gijón en 844, aunque no se sabe bien si allí desembarcaron, pero sí que prosiguieron hasta el Faro de Brigantium (La Coruña), donde se rechazaron, y entonces pasaron a otros lugares en al-Ándalus. Igualmente, Ramiro I combatió el bandolerismo y la magia, práctica esta última indicativa del paganismo de la región. Por actuar con energía ante tantos frentes, a Ramiro se le nominó «vara de la justicia».

Respecto a los musulmanes, Ramiro I vivió una época tranquila, tras la activa vivida por su predecesor, debido principalmente a los problemas internos que tenía el emir Abd al-Rahman II. Una leyenda de esta esta fecha cuenta que en 844 (o tal vez 850) tuvo lugar la batalla de Clavijo —mitificación de la batalla de Albelda—, donde las tropas astures derrotaron a los musulmanes bajo la presencia del apóstol Santiago, que apareció montado en un caballo blanco. Después, en la realidad, en el año 846, aprovechando el agotamiento del emir cordobés, Ramiro I emprendió la repoblación de León, como punto para lanzar el avance hacia el Duero; pero los musulmanes cordobeses atacaron e incendiaron la ciudad después de vencer a los cristianos.

De la época de Ramiro I es la llamada arquitectura ramirense, cuyos principales exponentes son el palacio de Santa María del Naranco y las iglesias de San Miguel Lillo y Santa Cristina de Lena, este templo situado a unos treinta kilómetros de Oviedo.

Ramiro I falleció, tras sufrir altas fiebres, en su palacio de Santa María del Naranco, ubicado en el monte Naranco, muy cerca de Oviedo, y recibió sepultura en el Panteón de Reyes de la iglesia de Nuestra Señora del Rey Casto, junto a su esposa Paterna.

ORDOÑO I (850-866), EL PRIMER REY POR HERENCIA

El sucesor de Ramiro I fue su hijo Ordoño I, nacido en Oviedo en el año 821. Ordoño I fue el primer rey de Asturias que accedió al trono por herencia, no por elección de la nobleza, como había sido hasta entonces, aunque hay que matizar que en algunos casos anteriores coincidió la elección con la heredad. Pasó sus primeros años en Oviedo y a la edad de nueve años se trasladó a Galicia, donde su padre había sido nombrado gobernador por Alfonso II. En Lugo completó su educación e inició su formación militar. Cuando su padre partió hacia las Bardulias para contraer su segundo matrimonio, Ordoño quedó como gobernador de Galicia, cambiando radicalmente en esos momentos la situación debido al fallecimiento del rey Alfonso II, causa por la que el padre de Ordoño era elevado a rey de Asturias con la oposición de Nepociano, como ya se comentó antes. Mientras, Ordoño se ocupó de la formación de un ejército en Galicia que puso a disposición de su padre, quien pudo anular la pretensión del rebelde. Tras este episodio, Ordoño, con veintiséis años, quedó en Galicia como gobernador definitivo y fue entonces cuando contrajo matrimonio con Munia —posiblemente hermana de Íñigo Arista o Íñiguez, el primer rey de Pamplona—, con la que tuvo seis hijos: Alfonso —el futuro rey Alfonso III—, Bermudo, Nuño, Fruela, Odoario y Leodegundia. Es muy probable que poco después de casarse fuese asociado al trono de su padre.

Al poco de acceder al trono, Ordoño I tuvo que sofocar una rebelión de vascones, apoyados por los Banu Qasi del valle del Ebro, que buscaban la independencia tanto de Asturias como de Córdoba. Tras contener esta revuelta se enteró de que el nuevo emir Mohamed I tenía intenciones de atacar Las Bardulias, en Burgos, por lo que se dirigió a su encuentro y lo venció a orillas del río Ebro.

El emirato de Mohamed I (852-886) fue débil, pues tuvo muchos frentes que atender. Uno de ello fue el movimiento insurgente de los mozárabes de Córdoba, al que sofocó tras decapitar al cabecilla Eulogio, lo que hizo decrecer rápidamente el alzamiento, aunque después de cincuenta y tres mártires y menguar mucho la comunidad mozárabe tras su huida hacia los reinos cristianos del norte. Pero los mayores problemas los tuvo el emir con las revueltas de los muladíes: los Banu Qasi del valle del Ebro, Ibn Marwan al-Yilliqi —el «hijo del Gallego»— en la zona de Extremadura e Ibn Hafsún de Bobastro en el sur de al-Ándalus, como más relevantes.

A pesar de los problemas del emir cordobés, Ordoño I sufrió campañas organizadas por Mohamed I, pero el rey astur buscó ayudas en las alianzas con los mozárabes y muladíes de Mérida y Toledo. En el año 854 el ejército asturiano sufrió la gran derrota de Guadacelete o Guazalete (Toledo), donde al parecer murieron ocho mil asturianos y doce mil muladíes toledanos. El hecho ocurrió al producirse una sublevación en Toledo y enviar Ordoño I un ejército en su auxilio, al mando de su hermanastro Gatón del Bierzo. Después, aprovechando la situación de la continua rebeldía muladí de Toledo, con la consiguiente atención del emir cordobés, Ordoño I extendió sus dominios al otro lado de la cordillera Cantábrica y los confines gallegos, tomando León (856) y repoblando y amurallando ciudades importantes como Tuy (Pontevedra) y Astorga (León) en el año 860.

En la naciente Castilla, entre las montañas cántabras y las fortalezas levantadas en el valle del Ebro, territorio que los musulmanes llamaban *al-qila* —los castillos—, el conde Rodrigo ejerció el gobierno encomendado por su supuesto hermanastro el rey Ordoño I. En el año 860 el conde realizó repoblaciones en la zona de la fortaleza de Amaya (Burgos), después luchó al lado del rey astur en varias batallas, por lo que el emir Mohamed I se vio obligado a intervenir, enviando a su hijo Al-Mundir en 863, quien saqueó la ribera del Ebro y La Bureba (Burgos), consiguiendo la retirada del conde Rodrigo, que había intentado cortarle el paso en el desfiladero de La Morcuera (cerca de Miranda de Ebro, Burgos). Esta intervención haría retrasar unos años el avance y repoblación de los castellanos.

Entre los años 858 y 861 Ordoño sufrió ataques de los piratas normandos que llegaron a las costas gallegas y realizaron numerosas incursiones, pero todas se rechazaron. También Ordoño estableció relaciones con el reino cristiano de Pamplona, ayudando posiblemente a la liberación de su rey García Íñiguez que estaba secuestrado por los piratas normandos. Igualmente fue partícipe de alianzas con los Banu Qasi del Valle del Ebro, a los que en otras ocasiones combatió.

Ordoño I murió de gota en Oviedo y le sucedió su hijo primogénito Alfonso III. Su cuerpo se enterró en la capilla de Nuestra Señora del Rey Casto de la catedral de Oviedo, junto a su esposa.

ALFONSO III (866-909/910), «EL MAGNO»

Alfonso III, denominado «el Magno», nacido en 852, fue el último rey de Asturias o el primero del reino de León, pues en esta ciudad residió largas temporadas y al mismo tiempo en ella estaba el Consejo de Gobierno y el Tribunal de Justicia.

Su padre, Ordoño I, sometió a Alfonso a una esmerada preparación para ser un buen rey y para ello, en el año 862, lo envió a Galicia como gobernador y para continuar su formación.

Cuando Alfonso accedió al trono tuvo que enfrentarse a varios problemas internos: la sublevación del conde Fruela Bermúdez, los conatos de rebelión de los propios hermanos del rey y la revuelta de nobles vascones. Dada su juventud se vio obligado a refugiarse en la naciente Castilla, donde el conde Rodrigo, su supuesto tío, lo acogió y puso tropas a su disposición para que entrase en Oviedo y venciese al usurpador gallego Fruela Bermúdez, conde de Lugo, que había logrado el control de la ciudad astur y se había autoproclamado rey. Pero con solo la noticia de que se aproximaba Alfonso con un poderoso ejército, el conde de Lugo fue traicionado y asesinado. Después Alfonso tuvo que abortar las pretensiones dinásticas de su hermano Bermudo, quien huyó buscando el refugio de los musulmanes de al-Ándalus.

El conde Rodrigo permaneció fiel al lado de Alfonso III y en 867-868 sofocó una rebelión del alavés Egylon o Egylo, por lo que el conde consiguió el gobierno de Álava y en 870 dicho gobierno pasó al conde Vela Jiménez, y después (873) Rodrigo cedió su propio condado de Castilla a su hijo Diego Rodríguez Porcelos.

Solucionadas las cuestiones internas, Alfonso III continuó la expansión de su reino, elevándolo a la primera fila de potencias cristianas peninsulares. En efecto, Alfonso aprovechó todos los problemas internos de Mohamed I para expansionarse por Portugal, apoderándose de Oporto (868), Chávez, la zona del Miño-Duero y Coímbra (877), lo que constituía una válvula de escape para las ansias autonómicas de Galicia. También llevó a cabo una gran actividad repobladora al acoger a inmigrantes mozárabes para asentarlos en torno a las plazas fuertes de Toro y Zamora y consolidar así el río Duero como frontera meridional del reino. Después Alfonso III ocupó Castrojeriz (882), Zamora (893), Burgos, Simancas (899), Toro y Dueñas (900).

En el otro extremo peninsular, en Pamplona, la situación creada con el cautiverio en Córdoba de Fortún Garcés, hijo del rey pamplonés García Íñiguez, vino bien a Alfonso III de Asturias para estrechar lazos con el reino de Pamplona. En efecto, desde el principio de su reinado Alfonso tuvo buenas relaciones con los Arista de Pamplona —la familia de Íñigo Íñiguez— y los Banu Qasi del valle del Ebro, que nuevamente habían cambiado de chaqueta. De hecho, Alfonso III llegó a casarse, en el año 873, con la princesa Jimena de Pamplona, posiblemente hija de García Íñiguez o de Fortún Garcés, con la que tuvo ocho hijos, de entre los cuales tres fueron los primeros reyes del reino de León: García, Ordoño y Fruela, quienes en vida de su padre gobernaron la frontera centro-oriental —lo que llegara a ser Castilla—, Galicia y Portugal, y Asturias, respectivamente.

Todo ello, unido a la alianza de Alfonso III con los muladíes rebeldes de Mérida, al mando de Ibn Marwan, «el Gallego», como se comentó antes, hacía que los esfuerzos del emir cordobés por detener el avance asturiano resultasen infructuosos. En 878-879 Mohamed I se vio obligado a enviar un ejército al mando de su hijo al corazón del reino cristiano (Astorga, El Bierzo y León); este fue derrotado por el rey cristiano en Polvoraria (Zamora), en la confluencia de los ríos Órbigo y Esla, y en su retirada fue nuevamente vencido el cordobés en Valdemora (León). Además, los cristianos consiguieron Deza (Soria) y Atienza (Guadalajara). El emir se vio obligado a pagar un rescate y por primera vez a pedir la paz a un rey cristiano.

Después de tres años de tregua, en los que una tormenta destruyó la flota que el emir había preparado para atacar Galicia, Alfonso y sus aliados gallegos lo derrotaron en el monte Oxifer, junto al Guadiana. Los años siguientes, con la mayor debilidad del emir, fueron aprovechados por los asturianos para avanzar y afianzar sus dominios. En el año 881 los leoneses penetraron en el sur del Tajo y después Alfonso III, con la ayuda de los Banu Qasi, avanzó por Castilla consiguiendo Burgos en 882. Un año después el ejército musulmán fue derrotado en Pancorbo y Castrojeriz (Burgos). El emir tuvo que pedir la paz y el reinado de Alfonso III alcanzó su cenit. Tras esta paz de 883, Alfonso III se enfrentó, contando con los apoyos de Pamplona, a los intentos de restauración de la hegemonía de los Banu Qasi en el valle del Ebro.

En el año 884 firmaron una tregua Mohamed I y Alfonso III, pues ambos tenían problemas: el rey leonés sufrió la sublevación de sus hermanos Nuño, Fruela y Odoario, quienes serían cegados tras sofocar la rebelión; y el emir tenía problemas con el poderoso rebelde Ibn Hafsún en el sur de al-Ándalus.

A principios del siglo x, en el año 901, el omeya rebelde Ibn al-Qitt predicó la guerra santa y atacó Zamora, en el reino de Asturias, pero fue derrotado y muerto en la batalla, hecho que se conoce como el Día de Zamora. En estos años, el emir Abd Allah (888-912), sucesor de su hermano Al-Mundir (886-888), ambos hijos de Mohamed I, sufrió rebeliones internas. Estas algaradas propiciaron cierta tranquilidad a Alfonso III con los musulmanes, aunque también tuvo que enfrentarse a sus antiguos aliados muladíes de Mérida y del valle del Ebro.

En el último año de su vida Alfonso III tuvo que hacer frente a la rebelión de su hijo García, quien estaba apoyado por su propia familia: su madre, su esposa, su suegro Munio Núñez —conde de Castilla— y sus hermanos Ordoño y Fruela. Pero el infante García fue capturado y encerrado en el castillo de Gauzón (Asturias), aunque al poco tiempo Alfonso III se vio obligado a abdicar, después de trasladar la capital desde Oviedo a León. Entonces Alfonso III distribuyó su ya extenso reino entre sus hijos: León para García, Galicia y Portugal para Ordoño y Asturias para Fruela, aunque se ha de señalar que ninguno de sus tres hijos se proclamó rey hasta la muerte de su padre, un año después. Parece ser que las relaciones entre padre e hijos fueron siempre cordiales, de forma que, después de repartir el reino, Alfonso III pidió permiso a su hijo García para una campaña por tierras de al-Ándalus, en la que se consiguió un importante botín.

Pero este rey «Magno» no solo fue grande por sus hazañas contra los musulmanes sino también por el gran impulso que dio a la cultura y las artes. Todo ello le valió para que se le considerase como el rey más importante de la historia del reino de Asturias. Durante el reinado de Alfonso III se elaboraron las *Crónicas de Alfonso III*, la *Profética* y la *Albeldense*, que configuran el primer ciclo cronístico de la reconquista. En el plano artístico fortificó Oviedo, construyendo la Foncalada —fuente que aún existe en la ciudad moderna— y numerosas iglesias en diversos puntos del reino: San Salvador de Valdediós, San Adriano de Tuñón, Santiago de Gobiendes y San Salvador de Priesca, entre otras. También, a petición del obispo Sisnando, ordenó la construcción de la basílica de Santiago de Compostela que reemplazó el antiguo santuario que cobijaba los restos mortales del apóstol Santiago.

El rey «Magno» murió a los sesenta y dos años en Zamora, al parecer al inicio de una nueva incursión contra los musulmanes, a causa de una pulmonía. Sus restos mortales se depositaron en una urna en la catedral de Astorga hasta que se trasladaron a la iglesia de Santa María de Oviedo, para terminar en el siglo XVII en el Panteón Real de la catedral de Oviedo.

Con el traslado de la capital desde Oviedo a León, poco antes de la muerte de Alfonso III, puede decirse que comenzó el reino de León, por lo que a ese rey se le considera como el último rey de Asturias y el primero de León. Pero realmente lo que ocurrió fue la fragmentación del reino astur: León para García, Galicia para Ordoño y Asturias para Fruela, y esta división del reino era una golosina para sus enemigos, aunque por fortuna García consiguió que sus hermanos le prestasen vasallaje y se considerasen sus subordinados, por lo que terminó así la aventura separatista, al tiempo que establecía definitivamente la capital en León.

De los ciento ochenta y ocho años que duró el reino de Asturias, con doce monarcas, más de la mitad del tiempo lo ocuparon los reinados de Alfonso II «el Casto» (cincuenta y un años) y de Alfonso III «el Magno» (cuarenta y cuatro años).

III. EL REINO DE PAMPLONA

Hay quien opina, aunque hoy día está muy cuestionado, que el origen del reino de Pamplona está en el llamado ducado de Vasconia, que existió a primeros del siglo VIII bajo el dominio de los reyes francos merovingios. Comprendía el territorio existente entre el curso bajo del río Garona y la vertiente occidental de los Pirineos.

Más probable es que el reino de Pamplona surgiese en torno a la única ciudad de la zona: Pompaelo (Pamplona), construida por el romano Pompeyo el Grande en el año 79 a. C., conocida por los vascos como Iruña (la ciudad). Pamplona se construyó en el cerro que ocupa la catedral, junto a un asentamiento indígena. El reino de Pamplona puede que naciese como la unión entre dos realidades, dos sociedades: la rural de los vascones y la urbana de los hispano-romanos, primero, y de los hispano-godos, después. Así como durante el periodo de dominio romano existió concordia entre los vascones y romanos, no la hubo durante el periodo de dominio visigodo, donde se mantuvieron continuos conflictos que tuvieron que soportar varios reyes visigodos, desde Recaredo (590-601) hasta Rodrigo (710).

Después de que el rey visigodo Rodrigo fuese derrotado y muerto en la batalla de Guadalete, en 711, los musulmanes se extendieron rápidamente por la Península. Así, entre los años 712-713 los ejércitos de Tariq y Musa ya habían llegado hasta Medinaceli (Soria). Fue entonces cuando los ejércitos se separaron: el de Musa se dirigió al noroeste y el de Tariq hacia el noreste, llegando este último hasta Zaragoza y la zona del curso medio y alto del Ebro, donde al parecer murió el rey visigodo Agila II, que reinaba el noreste de Hispania y el sur de la actual Francia, es decir las provincias de Iberia y Septimania. Su sucesor fue Ardo

(713-720), quien sería el último rey visigodo. En esta zona del Ebro Tariq aceptó un pacto de sumisión del conde de la familia Casio, en la región de Tarazona. Desde ese momento esta familia se convirtió al islam (muladíes) y se hizo vasalla de los emires-gobernadores cordobeses con el fin de conservar sus dominios (Tudela, Tarazona, Egea de los Caballero, Borja, Nájera, Arnedo y otras localidades circundantes). Fue el inicio de la dinastía Banu Qasi («hijos de Casio»), también denominados «los renegados del Ebro», quienes fueron excelentes diplomáticos y valientes guerreros durante dos siglos.

Después de que Musa y Tariq fuesen llamados por el califa de Damasco para dar cuenta de los botines conseguidos en Hispania, del posterior gobierno de al-Ándalus por el hijo Abd al-Aziz de Musa y del asesinato de este, fue nombrado gobernador de al-Ándalus Ayyub y a los seis meses fue sustituido por Al-Hurr (716-719). Este realizó una incursión contra los vascones en Tudela y llegó a un acuerdo de capitulación con Pamplona en 718, mediante el cual los pamploneses pagaban un tributo a los musulmanes a cambio de conservar propiedades, tradiciones, cultura y religión.

Años más tarde los conquistadores musulmanes, tras descalabros en el sur de Francia y el poco interés que para ellos tenía el territorio abrupto y pobre de la cornisa cantábrica, se conformaron con el conquistado reino visigodo, aunque cobrando impuestos a los cristianos de las zonas del Cantábrico y los Pirineos para evitar el hostigamiento, dejando a veces también guarniciones militares, como fue en el caso concreto de Pamplona entre los años 734 y 741.

Como ya se comentó en capítulo 2, en 750 Abd Allah dio un golpe de estado en Damasco, aniquiló a la familia Omeya y trasladó la capital a Bagdad. Solo se salvó el joven Omeya Abd al-Rahman, que huyó al norte de África y después pasó a al-Ándalus, desembarcando en Almuñécar, desde donde reclutó un ejército con el que venció al gobernador Yusuf, y tras su victoria se proclamó emir independiente del califato de Bagdad en el año 756.

Años más tarde, en 777, Al-Siqlabi, enviado por Bagdad, desembarcó en la costa murciana de Teodomiro, se dirigió a Barcelona y entró en contacto con el gobernador independiente Sulayman de Zaragoza y con un hijo del fallecido gobernador Yusuf. Juntos se sublevaron en la ciudad catalana, que no consiguieron someter, por lo que solicitaron una alianza al rey franco Carlomagno. Este, que ansiaba expansionarse hacia el sur, aprovechó la ocasión y cruzó los Pirineos. Pero los sublevados de Barcelona, a pesar de haber pedido su ayuda, le negaron su apoyo. Entonces Carlomagno continuó su camino, con intención de tomar Zaragoza, algo que no consiguió, pero si conquistó Huesca y Pamplona, a la que destruyó para evitar futuras rebeliones. Luego, como se refirió en el capítulo anterior, se vio obligado a volver a Francia para sofocar una sublevación en Sajonia, pero en la retirada fue vencido por los vascones en la batalla de Roncesvalles (Navarra, 778), en la que pereció Roldán, el famoso héroe de la *Chanson de Roland*.

Después, posiblemente en 781, el emir Abd al-Rahman I (756-788) recuperó el poder en Zaragoza y, a continuación, pasó a la comarca de Calahorra, tomó Viguera, se apoderó del castillo del vascón Jimeno «el Fuerte» y se dirigió luego a Pamplona, a la que devastó, volviendo a continuación a Zaragoza y posteriormente a Córdoba.

Al principio de su emirato, Hisam I (788-796), sucesor de Abd al-Rahmam I, tuvo que hacer frente a la sublevación de sus hermanos Sulayman, gobernador de Toledo, y Abd Allah. Venció al primero en Jaén, con la ayuda del muladí Musa Ibn Fortún, Musa I, de la familia Banu Qasi del valle del Ebro; después Hisam I perdonó a sus dos hermanos y los desterró al Magreb y desde entonces el gobierno del emir se caracterizó por una relativa paz interior, por lo que pudo reaccionar frente a los avances de los cristianos por Asturias y los Pirineos.

Musa I también ayudó a Hisam I contra el levantamiento de Al-Husayn en el valle del Ebro, cerca de Tortosa (Tarragona), al que mató en la batalla. Acto seguido, Musa I se apoderó de Zaragoza y fue muerto por un liberto de Al-Husayn y el emir recompensó a la familia de Musa I nombrando gobernador de Pamplona a su hijo mayor, Mutarrif.

En el noreste peninsular, a pesar de la batalla de Roncesvalles y de la reacción del emir Hisam I, quien conquistó Gerona y Narbona, Carlomagno no claudicó y creo una provincia en Hispania, que comprendía los territorios que van desde Pamplona hasta Barcelona, pasando por Zaragoza. Sus sucesores tutelaron diversos condados satélites a este lado de los Pirineos.

ÍÑIGO ÍÑIGUEZ O ENEKO ARISTA (824-852), EL PRIMER REY DE PAMPLONA

Íñigo Íñiguez, apodado Arista (del vasco aritza, que significa roble o resistente), nació en el año 771. Parece ser que su abuelo, puede que bisabuelo o tatarabuelo, fue Jimeno el Fuerte, quien posiblemente tuvo dos hijos, aunque puede que fuesen nietos o bisnietos: García Jiménez, quien al parecer se suicidó, e Íñigo Jiménez, padre de Íñigo Íñiguez. Algunos autores consideran que Jimeno «el Fuerte», conde de Bigorre en los territorios que se extendían desde Pamplona hasta los valles altos de los Pirineos, fue el origen de dos dinastías: la de Íñigo Íñiguez o Eneko Arista —la dinastía Íñiga o Arista— y la de Sancho Garcés I —la dinastía Jimeno—. La madre de Íñigo Íñiguez fue Onneca, quien al quedar viuda a los dieciséis años se casó con Musa I, de los Banu Qasi, de cuyo matrimonio nacieron Mutarrit, Fortún y Musa, en el futuro Musa II, hermanastros, por tanto, de Íñigo Íñiguez. Este se casó con Onneca o Toda, quien es posible que fuera una hija del conde Aznar I Galíndez de Aragón. Tuvieron cuatro hijos: García Íñiguez, el primogénito; Galindo Íñiguez, quien huyó a Córdoba y fue amigo del mozárabe Eulogio; Assona, que se casó con su tío Musa II, y Nunila, la pequeña, que fue la segunda esposa del conde García «el Malo» de Aragón.

A finales del siglo VIII, en Pamplona, su gobernador Mutarrif, hijo de Musa I, se encontró con una ciudad revuelta, principalmente porque Velasco de Gascón, partidario de los francos de Carlomagno, se oponía al emir cordobés Hisham I. En 799, en una visita a los territorios del norte de Pamplona, Mutarrif fue asesinado y su cabeza se mostró a sus partidarios, que desmoralizados cedieron el poder a Velasco.

Aproximadamente en el umbral del año 800, en Zaragoza ejercía el poder un rebelde contra el nuevo emir cordobés Al-Hakam I y en Pamplona regía Velasco. Ante estas circunstancias, los Banu Qasi se reunieron con Íñigo Íñiguez cerca de Isaba, dominio de Íñigo, que era originario del valle Zalazar, entre los ríos Irati y Aragón, en la fortaleza de Rocaforte, donde, para evitar el posible ataque de los francos y la réplica del emir cordobés con la consiguiente destrucción de cosechas y ciudades, decidieron atacar conjuntamente Pamplona, aprovechando que un hijo de Carlomagno, Ludovico, luchaba en Barcelona y que el emir cordobés realizaba una aceifa contra los asturianos. Pamplona, sin murallas, pues las destruyó hacía años Carlomagno, fue derrotada y Velasco tuvo que huir.

Por otra parte, en 803, Íñigo Íñiguez veía con preocupación cómo la barrera que los Banu Qasi ejercían entre él y el emir cordobés se disipaba si la familia de los Banu Amrús se hacían dueños del valle del Ebro, como era lógico pensar dado el poderío que estos tenían, pues ahora dominaban Tudela. Por eso, de común acuerdo, los vascones de Íñigo Íñiguez y los Banu Qasi se reunieron en Pamplona y planearon apoderarse de Tudela. Mediante infiltrados de los Banu Qasi en esta ciudad y el auxilio de las tropas de Íñigo Íñiguez, apresaron a Yusuf Amrús, que fue llevado a Pamplona, mientras Zahir, hermano del fallecido Musa I, se proclamó gobernador de Tudela. Pero poco después un primo de Yusuf Amrús se desplazó con sus tropas desde Huesca a Pamplona, liberó al cautivo Yusuf y presionó a los Banu Qasi, por lo que estos tuvieron que abandonar Tudela y volver nuevamente a Arnedo.

En 806 se reunieron los Banu Qasi, Yusuf Amrús e Íñigo Íñiguez y tras conversaciones para alcanzar una alianza ante las posibles amenazas del franco Ludovico y del rey Alfonso II de Asturias y al mismo tiempo aliarse con el emir Al-Hakam I o con los francos, no consiguieron llegar a ningún acuerdo. Invitaron entonces a los Banu Qasi a volver a Tudela, aunque bajo el gobierno de Yusuf Amrús, lo que aceptaron de inmediato. Mientras, algunos líderes de la zona de Pamplona se opusieron al dominio de los musulmanes y se incorporaron al imperio carolingio de Ludovico Pío, siendo el conde Velasco repuesto en el poder en Pamplona, por lo que Íñigo Íñiguez se vio obligado a refugiarse en las montañas.

Sobre el año 812 el intercambio de embajadas entre la Pamplona de los francos y Asturias dio pie a que Musa ibn Musa (Musa II, hijo menor de Musa I), líder ahora de los Banu Qasi, pidiera al emir cordobés una aceifa sobre Pamplona, que no se llevó a cabo hasta cinco años después por las malas cosechas y la hambruna. Mientras tanto Musa II estrechó lazos con su hermanastro Íñigo Íñiguez, que estaba en las montañas, casándose con la hija de este, Assona.

Años después, en dos ocasiones y aliados con los asturianos, los francos actuaron contra los vascones de Íñigo Íñiguez, apoyados estos por los Banu Qasi y el emir cordobés; en la segunda ocasión, en 816, los francos fueron derrotados por los musulmanes de Álava y resultó muerto Velasco de Gascón, lo que permitió la vuelta de Íñigo Íñiguez a Pamplona y la recuperación del poder por parte de este.

En 817 el emir cordobés lanzó por fin una aceifa contra los cristianos del norte, acompañado por los ejércitos de Íñigo Íñiguez y de Musa II. Atacaron primero en las tierras de Pamplona, que tras conquistarlas dejaron al cargo del hermano de Íñigo Íñiguez, de nombre Fortún o Fortuño, y después pasaron a Álava donde vencieron a los asturianos.

Sobre 820 Musa II recibió una delegación de García de Cerretania, más conocido como García «el Malo», que le propuso combatir a su exsuegro Aznar I Galíndez de Aragón —«el Malo» había abandonado a la hija de este tras asesinar a su cuñado Céntulo—, lo que les pareció bien a Musa y a Íñigo Íñiguez, pues así dejarían de preocuparse por la debilidad del flanco oriental de Pamplona, que estaba apoyado por los francos, que ahora estaban ocupados con una rebelión de los gascones. García «el Malo» dirigió las tropas conjuntas de Musa II y de Íñigo Íñiguez y consiguió Jaca y posteriormente se desposó con Nunila, la hija menor de Íñigo Íñiguez, mientras que Aznar I Galíndez tuvo que buscar el refugio del franco Ludovico.

Años después, en 824, un gran ejército de francos y gascones al mando de los condes Aznar I Galíndez y Eblo atacó Pamplona, donde Íñigo Íñiguez destruyó los puentes para impedir que entrasen en la ciudad, y lo mantuvo a raya en las murallas, mientras que García «el Malo» y Musa II atacaron a los francos por la retaguardia, por lo que estos se vieron obligados a huir y fueron destrozados por los vascones en las montañas y valles. Aznar I Galíndez y Eblo fueron apresados y enviados al franco Ludovico y a Córdoba, respectivamente. Así, Pamplona, los Banu Qasi del valle del Ebro y Aragón quedaron como aliados, al mando de Íñigo Íñiguez, Musa II y García «el Malo», respectivamente.

Esta derrota de los francos se considera como la segunda batalla de Roncesvalles —otra fuente dice que fue la tercera—, que dio pie al acceso al trono de Pamplona de Íñigo Íñiguez, quien al parecer fue coronado rey en Jaca. Posteriormente, el trono de Pamplona fue ocupado consecutivamente por quince monarcas, hasta que, en 1162, Sancho VI «el Sabio» cambió la denominación de reino de Pamplona por reino de Navarra.

Años después, sobre 840, un ejército cordobés de Abd al-Rahman II (822-852) marchó sobre Alfaro y luego a Calahorra, donde con anticipación también se había dirigido Musa II, que encontró allí a su cuñado García Íñiguez de Pamplona, pues el padre de este, Íñigo Íñiguez, ya estaba mayor y no gozaba de buena salud. De común acuerdo Musa II y García Íñiguez tendieron una emboscada al general cordobés, que fue herido y apresado al igual que muchos de sus hombres, siendo encerrados en Calahorra. Después Musa II tomó nuevamente Tudela.

Ello dio lugar a una nueva aceifa de Córdoba, al mando del príncipe heredero Mohamed, quien se dirigió desde el valle del Ebro hasta Pamplona, arrasando con todo lo que no podían llevarse. Después el príncipe musulmán envió una misiva a Musa II para una negociación en el castillo de Caparroso: se liberaron los rehenes encerrados en Calahorra, concedieron el gobierno de Arnedo a Musa II y el amán para Íñigo Íñiguez, su hijo García Íñiguez y su yerno García «el Malo», y Pamplona tendría que pagar seiscientos dinares de oro anuales. Musa II comunicó los acuerdos de la negociación a Íñigo Íñiguez y a su hijo, quien ya era reacio a las relaciones con infieles como Musa II. Padre e hijo rechazaron el pago de los dinares exigidos, lo que dio lugar a una nueva aceifa contra Pamplona en 843, donde el emir se enfrentó y venció a García Íñiguez, que estaba ayudado por los Banu Qasi, García «el Malo» y los asturianos, en una sangrienta batalla en la que murió Fortuño o Fortún, su hermano Íñigo Íñiguez fue herido grave, con fractura de columna, y también Musa II, que fue auxiliado por uno de sus hijos durante varios días hasta llegar a Pamplona, donde se recuperó.

Dos años después, Íñigo Íñiguez, paralítico a causa de las heridas recibidas en 843, dejó como regente a su hijo García Íñiguez.

En Aragón, como se dijo antes, el conde Aznar I Galíndez había sido depuesto por su exyerno García «el Malo» en 824, pero en 838 Aznar, como legítimo conde de Aragón, abdicó en favor de su hijo Galindo I Aznárez, que recuperó el condado de Aragón en 844.

Después se vio involucrado en un doble frente contra los carolingios y los musulmanes de Huesca, por lo que tuvo que recurrir a García Íñiguez I de Pamplona, ya regente de su padre, lo que este aprovechó para extender el control de Pamplona de modo definitivo sobre el pequeño condado aragonés, aunque la influencia franca sobre Aragón seguiría siendo importante en los aspectos culturales y eclesiásticos.

Aproximadamente sobre 847, las tropas musulmanas de Zaragoza atacaron Pamplona, cuyos habitantes se refugiaron tras sus muros, y, después, los atacantes arrasaron los campos circundantes.

Finalmente, en 850, García Íñiguez, aún en vida de su padre, se enfrentó a una nueva expedición cordobesa contra Pamplona y Tudela, antes de suceder a su progenitor, que murió en 851-852. Este fue sepultado en el monasterio de Leire, al parecer construido en el siglo IX y refundado por el mismo Íñigo Íñiguez en 842.

GARCÍA ÍÑIGUEZ I (852-870)

García Íñiguez I, también nombrado García I de Pamplona, nació en 805 o 810 en Sobrarbe y se educó en Córdoba, lo que revelaba la buena relación de su padre con el emirato cordobés. Fue regente del reino desde 845, cuando Íñigo Iñiguez quedó paralítico al romperse la columna vertebral en una batalla en 843, como ya se comentó antes.

García Íñiguez se casó con Urraca, posiblemente hija de Fortún ibn Musa y nieta de Musa II, de los Banu Qasi, y tuvieron tres hijos: Fortún (el heredero), Sancho y Onneca, que se casó con Aznar II Galíndez de Aragón. De su segundo matrimonio, con la infanta Leodegundia, hija de Ordoño I de Asturias, también tuvo hijos: Jimena, que se casó con Alfonso III de Asturias, y Belasquita, que se casó con Mutarrif ibn Musa, hijo de Musa II; y, al parecer, tuvo varios hijos más.

En 852 ascendió al poder el emir Mohamed I y nombró gobernador de la Marca Superior a Musa II, por lo que este se estableció en Zaragoza. Mientras, García Íñiguez, ya rey y muy influido por el obispo Willesindo, cada vez se distanciaba más de su tío Musa II y empezó a mantener contactos con Ordoño I de Asturias y con los francos de Carlos «el Calvo».

En 854 se rebelaron los mozárabes de Toledo, auxiliados por los asturianos y pamploneses al mando del conde Gastón y de García Íñiguez, respectivamente. El emir convocó las fuerzas de la Marca Superior, cuya capital era Zaragoza, las que, bajo el mando de Lupp ibn Musa, hijo de Musa II, se unieron a las cordobesas y derrotaron a los cristianos en el río Guadacelete. Tras esto, Lupp ascendió al cargo de gobernador de Toledo, y Musa II volvió a Zaragoza apesadumbrado por haber tenido que luchar contra su cuñado y al mismo tiempo sobrino, García Íñiguez.

Como ya se ha comentado, García Íñiguez se casó en segundas nupcias, entre los años 858-859, con la fea hija de Ordoño I, Leodegundia, para fortalecer la alianza entre Pamplona y Asturias, lo que hizo que los Banu Qasi se distanciaran aún más de Pamplona. Poco después los vikingos, tras rodear la Península, subieron por el río Ebro y capturaron a García Íñiguez en Pamplona, aunque también puede ser que lo apresaran en algún otro lugar de la Península. Para liberarlo exigieron un descomunal rescate: setenta mil dinares de oro. Al no poder hacer frente al pago él solo, pidió ayuda a Ordoño I y también a Musa II, pero este se negó y aprovechó para ocupar la ciudad pamplonesa de Albelda. El rescate, pues, lo pagaron entre pamploneses y asturianos, aunque solo parcialmente, por lo que quedaron como rehenes de los piratas los hijos de García Íñiguez —Fortún y Sancho— hasta el pago de la totalidad del rescate. Tal llegó a ser el distanciamiento entre García Íñiguez y Musa II, que la hija de este, Auriya, y su esposo García Garcés, que residían en Pamplona, tuvieron que abandonar la ciudad y partir hacia Tudela. Ello dio lugar a que Ordoño I de Asturias, gran enemigo de los Banu Qasi, se aliase con el rey de Pamplona y entre ambos derrotaran a Musa II en la segunda batalla de Albelda, llamada también victoria de Clavijo o batalla del monte Laturce (La Rioja, año 859), donde se dice que murieron diez mil partidarios de Musa II y él mismo resultó herido y despeñado por un barranco, de donde fue recogido por un monje que lo llevó a su celda y lo curó durante muchos días, antes de volver a Arnedo.

Al año siguiente, 860, García Íñiguez asaltó varias fortalezas fronterizas, Falces, Caparroso, Santacara, Carcastillo y otras, por lo que sus habitantes tuvieron que hacerse fuertes en San Adrián y Valtierra. Entonces el emir, sin contar con los Banu Qasi, realizó una aceifa y encontró en Valtierra pruebas de insumisión, por lo que arrasó esta zona y después arrebató a los vascones todas las fortalezas conquistadas antes. Al mismo tiempo apresó al heredero pamplonés Fortún Garcés, en Carcastillo, quien fue llevado hasta Córdoba —donde permanecería junto a su hija Onneca durante veinte años, aunque con todo tipo de lujos y comodidades—, lo que garantizaría la ausencia de nuevos ataques a los musulmanes en la zona por parte de Pamplona.

Al principio de su reinado, Alfonso III de Asturias (866-910) tuvo buenas relaciones con Pamplona y con los Banu Qasi del valle del Ebro, que nuevamente habían cambiado de chaqueta y luchaban ahora junto a los cristianos. Alfonso III llegó a casarse en 868 con la princesa Jimena de Pamplona, posiblemente hija de Fortún Íñiguez, que seguía como rehén en Córdoba.

Más tarde los Banu Qasi, con el apoyo del rey García Íñiguez, ocuparon Tudela, Zaragoza, Huesca y Monzón, lo que supuso, en los años siguientes, varias expediciones de castigo por parte del emir de Córdoba, con saqueos y destrucción de cosechas.

Después de la muerte de García Íñiguez en 870, parece que ejerció la regencia García Jiménez. En cambio, hay quien opina que García Íñiguez murió en 882 y, como en 880 Córdoba liberó a Fortún Íñiguez, fue este por tanto el que reinó a la muerte de su padre. Pero parece más fiable que, como no se tienen noticias de García Íñiguez desde 870, pudiera datarse en esa fecha su muerte y entonces claramente ejerció García Jiménez como regente de Fortún, que entonces permanecía como rehén en Córdoba. Los restos mortales de García Íñiguez I descansan al parecer en el monasterio de Leire.

Durante el reinado de García Íñiguez parece que se tomaron las primeras medidas para facilitar el paso de los peregrinos que iban a Santiago de Compostela, por lo que puede considerarse a este rey como un iniciador del Camino de Santiago.

REGENCIA DE GARCÍA JIMÉNEZ (870-880/882)

García Jiménez procedía de la dinastía Jimena, que ejercía sus dominios entre Leire y Sangüesa, una zona más romanizada al este de Pamplona, territorio no coincidente con el de la dinastía Íñiga. Ambos linajes, al parecer, tenían el mismo origen: Jimeno «el Fuerte» de Pamplona. A este sucedieron por la dinastía Jimena, consecutivamente: García Jiménez, Sancho Garcés, García Sánchez, Jimeno Garcés y García Jiménez. Por la genealogía Íñiga, a Jimeno «el Fuerte» le sucedieron: Íñigo Jiménez, Íñigo Íñiguez o Arista, García Íñiguez I y Fortún Garcés.

Aunque no hay documentos que lo confirmen fidedignamente, al parecer García Jiménez ejerció de regente desde la muerte de García Íñiguez I en 870 hasta la puesta en libertad, por el emirato de Córdoba, de Fortún Garcés en 880, quien había permanecido allí durante veinte años.

Parecer ser que García Jiménez continuó como regente, a pesar de la vuelta de Fortún Garcés, hasta 882, fecha en la que murió en Aibar, en una batalla contra las tropas del emir cordobés, que estaban siendo ayudadas por los Banu Qasi, lo que supondría el definitivo alejamiento entre estos y Pamplona. Hay quien sostiene, aunque no parece muy fiable, que en esta batalla de Aibar quién realmente murió fue García Íñiguez I, por lo que entonces no existió la regencia, ya que ocuparía el trono del monarca fallecido su propio hijo Fortún Íñiguez, ya en libertad en esa fecha.

Lo que sí es cierto sobre García Jiménez es que supo emparentar a su dinastía —la Jimena— con la más alta aristocracia del momento. De su primer matrimonio con Onneca, «la rebelde de Sangüesa», nacieron Íñigo Garcés y Sancha, quien se casó con Íñigo Fortúnez, hijo de Fortún Garcés de Pamplona, y después con el conde Galindo II Aznárez de Aragón. En segundas nupcias García Jiménez se casó con Dadildis de Pallars y nacieron Sancho Garcés, que llegaría a rey de Pamplona, y Jimeno, que sería regente de su sobrino García Sánchez, el hijo de Sancho Garcés.

FORTÚN GARCÉS O FORTÚN ÍÑIGUEZ (882-905), «EL MONJE» O «EL TUERTO»

De Fortún Garcés (o Fortún Íñiguez) no se conoce la fecha de su nacimiento. Fue hijo del matrimonio formado por García Íñiguez I y Urraca, que era nieta de Musa II. Se le conoció en el mundo musulmán como «el Tuerto» y en el cristiano como «el Monje». El último apelativo hace referencia a su retiro, en el año 905, al monasterio de Leire, al que durante su reinado había hecho frecuentes y duraderas visitas.

Como ya se comentó antes, en 860, estando García Íñiguez I distanciado de sus parientes los Banu Qasi, el emir Mohamed I y los muladíes de Musa II invadieron Pamplona y capturaron a Fortún Garcés y a su hija Onneca, que fueron llevados a Córdoba como rehenes, para garantizar que no se produjesen nuevos ataques a los musulmanes por parte de Pamplona.

Fortún Garcés estuvo casado con Auria, nieta de Musa II, y tuvieron varios hijos: Íñigo, Aznar, Velasco y Onneca. Íñigo Fortúnez, el primogénito heredero que en el futuro debería ser rey de Pamplona, se casó con Sancha, que era la hija de García Jiménez «el Regente». Velasco tuvo una hija, Jimena, que se casó con Íñigo Garcés, también hijo de García Jiménez «el Regente». Onneca, que estuvo acompañando a su padre durante su permanencia en Córdoba, se casó con el príncipe cordobés Abd Allah, que después sería emir, de cuya unión nació Mohamed —nominado así en memoria de su abuelo Mohamed I—, que sería asesinado por su hermanastro Al-Mutarrif, que a su vez fue ajusticiado por su padre. El primogénito del príncipe Mohamed asesinado y de una concubina cristiana fue nombrado heredero por su abuelo Abd Allah y con el tiempo fue el gran emir y califa Abd al-Rahmam III. Onneca fue rechazada por Abd Allah en 882 y cuando se liberó se casó con Aznar Sánchez de Larráun, de cuyo enlace nacieron varios hijos, entre ellos la que sería la reina Toda de Pamplona.

Como se comentó en el capítulo 2, en el año 883 el ejército musulmán fue derrotado por los asturleoneses en Pancorbo y Castrojeriz (Burgos), por lo que el emir tuvo que pedir la paz y el reinado de Alfonso III de Asturias alcanzó su cenit. Tras la paz de este año, Alfonso III se enfrentó a los intentos de restauración de la hegemonía de los Banu Qasi en el valle del Ebro, contando el asturleonés con el apoyo de Pamplona. Este apoyo, aunque ya reinaba Fortún Garcés, propició el ascenso de la familia Jimena, que como ya se ha comentado consiguió gran poder gracias a la política matrimonial dirigida por García Jiménez, que después de 880 fructificó gracias a varias bodas con los miembros de la familia Íñiga.

La política que siguió Fortún Garcés cuando subió al trono difirió de la de su padre, pues el nuevo rey se acercó a los Banu Qasi, que eran aliados de Córdoba, lo que provocó el enojo de la nobleza de Pamplona y alentó el posterior cambio de dinastía, que pasaría de la Íñiga o Arista a la Jimena o de los Sanchos.

Sobre el año 900 los pamploneses de Fortún Garcés sufrieron una derrota, junto a los asturianos, en Borja, a manos de los Banu Qasi, que siguieron presionando durante los años siguientes. De nuevo, en 903, los Banu Qasi atacaron Pamplona y lo repitieron al año siguiente, pero Sancho Garcés, hijo del fallecido regente García Jiménez, les plantó cara en Liédena, aunque no pudo evitar que consiguieran un importante botín. Sancho Garcés, tras la muerte de su padre, ejercía labores de gobierno en lugar del rey Fortún Garcés que permanecía con frecuencia durante días en el monasterio de Leire. En este monasterio se retiró definitivamente el rey pamplonés en 905 y a continuación se produjo el cambio de dinastía comentado: de la *Íñiga* a la *Jimena*.

Fortún Garcés murió en 922, en el monasterio de Leire, agobiado por su avanzada edad, por la derrota sufrida junto a los asturianos cerca de Tarazona en el año 900, y por la presión que le hicieron durante los años siguientes los Banu Qasi, descendientes de Musa II, que había muerto en 862.

SANCHO GARCÉS I, «EL GRANDE» (905-925)

Sancho Garcés I, llamado «el Grande», nació en la comarca de Sangüesa, probablemente en 865. Fue hijo de García Jiménez, regente de Fortún Garcés, y de su segunda esposa Dadildes de Pallars, que era la hermana del conde Ramón de Pallars y Ribagorza.

Hay quien considera que Sancho Garcés I fue el primer rey de Pamplona, pues anteriormente la dinastía Íñiga solo poseía un pequeño y limitado territorio alrededor de la ciudad de Pamplona. Fue este nuevo mandatario el que amplió considerablemente dicho territorio durante su reinado, arrebatándoselo a los musulmanes con la inestimable ayuda de su yerno el rey Ordoño II de León. Se produjo, pues, durante esta época, la primera gran expansión del reino de Pamplona y su consolidación interna. El principal logro de Sancho Garcés I fue la anexión de territorios riojanos, con la conquista de Nájera, donde estableció su corte. Durante su reinado fue la primera vez que un reino cristiano de la Península acuñó moneda. Se le consideró como un guerrero excepcional, que estrechó relaciones, además de con el reino de León y diversos condados del noroeste peninsular, con el carolingio Carlos «el Simple» de Francia.

Sancho Garcés I se desposó con Toda Aznárez, hija de Aznar Sánchez de Larráun. Tuvieron una amplia descendencia, a la que casaron muy bien: Urraca con el rey Ramiro II de León; Onneca con el rey Alfonso IV de León; Sancha con Ordoño II de León, después con el conde Álvaro Herraméliz de Álava y finalmente con el conde Fernán González de Castilla; García Sánchez I —el heredero— con Andregoto de Aragón y después con Teresa —hija de Ramiro II—; Velasquita o Belasquita con el conde Munio Vélaz o Vela, después con Galindo de Ribagorza y finalmente con Fortún Galíngez; Munia posiblemente se quedó soltera y se metió a monja; y Orbita se desposó con el gobernador musulmán Al-Tawil de Huesca. También Sancho Garcés I, con anterioridad, tuvo una hija ilegítima, Lupa, que fue la madre del conde Raimundo de Bigorra.

Cuando murió su padre (881-882), Sancho Garcés gobernaba Valdonsella y entonces empezó a intervenir en los territorios circundantes. Reinando aún Fortún Garcés, Sancho Garcés ocupó Pamplona, con la ayuda Alfonso III de Asturias y del conde de Pallars y Ribagorza.

Después, cuando Fortún Garcés se retiró definitivamente al monasterio de Leire, en el año 905, se produjo el cambio de dinastía; o tal vez pudo ser que Fortún se tuvo que retirar al monasterio por el cambio de dinastía a la que se sometió: se pasó de la dinastía Íñiga a la Jimena. Entonces fue cuando subió al trono Sancho Garcés I, con la ayuda o apoyo del conde de Pallars y Ribagorza, su tío, del conde aragonés Galindo II Aznárez, su suegro, y del rey Alfonso III de Asturias. Este ascenso al trono tuvo su principal motivo en el gran prestigio militar que tenía el aspirante y porque Fortún Garcés, desde su llegada a Pamplona después del destierro cordobés, se comportaba muy condescendiente y poco combativo con los muladíes Banu Qasi y con los musulmanes de Córdoba. Este cambio de dinastía supuso una definitiva alianza entre Pamplona y Asturias. Se soslayaron los derechos patrimoniales de los hijos de Fortún, aunque permanecieron en la corte, e hicieron que recayesen en su nieta Toda, que estaba casada con Sancho Garcés I, lo que reforzó y legitimó el cambio de dinastía, que duraría casi dos siglos. Toda era hija de Onneca, la hija de Fortún Garcés que, como ya se comentó antes, lo acompañó en su destierro en Córdoba y que estuvo desposada con el emir Abd Allah, de cuya relación nació el príncipe Mohamed, padre del futuro emir y califa Abd al-Rahman III. Al parecer, el derrocado Fortún mantuvo buenas relaciones con el nuevo rey, principalmente por razones de familia. Al matrimonio de su nieta Toda con Sancho Garcés I, hay que añadir el de un hijo de Fortún con una hermanastra del nuevo monarca y los de otras dos nietas con un hermano y con un hermanastro de Sancho Garcés I.

Sancho Garcés I cambió radicalmente de política respecto a los Banu Qasi, que intentaron seguir hostigando a los pamploneses; así, el nuevo rey les tendió varias emboscadas y tuvieron que desistir, y al cabo de los años perdieron definitivamente su predominio en el valle del Ebro. En el año 907, ante la posible alianza entre Sancho Garcés I, Alfonso III de Asturias y el conde Ramón de Pallars, los Banu Qasi, que tenían en cautividad al hijo del conde Ramón de Pallars, decidieron tomar Pamplona, pero Sancho

Garcés I fue más hábil e hizo huir al ejército de los Banu Qasi, cuyo líder Lupp ibn Mohamed murió en la retirada, por lo que en represalia los Banu Qasi asesinaron al hijo de Ramón Pallars. Después Sancho Garcés I arrebató Calahorra a los Banu Qasi.

En 911 el nuevo líder de los Banu Qasi intentó una alianza con el gobernador musulmán Al-Tawil de Huesca para atacar Pamplona, pero debido a la cobardía y traición del gobernador oscense, al retirarse antes de que los Banu Qasi pudieran socorrerle frente al rey pamplonés, la operación terminó en fracaso.

En 914 García I de León y Sancho Garcés I de Pamplona se dirigieron a la cuenca del río Alhama, arrasaron muchas aldeas y prosiguieron hacia Arnedo, donde los Banu Qasi, tras un duro combate, vencieron a los cristianos y recuperaron Calahorra, a pesar de la ayuda de los mozárabes que vivían en Arnedo, quienes destruyeron parte de la muralla. Allí murió el rey García I.

Un año después, Sancho Garcés I se acercó al territorio de los Banu Qasi, cuyo líder, Abd Allah ibn Mohamed, salió a su encuentro y lo apresaron en el Parque Natural de las Bardenas Reales, entre Valtierra y Carcastillo. Tras las desavenencias de los hijos del líder preso con el hermano de este, Mutarrif, que no quería ceder las fortalezas de Caparroso y Falces para la liberación del prisionero, pero sí ser el nuevo líder familiar, el consejo de los Banu Qasi reunido optó finalmente por ceder ambas fortalezas y Abd Allah quedó en libertad, pero al poco tiempo enfermó y murió en 916, bajo la creencia de que pudiera haber sido envenenado durante su detención.

En 917 el rey pamplonés, con la ayuda del rey leonés, venció a los musulmanes cordobeses en San Esteban de Gormaz.

En 918 los ejércitos de Ordoño II de León, Sancho Garcés I de Pamplona y los condes de Castilla y Álava arrebataron al nuevo líder de los Banu Qasi, Mohamed ibn Abd Allah, las plazas de Nájera, Tudela, Tarazona, Arnedo, Calahorra y Alhama y quemaron Valtierra y su imponente mezquita. Ello irritó mucho al emir cordobés Abd al-Rahman III, que, mejorada su situación interna, envió un ejército al mando del eunuco Badr hacia La Rioja, que consideraba con interés estratégico y económico. Primero llegó hasta tierras de Soria o Segovia, donde ganó dos batallas y en 920 venció a Sancho Garcés I en la batalla de Valdejunquera, a unos veinte kilómetros al suroeste de Pamplona.

En el año 919 un gran ejército del emir, acompañado por los Banu Qasi y los tuchibíes de Calatayud, derrotó a las tropas de Pamplona en Montejurra. Después los pamploneses se sumaron a las tropas de los leoneses, castellanos y de Pallars, pero nuevamente los cristianos cayeron derrotados por los musulmanes, quienes transportaron miles de cabezas de cristianos hasta Córdoba y que pasearon sobre picas junto al río Guadalquivir.

A la muerte del conde Galindo II Aznárez de Aragón (año 922), Sancho Garcés I ocupo sus tierras soslayando los derechos sucesorios de los legítimos herederos, incluso los del gobernador Al-Tawil de Huesca que estaba casado con una hermana del fallecido. El problema sucesorio se corrigió con el compromiso matrimonial de Andregoto, hija del conde desaparecido, con García Sánchez, hijo y heredero de Sancho Garcés I, que entonces era un niño.

En 923 los Banu Qasi de Mohamed ibn Abd Allah negociaron la paz con los muladíes de Huesca y se aliaron con los bereberes de Santaver (Cuenca) para atacar a Sancho Garcés I, pero cuando entraron en batalla, en Albelda, comprobaron que el rey pamplonés estaba ayudado por Ordoño II. Salieron derrotados y el líder de los Banu Qasi, herido de gravedad, fue llevado hasta un monasterio cristiano, donde al parecer le amputaron un brazo y poco después sería asesinado junto al monje que le había salvado la vida, y, días después, su cabeza se le envió a Sancho Garcés I dentro de un saco.

Ese mismo año de 923 Sancho Garcés I y Ramiro II consiguieron las plazas de Nájera, Valtierra, Tudela y Viguera. De esa buena sintonía entre Pamplona y León surgió el enlace, en 924, entre Ramiro II y Sancha, hija Sancho Garcés I, al tiempo que se trasladó la corte desde Pamplona a Nájera. Poco después, también ese mismo año, Abd al-Rahman III llegó a Cárcar, Peralta y Tafalla, consiguió Lumbier y la fortaleza de Legin o Leguín y finalmente saqueó Pamplona y conquistó Calahorra.

En 924, tras la muerte por lepra de Ordoño II le sucedió su hermano Fruela, que murió al año siguiente, lo que ocasionó una guerra civil entre los partidarios de su hijo y los de los hijos de Ordoño II, pero la decisiva intervención de Sancho Garcés I favoreció a su nieto el príncipe Alfonso, hijo de Ordoño II, que reinó como Alfonso IV de León, quedando sus hermanos Sancho y

Ramiro como reyes de Galicia y de la zona portuguesa entre los ríos Miño y Mondego, respectivamente.

En 923-924 Sancho Garcés I hizo construir el monasterio de Albelda. Murió al parecer al caerse de su caballo por un precipicio en las cercanías de Resa, a orillas del río Ebro. Fue enterrado en el castillo de San Esteban de Deyo, en Villamayor de Monjardín, en las cercanías del Ebro.

GARCÍA SÁNCHEZ I (925-970)

García Sánchez I, nacido en el año 919, fue hijo de Sancho Garcés I y Toda Aznárez, quien era nieta del rey Fortún Garcés por parte de su hija Onneca, quien había acompañado a su padre como rehén en Córdoba y a su vuelta se había casado con Aznar Sánchez de Larráun. Cuando Sancho Garcés I recuperó Nájera en 923 dejó la plaza y las tierras circundantes a su hijo García Sánchez, como rey de Nájera, aunque solo tenía cuatro años.

El reinado de García Sánchez I estuvo dominado siempre por su inteligente y hábil madre Toda, primero como regente hasta la mayoría de edad del rey y después como consejera y excepcional diplomática. En efecto, a la muerte de Sancho Garcés I le sucedió García Sánchez I como rey de Pamplona, con solo seis años, por lo que su tío Jimeno Garcés, hermano del monarca fallecido y casado con una hermana de Toda, ejerció el gobierno hasta su muerte (931), fecha en la que estalló un conflicto por el control de la tutoría del joven rey por parte de su otro tío Íñigo Garcés, pero gracias a la hábil intervención de su madre Toda y a la mediación de Abd al-Rahmam III, que era sobrino carnal de esta, la situación quedó controlada, ejerciendo el poder la propia reina Toda hasta la mayoría de edad de su hijo.

La muerte de Sancho de Galicia (año 929) y la retirada de Alfonso IV de León a un monasterio (año 931), tras la muerte de su esposa Onneca, hija de Sancho Garcés I, permitieron reinar en León a su hermano Ramiro II (931-951), tras una breve guerra civil en la que este contó con la ayuda del conde castellano

Fernán González y de la reina Toda de Pamplona. Así, Ramiro II pudo reunir todas las zonas del imperio leonés: León, Galicia y el norte de Portugal. También consolidó la alianza con Pamplona al casarse con Urraca, hija de Sancho Garcés I y hermana del ahora rey pamplonés García Sánchez I.

Al conseguir la mayoría de edad en el año 933, García Sánchez I asumió el gobierno del condado de Aragón, como esposo de Andregoto Galíndez, que era hija del conde aragonés Galindo II Aznárez. Después, sobre el año 940, la repudió y anuló el matrimonio con la excusa de ser primos hermanos, aunque ella siguió ostentando el título de reina. Posteriormente, en 943 o antes, García Sánchez I se casó con Teresa, hija de Ramiro II de León.

Al parecer, en 934 la reina Toda visitó a su sobrino Abd al-Rahmám III cuando este pasaba por Calahorra y le pidió que reconociera a su hijo García Sánchez I como nuevo rey de Pamplona y el califa a cambio le hizo prometer la ruptura de relaciones con el reino de León. Tal promesa duró poco, pues Pamplona siguió con buenas relaciones con León, como lo demuestra la política matrimonial que se siguió, mediante la cual se casaron princesas de Pamplona con los reyes Ordoño II, Alfonso IV y Ramiro II de León. También mediante pactos matrimoniales Pamplona unió a princesas pamplonesas con el conde de Álava, con el conde castellano Fernán González y con el gobernador de Huesca.

En 934 los musulmanes sometieron la zona de Osma y Burgos. Ramiro II buscó alianzas con García Sánchez I de Pamplona y con el gobernador tochibí de Zaragoza, que impedirían nuevos avances del califa cordobés.

El califa cordobés, en el año 939, tras desbaratar la alianza de León con Zaragoza y conseguir la neutralidad de Pamplona, pretendió que los cristianos reconocieran su supremacía y que renunciaran a sus expansiones. Pero lo cierto es que el ejército cordobés cayó derrotado en la batalla de Simancas (Valladolid), una de las más destacadas de la historia de España, por los leoneses, castellanos y pamploneses. Los restos del ejército musulmán se aniquilaron a los pocos días en Alhandega (Soria). Como consecuencia de esta derrota, el califa crucificó en las orillas del Guadalquivir a más de trescientos oficiales propios por no haber combatido con suficiente convicción. Esta gran victoria cristiana permitió asegurar la línea del Duero y la zona que desde entonces comenzó a llamarse *Extrema Durii* (Extremadura).

Durante un tiempo el califa cordobés no organizó expediciones al norte, hasta que en 948 derrotó a los pamploneses en las cercanías de su ciudad.

Al subir al trono Ordoño III de León (año 951) tuvo que vencer una rebelión de los partidarios de su gordo hermanastro Sancho «el Craso», encabezada entre otros por la reina Toda de Pamplona, abuela de Sancho, y por el conde Fernán González, quien se quejaba del mal trato que Ordoño III daba a su hija, con la que este estaba casado. La promesa de Ordoño III de portarse mejor con su mujer consiguió que las tropas de Castilla y Pamplona se detuviesen y no atacasen León, pero este hecho enfrió las relaciones entre Castilla y Pamplona.

En el año 956, a la muerte de Ordoño III, la reina Toda movió sus influencias y consiguió que Sancho «el Craso» subiese al trono, pero debido a las muchas presiones internas y externas a que este se sometió se vio obligado a huir a Pamplona a los dos años de haber asumido el poder.

Entonces se eligió a Ordoño IV «el Malo», hijo del fallecido Alfonso IV, quien no era más que una marioneta del conde Fernán González de Castilla, que lo casó con su hija Urraca, viuda de Ordoño III. Estas maniobras consiguieron que el nuevo rey se enemistase con la reina Toda, con los Vela de Álava y más tarde con los Ansúrez. Todos ellos contaron con el apoyo del califa cordobés. Así, a los dos años, Sancho «el Craso», que había sido curado de su obesidad por el médico personal de Abd al-Rhaman III gracias a una hábil gestión diplomática de su abuela Toda, se comprometió a entregar al califa diez fortalezas fronterizas en el Duero a cambio de ayuda para recuperar el reino de León. Así, pues, comenzó la contienda que enfrentaba a Pamplona y Córdoba en contra de Ordoño IV y Fernán González, donde salieron victoriosos los primeros, por lo que Sancho «el Craso» consiguió reinar nuevamente en León (960-966) y Ordoño IV huyó y se entregó a un general musulmán que lo llevó a Córdoba, donde murió un par de años después. En la mencionada contienda, Fernán González fue hecho prisionero cerca de Nájera por los pamploneses y a pesar de ser reclamado por Abd al-Rahmam III, Pamplona se negó a entregárselo. Tiempo después se solucionó el conflicto al contraer matrimonio el conde castellano con Urraca, hija de García Sánchez I de Pamplona.

En el año 963, tras la negativa a cumplir los acuerdos con Córdoba, Sancho I se unió a Fernán González de Castilla, Sancho Garcés I de Pamplona y los condes de Barcelona, Gerona y Osona, contra el califato cordobés, gobernado ahora por Al-Hakam II. Este inició entonces una ofensiva, conquistando San Esteban de Gormaz (Soria), Atienza (Guadalajara) y Calahorra (La Rioja), forzando un periodo de paz, que duraría diez años, entre el califa y todos los reinos cristianos, con la consiguiente supremacía del califato.

Del matrimonio de García Sánchez I con Andregoto nacieron el futuro Sancho Garcés II «Abarca», Toda y Urraca, que se casó con el conde Fernán González de Castilla; de su segundo matrimonio, con Teresa, nacieron Ramiro Garcés, que fue coronado rey de Viguera, y Jimeno, que al parecer estuvo como rehén en Córdoba.

Junto con su madre, García Sánchez I donó en 953 la villa Bagibel, en los montes Cameros, al monasterio de San Martín de Albelda. A la muerte de García Sánchez I se le enterró en el pórtico de la iglesia de San Esteban, en el castillo de Monjardín.

SANCHO GARCÉS II (970-994), «ABARCA»

Sancho Garcés II nació en 938 y con solo cinco años, en 943, su padre García Sánchez I le encomendó la tenencia del condado de Aragón, heredado de su madre Andregoto, y al alcanzar la mayoría de edad gobernó dicho condado como *regulus*, aunque siempre bajo la autoridad de su padre.

Se le conoció por el apodo «Abarca», mencionado en los siglos posteriores —xii y xiii— como una leyenda, con diversas versiones. Una de ellas cuenta que un caballero de Guevara encontró asesinados por los musulmanes al rey y a su esposa, que estaba embarazada y por una herida en su vientre le salía la manita del niño que llevaba en su seno. El caballero sacó al niño, le puso el nombre de Sancho y lo ocultó en las montañas. Al cabo de mucho tiempo los nobles se reunieron para nombrar un nuevo rey y entonces se presentó el caballero de Guevara y les dijo que su señor natural era Sancho, que calzaba entonces unas rústicas abarcas o albarcas para caminar por el monte, y los nobles lo proclamaron rey y lo llamaron Sancho «Abarca». El caballero que robó y ocultó al niño en las montañas pasó a llamarse Ladrón de Guevara. Otra leyenda cuenta que mientras Sancho luchaba en Gascuña se enteró de que el gobernador de Zaragoza atacaba Pamplona, entonces para volver y vencer a los invasores dispuso que su ejército se calzara con abarcas de cuero con el fin de caminar mejor por los Pirineos nevados. Una tercera leyenda cuenta que estando los musulmanes cercando Pamplona, confiaban en que el mal tiempo del invierno impidiera a su rey socorrer la ciudad, pero Sancho se presentó con su ejército calzado con abarcas y derrotó a sus enemigos.

Sancho «Abarca» se casó en 962 con su prima Urraca, hija del conde castellano Fernán González, y tuvieron cuatro hijos: García —futuro García Sánchez II, «el Temblón»—, Ramiro, Gonzalo y Urraca, «la Vascona». A la reina Urraca, su padre, para reforzar su propia posición personal, la había hecho un verdadero comodín: primero la casó con Ordoño III, que la repudió más tarde por el apoyo que el conde castellano dio a Sancho I «el Craso»; después la casó con Ordoño IV y cuando este murió la volvió a desposar con Sancho «Abarca».

En 970 Sancho heredó el trono de Pamplona, y durante todo su reinado estuvo dominado, al igual que los restantes mandatarios cristianos de la Península, por los musulmanes, primero bajo el califato del Al-Hakam II y después bajo el gobierno de Almanzor. «Abarca» fue el primer rey que se autodenominó rey «de Navarra» en lugar «de Pamplona», con motivo de la donación de la villa de Alastúey al monasterio de San Juan de la Peña en 987, aunque no es hasta el reinado de Sancho VI, en el siglo XII, cuando realmente se cambia la denominación de Pamplona por Navarra.

Al estar Sancho «Abarca» relacionado por lazos familiares con Ramiro III de León —su esposa Urraca se había casado antes con dos monarcas leoneses— y ser este un niño tutelado por su tía monja Elvira —prima de Sancho «Abarca»—, el rey de Pamplona asumió la responsabilidad de sostener la monarquía leonesa.

En 971 «Abarca» envió dos embajadas a Córdoba, la primera encabezada por el juez Velasco de Nájera y la segunda dirigida por su hermano Jimeno Garcés, consiguiendo la continuidad de la tregua que Al-Hakam II había firmado con todos los cristianos peninsulares hacía ya diez años, pero siguiendo el califa como árbitro de los reinos cristianos. Durante este amplio periodo de paz el califato se fue enriqueciendo mediante la creación de bibliotecas y el fomento del arte y la cultura en Córdoba, que llegó a ser la ciudad más importante de Occidente. Pero esta paz también favoreció el arte y la cultura en Pamplona, como lo muestra la famosa cruz de oro y piedras preciosas que los reyes pamploneses encargaron, y que años después el rey García donó al monasterio de Santa María la Real. Más tarde, un rubí de la misma cruz fue regalado por Alfonso VII a Luis VII de Francia, en 1154, y el rey franco encargó que lo engarzaran en la corona del Cristo del monasterio de San Dionisio en París. Posteriormente, Pedro I «el Cruel» se apoderó de la cruz para pagar a los soldados del Príncipe Negro que intervinieron en la batalla de Nájera en 1367. Además, «Abarca» y Urraca también hicieron importantes donaciones al monasterio de San Millán de la Cogolla, donde residieron y asistieron frecuentemente a ceremonias religiosas y conmemorativas. Igualmente, en 972 Sancho «Abarca» ordenó la construcción del monasterio de San Andrés de Cirueña.

Tras la larga tregua del califa Al-Hakam II con los cristianos, que se prolongaba desde 963, en el año 974 los cristianos de Castilla y León, aprovechando que parte del ejército cordobés estaba en África, saquearon tierras de Soria y Guadalajara y asaltaron San Esteban de Gormaz. Pero cuando los ejércitos cordobeses regresaron de África, después de someter al último emir de la dinastía idrísica, supuso la derrota de los castellanos y leoneses, a los que se había unido Sancho Garcés II de Pamplona, en 975, en Gormaz (Soria), Langa (Ávila) y Estercuel (Teruel), donde resultó herido Ramiro Garcés, rey de Viguera y hermano de Sancho «Abarca».

A la muerte de Al-Hakam II le sucedió Hisan II, que dejó el gobierno en manos de Almanzor, quién actuó durante más de un cuarto de siglo como un verdadero dictador y dominó a todos los cristianos de la Península.

Almanzor, ya en 977, derrotó a los castellanos y pamploneses, unidos al gobernador rebelde de Medinaceli. En 978 dirigió una expedición contra Pamplona. En 981 venció a los cristianos en Torrevicente, al sur de Soria, al igual que en Tarancueña, cerca de Osma, donde murió Ramiro Garcés, rey de Viguera, y en Rueda, cerca de Tordesillas. Los cristianos perdieron numerosas fortalezas castellanas adelantadas de Atienza (Guadalajara) y Sepúlveda (Segovia).

En 982 Sancho «Abarca» tuvo que aceptar un vasallaje de Almanzor y entregarle como esposa a su hija Urraca, que se convirtió al islam y tomó el nombre de Abda, de la que nació Abd al-Rahman, llamado Sanchelo por ser nieto y muy parecido al rey de Pamplona. También el rey pamplonés entregó a su hijo Gonzalo como rehén. Un año más tarde, nuevamente los cristianos de Castilla, León y Pamplona fueron derrotados en Simancas.

En 992, Almanzor emprendió una campaña contra Pamplona y Nájera, por lo que, ante la impotencia de poder utilizar las armas, Sancho «Abarca» se presentó en Córdoba como embajador de su propia corte, cargado de regalos, pactando la paz con Almanzor. Allí se encontró con su hija Urraca, después de diez años de haberla entregado a Almanzor, y conoció a su nieto Sanchelo. Urraca al final, repudiada por Almanzor, parece que ingresó en un convento. Al año siguiente nuevamente una embajada de Pamplona, esta vez encabezada por Gonzalo Sánchez, hijo del monarca pamplonés, llegó a Córdoba para asegurar la sumisión a que Pamplona estaba sometida.

Cuando falleció Sancho «Abarca» se le enterró en el castillo de San Esteban de Deyo, después se le trasladó al monasterio de San Juan de la Peña y puede ser que más tarde se le pasara al Panteón Real de Santa María la Real de Nájera.

GARCÍA SÁNCHEZ II (994-1000), «EL TEMBLÓN»

García Sánchez II, nacido en 964, era conocido por «el Temblón», «Tembloroso» o «Trémulo», porque cuando iba a entrar en batalla temblaba ostensiblemente, por nervios propios del momento o por alguna enfermedad nerviosa, aunque hay quien sostiene que este apodo era el de su abuelo García Sánchez I. Fue el segundo rey de Pamplona y Nájera que también ostentó el título de conde de Aragón.

Se casó con Jimena Fernández, hija del conde de Cea, del reino de León, y tuvieron cuatro hijos: Sancho —futuro Sancho Garcés III—, Elvira —que profesó como monja en el monasterio de Leire—, García y Urraca, quien se casaría con Alfonso V de León. Al subir al trono García Sánchez II se alteró la política de sumisión a Córdoba que había mantenido su padre. El nuevo rey se unió a su primo el conde Sancho García de Castilla en contra de Almanzor, que era cuñado del rey pamplonés, quien dominaba a todos los reinos cristianos de la Península. En 994 los ejércitos de Almanzor, procedentes de San Esteban de Gormaz, atacaron y destruyeron Pamplona. Al año siguiente las tropas de Córdoba recorrieron la frontera oriental de Pamplona. En 996 «el Temblón» se vio obligado a pedir la paz a Córdoba. Un año más tarde una expedición de pamploneses dio muerte al hermano del gobernador musulmán de Calatayud, en una expedición a esta plaza, por lo que Almanzor se vengó después decapitando a cincuenta cristianos que tenía como rehenes en Córdoba para que se cumpliesen los pactos de treguas firmados con los cristianos, siendo algunos de estos rehenes miembros de las familias reales.

Después los musulmanes atacaron Pamplona en 999, sometiendo a los pamploneses y castellanos que habían acudido en auxilio de los primeros. Seguidamente los cordobeses se dirigieron al condado de Pallars. En el año 1000 «el Temblón» se unió a Alfonso V de León, al conde de Saldaña y al conde Sancho García de Castilla, quien lideraba al conjunto —lo que revelaba el declive del rey pamplonés y la preponderancia del conde de Castilla—, contra Almanzor, pero este los venció en la batalla de Cervera, cerca del monasterio de Silos (Burgos), y después persiguió a los vencidos hasta el monasterio de Santa Cruz, en tierras pamplonesas, que fue destruido. Al parecer, al principio de la batalla los cristianos dominaban y estuvieron a punto de derrotar a Almanzor, pero un error en la estrategia de los cristianos torció su suerte y perdieron la batalla. Ese mismo año Almanzor conquistó la fortaleza de Carcastillo.

La leyenda considera que este rey de Pamplona fue uno de los participantes en la supuesta batalla de Calatañazor en 1002, donde

Almanzor perdió el tambor y sería vencido, pero lo cierto es que García «el Temblón» murió en el año 1000.

Puede considerarse que, a pesar de todas las contiendas y derrotas que tuvo frente a Almanzor, el rey «Temblón» pudo mantener íntegramente todo el territorio de Pamplona.

El rey pamplonés estuvo muy vinculado al monasterio de San Millán de la Cogolla. En el año 996 donó al cenobio la villa Terrero y en 997 cedió las aguas del valle de Alesón para el riego de las tierras que el monasterio tenía en Nájera.

INTERREGNO (1000-1004)

Tras la muerte de García Sánchez II hubo un interregno de cuatro años, hasta que el primogénito Sancho Garcés III, menor de edad, subió al trono a los catorce años, aunque hay quien considera que tenía entre ocho y doce.

Durante el interregno el reino debía ser gestionado por el pariente varón más próximo del rey, que en este caso correspondía a uno de los primos hermanos del fallecido García Sánchez II y tíos segundos de Sancho Garcés III: los hermanos Sancho y García Ramírez, hijos de Ramiro Garcés, «el de Viguera», hermanastro de Sancho Garcés II, que fue abuelo de Sancho Garcés III. Parece que el regente fue Sancho Ramírez, aunque otras fuentes dicen que la regencia la ejercieron conjunta o consecutivamente los dos hermanos.

En el año 1000 el regente dirigió los ejércitos de Pamplona contra Almanzor, pero fue vencido por este en la Peña Cervera y en su retirada persiguió a los pamploneses, así como los leoneses y castellanos que les ayudaban, hasta la iglesia de Santa Cruz, que incendiaron los musulmanes. En 1001 hubo una campaña de Almanzor y otra al año siguiente por el valle del Najerilla, posiblemente hasta las cercanías de San Adrián, junto a la desembocadura del río Ega en el Ebro. En su retorno a tierras sorianas Almanzor sufrió la supuesta derrota en Calatañazor.

Almanzor saqueó el monasterio de San Millán de la Cogolla en 1002, pero al regreso el caudillo musulmán enfermó y murió unos días más tarde en Medinaceli (Soria).

SANCHO GARCÉS III (1004-1035), «EL MAYOR»

Sancho Garcés III nació entre los años 992 y 996 —o tal vez entre 988 y 990— y pasó su infancia en el monasterio de San Salvador de Leire. De joven, hasta su mayoría de edad, y en los primeros tiempos de su reinado Sancho Garcés III estuvo muy influenciado por su madre Jimena, hija del conde de Cea y la condesa de Saldaña, ambos del reino de León, y por su abuela Urraca, que era hija del conde castellano Fernán González, por lo que estaba muy vinculado al reino de León y al condado de Castilla.

Sancho fue denominado «el Mayor» o «el Grande» por su importancia y por conseguir para Pamplona su mayor hegemonía en el ámbito hispano-cristiano, lo que llevó a cabo mediante la diplomacia y el empleo de la fuerza. Sus dominios se extendieron desde Astorga (León) hasta Ribagorza (Huesca), o sea, desde el límite de Galicia al de Cataluña, lo que suponía casi la totalidad del tercio norte de la Península. El apodo «Mayor» también pudo ser para diferenciarlo de sus tres nietos Sanchos, reyes de Pamplona, Aragón y Castilla, aunque puede ser que también se le llamase «el Mayor» para distinguirlo de su nieto Sancho Garcés IV de Pamplona, el *Minor* («Menor»).

Sancho Garcés III estaba muy capacitado para el manejo de las armas y se le conocía como «cuatro manos», por su habilidad, fortaleza e intrepidez. Tras la toma de León en 1034, se le consideró por algunos autores como *Rex Ibericus*, *Hispaniarum rex* o *Imperator totuis Hispanae*, basándose en una moneda acuñada en Nájera con tal inscripción, aunque actualmente se considera que esa moneda fue acuñada en una fecha posterior a Sancho Garcés III, por lo que estos títulos carecen de fundamento.

Se casó con Muniadona o Mayor, hacia 1010-1011, hija del conde castellano Sancho García, de cuya unión nació García

Sánchez III, futuro rey de Pamplona, Fernando «el Grande», futuro conde Castilla y rey de León, Mayor, Jimena, que se casaría con Bermudo III de León, y Gonzalo, futuro régulo de Sobrarbe y Ribagorza. También es posible que tuvieran un cuarto hijo varón: Bernardo, que falleció en su niñez. Además, Sancho Garcés III había tenido previamente un hijo ilegítimo con Sancha de Aibar: Ramiro, futuro rey de Aragón.

Cuando terminó el interregno en 1004, bajo el gobierno de Sancho Ramírez, Sancho «el Mayor», que tendría entre ocho y doce años, aunque también puede que fueran catorce, al cumplir la mayoría edad, heredó el reino de Pamplona y el condado de Aragón, bajo un consejo de regencia compuesto por los obispos de Pamplona y Nájera, su madre y su abuela. Después fijó su residencia habitual en Nájera.

Su reinado empezó en una época en la que el califato de Córdoba estaba bajo una grave crisis, tras la muerte de Almanzor. Entonces los dominios del nuevo rey pamplonés eran prácticamente los mismos que dejó Sancho Garcés I tres cuartos de siglo antes. Pero bajo estas nuevas circunstancias ocurrió que ahora eran los reinos cristianos los dominantes en la Península y empezaron a recuperar territorios y a cobrar tributos a los musulmanes, cuando empezaron a surgir los primeros reinos de taifas.

En 2006 Abd al-Malik, heredero de Almanzor, emprendió una campaña contra Sobrarbe y Ribagorza, territorios periféricos del reino de Pamplona, donde dejó guarniciones musulmanas. Después, en 1007, una coalición de leoneses, castellanos y pamploneses fue rota por Abd al-Malik, pero en 1008 fracasó la nueva campaña del cordobés contra Castilla. Abd al-Malik murió poco después de una enfermedad del pecho que arrastraba hacía un año, en un convento cristiano de Guadalmellato (Córdoba), con solo treinta y tres años. Hay quien opina que fue envenenado por su hermanastro Abd al-Rahmam, Sanchuelo, que era primo carnal de Sancho «el Mayor» y sucedió al difunto en el gobierno de Córdoba. Durante tal gobierno, Pamplona no sufrió ningún ataque por parte de Córdoba, que estaba ahora envuelta en una guerra civil.

Sancho «el Mayor» consiguió, en continua lucha contra el reino de taifa de Zaragoza, un avance territorial modesto, pero de gran importancia estratégica, con una línea de castillos que apenas varió a lo largo del siglo XI, desde el valle de Funes, pasando por Sos del Rey Católico y Uncastillo (Zaragoza), hasta Murillo de Gállego (Zaragoza) y Loarre (Huesca), así como las tierras de Sobrarbe, el alto Cinca, en Aragón. Consiguió unificar las fuerzas militares de diferentes condados, que después, con su hijo Ramiro, dieron lugar al reino de Aragón.

En 1016 se establecieron los límites entre los reinos de Pamplona y León en el tramo de La Rioja-Soria, desde el monte de San Lorenzo hasta Garray (Soria), quedando San Millán de la Cogolla, tras mucho tiempo atrás de disputas, dentro del reino de Pamplona.

En 1017 murió el conde castellano Sancho García y dejó el condado a su hijo García Sánchez (1017-1029), con solo siete años. Entonces Sancho «el Mayor», cuñado del niño, protegió sus derechos frente a los infanzones castellanos y a Alfonso V de León, gobernando el condado de Castilla y Álava.

Sancho «el Mayor» ayudó a la tía de su esposa, también llamada doña Mayor, frente a su exmarido, el conde de Pallars, que quería arrebatarle su condado de Ribagorza, ocupado entonces por el hijo de Almanzor. Para ello, Sancho Garcés III liberó dicho condado y también Roda de Isábena (Huesca), que cedió a doña Mayor. Después, en 1025, ambas posesiones pasaron al dominio de Sancho «el Mayor», tras la renuncia de doña Mayor que se retiró a su tierra natal de Castilla. Además, Sancho «el Mayor», aprovechando problemas internos de Berenguer Ramón I de Barcelona, le impuso un patronazgo que menoscababa la soberanía del conde, aunque ambos tuvieron relaciones de amistad y parentesco, pues la esposa del conde, Sancha, era hermana de Muniadona, la esposa del rey pamplonés.

Como fórmula de entendimiento el rey de Pamplona participó en una amplia política matrimonial: casó a su hermana Urraca con el viudo Alfonso V de León (1023) y al morir este gestionó el matrimonio de su joven cuñado García Sánchez de Castilla con Sancha, hermana del nuevo rey leonés Bermudo III. Pero al año siguiente el joven conde castellano fue asesinado (929) cuando llegó a León para casarse, al parecer por los magnates alaveses Vela, a los que el bisabuelo del asesinado, Fernán González, les

105

había arrebatado dominios en Álava. Tras estos acontecimientos, correspondía a Sancho Garcés III, como esposo de la hermana del asesinado, regir los destinos de Castilla y Álava, a pesar de que también existían herederos masculinos con iguales derechos que él. Los asesinos Vela, que habían cometido su crimen en presencia del propio rey pamplonés y de la prometida del conde asesinado, fueron ejecutados por orden de Sancho «el Mayor». Este, para ser aceptado por los castellanos, nombró a su segundogénito Fernando como conde de Castilla, de esta forma no pasaría Castilla a formar parte de Pamplona cuando esta fuese heredada por el primogénito García Sánchez III de Pamplona. Ahora bien, el gobierno de Castilla lo ejerció Sancho «el Mayor» hasta su muerte, pasando entonces a su hijo Fernando. El paso del condado de Castilla desde el reino de León al de Pamplona originó enfrentamientos entre estos dos reinos, que se amortiguaron al casarse Fernando con Sancha de León, la infanta que estuvo destinada al asesinado conde García Sánchez.

Utilizando las antiguas reclamaciones de Castilla sobre la Tierra de Campos, Sancho «el Mayor» se apoderó de los condados de Carrión, Monzón y Saldaña, tierra de la madre del rey pamplonés, a finales de 1029. En 1030 ya regía Sancho «el Mayor» el condado de Cea, cuyo conde, muerto hacía dos años, era hermano de la madre del rey pamplonés, quien también, como prohijado de algunas viudas castellanas, heredó cuantiosos patrimonios en Castilla, lo que le sirvió para aumentar su poder en este condado.

En 1032 trató de extender su autoridad sobre la antigua Vasconia —entre los Pirineos y el río Garona—, a la muerte del conde de Gascuña, Sancho Guillermo de Vasconia, con el que había tenido buenas relaciones, ya que tiempo atrás lo había ayudado en su lucha contra el condado de Toulouse, proporcionándole a cambio al rey pamplonés el vizcondado del Labourd y el vasallaje de Gascuña, pero no consiguió la heredad que recayó en el conde Eudes de Aquitania, quien era el pariente más próximo del conde fallecido.

También, en 1032, parece ser que su hermana Urraca, viuda desde 1028 del rey leonés Alfonso V, llamó a Sancho «el Mayor» para que la auxiliara a ella y a su hijastro Bermudo III ante las sublevaciones que se habían producido tras la muerte del rey leonés. De esa manera aprovechó Sancho «el Mayor» para conquistar Astorga y Zamora, entre 1032 y 1033, y ocupar León en 1034. Entonces fue cuando Sancho «el Mayor» se consideró como emperador de los reinos cristianos de Hispania, aunque al parecer esto carece de fundamento, si bien es cierto que su dominio abarcaba desde Astorga a Ribagorza, como ya se ha comentado. Después, en 1035, se retiró de los territorios leoneses y los dejó en manos de Bermudo III, quien se casó con Jimena, una de sus hijas.

Sancho «el Mayor» es considerado como el primer rey europeísta: extendió sus relaciones más allá de los Pirineos con el ducado de Gascuña, visitó al rey de Francia y a varios señores francos, tuvo relaciones con la Santa Sede y aceptó nuevas corrientes políticas, religiosas e intelectuales de Europa. Incorporó a sus territorios la cultura cluniacense, atrayendo la Orden de Cluny, lo que supuso la implantación del latín en los rituales eclesiásticos, sustituyendo al ritual mozárabe vigente hasta ese momento. Después, a partir de 1025, implantó la regla benedictina en los monasterios de San Juan de la Peña, Leire, Iratxe, Albelda, San Millán de la Cogolla, San Salvador de Oña y otros. Hizo posible la introducción del arte románico francés en la construcción de catedrales, monasterios e iglesias. También modificó el Camino de Santiago haciéndolo pasar por Nájera y dirigiéndolo por lugares más accesibles y seguros en lugar de pasar por sendas montañosas y más al sur, sin tener ya que rodear Álava por miedo a los ataques musulmanes; este nuevo Camino, que es el que se sigue actualmente, consiguió introducir más fácilmente nuevas culturas, lo que además supuso un importante aporte económico y cultural en los mil años siguientes.

Antes de morir, en 1035, dispuso su testamento: su hijo mayor Ramiro I, bastardo reconocido, recibiría el condado de Aragón y algunas tierras Pamplona; su segundo hijo, el legítimo primogénito García Sánchez III «de Nájera», recibiría el trono de Pamplona, algunas tierras de Aragón y gran parte del condado de Castilla; su hijo Fernando I gobernaría un menguado condado de Castilla, la zona burgalesa que se extendía hasta el Duero; y Gonzalo heredaría el condado de Sobrarbe y Ribagorza y algunas tierras de Aragón. Todos los hermanos deberían vasallaje a García Sánchez III, que tendría hegemonía política sobre los demás. Pero el testamento del padre no fue respetado y cada hijo se hizo dueño de su territorio por lo que se produjeron disputas territoriales entre ellos.

Sancho «el Mayor» murió siendo aún joven, de manera inesperada, cuando su heredero viajaba a Roma para cumplir una promesa. Se le sepultó en el monasterio de San Salvador de Oña, aunque hay otra tumba que también parece ser de Sancho «el Mayor» en el Panteón de los Reyes de San Isidoro (León), pero la mayoría de los historiadores consideran que está en Oña y que fue su hijo Fernando el que allí lo llevó. Su esposa Muniadona falleció mucho después, en 1066, cuando ya habían fallecido todos los hijos varones de Sancho «el Mayor», siendo los reyes de Pamplona, León y Aragón, y también se encuentra sepultada en el monasterio de Oña, donde estaban enterrados también los últimos condes de Castilla.

GARCÍA SÁNCHEZ III «DE NÁJERA» (1035-1054)

García Sánchez III de Pamplona-Nájera, apodado «el de Nájera» por referencia a su ciudad riojana preferida, nació en dicha ciudad entre 1010 y 1012. Fue educado por Fortún Sánchez y su padre le encomendó algunas funciones públicas en tierras de Pamplona y Nájera durante su juventud. Fue un gran guerrero, un firme caballero, un noble campeador, con gran afición por los caballos y muy galante con las damas.

Se casó en 1038 en Barcelona con la viuda Estefanía de Foix, hija del conde Bernardo Roger de Foix de Carcasona, aunque hay quien opina que era hija del conde Berenguer Ramón I de Barcelona. Estefanía ya tenía una hija, Constanza, de su matrimonio anterior. De este nuevo matrimonió nació el primogénito Sancho IV «el de Peñalén» y ocho hijos más, entre ellos Ramiro, que sería señor de Calahorra. Fuera del matrimonio, «el de Nájera» tuvo tres hijos bastardos reconocidos, con madre o madres desconocidas, siendo uno de ellos Sancho Garcés, que se casó con Constanza, la hija de la reina Estefanía, y fueron padres del futuro rey García Ramírez IV, «el Restaurador».

A la muerte de su padre, García Sánchez III heredó el trono de Nájera-Pamplona, además de Álava y gran parte del condado de Castilla: La Bureba, Trasmiera, Montes de Oca, Las Encartaciones y Las Merindades. Por otra parte, como legítimo heredero, sus hermanos, que habían heredado otros territorios en Aragón, Castilla y Sobrarbe y Ribagorza, pero no lo hacían con el título real, le debían autoridad y fidelidad, cuestiones que algunos no respetaron, por lo que tuvo con ellos disputas territoriales.

En 1037 Fernando I de Castilla pidió ayuda a su hermano García Sánchez III «de Nájera» para luchar contra su cuñado el rey Bermudo III de León, al que se enfrentaron en la batalla de Tamarón, cerca de Pisuerga, en la que murió el rey leonés. Puede ser que el conflicto entre León y Castilla surgiese porque al casarse Fernando con Sancha de León, en 1032, este recibió como dote las tierras comprendidas entre los ríos Pisuerga y Cea y ahora Bermudo III pretendía recuperarlas. Después de la derrota de Bermudo, al parecer en agradecimiento, Fernando le cedió a su hermano García varios territorios castellanos como La Bureba y Montes de Oca en Burgos, Trasmiera en Cantabria y Encartaciones en Vizcaya, aunque hay controversia al respecto, pues algunos sostienen que tales territorios habían sido anexionados con anterioridad por Sancho «el Mayor» al reino de Pamplona. Tras la batalla de Tamarón, Fernando se coronó como rey de León y Castilla, en su condición de esposo de la hermana de Bermudo III, que no dejó descendencia.

En 1043 García Sánchez III venció en Tafalla a su hermanastro Ramiro de Aragón, quien estaba ayudado por los reyezuelos de las taifas de Zaragoza y Lérida, por lo que se fijó la frontera oriental del reino de Nájera-Pamplona después de arrebatar tierras al condado de Aragón, aunque Ramiro se anexionó las fortalezas de Sos, Luesia, Biel y Uncastillo. Al año siguiente «el de Nájera» hizo las paces con su hermanastro y, aprovechando la ruptura de este con los reyezuelos musulmanes, conquistó Calahorra en 1045, contentándose como los demás reyes cristianos con el cobro de parias a los reyezuelos del medio Ebro. Desde entonces tuvo buenas relaciones con su hermanastro Ramiro, que estaba casado con una hermana de su esposa, ambas hijas del conde de Bernardo Roger de Foix o tal vez de Berenguer Ramón I de Barcelona.

En cambio, las relaciones entre García Sánchez III y su hermano Fernando I de Castilla se estropearon. Hay quien dice que por envidia del rey de Pamplona por los tempranos éxitos territoriales de Fernando, aunque posiblemente fuese por la posesión de ciertos territorios castellanos anexionados por su padre al reino de Pamplona o cedidos por Fernando I tras la ayuda que le prestó «el de Nájera» en la lucha contra Bermudo III, como se comentó antes. La cuestión es que los hermanos se enfrentaron en la batalla de Atapuerca (Burgos, 1054), donde murió el rey pamplonés, posiblemente asesinado por uno de sus caballeros. De esta manera, Fernando I recuperó los territorios disputados y aumentó el poder de Castilla, que impuso un vasallaje al nuevo rey de Pamplona, el joven Sancho Garcés IV.

El cadáver de García Sánchez III se sepultó en el monasterio de Santa María la Real de Nájera, que él mismo ordenó construir años antes y que se consagró en 1052, posiblemente gracias a las cuantiosas parias que conseguía de los reinos de taifas. Erigió este monasterio porque, según la leyenda, estando un día de cacería encontró en una cueva una imagen de la Virgen con una campana y una paloma a sus pies. Después hizo llegar al convento reliquias de varios santos y, al parecer, tras la consagración del monasterio, deseó traer más reliquias de santos de la comarca, para lo que pidió la aprobación de los obispos de Pamplona, Álava y Burgos. Al «de Nájera» puede considerársele como un rey muy generoso, por sus numerosas donaciones a los monasterios e iglesias de su reino.

SANCHO IV «EL DE PEÑALÉN» (1054-1076)

Sancho Garcés IV nació en 1039 y a los catorce años sucedió a su padre, García Sánchez III «de Nájera», en el mismo campo de la batalla de Atapuerca donde este murió y fue en ese mismo escenario campal donde su tío Fernando I de León y Castilla lo reconoció como nuevo rey, aunque le arrebató dominios de Pamplona en Castilla. Fue el último de los reyes de Pamplona de la dinastía Jimeno o de los Sanchos. Su madre fue su tutora hasta que cumplió los dieciocho años. Lo primero que se abordó durante su reinado fue la terminación del monasterio de Santa María la Real de Nájera, que había iniciado su padre, que estaba allí sepultado.

Se casó en 1068 con Placencia de Normandía. Al poco nació su primogénito García Sánchez de Pamplona y puede que otro hijo legítimo más. Sancho IV tuvo además uno o dos hijos con su amante Jimena y otros dos o tres más de madre o madres desconocidas.

Los primeros años del reinado de Sancho IV se caracterizaron por una paz relativa entre Pamplona y Castilla, aunque progresivamente fueron pasando a Castilla plazas castellanas que eran controladas por Pamplona. Así, en el año 1056 Ubierna, Urbel y La Piedra; en 1057 Valpuesta; en 1058 Herrera, Oña y Poza de la Sal, de la comarca de La Bureba; en 1061 Pancorbo. Estas cesiones se culminaron con el acuerdo de 1062 entre Fernando I de Castilla y León, junto a varios nobles más, y Sancho IV de Pamplona. Permanecieron fieles al reino de Pamplona los territorios de Vizcaya, Álava y Montes de Oca.

Sancho IV siguió la política de su padre con las parias del reino de la taifa de Zaragoza, en competencia con los reinos de Aragón y Castilla que practicaban idénticos tributos. En 1060, debido a la pasividad e inmadurez de Sancho IV, el rey de la taifa de Zaragoza dejó de pagar parias a Pamplona para pagarlas a Fernando I de Castilla y León. Luego Sancho IV se alió con su tío Ramiro I de Aragón para presionar a la taifa de Zaragoza, pero después este reyezuelo, que pagaba parias a Pamplona, maniobró para enfrentar al rey pamplonés con su primo Sancho Ramírez de Aragón, que había sucedido a Ramiro I en 1063.

Sancho II de Castilla, «el Fuerte», que al subir al trono a la muerte de su padre Fernando I, nombró alférez a Rodrigo Díaz de Vivar, atravesó dominios pamploneses y puso sitio a Zaragoza para renovar su vasallaje, lo que llevaría un año más tarde a la guerra de los Tres Sanchos (1067), los tres primos, los Sanchos menores, pues las pretensiones expansionistas del nuevo rey castellano no eran aceptables para Sancho IV de Pamplona, que fue ayudado por Sancho Ramírez de Aragón. El enfrentamiento tuvo lugar en el Campo de la Verdad o Valdegón, cerca de Viana, y se conoció como batalla de Viana, Valdegón o de los Tres Sanchos.

Sancho II pidió ayuda a la taifa de Zaragoza, pero aun así el castellano tuvo que pedir la paz y devolver ciertos territorios conquistados en Pamplona, pero se apoderó de La Bureba, Pancorbo y Montes de Oca, aunque hay quien defiende que estos dominios siguieron siendo de Pamplona.

Después, al parecer, surgió el descontento de los nobles pamploneses, con los que Sancho IV nunca se entendió, por el gobierno autoritario del rey pamplonés, y por la acumulación de riquezas, la ausencia del reparto de honores y de parias con la nobleza, el cobro por las donaciones a iglesias y monasterios y los tributos que exigía a los magnates por los privilegios que les otorgaba, además de la paralización de la reconquista, que privaba a estos de tierras y botines. Este cúmulo de circunstancias propició que se agriaran las relaciones entre Sancho IV y sus magnates, que además lo consideraban como caprichoso, colérico y de difícil carácter, por lo que ya hubo un conato de rebelión en 1061. Pero fue en 1076 cuando el rey en Peñalén terminó siendo asesinado, en el término de Funes, tras una conspiración en la que intervinieron varios nobles y los propios hermanos del rey, Ermesinda y Ramón, siendo al parecer este último el que lo empujó por un barranco mientras el rey cazaba. Por esta razón se le llamó «el de Peñalén» o «el Despeñado», aunque también fue conocido como «el Noble». Se enterró en el Panteón Real de Santa María de Nájera, donde tiempo después también recibieron sepultura los restos de sus hermanos asesinos.

Tras el asesinato, el fratricida Ramón intentó proclamarse rey, pero los pamploneses se opusieron, por lo que se refugió en el castillo de la Peña de Milagro, de dominio musulmán, y posteriormente en Zaragoza donde rehízo su vida. Su hermana Ermesinda huyó a la corte de Alfonso VI de Castilla y León, se casó con Fortún Sánchez y peregrinó a Tierra Santa en 1100.

El vacío de poder que surgió tras estos hechos fue aprovechado por los reyes de Aragón y de Castilla y León para ocupar los dominios del reino de Pamplona. En efecto, no tuvieron en cuenta la descendencia, menor de edad, del monarca asesinado, que los pamploneses igualmente no querían; tampoco consideraron la legitimidad de otro hermano del rey fallecido, Ramiro de Pamplona, señor de Calahorra. Entonces el reino de Pamplona quedó dividido en dos territorios, con frontera en el río Ega:

uno constituido por la propia Pamplona y la parte oriental de Guipúzcoa, que reconoció a Sancho Ramírez I de Aragón, quien se proclamó rey de Pamplona, con el nombre de Sancho V; y otro territorio compuesto por La Rioja, Álava, Vizcaya y la parte occidental de Guipúzcoa, que fue ocupado por Alfonso VI de Castilla y León, quien lo anexionó a Castilla, lo que supuso para este rey una gran expansión territorial y la consecución de la mayor parte de las parias de los reinos de taifas.

Ocurrió ahora lo contrario que había ocurrido hacía tiempo, cuando Aragón estaba gobernado por Pamplona. Esta nueva situación, en la que Pamplona dependía de Aragón, duraría cincuenta y ocho años, durante los reinados de los reyes aragoneses Sancho Ramírez y sus hijos Pedro I y Alfonso I «el Batallador», hasta que García Ramírez «el Restaurador», en el año 1134, consiguió que Pamplona fuese nuevamente independiente.

SANCHO V (1076-1094), SANCHO RAMÍREZ I DE ARAGÓN

Sancho Ramírez de Aragón, hijo del primer rey de Aragón, Ramiro I, nació en 1042 y sucedió a su padre en 1063, cuando este murió en las murallas de Graus (Huesca) en lucha contra el rey de la taifa de Zaragoza, que estaba ayudado por el príncipe Sancho de Castilla —futuro Sancho II— y por el jovencísimo Rodrigo Díaz de Vivar, «el Cid». Sancho V recibió de su padre una esmerada educación en letras y en el arte de la guerra.

Se casó en primeras nupcias entre 1062 y 1063 con Isabel de Urgel y nació Pedro, que sería después Pedro I. Al parecer, Sancho Ramírez repudió a su esposa sobre 1068. Después, en 1071, se casó con Felicia de Roucy, con la que tuvo a Fernando, que murió pronto, Alfonso, que sería luego Alfonso I «el Batallador», y Ramiro «el Monje», que sería más tarde Ramiro II de Aragón. Así pues, Sancho Ramírez fue padre de tres reyes.

El nuevo rey aragonés siguió con el proyecto de su progenitor, y, con el apoyo del papa Alejandro II, emprendió la cruzada internacional de Barbastro, que, con ayuda de tropas francesas e italianas, conquistó en 1064 después de seis meses, aunque hay quien dice que fueron solo cuarenta días y que luego los cruzados cometieron todo tipo de tropelías: pillaje, asesinatos en masa, violaciones y robos. En esta cruzada no intervino Castilla, a pesar de estar aliada con la taifa zaragozana, ya que no podía luchar contra cruzados. Pero un año después Barbastro fue reconquistada por la taifa de Zaragoza, con la ayuda recibida principalmente de la taifa de Sevilla, quienes al entrar en la ciudad pasaron a cuchillo a la guarnición cristiana como represalia por la masacre que realizaron los cruzados el año anterior. También ese año, 1065, Sancho Ramírez conquistó Alquézar (Huesca).

Sancho Ramírez participó, en 1067, en la guerra de los Tres Sanchos, ayudando a Sancho IV de Pamplona contra Sancho II «el Fuerte» de Castilla, donde este fue derrotado, como ya se comentó antes.

En 1068 el rey aragonés viajó a Roma, donde consiguió el reconocimiento amistoso de la Santa Sede como rey de Aragón, haciéndose vasallo del Papa, de manera que quedaba protegido de los posibles ataques de los castellanos, de los pamploneses y de los condes de Barcelona. Antes de esta fecha, ni su padre ni él se intitulaban como reyes de Aragón, aunque de hecho ejercían como tales, porque para ser rey se debía haber nacido legítimamente de un rey y ser reconocido por el papado. Lo primero no podía corregirse, pero sí lo segundo, que lo hizo el papa Alejandro II, aunque no le salió gratis a Sancho Ramírez, ya que pagó al papado un importante tributo y tuvo que hacerse vasallo de Roma, servidumbre que se hizo efectiva en 1087/1089, cuando empezó a pagar al papado quinientas monedas de oro anualmente, posiblemente con el nuevo papa Urbano II. También Sancho Ramírez hizo cambiar la liturgia mozárabe o hispana por la romana, que se implantó definitivamente en Aragón en 1071. Hay quien opina que los colores rojo y amarillo de la bandera de Aragón proceden de los de la Santa Sede —ahora son blanco y amarillo—, ya que los colores que debía usar un vasallo —en este caso el rey de Aragón— eran los de su señor feudal, en este caso el Papa.

Como ya se comentó antes, en 1076 Sancho Ramírez fue nombrado por los pamploneses rey de Pamplona, y es realmente en esa fecha cuando ya abiertamente se consideró, además de rey de

Pamplona, rey de Aragón, aunque ya se señaló antes que ejercía como tal con completa independencia. Pero realmente es a partir de 1076 cuando Aragón pasó a ser jurídicamente un reino.

En 1077 Sancho Ramírez construyó una ciudad en la villa de Jaca, que la hizo su capital. Se creó el fuero de la ciudad, que hizo florecer el comercio, y nombró a su hermano García, que era obispo de Pamplona, obispo de la nueva capital, en contra de la opinión del papa Gregorio VII, por lo que las buenas relaciones con el papado se estropearon. Después se construyó la catedral de Jaca, la primera de estilo románico en la Península. Luego el obispo García fue acusado de traición por los partidarios de influencias extranjeras en la iglesia, entre los que se encontraba su propia hermana, la duquesa Sancha, por lo que fue desterrado en 1083 por el rey, a pesar de que este estaba de acuerdo con las opiniones del obispo.

En 1078 el rey aragonés-pamplonés taló los campos de la taifa de Zaragoza y comenzó a construir la fortaleza de El Castellar a orillas del Ebro, a veinte kilómetros aguas arriba de Zaragoza.

Sancho Ramírez tomó y repobló en 1083 Graus y Ayerbe y consiguió parias de más de una docena de localidades situadas al sur y sudoeste de Huesca. Estas plazas abrían el camino a la conquista de las tierras bajas del Cinca y de la Hoya de Huesca, respectivamente.

En 1084 Sancho Ramírez fue vencido por «el Cid», quien apoyaba a la taifa de Zaragoza en contra de la taifa de Lérida-Tortosa-Denia, que estaba auxiliada por el rey aragonés, en la batalla de Morella (Castellón).

Continuando con la cruzada papal de Barbastro —1064, anticipada en casi treinta años a las Cruzadas a Tierra Santa—, Sancho Ramírez conquistó Naval (1084), al norte de Barbastro, pero la perdió después, al igual que Arguedas, en Navarra, a solo quince kilómetros de Tudela, y Secastilla, cerca de Graus, ambas también tomadas en 1084. Igualmente, en esta zona Sancho Ramírez construyó varios castillos-fortalezas —Loarre, Obanos, Garisa, Montearagón, Artasona o Castiliscar entre otros—, que servían como lanzaderas y como protección de las tierras conquistadas.

En 1086, Alfonso VI de Castilla y León, que ya había tomado Toledo (1085), puso sitio a Zaragoza y allí recibió la ayuda de Sancho Ramírez, quien deseaba reconciliarse con su hermano el obispo García desterrado a los dominios de Castilla, posiblemente para asegurarse la adhesión de muchos nobles partidarios del obispo. Tras la reconciliación los hermanos iniciaron el regreso a Jaca, pero García murió en el camino, por lo que triunfaron las tesis favorables a las influencias extranjeras en la iglesia aragonesa.

Ese mismo año, Alfonso VI levantó el sitio de Zaragoza para hacer frente a los almorávides que habían entrado en al-Ándalus, y pidió ayuda a los príncipes franceses, que no llegaron a tiempo, y a Sancho Ramírez, que envió a su hijo Pedro, pero los cristianos perdieron la batalla de Sagrejas, cerca de Badajoz. Cuando llegaron las tropas francesas, en 1087, Sancho Ramírez y Alfonso VI las emplearon en el sitio de Tudela, que no lograron conquistar, pero el encuentro de los dos monarcas sirvió para resolver los problemas que acarreaban sobre el reparto del reino de Pamplona, tras la muerte de Sancho IV «el de Peñalén», presentando vasallaje el rey de Pamplona al castellano.

Después, Sancho Ramírez prosiguió con la conquista de varios lugares de Huesca: Estada, en el curso del Cinca, y Estadilla en 1087, Monzón en 1089 y Zaidín, a doce kilómetros de Fraga, en 1092; hizo tributario suyo al reyezuelo de Huesca en 1090 y promovió la repoblación del territorio comprendido entre Benabarre y Monzón. También ese año ayudó a Alfonso VI en la defensa de Toledo y en 1092 firmó un tratado de ayuda mutua con «el Cid Campeador», al que ayudó, junto a castellanos, catalanes y genoveses, en un intento de la toma de Valencia. También en esta fecha Sancho Ramírez completó el cerco a Huesca con la toma de las fortificaciones de Abiego, Labata y Santa Eulalia la Mayor.

En 1093 Sancho Ramírez inició el asedio de Huesca, donde murió de un flechazo en el costado, posiblemente mientras inspeccionaba los muros de la fortaleza musulmana. Le sucedió su hijo Pedro I de Aragón, quien ya gobernaba Ribagorza desde 1085 y ejercía como rey de Monzón desde 1089. El cadáver de Sancho Ramírez se trasladó al monasterio de Montearagón y después al de San Juan de la Peña.

PEDRO I DE ARAGÓN Y PAMPLONA (1094-1104)

Pedro de Aragón nació en 1068 y siendo muy joven, sobre 1085, su padre le confió Ribagorza y Sobrarbe con el título de rey, bajo su autoridad, una costumbre que ya utilizó Sancho III «el Mayor» con la finalidad de ir consiguiendo experiencia para los herederos. Pedro se casó en 1086 con Inés de Aquitania y tuvieron dos hijos: Pedro e Inés, que murieron antes que su padre. Más tarde volvió a contraer matrimonio con la italiana Berta, con la que no tuvo hijos, quien, a la muerte del rey, volvió a Italia.

Después, en 1089, su padre le cedió el dominio del medio Cinca, como rey de Monzón, tierras fronterizas muy expuestas a los ataques de la taifa de Lérida.

A la muerte de su padre, cuando ponía cerco a Huesca (1094), le sucedió como Pedro I. Conquistó esa ciudad después de más de dos años de asedio, tras la batalla de Alcoraz, donde según la leyenda se apareció San Jorge. Este nuevo reinado se caracterizó por la expansión del territorio aragonés en sus zonas central y oriental, llegando hasta la sierra de Alcubierre y los Monegros.

Desde antes de acceder al trono de Aragón y Pamplona, como rey de Monzón, Pedro se alió con Rodrigo Díaz de Vivar, «el Cid», en 1093, y entre esta fecha y 1103 dominó Cella (Teruel), Oropesa (Castellón), Miravet, Montornés (Tarragona) y Castellón.

En 1095 Pedro prometió ir a la cruzada que se predicó en Clermont para conquistar Jerusalén, pero al final no fue. En esa fecha ocupó Nava y Salinas, iniciando el ataque a las tierras de Barbastro.

Después combatió junto al «Cid» en 1097, cerca de Denia, en la batalla de Bairén, derrotando a los almorávides que pretendían Valencia, ya en poder del «Campeador».

En 1099 se asentó en Pueyo de Barbastro, y en 1100-1101 se apoderó de Barbastro, Sariñena, Bolea y los castillos de Pertusa y Calasanz (Huesca), y amenazó Zaragoza. Un año después, en 1102, conquistaría Almuniente; en 1103 ocupó Piracés y en 1104 sitió Tamarite de Litera (Huesca), antes de morir en el valle de Arán. Al no tener descendencia le sucedió su hermanastro Alfonso.

ALFONSO I «EL BATALLADOR» (1104-1134), REY DE ARAGÓN Y PAMPLONA

Alfonso I nació en 1073, posiblemente en Hecho (Huesca), hijo de Sancho V Ramírez y de su segunda esposa Felicia de Roucy. Se le denominó «el Batallador» por su gran espíritu combativo. Hay quien dice que venció a los musulmanes en más de cien batallas y combates. Pasó sus primeros años en el monasterio de Siresa, en los Pirineos oscenses, instruyéndose cultural y militarmente, por el canónigo Esteban de Jaca y por Lope Garcés «el Peregrino», respectivamente. Siendo infante fue *tenente* de Biel, Luna, Ardanés y Bailo —localidades de Las Cinco Villas— y de La Jacetania. Durante el reinado de su hermanastro Pedro I fue testigo de la cruzada de Barbastro (1089), participó en la toma de Huesca (1096), luchando en la batalla de Alcoraz, y también ayudó al «Cid» contra los almorávides en la batalla de Bairén (1097). Igualmente participó en la Primera Cruzada a Tierra Santa (1095-1099). Todo ello le hizo poseedor de una gran experiencia militar.

Tras la muerte de su hermanastro Pedro I, le sucedió como Alfonso I de Aragón y Pamplona, ya que los dos hijos de Pedro habían muerto y también su hermano Fernando, que era el segundo heredero de Sancho Ramírez, después de Pedro I.

Sus primeras acciones de reinado consistieron en la conquista de las localidades zaragozanas de Egea de los Caballeros, donde estuvo a punto de perder la vida sino lo rescata el caballero Cic de Flandes, Tauste y Sádaba, en completar la conquista de Las Cinco Villas (1105-1106) y después en ocupar zonas de Huesca como La Hoya, Los Monegros, el área de Barbastro y Monzón, Litera y Tamarite en 1107.

Después, Alfonso I «el Batallador» se volcó durante varios años en problemas castellanos, como consecuencia de su mal avenido matrimonio con la viuda Urraca de Castilla, hija de Alfonso VI de Castilla y León. El matrimonio entre Urraca y Alfonso I de Aragón, ella tenía veintinueve años y él treinta y seis, se celebró en el Castillo de Monzón de Campos (Palencia) en 1109. Fue un matrimonio de conveniencia: pues Castilla necesitaba asegurarse el apoyo militar que suponía la gran experiencia del aragonés y, por otra parte, para conseguir este un heredero para Aragón, pero pronto empezaron las discrepancias.

La primera surgió con la sublevación del conde de Traba, que fue derrotado por «el Batallador» en el Castillo de Monterroso (Lugo), en el 1110.

Ese mismo año, la taifa de Zaragoza quiso aprovechar que Alfonso I estaba ocupado en el reino de León para avanzar por el norte del Ebro y amenazar Olite, pero «el Batallador» volvió y la venció en la batalla de Valtierra, lo que supuso el pago de parias a Aragón para evitar más ataques de Alfonso I.

El obispo de Toledo, contrario a Alfonso I, pidió la nulidad del matrimonio real por parentesco de los esposos, llegando la condena papal de excomunión en el mismo año de 1110.

Después la nobleza gallega, encabezada por el obispo de Santiago y el conde de Traba, se rebeló y proclamó rey de Galicia al infante Alfonso Raimúndez —que contaba tan solo siete años, hijo del primer matrimonio de Urraca con Raimundo de Borgoña y futuro Alfonso VII de Castilla y León—, contraviniendo que la sucesión de todos los reinos debía recaer sobre el heredero de Urraca y Alfonso I de Aragón, por convenio matrimonial, y, si no tenían hijos, el infante Alfonso heredaría Castilla y León, así como Aragón y Pamplona. Fueron derrotados los rebeldes por Alfonso «el Batallador» en Viadangos (León, 1111), con la ayuda de Teresa y Enrique de Borgoña, condes de Portugal, tíos del infante Alfonso.

Con esta situación siguió la tensión militar y la existente entre los dos cónyuges, ambos de mucho carácter, opuestos y con antipatía y odio mutuos, y al parecer con malos tratos, incluso físicos, por parte del monarca. Todo ello dio lugar a una guerra civil entre los partidarios de una y otro: el rey encerró a la reina, que se había refugiado en el monasterio de Sahagún (León), en El Castellar (Teruel) y marchó de manera exitosa sobre Castilla, sometiendo a las ciudades rebeldes (Palencia, Burgos, Osma, Sahagún, Astorga, Toledo y Orense). Aprovechó mientras el conde Gómez González de Candespina para, junto al conde González de Lara, antiguo pretendiente de Urraca, con el que tuvo una hija y un hijo después de desposarse con «el Batallador», liberar a la reina Urraca, llevarla al monasterio de Sahagún y después a la fortaleza de Fresno de Cantespino (Segovia).

Después, «el Batallador» contraatacó con auxilio de los portugueses (hermanastra de la reina y su esposo Enrique) y venció a las tropas rebeldes en Fresno de Cantespino en la batalla de Candespina, donde murió el conde Gómez González (1111). Luego, la animadversión entre Urraca y su hermanastra Teresa hizo que la primera se reconciliase con su marido, pero tal reconciliación duró poco. La reina se entrevistó con la nobleza gallega y aceptó el nombramiento de su hijo Alfonso Raimúndez como rey de Galicia. Esto dio lugar a nuevos enfrentamientos entre los esposos: «el Batallador» derrotó a los partidarios de Alfonso Raimúndez en Villadangos en 1111, con la ayuda de Enrique de Borgoña, conde de Portugal y tío de Alfonso Raimúndez. Después, en el año 1112, Alfonso I sitió en Astorga y Carrión de los Condes a los últimos rebeldes, con una nueva tregua que se rompió al año siguiente cuando la reina, con el apoyo de los gallegos, sitió y consiguió Burgos. Entonces «el Batallador» decidió retirarse de Castilla, aunque siguió teniendo influencias y dejó guarniciones en diversos lugares del reino castellano.

Al mismo tiempo, los eclesiásticos franceses de origen borgoñés, venidos con el primer marido de Urraca, que se habían establecido en el Camino de Santiago, tuvieron discrepancias con los monarcas por motivos relacionados con la posible pérdida de privilegios. Intercedieron ante el papa Pascual II para que anulase el matrimonio de los reyes por incestuoso, alegando que los cónyuges eran bisnietos de Sancho Garcés III «el Mayor» de Pamplona. El papa hizo oficial la amenaza de nulidad en 1112, que llegó a ser efectiva en 1114. Tras ello, debido a la gran religiosidad del «Batallador», este repudió definitivamente a Urraca, pasando a ser rey de Pamplona y Aragón exclusivamente, aunque siguió utilizando el título de emperador de España.

Entonces, Alfonso I «el Batallador» se dedicó con todas sus energías a la reconquista del reino de Zaragoza, que habían tomado los almorávides. Era un gran reino de taifa que comprendía desde Tudela hasta Tortosa, dependiendo de él plazas tan importantes como Tudela, Huesca, Lérida, Tarragona y Calatayud, y recibiendo vasallaje de los reinos de taifa de Valencia y Denia. Empezó en 1115 con la conquista de Tauste y después, en 1117, tomó la comarca de Tudela —Fitero, Corella, Murchante,

Cascante, Monteagudo y Cintruénego— y, en la frontera oriental, Morella. Después, para la toma de Zaragoza se predicó una verdadera cruzada autorizada por el papa Calixto II. En ella intervinieron, además de los navarroaragoneses, algunos vizcaínos, catalanes y parientes y vasallos que el rey tenía en el mediodía francés, muchos de ellos forjados en la Cruzada a Tierra Santa, sobresaliendo el vizconde de Bearne, en los Pirineos franceses, Gascón IV, que había acompañado al «Batallador» en la Primera Cruzada y tenía experiencia en el manejo de torres de asalto de madera para alcanzar las murallas. Empezaron conquistando Almudévar, Gurrea de Gállego y Zuera, y sitiaron Zaragoza, que sucumbió a los seis o nueve meses (1118). Después, en el año 1119, Alfonso I conquistó Fuentes de Ebro, Alfajarín, Tarazona y su comarca, Novallas, Magallón, Borja, Alagón, Novillas, Tudela, Tujedén (o Tudilén), Cervera del Río Alhama, Alberite y Agreda, entre otras. También en el año 1119 reconstruyó Soria y en 1120 sitió Calatayud. Allí recibió la noticia de que los almorávides intentaban reconquistar Zaragoza, por lo que fue a su encuentro y los derrotó en la batalla de Cutanda (Teruel), posiblemente la mayor victoria del «Batallador»; en ella, con pocos efectivos, arrasó a los musulmanes y consiguió a continuación las tierras de Bubierca, Alhama de Aragón, Daroca y Ariza. Seguidamente, tomó Calamocha, Monreal del Campo y Calatayud. Continuó con campañas entre los años 1120 y 1122, consiguiendo Carabantes, Milmarcos, Anchuela, Guisema y Sigüenza, y en 1124 Medinaceli.

A continuación, con la finalidad de repoblar las plazas conquistadas, dotó de fueros a muchas ciudades y se preocupó de recuperar las antiguas sedes episcopales de las épocas romana y visigoda: Zaragoza, Calahorra, Tarazona, Sigüenza, Segovia y Osma. Durante estas acciones quedaron muchos musulmanes en las plazas señaladas, que pagaron tributos a cambio de respetarles su religión, propiedades y leyes, los llamados mudéjares, que labraban los campos y eran artesanos y comerciantes.

Como gran admirador de las Órdenes Militares, y para asegurar las conquistas, Alfonso I fundó la Cofradía de Belchite (1122) y la Orden de Monreal (1124). Ambas fueron integradas en la Orden de los Templarios cuando esta entró en España (1143), mediante la

Concordia de Gerona firmada por Ramón Berenguer IV y ratificada por el papa Eugenio III.

Alfonso I, con la finalidad de conseguir gente para repoblar las tierras conquistadas, realizó incursiones en al-Ándalus con la idea de atraerse a los mozárabes, descontentos por la dureza de la represión almorávide. Así, en el año 1124 se adentró en el reino de Valencia; después siguió, al año siguiente, hasta Granada, pero solo consiguió saqueos. Cuando hacía lo mismo en el sur de Córdoba se enfrentó con el ejército musulmán de Sevilla en Puente Genil en 1126. Los musulmanes fueron derrotados y los cristianos llegaron hasta Motril o Vélez-Málaga, en la costa mediterránea. Finalmente regresaron en 1126 con un gran botín y no pocos mozárabes, puede que diez o doce mil. Después Alfonso I repobló lugares, construyó fortalezas y era tal su espíritu de cruzado que le impulsaba a liberar a todos los cristianos oprimidos por el islam. Llevó a cabo expediciones tan atrevidas como la comentada en el reino de Granada.

Al morir su exmujer Urraca (1126), «el Batallador» tuvo disputas con Alfonso VII, su hijastro, al intentar este recuperar villas que el aragonés dominaba desde el conflicto de Candespina. Alfonso I montó un campamento en Támara de Campos y Alfonso VII lo hizo en Isar (Burgos), ambos con la idea de enfrentarse, pero la habilidad negociadora de Gastón de Bearne y de su hermano Céntulo de Bigorra —ambos súbditos y amigos del rey de Aragón— consiguieron que se firmara el Pacto de Támara (Palencia), por el que «el Batallador» renunciaba al título de emperador, Alfonso VII recuperó parte de las tierras ocupadas por su padrastro en Castilla —Frías, Briviesca, Villafranca de los Montes de Oca, Burgos, Santiuste, Sigüenza y Medinaceli— en 1127-1128, pero el aragonés mantuvo otras como Pancorbo, Cellorigo, Bilibio, Belorado, Nájera, Haro, Calahorra y Cervera del Río Alhama.

Después, el rey de Aragón continuó sus conquistas con la idea de ocupar Lérida, con la oposición de Ramón Berenguer III de Barcelona, y Valencia. En 1128 conquistó Molina de Aragón y después Traid (Guadalajara). En el año 1129 intentó conquistar Valencia, donde venció a los almorávides en la batalla de Cullera, pero tuvo que volver para atender a otros aliados. Esta batalla fue trascendental, pues hay quien considera que con ella se consiguió el descrédito definitivo de los almorávides, lo que dio pie a los segundos reinos de taifas. De camino, Alfonso I reconquistó Monzón, que se había perdido por la traición de Ramón Berenguer III tres años antes.

Siguiendo con sus guerras, «el Batallador» sitió y tomó después de un año Bayona, en el País Vasco francés, en poder de los ingleses, en 1131, con la idea de dar salida por mar al reino. Mientras, su gran amigo y aliado Gascón IV de Bearne perdió la vida en la toma de El Maestrazgo (Castellón). Los musulmanes llevaron su cabeza como trofeo en la punta de una lanza hasta Granada. También murió allí el obispo guerrero Esteban de Hueca, que fue maestro del «Batallador» en su juventud, cuando el obispo era canónigo de Jaca. Después, en 1133, tomó Mezquinenza, Horta de San Juan, Escarpe y Morella. En 1134 sitió Fraga con una reducida tropa, que fue sorprendida por un ejército almorávide al mando del gobernador de Valencia: «el Batallador» sufrió una derrota y al parecer fue herido, siendo rescatado por una cincuentena de sus caballeros, perdiendo la vida muchos de ellos en el rescate.

El rey murió dos meses después, posiblemente por las complicaciones de la herida recibida en Fraga o puede que por otra enfermedad, en la aldea de Poleñino (Huesca), entre Sariñena y Grañén, a los sesenta y un años. Después se le sepultó en el monasterio de Montearagón (cerca de Huesca), aunque hay quien sostiene que sus restos mortales descansan en el Panteón Real de la iglesia de San Pedro el Viejo de Huesca.

Alfonso I «el Batallador» no tuvo descendencia. Algunos opinan que era estéril y otros que tenía fobia a las mujeres y le gustaba más departir con hombres y compañeros de batallas. Tres años antes de morir, sintiéndose mayor y sin posibilidad de descendencia, durante el asedio a Bayona, testamentó dejando su reino a las Órdenes Militares de los Templarios, Hospitalarios y Santo Sepulcro. Dado el gran prestigio y poder que tenía Alfonso I todos acataron su decisión, pero tras su muerte nadie la respetó, pues ello supondría una enorme crisis sucesoria que desharía la obra conquistadora de su abuelo Ramiro I, de su padre Sancho Ramírez, de su hermano Pedro I y la suya propia. Entonces, villas, nobles y algunos eclesiásticos se negaron a aceptar la decisión real y, tras una serie de compromisos, el reino se dividió nuevamente en dos: Aragón para Ramiro II (hermano del «Batallador») y Pamplona para García Ramírez «el Restaurador».

GARCÍA IV RAMÍREZ DE PAMPLONA (1134-1150), «EL RESTAURADOR»

García Ramírez nació en 1100. Su padre fue el infante Ramiro Sánchez, hijo a su vez del infante Sancho, y siendo este hijo ilegítimo de García Sánchez III «de Nájera», y su madre fue Cristina, hija del «Cid Campeador». Se le denominó García Ramírez «el Restaurador» o García IV (o V) Ramírez de Pamplona.

Se casó en primeras nupcias con Margarita de l'Aigle, sobrina del rey Alfonso I «el Batallador» y del conde de Rotrou, del que heredó el señorío de Tudela. Del matrimonio nacieron: Margarita, que sería esposa de Guillermo I de Sicilia, Blanca, que se desposaría con Sancho III de Castilla y sería madre del futuro Alfonso VIII de Castilla, «el de Las Navas de Tolosa», y el heredero Sancho VI «el Sabio». Tuvo un segundo matrimonio con Urraca (hija bastarda de Alfonso VII de Castilla), del que nació Sancha. Finalmente, de una amante desconocida, nació Rodrigo Garcés.

Hacia 1124 García Ramírez gobernó el castillo de Momacastro, actual Monmegastre, y en 1125 recuperó Monzón, que su padre había perdido en 1116. Después Alfonso I «el Batallador» le encomendó el gobierno de Logroño (1130), Bolea (1132), Calatayud (1133), Sos (1134) y otras plazas. En el año 1134 participó en el asedio a Fraga y ayudó a escapar al rey Alfonso I tras la derrota. Dado su gran prestigio militar y el control que ejercía sobre numerosas plazas del valle de Ebro se le consideraba como el candidato idóneo para la restauración del reino de Pamplona, tras su separación de Aragón.

El problema sucesorio de Alfonso I «el Batallador» se acrecentó cuando García Ramírez, Ramiro «el Monje», obispo de Roda-Barbastro, y Alfonso VII de Castilla reclamaron sus derechos sucesorios.

García Ramírez era bisnieto de García Sánchez III «de Nájera» y estaba apoyado por el obispo de Pamplona y por los principales señores pamploneses, entre los que figuraba el conde don Ladrón, señor de Guipúzcoa, Álava y Vizcaya, pero la Santa Sede no lo consideraba idóneo porque su padre era bastardo, y no lo reconoció durante su reinado, ni tampoco a su sucesor Sancho VI, aunque sí al sucesor de este, Sancho VII «el Fuerte», en 1196; el papa tan solo lo reconoció como duque de Pamplona.

Ramiro «el Monje» era hermano del fallecido Alfonso I «el Batallador» y estaba apoyado por el obispo de Huesca y por nobles aragoneses, pero la Santa Sede tampoco lo reconocía, pues esta defendía a las Órdenes Militares como auténticas herederas del rey fallecido.

Finalmente, Alfonso VII de Castilla también reclamaba el trono como antepasado de Sancho Garcés III «el Mayor»; realmente Alfonso VII pretendía ser el árbitro entre Aragón y Pamplona y conseguir que estos reinos se mantuvieran enfrentados, para evitar su unión que pondría poner en aprietos a Castilla.

En 1135 se llegó al Acuerdo de Vadoluengo por el que Ramiro «el Monje» gobernaría como rey (padre) y García Ramírez como príncipe (hijo); Ramiro como titular y García con el mando del ejército, que no podía ejercer Ramiro por su condición de obispo. Pero a los pocos meses García Ramírez rindió vasallaje a Alfonso VII como emperador, a cambio de que este renunciara a ampliar territorios en la Rioja, en la taifa de Zaragoza y en tierras de Soria, lo que supuso malestar y enfrentamiento entre Pamplona y Aragón.

En 1137 García Ramírez se alió con Alfonso Enríquez, futuro Alfonso I de Portugal, en contra de Castilla, pero poco después Pamplona y Castilla firmaron la paz, continuando la guerra entre Pamplona y Aragón. García Ramírez incendió Jaca y conquistó varias plazas de la zona de Tudela: Malón, Fréscano, Bureta, Barillas y Razazol y llegó cerca de Gallur.

En 1137 y 1138 Ramón Berenguer IV de Barcelona asumió el gobierno de Aragón al prometerse con la niña Petronila, hija de Ramiro II, quien se retiró a un monasterio. Ese mismo año García Ramírez derrotó en Gallur a la tropa dirigida por el conde catalán. Las tropas de Alfonso VII acudieron a auxiliar a las aragonesas, pero en vista de los hechos se replegaron hacia Nájera. En 1139

García Ramírez ocupó Sos, Filera, Petilla y Gallipienzo. Al mismo tiempo «el Restaurador» trató de privar de jurisdicción y de rentas a los monasterios e iglesias de Pamplona cuya sede estuviese en Aragón, incorporándolos a la Iglesia de Pamplona.

En el año 1140 el conde catalán firmó con Alfonso VII el Pacto de Carrión de los Condes para repartirse el reino de Pamplona; Ramón Berenguer inició ataques contra Lónguida y Pamplona y venció a García «el Restaurador» en Egea de los Caballeros. Pero a los pocos meses Castilla y Pamplona entraron en conversaciones y llegaron al acuerdo para casar al heredero de Alfonso VII (futuro Sancho III) con Blanca, la hija de García Ramírez. Al mismo tiempo el rey pamplonés hostigaba las fronteras aragonesas ante la seguridad de la neutralidad de Castilla, atacando y quemando de nuevo Jaca, en 1141, y el conde catalán respondió con el sitio de Sangüesa y llegó a entrar en Pamplona. Después, en 1142, «el Restaurador» ocupó Tudela, Tarazona y llego hasta Zaragoza. Al año siguiente Ramón Berenguer recuperó Sos.

En 1143 García Ramírez inició una campaña contra Zaragoza, conquistando Tarazona y consiguiendo la entrega de Borja, pero en el año 1144 los aragoneses recuperaron Sos, Tarazona y Borja.

Los deseos de reconquista de Alfonso VII frente a los almorávides le forzó a buscar acuerdos con Pamplona, que necesitaba apoyos contra Aragón. Así, en Nájera, en 1143, se llegó al acuerdo matrimonial del ya viudo García Ramírez con Urraca, la hija de Alfonso VII, que se celebró en 1144. Esta unión, junto a la del príncipe heredero de Castilla con Blanca, la hija del rey pamplonés, consiguió que desaparecieran las luchas entre Castilla y Pamplona y que García «el Restaurador» empezara a auxiliar al castellano en sus campañas.

Así, García Ramírez, tras asistir a la coronación de Alfonso VII como emperador, le ayudó en la toma de Zaragoza, Tarazona, Daroca y Calatayud, quedando García Ramírez como gobernador de Zaragoza hasta 1136, fecha en la que Alfonso VII se acercó a Ramón Berenguer IV y le entregó Zaragoza y ambos atacaron la frontera de Pamplona, iniciándose la lucha por los territorios de Álava, Vizcaya y Guipúzcoa, que pasaron a Castilla cuando el conde don Ladrón pasó al servicio de Alfonso VII y le rindió vasallaje, recibiendo el conde el gobierno de Viguera.

En 1146, tras la ocupación de Tauste por los pamploneses, se firmó en San Esteban de Gormaz la paz entre Aragón y Pamplona, a instancias de Alfonso VII que necesitaba la colaboración de los reinos cristianos para impulsar la reconquista.

En 1147 Castilla, Aragón y Pamplona se unieron a las flotas de Génova y Pisa para conquistar Almería, que era el principal puerto comercial de al-Ándalus y refugio de piratas: Génova, Pisa y Aragón atacaron por el mar, mientras que Pamplona y Castilla lo hicieron por tierra, conquistado de camino la plaza de Baeza.

En 1148 García Ramírez ocupó de nuevo Tauste y conquistó Fayos y Espetiella, y Aragón tomó Carcastillo.

Desde ese momento Pamplona y Aragón, ambos vasallos de Castilla, cambiaron de política: firmaron en 1149 una paz perpetua y pactaron el matrimonio de la hija del rey pamplonés, Blanca, con el conde catalán Ramón Berenguer IV, y este le daría por lo menos doce castillos, a pesar de que la novia estaba prometida con el heredero de Castilla, Sancho, y de que Ramón Berenguer lo estaba con Petronila de Aragón. También acordaron repartir por igual, entre ambos reinos, las futuras conquistas sobre el territorio musulmán, independientemente de quien efectuara la conquista. Pero lo que ocurrió fue que el matrimonio pactado no se celebró, ya que ni a Ramón Berenguer ni a García Ramírez les interesaba enemistarse con Alfonso VII. Así es que García Ramírez siguió colaborando con Castilla, con la que participó en una campaña por al-Ándalus en 1150.

Ese mismo año García Ramírez murió en Lorca (Navarra), cerca de Estella, y se sepultó en la catedral de Pamplona.

SANCHO VI (1150-1194), «EL SABIO»

Sancho VI, sucesor de su padre García Ramírez «el Restaurador», nació en el año 1133 y se le conoció como «el Sabio». Se casó con Sancha, hija de Alfonso VII de Castilla, en Carrión de los Condes y tuvieron seis hijos: Berenguela, que se casó con Ricardo Corazón de León, el futuro Sancho VII «el Fuerte» de Navarra, Fernando, Blanca, que se casaría con Teobaldo III de Gascuña y serían padres del que fuese Teobaldo I de Navarra, Ramiro, que sería obispo de Pamplona, y Constanza.

Al subir al trono Sancho VI tuvo que lidiar con las pretensiones de Alfonso VII de Castilla y de Ramón Berenguer IV de Barcelona y príncipe regente de Aragón, quienes desde 1140 habían acordado repartirse el reino de Pamplona mediante el Tratado de Carrión de los Condes. Además, la Santa Sede tampoco le reconocía como rey sino solo como duque, pues según el testamento de Alfonso I «el Batallador» el reino debía de repartirse entre las Órdenes Militares.

Ante el acercamiento de Ramón Berenguer IV a Alfonso VII para recuperar territorios en Pamplona, Sancho VI se adelantó para celebrar el matrimonio, concertado desde 1140, de su hermana Blanca con el heredero de Castilla, el príncipe Sancho, por lo que tuvo que renovar su vasallaje a Alfonso VII. Pero a los pocos meses, en 1151, se firmó el Tratado de Tudilén (Navarra) entre Ramón Berenguer IV y Alfonso VII, que acordaron el reparto de la reconquista de las posesiones musulmanas, así como una nueva ofensiva y reparto de Pamplona y el repudio de la princesa Blanca por parte del príncipe Sancho. Pero Castilla incumplió casi de inmediato el acuerdo, por lo que no se llevó a cabo el repartimiento de Pamplona ni la anulación del matrimonio de Blanca y Sancho, renovando nuevamente el vasallaje pamplonés al rey castellano.

Aun así, Sancho VI se vio amenazado durante todo su reinado por los sucesivos acuerdos entre castellanos y aragoneses para repartirse su reino. Pero si bien Ramón Berenguer IV fue hostil con guerras fronterizas prolongadas durante años, Alfonso VII trató de conseguir Pamplona atrayéndose a los súbditos que discrepaban de Sancho VI, que pasaron al servicio del castellano y se instalaron en La Rioja, Soria y Castilla oriental.

En 1153 Sancho VI y Alfonso VII firmaron la paz en Soria, que se blindó con los desposorios de Sancha, hija de Alfonso VII, con Sancho VI, quien fue armado caballero por su suegro, en señal de vasallaje. Pero en 1157 se firmó en Lérida un nuevo tratado entre Alfonso VII y Ramón Berenguer IV para repartirse el reino de Pamplona, pero ese año murió Alfonso VII y se dividió su reino: Castilla para Sancho III y León para Fernando II. Tras estas vicisitudes se aplacó la situación de reparto del reino de Pamplona, mediante la jura de vasallaje del pamplonés al nuevo rey castellano, quien murió al año siguiente dejando el reino en las manos de su hijo Alfonso VIII, con solo tres años. La lucha por la tutela del nuevo rey castellano desestabilizó el reino, lo que aprovechó Sancho VI para librarse del vasallaje.

Las minorías de edad de Alfonso VIII y de Alfonso II «el Casto», que subió al trono a la muerte de su padre Ramón Berenguer IV, fueron aprovechadas por Sancho VI de Pamplona para cambiar en el año 1162, en primer lugar, su denominación de rey de Pamplona por rey de Navarra, después pactar con los aragoneses una tregua de trece años y finalmente atacar Castilla para recuperar Álava, La Rioja y las zonas burgalesas de Miranda de Ebro y La Bureba, aunque se le resistieron las riojanas de Calahorra y Nájera.

En 1163 Fernando II de León también se alió con Sancho VI de Navarra contra los almohades, a los que arrebató Alcántara (Cáceres) y Alburquerque (Badajoz). Igualmente, Sancho VI se alió con el rey musulmán Lobo de Murcia para luchar contra los almohades.

Después Pamplona entró en una época de diplomacia. En primer lugar, Sancho VI pactó con Fernando II de León, en el año 1165, el Tratado de Tudela, y firmó una tregua con Castilla en 1167. En el 1168 el rey aragonés Alfonso II rompió la Alianza de Ágreda (1162) que tenía con León para firmar un pacto-tregua con Sancho VI de Navarra (Sangüesa) para repartirse las tierras conquistadas a los musulmanes del rey Lobo de Murcia.

Con la mayoría de edad y toma del poder de Alfonso VIII de Castilla, en el año 1169, y la alianza existente con Alfonso II de Aragón, el rey castellano emprendió la contraofensiva en León y Navarra. El castellano recuperó todas las plazas conquistadas antes por Navarra, se aseguró la frontera con León y se extendió por la costa cántabra, con la anexión de Guipúzcoa.

Respecto al conflicto entre Navarra y Castilla se llegó al acuerdo de someterse al arbitraje de un rey ajeno, que fue Enrique II de Inglaterra, en 1177. Como este era suegro del castellano barrió para casa y devolvió La Rioja a Alfonso VIII y este debía pagar al navarro tres mil maravedíes anuales durante diez años. Aunque al principio Sancho VI se resistió a aceptar, ante el tratado de los castellanos y aragoneses para repartirse Navarra (Cazola, 1179), el navarro aceptó renunciar definitivamente a La Rioja y Vizcaya, aunque mantuvo Álava, Guipúzcoa y El Duranguesado (Vizcaya).

Después del Pacto de Cazola, y tras unos años de luchas fronterizas navarroaragonesas, se llegó a un acuerdo en Agreda (1186) entre los reyes Alfonso II y Alfonso VIII contra Navarra.

Poco después del Acuerdo de Agreda se produjo un distanciamiento entre los castellanos y aragoneses y una nueva aproximación de Aragón hacia Navarra (Pacto de Daroca, 1190). En el año 1191, Navarra y Aragón se reunieron en Tarazona para reafirmar su amistad y ese mismo año se firmó la Liga de Huesca en la que participaron Aragón, León y Portugal, aunque con la ausencia de Navarra, para dejar aislado a Alfonso VIII de Castilla, que respondió hostigando las fronteras aragonesas.

Sancho VI murió en 1194 y sería sepultado en la catedral de Pamplona. Fue el último rey de Pamplona y el primero de Navarra. Sancho VI fue un rey querido: auxilió a los pobres, rebajó los tributos, fundó muchas poblaciones, como Vitoria (1181), y repobló otras, como Estella (1187) y Pamplona (1189).

IV. EL REINO DE LEÓN

El reino de León nació cuando el último rey de Asturias, Alfonso III «el Magno», trasladó la capital desde Oviedo a León y repartió su reino entre sus hijos en 909-910. A este sucedieron consecutivamente dieciocho monarcas, hasta que Fernando III «el Santo» unió definitivamente León y Castilla en 1230, constituyendo el conjunto la corona de Castilla.

ALFONSO III (866-910), «EL MAGNO»

Alfonso III «el Magno» de Asturias, en el penúltimo año de su vida (909), tuvo que soportar la rebelión de su hijo García, quien estaba apoyado por su madre, su esposa, su suegro Munio Núñez (conde de Castilla) y sus hermanos Ordoño y Fruela. Pero el rey asturiano logró capturar a García y lo encerró en el castillo de Gauzón (Asturias). Después Alfonso III trasladó la capital desde Oviedo a León, ciudad donde había residido largas temporadas, y en ella estableció el Consejo de Gobierno y el Tribunal de Justicia. Por esas razones se le puede considerar como el último rey de Asturias y el primero de León.

Tras los incidentes que siguieron a la rebelión de su hijo García, Alfonso III se vio obligado a abdicar después de distribuir su ya extenso reino entre sus hijos: León para García, quien quedó en libertad, Galicia y Portugal para Ordoño y Asturias para Fruela, aunque se ha de señalar que ninguno de sus tres hijos se proclamó rey hasta la muerte de su padre, un año después en Zamora, en 910. Se le sepultó en la catedral de Astorga.

Desde el momento de la muerte de Alfonso III se trasladó oficialmente la capital desde Oviedo a León y puede decirse que comenzó el reino de León y se extinguió el de Asturias. Aunque lo que realmente ocurrió fue la división del reino astur en tres: León, Galicia y Asturias. Pero, como se dijo en el capítulo 2, García pudo conseguir que sus hermanos le prestasen vasallaje y se considerasen sus subordinados, terminando así, por tanto, la aventura separatista.

GARCÍA I (910-914), EL PRIMER REY DE LEÓN

Nació en 870/871 y se bautizó con el nombre García en recuerdo de su abuelo materno García I Íñiguez de Pamplona. Se casó con Munia (Muniadona o Muña), hija del conde de Amaya (Castilla), en 896, y desde entonces estuvo muy vinculado a la alta nobleza castellana.

Al parecer, en 897, el padre de García nombró gobernador de Galicia a su hermano Ordoño, favorito del rey, con la clara intención de asociarlo al trono, por lo que García se sentía celoso, aunque este siguió realizando importantes servicios al reino, como la repoblación de Zamora.

Como se comentó antes, en el año 909 García se sublevó contra su padre con el apoyo de gran parte de la nobleza y de la propia familia del rey. Al parecer, tal sublevación fue por sentirse desplazado por su hermano Ordoño y para revindicar su legítimo derecho como primogénito. Lo que sí es cierto es que su estancia en Zamora y el contacto con la nobleza castellana hicieron que madurara esta decisión. El rey padre reunió un gran ejército y sitió Zamora, que capituló poco después y el infante rebelde sería encerrado en el castillo de Gauzón (o Gozón) acusado de traición. Pero resultó que los nobles que apoyaban a García y su propia familia consideraron que el castigo era excesivo y se manifestaron contundentemente, de manera que el rey se vio obligado a abdicar y a repartir el reino.

Al subir al trono García I estableció definitivamente la corte en León y sus hermanos, como reyes de Galicia y de Asturias, se consideraron subordinados a él. Pero si bien su padre abdicó en 909, García no se coronó hasta su muerte e incluso antes de ello dio su consentimiento para que el rey abdicado dirigiera en 910 una campaña por al-Ándalus, en Mérida, poco antes de morir.

La relación de García con su hermano Ordoño siempre fue distante, de manera que no cumplió los deseos de su padre de donar quinientos mizcales al santuario de Santiago de Compostela, donde su hermano Ordoño era rey.

Después de morir su padre, García I empezó pronto la lucha contra los musulmanes. Hizo una incursión hasta tierras de Toledo o Talavera en 911, pero fue en 912, en tiempos de Abd al-Rahman III, cuando alcanzó la frontera del Duero, reforzó la línea de fortalezas existentes entre Zamora y Simancas y repobló las plazas de Roa, Haza, Coca, Peñafiel, Clunia, Osma y San Esteban de Gormaz.

García I murió a los cuarenta y cuatro años por causas naturales en Zamora, aunque otras fuentes dicen que fue en Arnedo, donde resultó herido cuando acudió para luchar contra los musulmanes, tras firmar una alianza con Sancho Garcés I de Pamplona, aunque es muy posible que muriese en Zamora a causa de las heridas recibidas en Arnedo. Se le sepultó en el Panteón de los Reyes de la Capilla de Nuestra Señora del Rey Casto, en la catedral de Oviedo, donde su hermano Fruela reinaba como rey de Asturias. Entonces accedió al trono de León su hermano Ordoño, hasta ahora rey de Galicia, al no dejar García descendencia. Es posible que la ausencia de descendientes fuese debido a que no tuvo una relación estrecha con su esposa.

ORDOÑO II DE LEÓN (914-924)

Nació en 971 en León y fue bautizado Ordoño en honor a su abuelo paterno Ordoño I de Asturias. Fue educado por los muladíes Banu Qasi del Valle del Ebro, quienes al parecer tenían una prestigiosa escuela, y allí permaneció con ellos hasta 886. Se casó en 896 con Elvira, hija de Hermenegildo Gutiérrez, conde de Tuy y Oporto y reconquistador de Coímbra, y tuvieron cinco hijos: Sancho, que sería rey de Galicia, Alfonso, futuro Alfonso IV de León, Ramiro, que reinaría León intitulado como Ramiro II, García y Jimena. Al quedar viudo se casó con Aragonta González, hija del conde Gonzalo Betótez, a la que pronto repudió por no ser de su agrado o más bien por cuestiones diplomáticas, para casarse con Sancha, hija de Sancho Garcés I de Pamplona, que al quedar viuda sin descendencia se casó con el conde Álvaro Herraméliz de Álava y después con el conde Fernán González de Castilla.

Su padre Alfonso III le encargó el gobierno de Galicia en 897 y desde allí, en 908, realizó una campaña contra los musulmanes en la que llegó hasta Sevilla, donde destruyó la barriada Regel, no identificada con seguridad. Como favorito de su padre, es posible que este lo nombrara para ese cargo con la idea de asociarlo al trono de León, pues desde tiempos de Ramiro I de Asturias el cargo de gobernador de Galicia había sido ocupado por el heredero del reino astur.

Junto a sus hermanos García y Fruela, Ordoño participó en la sublevación contra su padre en 909, quien tras sofocarla encerró al primogénito García en un castillo, pero al año siguiente, ante la presión de la nobleza y la familia, abdicó y dividió el trono en tres reinos, correspondiendo a Ordoño el de Galicia, como ya se ha comentado.

En 913 Ordoño se dirigió a Évora (Portugal) con un ejército de treinta mil hombres y, aprovechando la existencia de un abultado basurero junto a las murallas, penetró y saqueó la ciudad, donde murieron su gobernador y setecientos musulmanes. Después volvió a Galicia con cuatro mil musulmanes capturados, la mayor parte de ellos mujeres y niños.

Al morir su hermano García I de León sin descendencia, le sucedió Ordoño, quien al parecer estaba en Galicia recuperándose de una enfermedad que había contraído en tierras de Badajoz, por lo que tardó varios meses en declararse rey de León, en Santiago de Compostela, en diciembre de 914.

En el año 915 realizó su primera expedición, como rey de León, contra los musulmanes. Se encaminó por Zamora hacia al-

Ándalus y sometió Medellín, el castillo de la Culebra, Mérida y Badajoz, y exigió a los gobernadores musulmanes de estas últimas ciudades el pago de tributos o parias. Al año siguiente nuevamente atacó territorios cercanos a Mérida y se enfrentó a un ejército musulmán, que había enviado el emir cordobés Abd al-Rahman III, venciéndolo y apresando a su comandante que fue conducido hasta León.

Todos estos éxitos de los cristianos astures fueron debidos principalmente a que el emir cordobés estaba ocupado en problemas internos en al-Ándalus, pero aun así este reunió un gran ejército de mercenarios del norte de África y en 917 llegó a la ribera del Duero, saqueando y arrasando todo a su paso y estableciendo un campamento en San Esteban de Gormaz; allí fue atacado por sorpresa y vencido por Ordoño II en la batalla de Castromoros, con una gran cantidad de bajas para el ejército cordobés. Esta batalla constituyó un hito en la historia medieval española. Tras la batalla, el rey leonés colgó en las almenas del castillo la cabeza del comandante musulmán vencido junto a la de un jabalí.

Después, en 918, Ordoño II continuó el esfuerzo expansivo en La Rioja, donde acudió en ayuda de Sancho Garcés I de Pamplona. Los dos reyes marcharon sobre Nájera, Tudela, La Morcuera y Tarazona, y penetraron en Valtierra, Arnedo y Calahorra, que arrebataron a los muladíes Banu Qasi del valle del Ebro. También Ordoño se adentró en territorio de al-Ándalus y conquistó Talavera.

Estas acciones irritaron mucho al emir cordobés que, mejorada su situación interna, envió un ejército al mando del eunuco Badr hacia La Rioja, que consideraba de interés estratégico y económico. Llegó hasta tierras de Soria o Segovia, donde ganó la batalla de Mutonia o Mutoniya y otra más, en 918. Sin desanimarse por estas derrotas, Ordoño envió un ejército hacia la frontera, pero Abd al-Rahman III hizo lo mismo, por lo que el rey de León lo pensó mejor y se retiró hacia León, lo que imitó el emir que regresó a Córdoba.

Después, en 920, el emir cordobés proclamó la guerra santa y preparó una gran expedición que se dirigió a Caracuel, Toledo, Guadalajara y Medinaceli, se apoderó de Osma y San Esteban de Gormaz y luego continuó hacia Clunia, Burgos, Tudela y Calahorra.

Enterado el rey de Pamplona de que las tropas cordobesas habían tomado Calahorra y que se dirigían a Pamplona, se desplazó desde Arnedo hacia el norte para unir sus tropas a las de Ordoño, que había acudido en su ayuda. Los musulmanes fueron a su encuentro, pasando por Viguera y Muez hasta el valle de Junquera, a unos veinticinco kilómetros de Pamplona, donde el emir derrotó a los ejércitos de Pamplona y León en la batalla de Valdejunquera, en el año 920. Durante esta conflagración los musulmanes apresaron a los obispos de Tuy y Salamanca, y los supervivientes cristianos se refugiaron en Viguera y Muez, donde el emir los asedió y los pasó cuchillo. Parece ser que ciertos nobles castellanos, descontentos con la alianza entre Ordoño y Sancho, no acudieron a socorrer a los cristianos en la batalla de Valdejunquera. Tiempo después fueron requeridos por Ordoño en Téjar, a orillas del río Carrión, y allí fueron capturados y conducidos a León, donde estuvieron presos hasta el año 926.

Después, en 921, Ordoño, a pesar de la derrota de Valdejunquera, no se amilanó y dirigió su ejército hacia tierras sorianas, conquistando Atienza, y hacia el territorio de Sintilia (Guadalajara), donde arrasó cultivos y abatió varios castillos —Sarmalón, Eliph, Pálmaces de Jadraque, Castejón de Henares y Magnanza, entre otros—. La expedición se internó tanto en al-Ándalus, que llegó a las proximidades de Toledo. A su regreso a León, el rey halló muerta a su esposa Elvira.

Dos años después, Ordoño II y Sancho Garcés I ocuparon la zona riojana comprendida entre los valles del Najerilla y del Iregua. Ordoño conquistó Nájera y Sancho Viguera, apresando y dando muerte a Mohamed ibn Abdallah, de los Banu Qasi, y ambas plazas quedaron anexionadas a Pamplona y se reforzó la alianza entre ambos reinos con el matrimonio de Sancha, hija del rey de Pamplona, con Ordoño II, tras repudiar este a su segunda esposa, como se comentó antes.

Un año después Ordoño II murió, camino de Zamora a León —hay quien dice que en Zamora y otros que en León—, de muerte natural, con cincuenta y dos años. Se le sepultó en la catedral de León o tal vez en la iglesia del Salvador.

FRUELA II (924-925), «EL LEPROSO»

Fruela nació en 874. Se casó en 911 con Nunilo o Munia Jimena, de la dinastía Jimena de Pamplona, y fueron padres de Alfonso Froilaz (futuro fugaz rey de León) y posiblemente de Urraca. Después de enviudar se casó en 913-917 con Urraca, del linaje de los Banu Qasi del valle del Ebro. Este matrimonio le supuso perder el apoyo de Sancho Garcés I de Pamplona y la ruptura de la tradicional alianza entre León y Pamplona. Del matrimonio nacieron dos hijos, Ramiro y Ordoño Froilaz, y posiblemente una hija, llamada Urraca. Fruela también tuvo dos hijos ilegítimos de madre o madres desconocidas: Fortis y Eudón o Aznar.

Tras la abdicación de su padre Alfonso III, Fruela heredó el reino de Asturias y se estableció en Oviedo bajo la subordinación de su hermano García I, quien heredó el reino de León. Fruela tenía una relación distante con García, que tampoco se llevaba bien con su otro hermano Ordoño, quien heredó Galicia. Eran lógicas estas malas relaciones, pues García se consideraba el heredero legítimo de todos los territorios: León, Galicia y Asturias. En cambio, Ordoño y Fruela si mantenían buenas relaciones entre sí, pasando este último mucho tiempo en León, cuando ya había muerto García y reinaba allí Ordoño II, sobre todo en los últimos años de vida de este, lo que le permitió acceder fácilmente al trono leonés cuando murió Ordoño.

En 910 Fruela y su primera esposa donaron a la catedral de San Salvador de Oviedo la Caja de las Ágatas, arqueta-relicario recubierta de oro y placas de ágata, que junto a la Cruz de los Ángeles, la Cruz de la Victoria y la Arqueta de San Genadio, constituyen las cuatro obras más importantes de la orfebrería prerrománica asturiana. Dos años después, Fruela donó a la misma catedral diversos lugares e iglesias. Igualmente reconstruyó el monasterio de Pardomino, en las montañas de Boñar, junto al río Porma, construido durante el reinado de Ordoño II. Fruela también se preocupó por otros monasterios, como el de Eslonza, que fundara su hermano García I.

Tras la muerte de sus hermanos —García falleció en el año 914 y Ordoño II en 924— sería proclamado rey de León, sin considerar a los hijos de Ordoño II: Sancho, Alfonso y Ramiro. De esta manera se unificaron los territorios de León, Galicia y Asturias, como en tiempos de su padre Alfonso III. En su corto reinado, tan solo catorce meses, Fruela se enemistó con la nobleza leonesa por usurpar el trono que correspondía a los herederos de Ordoño II. Durante su reinado siguió el mismo modelo de paz con los musulmanes que había llevado en su reino asturiano. En cambio, sí ordenó matar injustamente a los hijos del magnate Olmundo —familia mozárabe, partidarios de los hijos de Ordoño II, arraigada en Simancas, Zamora, Villalpando, Benavente, Valderaduey, Sequillo y Bajoz— y desterró al obispo Fruminio de León por oponerse a su entronización sin tener en cuenta a los legítimos herederos.

En 924 Fruela envió ayuda a Sancho Garcés I de Pamplona para luchar contra una expedición de los musulmanes, pero formada por pocos efectivos como consecuencia de tener que reservar fuerzas en la rebelión de sus sobrinos, los hijos de Ordoño II. También en ese año prestó gran interés por el territorio gallego, donde consiguió que diversos obispos le respaldasen, confirmó a Hermenegildo como obispo de Santiago de Compostela y dispuso que la autoridad eclesiástica se extendiera hasta doce millas de la ciudad.

Murió de lepra y se le sepultó en la catedral de León. Años después el rey Bermudo II trasladó sus restos mortales, junto a los de otros monarcas, a Oviedo para evitar ser profanados por Almanzor. A este respecto hay discordancia entre algunos autores, pues hay quienes señalan que los restos mortales de Fruela y los de su esposa nunca salieron de León.

ALFONSO IV (925-931), «EL MONJE»

Alfonso Ordóñez, segundo hijo de Ordoño II, nació en Galicia, probablemente en el año 891. Se casó en 924/928 con Onneca, también denominada Íñiga o Jimena, que era hija de Sancho Garcés I de Pamplona y de la reina Toda Aznar. Desde que tuvo ocasión de conocerla, Alfonso sintió una gran atracción por Onneca, con la que tuvo dos hijos: Ordoño, que sería recordado como Ordoño IV «el Malo», y Fruela.

La temprana muerte del rey Fruela provocó una guerra civil entre los partidarios de su hijo, Alfonso Froilaz «el Jorobado», y los de los hijos de Ordoño II: Sancho, Alfonso y Ramiro Ordóñez. Parece que de inmediato se nombró a Alfonso Froliaz como rey de León, quien era apoyado por la nobleza asturiana, pero los hijos de Ordoño II no lo reconocieron. Sancho estaba apoyado por los nobles gallegos, Alfonso por el rey de Pamplona y Ramiro por los nobles portugueses y castellanos. La decisiva intervención de Sancho Garcés I de Pamplona favoreció a su yerno, el príncipe Alfonso Ordóñez, reconociéndolo los otros dos hermanos como Alfonso IV de León, en el año 926, pues puede que en 925 reinara «el Jorobado», por lo que Alfonso Ordóñez sería realmente Alfonso V. Después los hermanos Ordóñez se repartieron el reino amistosamente, de manera que Sancho, el mayor de los hermanos, quedó como rey de Galicia, cuya jurisdicción abarcaba desde la costa cantábrica hasta el río Miño; Alfonso regiría León y Ramiro la zona portuguesa entre los ríos Miño y Mondego, con capital en Viseo. Los hijos de Fruela —Alfonso, Ordoño y Ramiro Froilaz— controlarían Asturias hasta 932, con Alfonso Froilaz «el Jorobado» a la cabeza.

El reinado de Alfonso IV se caracterizó por la ausencia de lucha contra los musulmanes y por la gran religiosidad del rey, que lo impulsó a realizar diversas donaciones y beneficios a monasterios. También hizo volver del destierro al obispo Fruminio de León, que el rey Fruela había perseguido porque no lo consideraba como legítimo heredero del trono, cuando sucedió a su hermano Ordoño II.

Al fallecer su hermano Sancho Ordóñez sin descendencia, en el año 929, Galicia siguió bajo la supremacía del León, pero bajo el dominio de su hermano menor Ramiro, quien se coronó como rey de esa comunidad. Después, la muerte de la reina Onneca (en 931) afecto muchísimo a Alfonso IV, quien decidió abdicar, retirarse al monasterio de Sahagún ese mismo año y entregar el reino a su hermano Ramiro, quien volvió rodeado de magnates desde Viseo, primero a Zamora, después a León y luego a Galicia. Meses después Ramiro fue coronado en la iglesia de Santa María y San Cipriano de León, que en el futuro sería la catedral. De esta manera Ramiro II, tras una breve guerra civil, en la que contó con la ayuda del conde castellano Fernán González y del rey Sancho Garcés I de Pamplona, logró reunir nuevamente León, Galicia y Portugal.

Pero al poco tiempo, Alfonso IV se arrepintió de su abdicación y volvió a Simancas con la idea de recuperar el trono, aunque allí fue convencido por su familia para que volviera al monasterio y tomara los hábitos. Después de unos meses, en 932, nuevamente Alfonso IV abandonó el monasterio y se desplazó hasta León, donde ocupó la ciudad. Contó para ello con el apoyo de los hijos de Fruela —Alfonso, Ramiro y Ordoño Froilaz— y aprovechó la ausencia de Ramiro II que estaba en Zamora reuniendo tropas para auxiliar a los mozárabes de Toledo, que estaban sitiados por Abd al-Rahman III. Entonces Ramiro II se dirigió a León, sitió la ciudad y la recuperó, por lo que Alfonso IV huyó con la idea de llegar a Pamplona, pero al pasar por Castilla fue capturado, al parecer con la deslealtad del conde Fernán González. Después Ramiro II pasó a Asturias, donde hizo prisioneros a los hijos de Fruela, a los que junto a Alfonso IV ordenó que les sacaran los ojos, aplicando la ley goda para ese tipo de delitos, y después los encerró en el monasterio de Ruiforco de Torio, donde permanecieron, según parece, bien atendidos hasta sus muertes.

Alfonso IV murió en 933 en el monasterio de Ruiforco, donde fue sepultado junto a su esposa, cuyos restos mortales habían sido trasladados allí por ruego de Alfonso IV a su hermano Ramiro II. Posteriormente los restos mortales de Alfonso IV y de su esposa fueron trasladaos a la basílica de San Isidoro de León, por orden del monarca Alfonso V.

RAMIRO II (931-951), «EL GRANDE»

Ramiro, tercer hijo de Ordoño II de León, nació en León en el año 898. Se le apodó «el Grande» por los cristianos y «el Diablo» por los musulmanes, por su energía y ferocidad. Desde niño se encomendó su educación al magnate Diego Fernández, residente en las tierras del Duero y después en el valle del Mondego. El joven Ramiro en pocos años se ganó una reputación de caudillo atrevido, valiente e inteligente. Se casó en 925 con su prima Adosinda y tuvieron tres hijos: Bermudo, que murió pronto; Ordoño, que sería después Ordoño III; y Teresa, que sería la segunda esposa de García Sánchez I de Pamplona. En 933-934 —o tal vez 932— repudió a Adosinda, puede que por imposición de la ley canónica —los contrayentes eran parientes— o porque le interesaba aliarse con Pamplona, y contrajo matrimonio con Urraca, hija de Sancho Garcés I y Toda Aznar. De esta unión nacieron Sancho «el Craso», que sucedería a su hermanastro Ordoño III como Sancho I; Elvira, que profesó siendo muy joven; y Velasquita, que se casaría con Bermudo II «el Gotoso». Fuera de los matrimonios Ramiro II tuvo dos hijos de su relación con Ortega, hija del conde Rodrigo Romaes, señor de Monterroso y Santa Marta: Alboazar y Ortega.

Cuando Ramiro recibió el pequeño reino del norte de Portugal, tras el reparto del reino de León entre sus hermanos, a la muerte del rey Fruela, y posteriormente vencer a los herederos de este, en el año 926, ya estaba casado con Adosinda. A la muerte de su hermano Sancho de Galicia, Ramiro se hizo cargo de ese reino, convirtiendo Zamora en su capital, aunque bajo la supremacía de su hermano Alfonso IV de León.

Como se ha narrado antes, en 931, tras la muerte de Onneca, Alfonso IV abdicó en favor de su hermano Ramiro, se retiró al monasterio de Sahagún y unos meses después se coronó Ramiro en León. Constituiría este nuevo reinado el más importante dentro de época imperial leonesa, con la unión de todos los territorios de la Corona leonesa y con una nueva expansión frente al califato de Abd al-Rahman III de Córdoba.

En el año 932 el ejército leonés tomó momentáneamente Magerit o Marguerit (la actual Madrid) con la idea de liberar a los rebeldes mozárabes y muladíes de Toledo. Estos estaban asediados por Abd al-Rahman III, pero el rey cristiano no pudo llegar a la ciudad, conformándose tan solo con el saqueo de las tierras próximas a Talavera, el acopio de prisioneros y el rescate de numerosos mozárabes. Mientras, Toledo se entregó al califa después de dos años de sitio.

Al año siguiente Ramiro II logró contrarrestar una expedición del califa cordobés en Osma (Soria), con la ayuda del conde Fernán González de Castilla. Pero en 934 los musulmanes triunfaron en la zona de Osma y atravesando Castilla llegaron hasta Pamplona, donde Abd al-Rahman III obtuvo la sumisión de la reina Toda. Después los cordobeses pasaron por Álava, La Bureba, Burgos y el monasterio de Cardeña, donde asesinaron a doscientos monjes. En esas fechas, 933-934, para contar con el apoyo de Sancho Garcés I de Pamplona, Ramiro consiguió la nulidad de su matrimonio con la noble gallega Adosinda, alegando ser primos hermanos, y se casó con Urraca, hija del rey pamplonés.

Después Ramiro II buscó alianzas con Pamplona y con el gobernador rebelde tochibí de Zaragoza, que impedirían nuevos avances del califato cordobés. La traición del gobernador de Zaragoza hacia Abd al-Rahman III disgustó mucho a este, por lo que tras conquistar Calatayud se apoderó de todos los castillos de la zona. El gobernador de Zaragoza se rindió y el califa lo empleó en contra de Pamplona, que tuvo que declararse vasalla de Córdoba. La vuelta del califa la hizo atravesando Castilla, a la que arrasó, sin que Ramiro y los condes de Carrión, que habían acudido en ayuda del conde castellano Fernán González, pudieran impedirlo.

A comienzos de 939 Ramiro II llegó hasta Santarém, que habían tomado los musulmanes unos días antes, pero el rey leonés fue derrotado. Ese mismo año, como se comentó en el capítulo 3, el califa reunió un ejército de más de cien mil hombres y, tras desbaratar la alianza de León con Zaragoza y conseguir la neutralidad de Pamplona, pretendió que los cristianos reconocieran su supremacía y que renunciaran a las expansiones. Pero lo cierto es que el ejército cordobés fue derrotado en la batalla de Simancas (Valladolid) por una coalición, auspiciada por Ramiro II, en la que participaron leoneses, castellanos, pamploneses y aragoneses del rebelde musulmán de Zaragoza. Esta batalla fue una de las más destacadas de la historia de España. Al parecer Abd al-Rahman III escapó por los pelos, perdiendo un valioso ejemplar del Corán y su propia cota de malla, tejida con hilos de oro, que no le dio tiempo a ponerse. Después, como también se comentó en el capítulo 3, los restos del ejército musulmán fueron aniquilados a los pocos días en Alhandega (Soria) y a continuación el califa crucificó en las orillas del Guadalquivir a más de trescientos oficiales propios por no haber combatido con suficiente convicción. Esta gran victoria cristiana permitió asegurar la línea del Duero y la zona que desde entonces comenzó a llamarse Extrema Durii (Extremadura). En efecto, Ramiro II repobló plazas en la zona occidental del valle de Tormes, entre otras, Salamanca, Ledesma, Ribas, Venta de Baños, Peñaranda y Alhandega, mientras que el conde castellano Fernán González lo hizo con Sepúlveda (Segovia), como bastión vigilante sobre Somosierra. Después, en 940-941, los leoneses y cordobeses firmaron dos treguas, aunque siguieron los choques entre ambos.

En los diez últimos años de su reinado Ramiro II tuvo problemas internos, debidos fundamentalmente a la cada vez mayor ansia de independencia de Castilla, que estaba gobernada por el enérgico y decidido conde Fernán González, casado con Sancha, hermana del rey García Sánchez I de Pamplona. En efecto, sobre 943 Fernán González rompió una tregua firmada entre el califa cordobés y el rey leonés y realizó una incursión de saqueo por tierras musulmanas, por lo que Ramiro II encargó la repoblación de Peñafiel y Cuellar a Ansur Fernández, a quién nombró conde de Monzón. Esta designación hizo que Fernán González se sintiese agraviado, pues este condado taponaba la expansión de su territorio hacia el sur, por lo que se declaró en rebeldía frente a León, junto a su yerno el conde de Saldaña. Entonces Ramiro II, con la ayuda del conde de Monzón, logró imponer su autoridad y encarcelar a los condes rebeldes.

Sobre 945 Ramiro II liberó a Fernán González debido a la necesidad de contar con este prestigioso guerrero para hacer frente al califa cordobés, que daba signos de querer recuperar zonas perdidas en el sur del Duero. El conde liberado juró fidelidad a Ramiro, quien le hizo además renunciar a sus bienes, pero al mismo tiempo lo atrajo mediante el compromiso de matrimonio del primogénito leonés Ordoño con la hija Urraca de Fernán González.

Solucionado aparentemente el problema castellano, le surgió al rey leonés otro de rebeldía de magnates gallegos, lo que es posible que diese pie a que los musulmanes aprovechasen para atacar el reino de León y llegar hasta Lugo. Este hecho y varias incursiones cordobesas más, todas realizadas en la parte occidental del reino de León, hacen pensar que hubo un pacto entre Fernán González y el califa, que dejó tranquila la zona de Castilla que gobernaba el conde, quien aprovechó, que Ramiro II estaba ocupado en el oeste de su reino rechazando a los musulmanes, para recuperar el poderío perdido años atrás. El conde Asur Fernández tuvo que volver a Monzón y el infante Sancho, futuro Sancho «el Craso», que ayudaba a este conde en la repoblación de Castilla por encargo de su padre Ramiro II, regresó a León.

La última gesta del rey leonés fue en 950 cuando venció a los musulmanes en Talavera de la Reina, donde su ejército aniquiló a doce mil musulmanes y consiguió multitud de prisioneros y un rico botín. Después, al volver a León, cansado y decaído, dejó el reino a cargo de su hijo Ordoño. Más tarde, al regresar a Oviedo se sintió enfermo de gravedad, por lo que abdicó voluntariamente en su hijo Ordoño III en 951 en la iglesia de San Salvador de Palat del Rey de León, que había sido construida por su hija Elvira. Ramiro II murió a los pocos días y se le sepultó en la iglesia donde abdicó. Posteriormente sus restos mortales se trasladaron a la basílica de San Isidoro de León.

En otro orden de cosas, el rey Ramiro II engrandeció la Corte con la construcción del nuevo palacio real y la restauración e instauración de varios monasterios. Debido a su gran religiosidad veló por la autenticidad de la vida cristiana.

ORDOÑO III (951-956)

Ordoño Ramírez, segundo hijo de Ramiro II y Adosinda, nació en 925. Pasó sus primeros años en Galicia, junto a sus padres, y a los cinco años fue llevado a León, cuando su padre fue coronado rey de ese reino (931). Al parecer, Ordoño inició su educación muy pronto debido al interés que su padre tenía por la formación de sus hijos. En 941, cuando contaba dieciséis años, cambió su situación totalmente al pasar a ser heredero tras la muerte de su hermano el primogénito Bermudo. Desde entonces participó activamente en la vida de la corte y en las campañas militares contra Fernán González y el conde de Sardaña y aceptó el compromiso matrimonial con Urraca, la hija de Fernán González, con la idea de solventar el conflicto entre el conde castellano y la corona de León. El matrimonio se celebró sobre el año 950 y tuvieron dos hijos: Bermudo, futuro Bermudo II de León, y Gonzalo. Hay fuentes que afirman que Ordoño III repudió a su esposa, posiblemente por desavenencias con su suegro, y que sus hijos eran de una dama asturiana o gallega llamada Elvira —o puede que fuesen hijos de Gontrodo o de Aragonta Peláez—. Después parece que Ordoño y Urraca se volvieron a reconciliar.

Tras la abdicación de su padre, Ordoño III fue coronado en León. En 955 tuvo que vencer una peligrosa rebelión, fraguada desde su coronación, de los partidarios de su gordo hermanastro Sancho, encabezados por la intrigante reina Toda de Pamplona, como abuela de Sancho, el hijo de esta, García Sánchez II de Pamplona, y Fernán González de Castilla, al que Sancho prometió devolver algunos bienes que aún no había recuperado el conde tras serles confiscados por Ramiro II. Al parecer, desde niño, Sancho sentía una gran antipatía por su hermanastro Ordoño. Las tropas rebeldes debían reunirse en Sahagún para iniciar la conquista del reino, pero Ordoño organizó sus defensas en la línea del río Cea y con el apoyo del conde de Monzón consiguió que las fuerzas rebeldes tuvieran que desistir y Sancho «el Gordo» tuvo que refugiarse con su abuela en Pamplona. Además, Ordoño soportó varias rebeliones internas, sobresaliendo la de algunos magnates gallegos, a los que al final impuso su autoridad. La lucha de sucesión y la debilidad interna de Ordoño III fue aprovechada por Abd al-Rahman III que le hizo pagar tributos para evitar hostigamientos.

También, en 955, Ordoño III emprendió una campaña por tierras portuguesas. Partió desde el río Miño y reforzó sus defensas en Coímbra para marchar hacia Lisboa, donde consiguió un importante botín y numerosos prisioneros. Paralelamente el conde Fernán González se vio atacado por los musulmanes en San Esteban de Gormaz, por lo que se sometió a la autoridad de Ordoño y solicitó su ayuda, y entre ambos vencieron a los cordobeses, aunque tuvieron que firmar una tregua con Córdoba, según parece pagando los consabidos tributos.

Cuando preparaba una nueva expedición contra los musulmanes, Ordoño III enfermó y murió en Zamora en 956. Sus restos mortales se depositaron en la iglesia de San Salvador de Palat del Rey y posteriormente se trasladaron a la basílica de San Isidoro en León.

A Ordoño III puede considerársele como un monarca prudente, capacitado para organizar ejércitos, con pericia para el manejo de armas y con un amplio conocimiento de las distintas instituciones y de la administración. Así, se ha de destacar que llevó a cabo la reorganización de sus territorios y culminó el fortalecimiento de las instituciones reales que había iniciado su padre.

SANCHO I (956-958), «EL CRASO» O «EL GORDO»

Sancho Ramírez, hijo de Ramiro II y Urraca, que era hija de Sancho Garcés I y la reina Toda Aznar, nació en 934-935. De niño vivió mucho tiempo en Burgos con su tía Sancha de Pamplona, hermana de su madre y esposa del conde Fernán González. Después, desde muy joven, al igual que sus hermanastros, recibió una educación esmerada, con la vigilancia de su progenitor, quién le mostraba cierto favoritismo por ser el pequeño de los varones, lo que posiblemente influyó en su carácter arrogante y ambicioso. Su padre le encargó el gobierno de Castilla en 944 por su parentesco con los reyes de Pamplona y principalmente para frenar la sublevación de los condes de Castilla y Saldaña. Se casó en 959 con Teresa, hija del conde de Monzón, de cuya unión nació Ramiro, su sucesor en el trono de León, y según algunas fuentes tuvo otro hijo más.

La abdicación de su padre en favor de Ordoño III le supuso a Sancho un duro revés, pues, aunque sin serlo, se consideraba el legítimo heredero. Enseguida abandonó Castilla y se refugió en Pamplona, donde junto a sus partidarios empezó a fraguar una conspiración para apartar del poder a su hermanastro Ordoño III. En el año 955 se produjo la rebelión comentada, de la que salió derrotado y tuvo que refugiarse en Pamplona. Según parece y cuentan, todos estos reveses le provocaron tal ansiedad por la comida que llegó a conseguir una descomunal obesidad, siendo desde entonces conocido como Sancho «el Craso» o «el Gordo».

Pero al año siguiente, a la muerte de Ordoño III, sin hijos mayores, llegó el turno a Sancho para acceder al trono de León. No se consideró al pequeño Bermudo, con tres o cuatro años, que vivía recluido en Galicia y era hijo de Ordoño III y de su primera esposa Urraca. Desde el principio del reinado Sancho estuvo sometido a las presiones de Fernán González y de la nobleza gallega y asturleonesa. Tampoco supo llevar una política conveniente con el califato de Córdoba, pues incumplió los acuerdos estipulados anteriormente por Ordoño III, lo que además provocó la enemistad con los magnates leoneses. Además, en el año 957 hubo un ataque musulmán a tierras leonesas, donde los cristianos sufrieron una derrota. Este descalabro tuvo repercusiones negativas para Sancho, pues no se podía entender que un rey, por su tremenda obesidad, no pudiese montar a caballo, ni tomar las armas frente al enemigo, ni caminar sin ayuda y ni poder tener relaciones sexuales para engendrar un heredero. Todo ello obligó a Sancho I, a los dos años de reinado, a huir nuevamente a Pamplona.

Entonces, debido a la gran influencia del conde castellano Fernán González, se eligió rey de León a Ordoño IV, hijo de Alfonso IV «el Monje» y primo hermano de Sancho I.

ORDOÑO IV (958-960), «EL MALO» O «EL JOROBADO»

Ordoño Alfónsez era hijo del rey Alfonso IV «el Monje». La historia lo recuerda como «el Malo», «el Jorobado», «el Intruso» o «el Usurpador». El apelativo «el Malo» no era gratuito, pues Ordoño fue mezquino, egoísta, vil, cruel, perverso, odioso y carecía de la mínima ética y moral, y además era jorobado. Nació en Pamplona en el año 925, pues sus padres estaban allí como refugiados después de permanecer un tiempo en Galicia y de abandonar la corte de León cuando llegó al poder el rey Fruela II, quien ignoró los derechos sucesorios de los hijos de su hermano Ordoño II, abuelo de Ordoño «el Malo». Después, cuando su padre se proclamó rey, tras la muerte de Fruela y vencer a los hijos de este con la ayuda del rey pamplonés García Sánchez I, el joven Ordoño, con solo un año, pasó a la corte de León, permaneciendo en ella hasta que murió su madre Onneca de Pamplona y su padre abdicó en favor de su hermano Ramiro II para ingresar en un monasterio. Nada se sabe y es posible que Ordoño hiciera poco en la corte de su tío Ramiro II, sobre todo después de morir su padre en el monasterio de Ruiforco. Al parecer, sí vivió en la corte y lo hizo bajo la protección de su tía paterna Jimena Ordóñez.

Ordoño «el Malo» llegó al poder, tras la expulsión de Sancho I «el Craso» debida, entre otras cuestiones a su gran obesidad, por la mediación de Fernán González de Castilla, que no le gustaba la buena relación que Sancho I tenía con su abuela la reina Toda de Pamplona. Fernán González vio que Ordoño representaba la única opción legítima frente al gordo Sancho, al que todos deseaban echar. El conde castellano, para beneficio propio, casó a Ordoño en 957 con su hija Urraca, viuda de Ordoño III, por lo que así podría enredar y hacer y deshacer en la corte leonesa, considerando que Ordoño no estaba experimentado en el gobierno de su reino. En definitiva, este nuevo rey constituía una marioneta del poderoso conde castellano.

Así, cuando las tropas de apoyo a Ordoño llegaron a Galicia y considerando el enorme descontento de los nobles con Sancho I, este no tuvo más remedio que huir a Pamplona, como ya se ha comentado. Respecto a Ordoño, puede decirse que los nobles lo aceptaron más que por sus cualidades por el enorme descontento que provocaba Sancho I. En efecto, Ordoño se sentía inseguro y enseguida dio pruebas de su incapacidad para el gobierno, lo que unido a su falta de tacto provocó que los nobles lo fueran abandonando.

Además, los arreglos y tejemanejes de Fernán González acarrearon al monarca leonés Ordoño IV las enemistades de los enemigos del conde: la reina Toda, los Vela de Álava y más tarde Fernando Ansúrez, conde de Monzón, que se había convertido en cuñado de Sancho I al casarse este con Teresa, la hermana del conde y, además, todos contaron con el apoyo del califa cordobés. Así, tras dos años de mal reinado de Ordoño IV, Sancho «el Craso», que se había curado ya de su obesidad en Córdoba, se comprometió, mediante una hábil gestión diplomática de su abuela, a entregar a los musulmanes diez fortalezas fronterizas en la zona del río Duero a cambio de ayuda para recuperar el reino de León. Entonces los cordobeses, junto a Sancho el «Craso», entraron por Zamora, por el valle del Duero, y los pamploneses atacaron e hicieron preso a Fernán González en Castilla, cerca de Nájera, quien para quedar libre tuvo que retirar el apoyo a Ordoño IV. Luego Sancho, desde Sahagún, pasó a Galicia para hacer valer su autoridad, lo que consiguió al congraciarse con la mayoría de los nobles y tener el respaldo del clero, a la cabeza del futuro San Rodendo, el anciano cuñado de Ordoño II. Entonces, por fin, Sancho I pudo entrar triunfante en León para cumplir su segundo periodo de reinado (960-966), conociéndosele desde entonces por «el Restaurado».

Ordoño IV con su esposa y sus dos hijos huyeron primero a Asturias y después a Burgos, donde dejó a su mujer tras perder el favor de su suegro Fernán González, quien para ser liberado por Pamplona tuvo que casarse con Urraca de Pamplona y prometer a su hija Urraca, después de separarse de Ordoño IV, con el heredero de Pamplona. Finalmente, Ordoño IV, al no ser bien recibido en ningún sitio, se entregó en Medinaceli al general musulmán Galip que lo llevó a Córdoba. Allí, Ordoño intentó en vano que el califa Abd al-Rahman III lo ayudase a recuperar el trono. Tiempo después, en 961, al morir el califa, su sucesor Al-Hakam II no lo ayudó tampoco, pero sí lo utilizó para presionar a Sancho I con la amenaza de apoyar a Ordoño IV si no le devolvía las plazas prometidas a su padre por la ayuda recibida del califato para que recuperara el trono. Al firmarse la paz entre el califa y el rey leonés Sancho I, Ordoño IV, profundamente humillado, perdió toda esperanza de volver a su tierra, viviendo de forma totalmente anónima en Córdoba, al parecer acompañado por su hijo García, que lo habían entregado al califato como rehén tras firmar su padre un tratado de amistad cuando reinaba en León. Ordoño IV murió un par de años después y luego sus restos mortales se trasladaron a León y se depositaron en el Panteón de los Reyes de San Isidoro o en la iglesia de San Salvador de Palat del Rey.

SANCHO I (960-966), «EL CRASO», AHORA «EL RESTAURADO»

Inmediatamente después de huir Sancho I a Pamplona, tras ser sustituido por Ordoño IV en 958, la reina Toda se volcó en defender los derechos de su adorado nieto Sancho I. La real abuela se puso inmediatamente en contacto con Abd al-Rahman III, que era su sobrino carnal, para que con su ejército ayudara a su nieto y, además, para que el médico personal del califa cordobés lo curase de su obesidad. Para esto último viajó Sancho, junto a su esposa y su abuela, a Córdoba, donde se sometió a un severísimo régimen alimenticio basado solamente en la ingesta de infusiones durante cuarenta días, lo que dio un resultado sorprendente. El primer problema que tuvo que solventar Sancho I fue el viaje, pues no podía hacerlo a caballo, ni en carro. Así que se intentó con una torreta de asalto y al romperse esta se utilizó una tienda de lona especial tirada por cuatro mulas. Después, ya en Córdoba, para que no tomase algo inadecuado se le amarró a la cama y se le cosió la boca, dejando solo un pequeño orificio por el que podía beber con el auxilio de una pajita, además de darle baños para relajarlo, hacerle sudar y darle masajes para mitigar la flacidez de la piel. Al parecer, Sancho I podría pesar entre doscientos veinte y doscientos cuarenta kilos, debido a su ansiedad que le hacía comer y beber siete veces al día, en ocasiones con diecisiete platos diferentes en cada comida, y principalmente a base de carne de caza, deporte que practicaba de manera continua. La toma de infusiones le hacía vomitar y le causaba enormes diarreas, estando dos veces a punto de morir. Con este tratamiento logró rebajar el peso a unos cien kilos, peso que supo mantener debido a la restricción de carnes de caza y a la ingesta de gran cantidad de frutas.

Tras prepararse adecuadamente, en el año 859, como se comentó antes, el ejército cordobés, junto a Sancho «el Craso», que ya se había curado de su obesidad, hizo huir a Ordoño IV a Asturias, después a Burgos y finalmente a Córdoba.

En el año 960 Sancho I convocó en Sahagún lo que puede considerarse la primera convocatoria de Cortes, donde asistieron los altos miembros del clero y de la nobleza.

Después, la negativa de Sancho I a cumplir los acuerdos con Córdoba —promesa que hizo a Abd al-Rahman III de entregar diez fortalezas en el Duero a cambio de la ayuda para acceder por segunda vez al trono de León— dio pie a que el nuevo califa, Al-Hakam II, le amenazara con apoyar de nuevo a Ordoño IV, que estaba en Córdoba, por lo que el rey leonés se retractó. Pero al poco tiempo murió Ordoño IV y entonces Sancho I cambió nuevamente de opinión y buscó alianzas con García Sánchez I de Pamplona, con el conde Fernán González de Castilla, que había sido puesto en libertad por Pamplona, y con los hermanos Borrell y Miró, condes conjuntos de Barcelona, Gerona y Osona, contra el califa cordobés. Este inició en el año 963 una ofensiva y conquistó San Esteban de Gormaz, Atienza y Calahorra, lo que forzó a un periodo de paz, que duraría diez años, entre el califa y todos los reinos cristianos. León tuvo que entregar las fortalezas prometidas, con la consiguiente supremacía del califato y las constantes discordias entre los reinos cristianos.

Con la paz conseguida con el califato cordobés y persistiendo aún la actitud independentista de Fernán González, Sancho I se centró en Galicia y Portugal, donde también se alzaban focos de rebelión, y se dirigió con un gran ejército a Orense y Braga y, sin apenas oposición, pudo llegar hasta el Duero, donde encontró a uno de sus principales enemigos, el conde Gonzalo Menéndez, quien negoció la paz, tras la cual Sancho I se estableció en Coímbra. Allí enfermó el rey, al parecer envenenado por una manzana ponzoñosa que le dio el conde Gonzalo Menéndez o alguno de sus aliados. Otras fuentes difieren y dicen que podría ser Gonzalo Muñoz o Gonzalo Sánchez el que envenenó al rey. Sancho I decidió viajar a León para morir en casa, pero no pudo cumplir su deseo ya que falleció en el camino, a los tres días de viaje, en el monasterio gallego de Castrelo del Miño, quedando sus restos mortales depositados en este monasterio, para ser después trasladados a la iglesia de San Salvador de Palat del Rey de León.

El mismo año de su muerte, Sancho I erigió el monasterio de San Pelayo en Oviedo, consagrado en honor al niño mártir cordobés, cuyos restos mortales fueron llevados a León y después a Oviedo. Al parecer al niño Pelayo, con doce o catorce años, se le martirizó hasta la muerte por no consentir relaciones sexuales con el califa

Abd al-Rahmam III. Este nuevo monasterio sustituiría al de San Salvador de Palat de Rey para cenobio cortesano de las infantas que desearan tomar los hábitos y para albergar a las reinas viudas.

RAMIRO III (966-984/5)

Ramiro Sánchez, hijo y heredero de Sancho «el Craso», nació en el año 961. Tras el asesinato de su padre, Ramiro subió al trono con cinco años, ocupando la regencia su tía Elvira Ramírez, que era religiosa. La figura de regente era nueva en este reino y reforzó en gran medida el carácter hereditario de la monarquía. El rey Ramiro se casó, justo cuando cumplió su mayoría de edad en el año 980, con Sancha, hija del conde de Saldaña y Muniadona, que era a su vez hija del conde Fernán González de Castilla, y tuvieron a Ordoño Ramírez, «el Ciego», quien se casó con Cristina, hija de Bermudo II y Velasquita Ramírez, que dieron origen a un importante linaje en Asturias.

Lo primero que se hizo durante el reinado de Ramiro III fue ratificar el tratado de paz que con el califa de Córdoba había firmado su padre. Después, en el año 968, el obispo Rudesindo, en el futuro San Rosendo, que había sido nombrado lugarteniente del rey, fue ayudado por el conde Gonzalo o Guillermo Sánchez a derrotar a los vikingos que habían desembarcado en Galicia, donde permanecieron saqueado durante más de un año.

En 974 el conde castellano García Fernández, hijo de Fernán González, atacó la plaza musulmana de Deza y llegó hasta Sigüenza, por lo que quedó rota la tregua entre Córdoba y León. Al año siguiente las tropas leonesas, castellanas y pamplonesas sitiaron San Esteban de Gormaz, pero ante la llegada de tropas musulmanas de refuerzo tuvieron que retirarse y sufrieron sendas derrotas en Langa del Duero (Soria) y Estercuel (Navarra), lo que provocó una crisis política que llevó a la regente Elvira a retirase y dejar como nueva regente a la madre del rey, Teresa Ansúrez, hija del conde de Monzón, que tras enviudar había profesado como monja en el monasterio de San Pelayo de Oviedo, donde llegó a ser abadesa.

Después de la muerte de Al-Hakam II (975) ocupó el califato Hisham II, con solo once años, quien fue dominado totalmente por el gobernador Almanzor, que entre 977 y 984 dirigió varias campañas contra León, apoderándose de Zamora, Ledesma, Rueda, Atienza, Sepúlveda, Salamanca y Simancas, entre otras plazas, pero no pudo ocupar la ciudad de León gracias a una oportuna e impresionante tormenta de granizos.

Mientras el tiempo trascurría se llegó a la mayoría de edad del rey y la desafección de la nobleza galaicoportuguesa, ya existente en tiempos de Sancho I, fue en aumento debido a que el rey consideraba que todos ellos habían conspirado contra su padre, ocasionándole su muerte. Además, el desafecto de los nobles también aumentó por el mal carácter del monarca, por su poco tacto al ocasionar desplantes a los nobles, por su escasa inteligencia y por la acumulación de derrotas sufridas a manos de los musulmanes. Por todo ello se llegó a un punto en el que los nobles, liderados por Gonzalo Menéndez, el asesino del padre del rey, se rebelaron y proclamaron rey a Bermudo, hijo de Ordoño III y primo de Ramiro III, en el año 981. En 982 los rebeldes controlaban Galicia y coronaron a Bermudo II en Compostela, por lo que el reino de León quedó dividido en dos: León y Castilla bajo el dominio de Ramiro III y Galicia y Portugal que obedecían a Bermudo II.

En 983 Ramiro atacó a Bermudo en Portilla o Portela de Arenas (Galicia) con un resultado incierto, aunque algo favorable a Bermudo; después Ramiro volvió a León para centrarse en los ataques musulmanes. Más tarde, en 984, Bermudo era reconocido como rey en el condado de Saldaña y en las tierras de Cea y, al parecer, también el conde García Fernández se pasó a su bando, aunque no puede asegurarse con rotundidad. Lo que sí es cierto es que Ramiro se iba debilitando. Bermudo pidió ayuda a Almanzor, que se comprometió a devolverle Zamora y a enviarle un ejército a cambio de un tributo anual. Ramiro fue perdiendo terreno ante Bermudo, quien entró en León y forzó a Ramiro a refugiarse en Astorga. Así continuó la guerra entre los dos monarcas hasta la muerte de Ramiro, quedando entonces Bermudo II como único soberano del reino que se unificó nuevamente.

Ramiro III falleció de muerte natural en Destriana, a quince kilómetros de Astorga, a los veintitrés años, y se le sepultó en el monasterio de San Miguel, siendo trasladado dos siglos después por Fernando II a la catedral de Astorga. Pasado los años, nuevamente sus restos mortales fueron trasladados por Alfonso V a la basílica de San Isidoro en León.

Bajo este reinado la nobleza siguió gozando de mucha autonomía, ostentando la máxima el conde castellano Fernán González. Desde tiempos de Ramiro II a Ordoño IV (931 a 966) el conde castellano iría incrementando su independencia, pero sería su hijo García Fernández, quien a la muerte de su padre (970) actuó con total independencia respecto al reino de León.

BERMUDO II (984/5-999), «EL GOTOSO»

Bermudo Ordóñez II, llamado «el Gotoso» y también «el Rey Berciano», nació entre 948-953 cerca de Carracedelo (comarca del Bierzo, León), donde pasó sus años juveniles. Su padre fue Ordoño III y su madre posiblemente Urraca Fernández, hija del conde Fernán González. Existe la posibilidad de que Bermudo fuese hijo ilegítimo de la relación de su padre con Elvira, noble dama gallega o asturiana, o tal vez con Gontrodo o con Aragonta Peláez. Al morir su padre contaba solo tres o cuatro años y, debido a que su tío paterno Sancho «el Craso», aunque con menos derechos que él, usurpó sus derechos al trono, se tuvo que ocultar en Galicia, donde los condes gallegos lo protegieron y prepararon para la sublevación que con el tiempo llevó a cabo contra Ramiro III, hijo de Sancho «el Craso», como se comentó antes.

Bermudo se casó con Velasquita de León, hija de Ramiro II, y tuvieron a Cristina, que se casó con el hijo de Ramiro III, Ordoño «el Ciego», y puede que a otro hijo más. Después Bermudo repudió a Velasquita, que ingresó en el monasterio de San Pelayo, se casó con su prima hermana Elvira García, hija del conde García Fernández, y tuvieron tres hijos: Alfonso, futuro Alfonso V, Teresa y Sancha. Bermudo también tuvo relaciones extramatrimoniales con varias damas de la nobleza, de las que nacieron varios hijos: Ordoño, Elvira, Bermudo, Piniolo y Pelayo. Además, hay fuentes que señalan que Bermudo cometió incesto con sus hermanas y, según el obispo Pelayo, bigamia pues se casó con Elvira sin haber repudiado a Velasquita. Pelayo achacaba las múltiples derrotas sufridas a manos de los musulmanes a los muchos pecados sexuales de Bermudo, a los que había que añadir el haber desterrado a Gudesteo y forzado a Adaulfo II de Compostela a luchar con un toro.

Como se comentó antes, un grupo de nobles galaicoportugueses se rebeló en 981 y coronó a Bermudo en Compostela en 982 y al año siguiente el reino quedó divido en dos zonas: Castilla y León para Ramiro III y Galicia y Portugal para Bermudo II. Tras una guerra civil entre los dos monarcas, Bermudo fue, poco a poco, ganando terreno hasta llegar a ocupar León, por lo que Ramiro se retiró a Astorga en 984. La guerra continuó hasta la muerte de Ramiro, quedando entonces Bermudo II como rey de todo el reino de León unificado.

El nuevo rey Bermudo II no fue menos débil que el anterior, ya que muchos magnates leoneses ni siquiera lo reconocieron y Castilla, ya independiente, lo presionaba constantemente. Se vio obligado a pedir ayuda a Almanzor, quien le cedió Zamora a cambio de un fuerte tributo y del establecimiento de guarniciones musulmanas en tierras leonesas. Pero ante tantas presiones musulmanas, en 987, Bermudo II decidió expulsar las guarniciones cordobesas, a las que venció en Osma con la ayuda de castellanos y pamploneses, por lo que Almanzor, enfadado, destruyó Coímbra y después lanzó dos campañas de represalia ocupando León y la zona entre esta ciudad y Zamora, a donde se vio obligado a huir el rey leonés, que después tuvo que retirarse a Lugo. Ambas ciudades se arrasaron. En 988 Almanzor se apoderó de Sahagún y Eslonza (León). Al parecer, en 993 el rey leonés entregó su hija Teresa a Almanzor, que la hizo su esclava y después su esposa. Luego, a la muerte de Almanzor, Teresa ingresó en el monasterio de San Pelayo.

Más tarde, Almanzor atacó el condado de Saldaña, se apoderó de Clunia (994), Carrión de los Condes (995) y Astorga (996) y obligó a Bermudo II a pedir la paz. Finalmente, en 997, con la ayuda de nobles cristianos galaicoportugueses descontentos, Almanzor llegó hasta Braga (Portugal) y después a Santiago de Compostela, donde desmanteló las campanas de la basílica, que llevó a Córdoba a hombros de cristianos y que después utilizó como lámparas en la Mezquita. Ello supuso una gran derrota psicológica para los cristianos, por lo que significaba este símbolo religioso para el reino leonés.

Bermudo se vio obligado a pedir una tregua por lo que envió a su hijo Pelayo a Córdoba. En el año 999 se le agravó mucho la enfermedad de gota que padecía, por lo que al no poder montar a caballo tenía que desplazarse en una litera. Al poco tiempo murió en el monasterio de Villanueva, en El Bierzo, a los cuarenta y ocho años. Se le sepultó en el monasterio de Santa María de Carracedo y después Fernando I trasladó sus restos mortales al Panteón de los Reyes de San Isidoro en León.

ALFONSO V (999-1028), «EL NOBLE»

Alfonso Bermúdez nació en 994, sucedió a su padre Bermudo II con cinco años y se le llamó «el Noble» o «el de los Buenos Fueros». Durante su minoría de edad permaneció bajo la custodia de su madre Elvira García, hermana del conde Sancho García de Castilla. Para ejercer la regencia se produjo una tensa disputa entre el conde Sancho García de Castilla, tío de joven rey, y el noble gallego Menendo González, quien fue el elegido por la mediación de Almanzor y posteriormente por la de su hijo Abd al-Malik al temer estos la unión de castellanos y leoneses bajo el mando del castellano, una situación que posiblemente llevó al conde gallego, como agradecimiento, a participar en una aceifa en Cataluña, junto a los musulmanes, en 1003.

Durante su minoría de edad, Alfonso V tuvo que enfrentarse a numerosos peligros e incluso sufrió un intento de asesinato por parte del noble asturiano Analso Garvixio, quien fue castigado, junto a su esposa, por la traición perpetrada. El regente educó a Alfonso V en Galicia, donde permaneció durante los primeros años de su reinado; además Menendo fue su ayo y después su suegro. En efecto, Alfonso se casó en 1013 con Elvira Menéndez y tuvieron dos hijos: Bermudo, futuro Bermudo III, y Sancha, que se casaría con Fernando I, primer rey de Castilla e hijo de Sancho Garcés III «el Mayor» de Pamplona. En segundas nupcias, al quedar viudo, Alfonso V se casó en 1023 con Urraca, hija de García Sánchez II de Pamplona y hermana de Sancho III «el Mayor», y fueron padres de Jimena, quien sería la madre de Cristina, a su vez la futura madre de Jimena, la esposa del «Cid Campeador».

Al acceder al trono Alfonso V heredó un reino que pasaba por una gran encrucijada, con presiones de las facciones nobiliarias que querían libertad de acción y el total dominio de Almanzor. Así, al principio del siglo XI, el reino de León, regido por el menor Alfonso V y en plena decadencia política por las ambiciones contrapuestas de los nobles y los intentos hegemónicos de Castilla, no fue capaz de sacar provecho de la situación creada en al-Ándalus después de la muerte de Almanzor y la aparición de los primeros reinos de taifas, como lo hicieron los otros reinos cristianos.

En el año 1000 los castellanos de Sancho García, junto a leoneses y pamploneses, se enfrentaron a Almanzor en la batalla de las Peñas de Cervera, donde los cristianos fueron derrotados y saqueado el territorio castellano. Después, tras la muerte de Almanzor, su hijo Abd al-Malik avanzó hacia Coímbra en 2002, pero al final se firmó la paz, posiblemente, entre otras estipulaciones, con la vuelta de Teresa, hermana de Alfonso V, desde Córdoba, tras haber sido repudiada por Almanzor antes de morir. En 1003 el reino de León y el condado de Castilla firmaron un tratado de paz con Abd al-Malik, lo que les obligó a participar en una campaña contra Cataluña. Pero esta paz duró poco, ya que al conde castellano no le sentó bien no ser nombrado regente de Alfonso, por lo que se distanció de la corte de León y colaboró con los musulmanes en una expedición que devastó Zamora y llegó hasta el castillo de Luna en 1005, aunque dos años después el conde castellano se reconcilió con el rey leonés y unidos a pamploneses y aragoneses hicieron frente a una incursión de Abd al-Malik, pero no pudieron evitar que este ocupara Clunia. Abd al-Malik también marchó sobre Coímbra y después sitió León, por lo que Alfonso V tuvo que firmar la paz tras reconocer la supremacía del cordobés.

Todos estos acontecimientos referentes a rebeliones internas de la nobleza, tensiones y tratados de paz con Castilla y ataques de los musulmanes contribuyeron a forjar el carácter de Alfonso V, que siempre se mostró interesado en mantener la paz con todos.

En 1008, con catorce años, Alfonso cumplió su mayoría de edad y tomó las riendas del gobierno. Ese año murieron Menendo González, posiblemente asesinado por los normandos, y Abd al-Malik. Ante estos sucesos su madre continuó tutelando al rey, garantizando durante unos años más las relativamente buenas relaciones con el independiente condado de Castilla, pero debido a que ya no tenían que estar unidos para enfrentarse a Abd al-Malik empezó a manifestarse el antagonismo entre León y Castilla. Entre 1012 y 1014 Alfonso V se enfrentó a numerosas rebeliones de la nobleza. Y fue en 1014 cuando la sedición de un vasallo del conde castellano produjo la enemistad entre León y Castilla, lo que motivó que la reina Elvira se retirase a Oviedo, donde ese mismo año falleció. También entre 1014 y 1015 el rey de León tuvo que luchar contra una invasión de normandos que permanecieron en tierras de Galicia y Portugal durante nueve meses y que entraron por el Miño y destruyeron Tuy.

En 1017, al morir el conde Sancho García, Alfonso V, aprovechando la minoría de edad del nuevo conde castellano García, arrebató a Castilla el castillo de Castrogonzalo y las tierras más occidentales del condado, entre los ríos Cea y Pisuerga, que el fallecido conde castellano había conseguido durante la minoría de edad del rey leonés.

Alfonso V promulgó los Decretos y Leyes del rey Alfonso y los Fueros de León en 1017, que ponía fin a desórdenes administrativos de la etapa anterior y contribuían a la recuperación del poder real y a la aplicación de una serie de preceptos que regulaban la vida local del reino de León. También aprovechó el rey la minoría de edad de García, el nuevo conde castellano, y la guerra civil de al-Ándalus para reconstruir y repoblar varias plazas del reino y la propia capital de León, muy deterioradas por las campañas de Almanzor y de su hijo a finales del siglo x y principios del xi. Todo ello le llevó a distanciarse de los asuntos de Castilla, que se situó bajo la influencia de Sancho III «el Mayor» de Pamplona, cuñado del conde castellano García, que se constituía como el nuevo rival de León. Pero al morir la reina Elvira, Alfonso V consideró bueno el desposarse con Urraca de Pamplona, para estrechar lazos de amistad con ese reino.

En 1028 el rey Alfonso, aprovechando la guerra civil desatada en al-Ándalus tras la muerte de Sanchuelo, segundo hijo de Almanzor y sucesor de su hermanastro Abd al-Malik, y la paz con los reinos cristianos, consideró que era el momento de recuperar posesiones que los musulmanes le habían arrebatado en años anteriores, por lo que inició una expedición hacia Portugal, pero cuando sitiaba la ciudad portuguesa de Viseu murió atravesado por una flecha lanzada desde las murallas, mientras estaba reconociendo el terreno, a los treinta y cinco años de edad. Su cadáver se trasladó a León y lo enterraron en el Panteón de los Reyes de San Isidoro de León.

BERMUDO III (1028-1037), «EL MOZO»

Bermudo Alfónsez nació en 1017, sucedió a su padre Alfonso V y fue el último rey leonés de la dinastía asturleonesa. Quedó huérfano de madre a los cinco años y seis años después murió su padre, accediendo al trono de León bajo la tutela de su madrastra Urraca, hermana de Sancho III «el Mayor» de Pamplona. Entonces la minoría de edad del rey leonés desató las ambiciones de la nobleza para, aprovechando la debilidad del monarca, ampliar sus territorios. La reina Urraca dirigió el reino leonés apoyando a los nobles partidarios de su hermano Sancho III «el Mayor», lo que desagradaba a los condes castellanos que deseaban un acercamiento al reino de León para contrarrestar la creciente influencia del reino de Pamplona, promoviendo para ello el matrimonio del conde castellano García Sánchez con Sancha, hermana de Bermudo III, con una dote, por parte del reino de León al conde castellano, consistente en las tierras situadas entre los ríos Cea y Pisuerga, por lo que de esa manera Castilla acrecentaba su poder frente a León y Pamplona.

Cuando en 1029 el conde García Sánchez de Castilla viajó a León para casarse con Sancha fue asesinado a su llegada en la iglesia de San Juan Bautista, por miembros de la familia Vela para vengarse de una afrenta infligida por Sancho García, el padre del conde asesinado. Tras este acontecimiento, Sancho III «el Mayor» ejecutó a los Vela, se apoderó de las tierras entre el Cea y el Pisuerga, posesiones de León, que constituían la dote del conde asesinado, y extendió su poder sobre el territorio castellano haciendo valer sus derechos por estar casado con Muniadona, hermana del desaparecido García Sánchez. Después el rey pamplonés entregó Castilla a su hijo Fernando, como herencia de su madre Muniadona.

En 1032 Bermudo III alcanzó la mayoría de edad, prescindió de la tutela de su madrastra y de sus delegados pamploneses e intentó recuperar las tierras entre el Cea y Pisuerga, cedidas a Castilla como dote del matrimonio de Sancha de León y el conde castellano asesinado. Entonces Sancho III «el Mayor», con el pretexto de mantener el orden en León, se apoderó de Zamora y Astorga y en 1034 ocupó la capital del reino, León, por lo que Bermudo tuvo que retirare a Galicia. Después, para evitar un enfrentamiento, Sancho III propuso desposar a su hijo Fernando, ya conde de Castilla, con Sancha, exprometida del asesinado conde castellano y hermana de Bermudo III, con la misma dote que hubiese recibido el asesinado: las tierras entre el Cea y el Pisuerga, que ya habían sido tomadas años antes por Sancho III «el Mayor». En esos momentos el reino de Pamplona alcanzó su máximo esplendor, dominando los reinos cristianos de Pamplona y León y los condados de Castilla y Aragón. Por ello, Sancho III se consideraba entonces como emperador de los reinos cristianos de España, aunque, como ya se comentó en el capítulo 3, al parecer esto carece de fundamento, si bien es cierto que su dominio abarcaba desde Astorga a Ribagorza, de occidente a oriente de la península ibérica.

En 1035 murió Sancho III «el Mayor» y Bermudo III volvió a León sin producirse enfrentamientos con los pamploneses que habían ocupado el reino durante dos años, ni con los nobles y obispos leoneses que habían colaborado con ellos. Eso ocurrió probablemente por el acuerdo de matrimonio entre Bermudo III y Jimena, hija de Sancho III «el Mayor», con la que se casó en 1037 y nació el infante Alfonso, que falleció a los pocos días.

Fue entonces cuando empezó el conflicto entre Castilla y León. El motivo pudo ser la negativa de Fernando I de Castilla a reconocer la autoridad de Bermudo III y, por otra parte, la pérdida del condado de Álava y parte del territorio castellano que había pasado a manos de García Sánchez III de Pamplona, hermano de Fernando, aunque otro motivo pudo ser el que Bermudo III quiso recuperar del conde Fernando I las tierras del Cea y el Pisuerga ahora en poder de este como dote al casarse con Sancha, la hermana de Bermudo. La cuestión fue que Bermudo avanzó contra Fernando, quien esperó la ayuda de su hermano García Sánchez III de Pamplona. Bermudo atravesó el condado de Monzón y se dirigió a Burgos enfrentándose a su cuñado en Tamarón, donde murió el rey leonés. Al parecer el caballo del rey Bermudo, llamado Pelayuelo, que era muy veloz, se adelantó al grueso de la tropa y lo derribó en su carrera, lo que aprovecharon los castellanos y pamploneses para lancearlo, asaetearlo y apuñalarlo reiteradamente. Recibió al parecer no menos de cuarenta heridas. Sus restos mortales se encuentran en el Panteón de los Reyes de San Isidoro de León, donde existe una tumba con la siguiente inscripción: «Aquí yace Bermudo el Mozo» y el esqueleto que allí se encuentra muestra heridas de guerra. Pero hay quien opina que los restos de Bermudo III se hayan en el monasterio de Santa María la Real de Nájera, en una tumba que refleja la siguiente leyenda: «El rey Vermudo de León».

FERNANDO I (1038-1065), «EL MAGNO», REY DE LEÓN Y CASTILLA

Fernando Sánchez, segundo hijo legítimo de Sancho Garcés III «el Mayor» de Pamplona y Muniadona o Mayor, hija del conde castellano Sancho García, nació en 1016-1018, pero hay quien opina que no era el segundo de sus hijos sino el benjamín, después de Ramiro I de Aragón, García Sánchez III de Pamplona y Gonzalo I de Ribagorza. Fue llamado «el Magno» o «el Grande» por las numerosas hazañas que lideró frente a los musulmanes.

Cuando el conde García Sánchez de Castilla fue asesinado en León, en la iglesia de San Juan Bautista, momento en el que iba a casarse con Sancha de León, hermana de Bermudo III, en 1029, Sancho III «el Mayor» invocó los derechos de su esposa para gobernar Castilla y nombró a su hijo Fernando conde de Castilla, con solo doce años, si bien el gobierno real lo ejerció el padre hasta su muerte en 1035. Ello supuso que el condado de Castilla, oficialmente no independiente, pasase a depender de hecho de Pamplona en lugar de hacerlo, como hasta ahora, de León.

Fernando se casó en 1032 con Sancha de León, la prometida de su difunto tío, que aportó como dote las tierras entre los ríos Cea y Pisuerga. Tuvieron cinco hijos: Urraca, Elvira, Sancho, futuro Sancho I de Castilla y II de León, Alfonso, futuro Alfonso VI de León, Castilla y Galicia, y García, futuro García II de Galicia.

Como ya se ha narrado antes, el leonés Bermudo III fue derrotado y muerto en la batalla de Tamarón (Burgos, 1037) por el conde Fernando I de Castilla, apoyado por tropas de su hermano García Sánchez III de Pamplona, a quien recompensó después entregándole territorios entre el Ebro y el mar Cantábrico, Castilla la Vieja. Parece ser que fue en esos momentos cuando Fernando empezó a denominarse rey de Castilla, aunque actualmente muchos autores consideran que el reino de Castilla no nació hasta la muerte de este monarca, siendo su primer rey su hijo Sancho II «el Fuerte».

En 1038 Fernando fue coronado rey de León, como esposo de Sancha, sucesora del monarca fallecido sin descendencia, entonces se unificaron León y Castilla, pero eran tantas las tensiones existentes con la nobleza y con algunas villas que el nuevo monarca no pudo realizar incursiones contra los musulmanes durante dieciséis años. Durante este tiempo reorganizó el reino de Castilla y León y se adaptó a los usos y costumbres de su nuevo reino, casi seguro influido por su esposa Sancha. Reformó aspectos de la Curia leonesa, restableció el derecho canónico visigodo, convocó el importante concilio de Coyanza (Valencia de Don Juan), logró el sometimiento de los nobles y las villas, reformó la administración al sustituir a algunos nobles por infanzones e introdujo algunas corrientes europeístas que habían llegado a Pamplona, como la relación con la orden de Cluny y el nuevo arte románico. Tras estos logros Fernando se proclamó *Imperator,* siendo reconocido como tal por sus hermanos García Sánchez III de Pamplona y Ramiro I de Aragón.

En 1054 estalló la guerra entre Fernando I y su hermano García Sánchez III, después de años de disputarse los territorios que su padre había segregado de Castilla y anexionado a Pamplona: La Bureba, Castilla la Vieja, Trasmiera, Encartaciones y los Montes de Oca, lo que suponía un engrandecimiento de Pamplona en detrimento de Castilla. Además, Fernando deseaba recuperar los territorios que le había cedido a García Sánchez III de Pamplona por la ayuda que este le prestó contra Bermudo III de León. Pero al parecer no solo eran esas cuestiones: García Sánchez III envidiaba a su hermano por su rápido engrandecimiento y porque él se consideraba con el derecho a reinar en Castilla, como primogénito legítimo de su padre, ya que su hermano mayor Ramiro I de Aragón era bastardo. Existen otros argumentos para la rivalidad de los dos reyes: el primero es que Fernando visitó a García Sánchez III, una vez que este estaba enfermo, y estuvo a punto de ser asesinado, lo que se evitó por la falta de valor de García Sánchez III. Después parece que fue el rey pamplonés el que visitó a su hermano Fernando, también con motivo de una enfermedad de este, quien lo encarceló en Cea, de donde el pamplonés pudo huir. En vista del mal entendimiento entre ambos, al final, los ejércitos de los dos hermanos se enfrentaron en Atapuerca, a unos dieciséis kilómetros de Burgos, donde resultó muerto el rey pamplonés, al que había ayudado un contingente musulmán. Al parecer Fernando, por deseo de su esposa, ordenó a su tropa que capturaran vivo a su hermano, pero los leoneses le dieron muerte, pues no habían olvidado la muerte en combate de su rey Bermudo III. Hay quien opina que el rey pamplonés fue asesinado por algunos de sus súbditos, que se habían visto obligados a huir a Castilla por los enormes tributos que tenían que pagarle; otra versión señala que el rey fue asesinado por uno de sus caballeros, celoso por las relaciones del pamplonés con la esposa del caballero. Tras la derrota de García, Fernando recuperó el cuerpo de su hermano y lo envió a la iglesia de Santa María de Nájera. Como consecuencia de esta victoria de Fernando I, este recuperó las tierras reclamadas, estableciendo la frontera en el río Ebro y exigiendo vasallaje a su joven sobrino Sancho Garcés IV, que en el mismo campo de batalla sería aclamado como nuevo rey de Pamplona.

Fue entonces cuando Fernando I empezó la verdadera expansión por los territorios de los musulmanes, debilitados tras la desaparición del califato cordobés y la aparición de los primeros reinos de taifas. Consiguió varias conquistas, repobló plazas, sometió a diversos reinos de taifas y cobró tributos —parias— a los más ricos, como Toledo, Sevilla, Zaragoza o Badajoz.

Ya en 1042 repobló Gumiel de Izán, al norte del Duero, después Hontoria de Valdearados en 1044, más tarde Baños de Valdearados (1048), en 1054 Peñaranda, Aranda y Castrillo de la Vega y en 1062 Alcoba de la Torre y Berzosa.

En el año 1055 empezó campañas contra la taifa de Badajoz, que duraron tres años. En 1057 conquistó la plaza portuguesa de Lamego y un año después la de Viseo y otras plazas cercanas como Penalva y Travanca.

Pero en 1058 estalló otra guerra entre León y Pamplona, debido a una incursión de Fernando I en la taifa de Zaragoza, que era vasalla de Pamplona, volviendo los pamploneses a perder territorios en el occidente de su reino: Belorado, Valpuesta y parte de los Montes de Oca, que aún tenían en su poder. Además, la taifa zaragozana cambió de bando, aceptando ahora ser vasalla de León.

En 1060 Fernando I tomó definitivamente San Esteban de Gormaz, Berlanda del Duero, y otras plazas y varios castillos en el valle del río Bordecorex, en el alto Duero.

En 1062 retomó las campañas contra la taifa de Toledo, destruyó varios castillos en el valle del río Salado —Huérmeces, Santiuste y Santamera— y devastó Talamanca y las tierras de Salamanca, Guadalajara, Alcalá y Madrid.

En 1063 penetró en la taifa de Sevilla, donde consiguió parias, y en 1064 la sitió, y después conquistó Coímbra, desplazando la frontera con al-Ándalus hasta el río Mondego. El rey de la taifa sevillana derrotado, aparte de pagar las consabidas parias, se comprometió a entregar los restos mortales de Santa Justa, mártir de la época romana, pero como no se encontraron, Fernando I accedió con los de San Isidoro de Sevilla.

En el mismo año de 1063 las tropas de León, al frente del infante Sancho, a quien acompañó por primera vez Rodrigo Díaz de Vivar, «el Cid Campeador», que contaba entonces pocos años, acudieron en auxilio de la vasalla taifa de Zaragoza cuando la plaza de Graus fue atacada por Ramiro I de Aragón —hermanastro de Fernando I—, quien fue derrotado y murió en la batalla.

Antes de 1064, Fernando I conquistó la plaza de Beira Alta y repobló Zamora. En 1065 organizó una expedición de castigo al valle del Ebro para vengar la matanza de cristianos ocurrida en Zaragoza y reclamar parias y vasallaje a esta taifa, después continuó hacia Valencia y venció a su reyezuelo en la batalla de Paterna.

A la vuelta de Valencia, el rey leonés ya se sentía enfermo y tras rezar y hacer penitencia durante un par de días en la iglesia de San Isidoro de León, murió a los cuarenta y nueve años. En la nómina de Fernando I puede destacarse que tres reyes murieron en batallas ganadas por él: sus hermanos Sancho Garcés III y Ramiro I y su cuñado Bermudo III. Se le sepultó en el Panteón de los Reyes de la iglesia en la que pronunció sus últimas oraciones. Dos años después murió su esposa Sancha, que se inhumó junto al rey.

Tras la muerte de Fernando I se dividió su reino, como él lo había estipulado dos años antes: el primogénito Sancho II heredó Castilla, siendo su primer rey, y las parias de Zaragoza; Alfonso VI recibió el reino de León, que comprendía Asturias, León, Astorga, El Bierzo y Zamora, y las parias de Toledo; García heredó Galicia y Portugal y las parias de Badajoz y Sevilla; Elvira consiguió el señorío de Toro (Zamora) y Urraca el señorío de Zamora. Al parecer las razones que tuvo Fernando I para distribuir el reino entre los hijos varones fueron el considerar que cada uno debía ocupar la región donde había sido educado y pasado sus primeros años.

ALFONSO VI (1065-1109), «EL BRAVO», REY DE LEÓN Y CASTILLA

Alfonso VI de León, llamado «el Bravo», nació en 1040-1041 en León. Fue el segundo hijo varón de Fernando I y Sancha de León. Por sus venas corría sangre pamplonesa: era nieto de Sancho III «el Mayor» de Pamplona; castellana, pues era nieto de Mayor de

Castilla, hija del conde Sancho García, y leonesa (ya que era nieto de Alfonso V de León). Sus primeras letras se las enseñó el clérigo Raimundo, que sería nombrado obispo de Palencia cuando Alfonso llegó al trono. Su adiestramiento en armas lo llevó a cabo en Tierra de Campos, junto a Pedro Ansúrez, bajo la tutela del padre de este, Ansur Díaz.

Alfonso VI tuvo cinco esposas y dos concubinas reales conocidas, sin contar el compromiso que tuvo en 1067 con Ágata de Normandía, hija del rey de Inglaterra, que no llegó a cumplirse porque la prematura muerte de la novia frustró la boda. Su primer matrimonio se acordó en 1069, con Inés de Aquitania, aunque no se celebró hasta que esta cumplió los catorce años en 1073-1074, pero la reina murió cuatro o cinco años después sin haber tenido descendencia. Entonces Alfonso VI mantuvo relaciones con la concubina Jimena Muñoz, de la que nacieron sus hijas Elvira y Teresa, que se casaría con Enrique de Borgoña y ambos fueron condes de Portugal. En 1079 el rey se desposó con Constanza de Borgoña, prima de su primera esposa, bisnieta del rey de Francia y sobrina del abad Hugo de Cluny, con la que tuvo seis hijos, de los que solo llegó a mayor Urraca, que sucedería en el trono de León y Castilla a su padre. La reina Constanza murió en 1093.

Con el séquito que acompañó a Constanza para desposarse con Alfonso VI venía una hermosa francesa, prima de la novia, a la que Alfonso hacía más caso que a su futura esposa, a la que al parecer traicionó durante la luna de miel. También durante su matrimonio con Constanza, Alfonso VI tuvo relaciones con Zaida, que era hija del rey Al-Mutamid de la taifa de Sevilla, aunque es posible que fuese su nuera, casada con Al-Mamun, el hijo del rey sevillano, que era rey de taifa de Córdoba. En el año 1091 Al-Mamun envió a su esposa e hijos a Almodóvar del Río para protegerlos del asedio que los almorávides sometieron a Córdoba, durante el cual murió su rey. Después Zaida buscó la protección de Alfonso VI y se convirtió al cristianismo bautizándose con el nombre de Isabel. De esta relación nació Sancho Alfónsez, el único hijo varón del rey leonés y por tanto su heredero. Hay autores que señalan que la musulmana conversa llegó a casarse con el rey en 1100, quedando por tanto legitimado su hijo como heredero, que había nacido en 1094.

En 1093 Alfonso VI, recién enviudado de Constanza, se casó con la italiana Berta, hija de Amadeo II de Saboya, para evitar interferencias francesas y sobre todo borgoñesas, pero falleció en 1099 si descendencia. Su cuarta esposa fue Isabel, que pudiera ser la conversa Zaida, o bien una hipotética hija del rey Luis VI de Francia o más seguramente de origen borgoñés. En cualquier caso, fuese Zaida u otra Isabel, el matrimonio se celebró en 1100 y nacieron dos princesas: Elvira y Sancha. Finalmente, tras la muerte de Isabel en 1107, Alfonso VI se casó en 1108 con Beatriz, hija del duque de Aquitania, que enviudó tres meses después y volvió a su tierra, sin dejar descendencia.

Alfonso VI de León tras su investidura, en 1065, tuvo que enfrentarse a los deseos expansionistas de su hermano Sancho II de Castilla «el Fuerte», que como primogénito de Fernando I se consideraba el legítimo heredero de todos los territorios de su padre. Así, al morir la madre de ambos, Sancha, en 1067, se iniciaron los conflictos: Sancho venció a su hermano Alfonso en Llantada (Palencia, 1068), en un «juicio de Dios» por el que ambos hermanos acordaron que el vencedor obtendría el reino del derrotado, pero Alfonso no cumplió.

Pero las relaciones entre los hermanos no se rompieron, pues en 1069 Alfonso asistió a la boda de Sancho y allí ambos decidieron repartirse el reino de Galicia, que estaba regido por su hermano García. Entonces, en 1071, Sancho, con la complicidad de Alfonso, derrotó a su hermano García de Galicia, lo apresó en Santarém, lo llevó a Burgos y después lo exilió a la taifa de Sevilla, donde reinaba Al-Mutamid. A continuación, Sancho y Alfonso se proclamaron reyes de Galicia y firmaron una tregua que se rompió en la batalla de Golpejera (Palencia, 1072), donde Sancho salió nuevamente victorioso y Alfonso fue hecho prisionero, encarcelado en Burgos y tras la intercesión de su hermana Urraca se le puso en libertad, pero con la condición de hacerse monje, por lo que fue trasladado a Sahagún (León), donde se le rasuró y se le impuso la casulla. Pero otra vez con la intervención de su hermana Urraca logró fugarse disfrazado y se refugió en la taifa de Toledo, que había sido tributaria del ahora rey destronado y que regía su amigo Al-Mamun. Lo cierto es que Urraca, varios años mayor que Alfonso, ejercía sobre este una morbosa influencia, pues según parece tuvieron relaciones incestuosas desde que Alfonso era pequeño; tal era la influencia que ejercía Urraca sobre su hermano, que este la consideraba como una fiel e inteligente consejera y la denominaba «Reina».

Sancho, lleno de ira tras la huida de Alfonso, sitió en 1072 Zamora, la ciudad de Urraca, que el rey castellano deseaba ocupar para después expansionarse al sur del Duero. Allí fue donde el desertor zamorano o gallego Vellido Delfos, con el pretexto de mostrarle los puntos débiles de las murallas, lo separó de su guardia y lo asesinó de una lanzada. Puede ser que no lo asesinara en las murallas sino en un bosque cercano.

Después de este hecho Alfonso VI volvió desde Toledo y consiguió reunificar Castilla, León y Galicia, pues Sancho no dejó descendencia. En esta época se sitúa la leyenda, desarrollada en el siglo XIII, mediante la cual Rodrigo Díaz de Vivar, «el Cid Campeador», que siempre luchó al lado de Sancho II, hizo jurar a Alfonso el no tener parte en la muerte de su hermano. Es la famosa jura de Santa Gadea (Burgos), que conllevó a una desconfianza mutua entre ambos mandatarios, aunque parece ser que al principio Alfonso intentó una reconciliación al proporcionar al «Cid» un honroso matrimonio con Jimena, sobrina del propio Alfonso y bisnieta de Alfonso V.

También la muerte de Sancho II fue aprovechada por el destronado rey García para recuperar Galicia, pero al año siguiente fue llamado por su hermano Alfonso VI, que lo apresó y encerró en el castillo de Luna, hasta su muerte en 1090. Desde ese momento, con la lealtad de la nobleza y el clero de sus territorios, Alfonso VI se dedicó durante catorce años a engrandecer su reino. Así, conquistó Uclés (Cuenca, 1072) y territorios de la taifa toledana. Entonces se tituló *imperator* y *rex Hispaniae*.

Después, en 1076, se repartieron Pamplona, tras el asesinato de su rey Sancho IV en Peñalén, entre él y su primo Sancho Ramírez de Aragón, como nietos de Sancho III «el Mayor», sin considerar al hijo menor de edad del rey asesinado. Alfonso VI se anexionó Álava, Vizcaya, parte de Guipúzcoa y La Bureba, lo que le supuso una gran expansión territorial y la consecución de la mayor parte de las parias de reinos de taifas como Toledo, Granada, Sevilla y Zaragoza. Desde 1077 adoptó el título de *Imperator totius Hispaniae*. En 1079 de apoderó de Coria.

La enemistad entre Alfonso VI y «el Cid» llegó por dos motivos: primero en 1079, cuando «el Cid» fue comisionado para cobrar parias al rey de taifa de Sevilla y este fue atacado por el de Granada en la batalla de Cabra (Córdoba); «el Cid» ayudó a Sevilla que ganó la batalla, donde el noble García Ordóñez, que apoyaba a Granada, se hizo prisionero. Después, la nobleza partidaria de García Ordoñez, quien se sentía humillado al ser vencido por un simple infanzón como «el Cid», instigó la enemistad del rey y Rodrigo Díaz de Vivar. El segundo motivo fue en 1080, cuando el «Cid» repelió una incursión de los musulmanes en Soria y los persiguió hasta adentrarse en Toledo, donde saqueó su zona oriental, que estaba bajo la protección de Alfonso VI. Por esos motivos «el Cid» sería desterrado. En 1080/81 marchó en busca de señor a quien prestar sus servicios: primero se ofreció a los condes de Barcelona, los hermanos mellizos Ramón Berenguer II y Berenguer Ramón II, que rechazaron su ofrecimiento, y después al rey de la taifa de Zaragoza, al que sirvió hasta 1086.

En 1083 Alfonso VI sufrió una traición en Rueda (taifa de Zaragoza). El rey leonés recibió noticias de que el alcaide de dicha fortaleza musulmana pretendía rendirla, pero en lugar de ello el rey sufrió una emboscada que costó la vida a muchos de sus principales. «El Cid», que estaba ya desterrado y auxiliaba a veces a alguno de los implicados en la mencionada traición, cuando se enteró del hecho acudió para asegurar a Alfonso VI que él no había participado en tal acto, lo que rey castellano aceptó.

Después, en 1084, aprovechando que el rey Al-Qadir, de la taifa de Toledo, le pidió ayuda contra una sublevación, Alfonso VI sitió Toledo y la conquistó en 1085, suponiendo este hecho un importante hito en la reconquista, pues la revoltosa ciudad de Toledo nunca volvió a manos musulmanas. El destronado reyezuelo Al-Qadir, hijo o nieto de Al-Mamun, fue enviado a Valencia. A todo ello siguieron las tomas de Talavera (Toledo), del castillo de Aledo (Murcia) y de la ciudad de Mayrit, la actual Madrid. También la conquista de Toledo supuso el hostigamiento contra las taifas del sur: Córdoba, Sevilla, Badajoz y Granada que aportaban importantes parias a Alfonso VI.

Después Alfonso VI esperó la oportunidad para continuar las conquistas y fue el reyezuelo Al-Mutamid de Sevilla el que se la puso en bandeja al ejecutar a un recaudador cristiano por poner en duda la buena ley de la moneda, con la que el reyezuelo pagaba las parias, o simplemente porque no quería pagarlas. Al-Mutamid era un notable poeta y suegro de Alfonso VI, pues este era amante y prometido de la hija o nuera Zaida del reyezuelo, al parecer desde que siendo joven Alfonso vivió en Toledo. Así, tras el asesinato del recaudador cristiano, Alfonso VI le atacó y Al-Mutamid, junto a los reyezuelos de Granada, Almería y Badajoz, pidió ayuda a los almorávides, fundamentalistas que extendían su poder por el norte de África. Entonces muchos reyezuelos andalusíes advirtieron al de Sevilla que podía ser peor el remedio que la enfermedad, en relación con la solicitud de ayuda a los almorávides, pero Al-Mutamid les dijo que prefería ser camellero en África que porquero en Castilla. Así que los almorávides, después de conquistar Tánger y Ceuta, cruzaron el Estrecho y desembarcaron en Algeciras, llegaron a Sevilla y siguiendo la Ruta de la Plata se encontraron con las tropas de Alfonso VI y de Sancho Ramírez I de Aragón, que venían a su encuentro después de abandonar el sitio de la ciudad de Zaragoza, que había dejado de pagar las parias. Las tropas cristianas fueron derrotadas y Alfonso herido de una puñalada en un muslo en la batalla de Zalaca (Sagrajas), cerca de Badajoz, en 1086. Tras la derrota los cristianos se retiraron a Toledo, pero el emir no aprovechó su victoria para continuar la conquista, pues volvió a África debido a la muerte de su hijo. Con esta derrota se inició un periodo de tres décadas en el que tuvieron la iniciativa los almorávides y Alfonso VI tuvo que mantenerse a la defensiva.

Es posible que durante el mencionado sitio de Zaragoza Alfonso VI y «el Cid» se reconciliaran tras el primer destierro de este, pero sí es seguro que «el Cid» no participó en la batalla de Zalaca, tras la cual se quedó sin patrocinador (taifa de Zaragoza). En efecto, los reyes de taifas, ante el fundamentalismo de los almorávides que no entendían que tropas cristianas ayudasen a musulmanes o que fuerzas musulmanas auxiliasen a cristianos, se vieron obligados a prescindir de este tipo de relaciones entre cristianos y musulmanes. Así, «el Cid» permaneció con Alfonso VI hasta el verano de 1087, en que, nuevamente junto al taifa de Zaragoza, emprendió el camino de Valencia para socorrer a Al-Qadir —protegido de Alfonso VI— del acoso de la taifa de Lérida, que estaba aliado con Berenguer Ramón II de Barcelona. Este tomó Sagunto, por lo que «el Cid» volvió a Castilla para pedir refuerzos a Alfonso VI. Después Rodrigo Díaz de Vivar se dirigió hacia levante y encontró Valencia sitiada por el taifa de Zaragoza, ahora aliado con Berenguer Ramón II. Viendo la fortaleza de tal alianza, «el Cid» pactó el levantamiento del asedio y pasó a continuación a cobrar para él las parias que antes recibían el conde de Barcelona y el rey castellano.

Pero la derrota de Alfonso VI en Zalaca no puso fin a la resistencia cristiana, a pesar de haber perdido muchas de sus anteriores conquistas y los ingresos de numerosas parias, pues el monarca solicitó la organización de una cruzada internacional, que no llegó a buen fin, aunque dos hijas del rey se casaron más tarde con cruzados franceses: Raimundo de Borgoña con Urraca (1090), a la que cedió el condado de Galicia, y Enrique de Borgoña con Teresa (1096), que se hizo cargo del condado de Portugal, entre el Miño y el Duero, que con el tiempo se independizaría como reino. Al mismo tiempo el rey castellano se vio obligado a confiar las fronteras a diversos súbditos: «el Cid» en el este peninsular; Alvar Fáñez entre Valencia y Toledo; Pedro Ansúrez en Toledo y su yerno Raimundo de Borgoña en el oeste (Galicia y Portugal).

En 1087 Alfonso VI tuvo que hacer frente a una rebelión en Galicia que pretendía liberar a su hermano García. Después Alfonso VI ocupó el castillo de Aledo, entre Lorca y Murcia, desde donde siguió con incursiones de saqueo que llegaron hasta cerca de Sevilla. Entonces Al-Mutamid hizo una segunda llamada a Yusuf, el sultán almorávide, que volvió en 1088 y sitió Aledo, pero tuvo que desistir y volver a África por la larga resistencia que opusieron los sitiados, por las desavenencias y componendas entre los reyezuelos de las taifas y por la inminente llegada de un ejército de socorro de Alfonso VI, que también pidió auxilio al «Cid», que aunque se dirigió a Murcia no llegó a encontrarse con su rey. Por ese motivo Rodrigo Díaz de Vivar volvió a ser desterrado y desde ese momento actuó como caudillo independiente en el Levante peninsular. Este descalabro almorávide dio lugar nuevamente al pago de parias a Alfonso VI por parte de los reinos de taifas, a los que el rey castellano garantizaba su independencia.

En 1090 el califa almorávide Yusuf, enfadado por los pactos de algunos reinos de taifas con los cristianos y apoyado por los alfaquíes que estaban impresionados por la fanática fe de los almorávides, desembarcó por tercera vez en al-Ándalus y decidió destituir a los reyezuelos irreligiosos y corruptos. En primer lugar, se apoderó del reino de Granada, donde hizo desnudar a su rey y a su anciana madre para comprobar que no ocultaban joyas. Después conquistó Almería y en 1091 Córdoba y Sevilla, que intentó resistir con la ayuda de Alfonso VI. Yusuf envió al reyezuelo Al-Mutamid a Marruecos cargado de cadenas, quien murió en Agmat unos años después, pobre y olvidado, peor que un camellero y que un porquero. Alfonso VI, para recuperar el dominio en Levante, se alió con Sancho Ramírez de Aragón, Berenguer Ramón II de Barcelona y la flota de Pisa-Génova, pero solo atacaron Tortosa y hostigaron Valencia. «El Cid», que estaba entonces en Zaragoza para intentar una alianza, saqueó La Rioja como represalia. Tras ello nadie se atrevía con «el Cid», ni cristianos ni musulmanes, y la amenaza almorávide propició que este decidiese conquistar Valencia y establecer allí un señorío hereditario.

En 1094 los almorávides consiguieron la taifa de Badajoz y poco después Raimundo de Borgoña perdió Lisboa, Sintra y Santarém, por lo que en menos de cuatro años los almorávides se extendieron por todo al-Ándalus, dominando todas las ciudades excepto Zaragoza y Valencia, esta última bajo el dominio del «Cid» desde ese año, quien derrotó a los almorávides en la batalla de Cuarte, la primera derrota del imperio almorávide, y recibía tributos de los musulmanes de muchas taifas.

En 1094-1096 Alfonso VI desbarató una conjura de Raimundo y Enrique de Borgoña, que pretendían repartirse el reino de León a la muerte de su rey: Raimundo heredaría León y Enrique Toledo, pero Alfonso logró enemistarlos al casar a su hija Teresa con Enrique y cederle al matrimonio el gobierno del condado de Portugal, por lo que Raimundo solo dominaba ahora Galicia. Desde entonces los dos primos se convirtieron en rivales y cada uno de ellos trataba de ganarse el favor de su suegro.

En 1097 se produjo el cuarto desembarco de los almorávides, que se dirigieron a Toledo y derrotaron a Alfonso VI cuando regresaba desde Zaragoza, donde ayudaba a su vasallo musulmán aragonés frente a Pedro I de Aragón, en la batalla de Consuegra (Toledo). Allí murió Diego Rodríguez, enviado por su padre «el Cid» para ayudar al rey castellano.

Posteriormente, el primogénito del almorávide Yusuf, Muhammad, asestó un duro golpe al «Cid» en Alcira (Valencia), pero no logró conquistar Valencia, y después Rodrigo Díaz de Vivar tomó Almenara (Castellón, 1097) y Sagunto (Valencia, 1098). En su destierro valenciano, «el Cid» ejerció de soberano en su señorío, en continuas luchas, en las que siempre ganó, contra los reyezuelos de las taifas y también contra los almorávides, hasta su muerte en 1099. La leyenda lo hace morir de las heridas recibidas en una batalla, y también que ganó otra después de muerto al colocarlo hábilmente sobre su caballo Babieca, con su espada Tizona, a la cabeza del ejército que se enfrentó a los musulmanes.

En el año 1099 los almorávides realizaron su quinto viaje desde Marrakech y conquistaron parte de los castillos de la zona toledana, incluido el de Consuegra, lo que supuso la pérdida de la mitad de la taifa toledana que los cristianos habían conquistado la década anterior. En Valencia, después de la muerte del «Cid», gobernaba su esposa Jimena con la ayuda de su yerno Ramón Berenguer III de Barcelona. Tras la batalla de Cullera (Valencia) y después de siete meses de asedio, a finales de 1102, Jimena y Alfonso VI, que había acudido a ayudarla ante la imposibilidad de expulsar a los almorávides, prendieron fuego a la mezquita y abandonaron Valencia, que pasó a Yusuf, quien se convirtió en el gobernante más poderoso de Europa occidental.

En 1104 Alfonso VI tomó Medinaceli, en años sucesivos realizó varias incursiones en territorio de al-Ándalus y en 1107 proclamó heredero a su hijo Sancho Alfónsez en León, con el consiguiente disgusto de sus hijas y yernos.

Pero las penas de Alfonso VI no terminaron ahí, pues, cuando ya era mayor, con una herida mal curada que le impedía montar a caballo y recién casado con su última esposa Beatriz, sufrió con amargura la pérdida de parte de sus conquistas en derrotas como la de Uclés (Cuenca), en el año 1108, donde murió Sancho

Alfónsez, el único hijo varón del rey, a manos de los gobernadores de Granada, Valencia y Murcia, bajo el mando del almorávide Alí, segundo hijo de Yusuf. Después completaron los almorávides su dominio en al-Ándalus con la anexión de Zaragoza a la muerte de su reyezuelo en 1110. De esta manera toda al-Ándalus quedó incorporada al imperio almorávide, que entonces abarcó desde Zaragoza hasta el río Níger y desde Lisboa hasta los arenales libios. Ello traería un parón de treinta años en la reconquista.

Antes de morir Alfonso VI, tres meses después de la batalla de Uclés, eligió heredera a su hija Urraca y, como había quedado viuda en 1107, decidió casarla con Alfonso I «el Batallador» de Aragón. Estas decisiones sentaron mal a su hija Teresa y su marido Enrique, que abandonaron la corte y se refugiaron en sus tierras portuguesas, no asistiendo a la proclamación de Urraca como heredera, ni a los funerales del padre y, mucho menos, a la coronación de la nueva reina.

Alfonso VI fue un monarca europeizante. Casó a dos de sus hijas con nobles franceses, sustituyó la letra visigoda por la francesa o carolina, alentó la ruta jacobea construyendo y reparando puentes, hospitales y calzadas e inició las construcciones románicas de la Colegiata de Santa María la Mayor en Valladolid, la catedral de Santo Domingo de la Calzada y la catedral de Santiago de Compostela sobre la tumba del Apóstol; sustituyó el rito mozárabe o hispánico por el romano y buscó la amistad de los monjes de Cluny y los contactos con el papa de Roma.

Los restos mortales de Alfonso se trasladaron desde Toledo a Sahagún, donde se inhumaron en el monasterio de San Benito. El sepulcro fue destruido en 1810 por un incendio producido en el monasterio, pero sus restos mortales y los de varias de sus esposas se depositaron en la cámara abacial hasta 1821, en que fueron expulsados los monjes del monasterio, después se guardaron en la capilla del Crucifijo, donde permanecieron hasta 1835, en el que el monasterio fue desamortizado, fecha en que fueron llevados hasta el archivo y después ocultados hasta 1902, reposando desde entonces en el convento de las monjas benedictinas de Sahagún.

URRACA I (1109-1126), «LA TEMERARIA» O «LA INDOMABLE», REINA DE LEÓN Y CASTILLA

Urraca Alfónsez nació en León en 1081 (o tal vez 1079), hija de Alfonso VI y de su segunda esposa Constanza de Borgoña, y sería la heredera del reino de León y Castilla hasta el nacimiento de su hermanastro Alfonso Alfónsez en 1093. A la muerte de este en la batalla de Uclés (1108) se convirtió en la heredera definitiva, llegando a ser la primera reina de Europa por derecho propio. Desde que nació, considerando que su madre no podía engendrar más hijos, se le sometió a una adecuada educación encaminada a su formación como posible futura reina, por lo menos hasta que nació su hermanastro Sancho Alfónsez, el nuevo heredero. Así, bajo la tutoría de Pedro Ansúrez y con la ayuda del presbítero Pedro y de Domingo Flacóniz, siguió un programa educativo que comprendía la enseñanza de disciplinas liberales y ejercicios físicos como la equitación, la caza y los propios de quien en un futuro podría regir un reino y dirigir un ejército.

Desde 1087 Urraca estaba comprometida con Raimundo de Borgoña, desposándose con él en 1095 en Toledo. Del matrimonio nacieron dos hijos: Sancha y Alfonso, futuro Alfonso VII. En 1109 contrajo su segundo matrimonio, por deseo de su recién fallecido padre, con Alfonso I «el Batallador» de Aragón, que después fue anulado por la Iglesia debido a lazos de consanguineidad, ya que ambos eran bisnietos de Sancho III «el Mayor» de Pamplona. Posiblemente antes de la rotura matrimonial Urraca tuvo relaciones con el conde Gómez González, antiguo alférez de su padre, y tuvieron un hijo. Después de fallecido este amante (1111), Urraca se relacionó con el primo de este, el conde Pedro González de Lara, y nacieron dos hijos: Elvira y Fernando. Parece ser que la reina deseaba casarse con el conde Pedro, pero los nobles castellanos se lo impidieron. Aunque también se comenta que Urraca utilizó estas relaciones extramatrimoniales no solo por razones sexuales, sino también con objetivos políticos, para atraerse a poderosos aliados sin necesidad de someterse a la autoridad de maridos.

A raíz del compromiso matrimonial de Urraca con Raimundo de Borgoña, este recibió como dote el condado de Galicia, que comprendía la costa atlántica desde la frontera con al-Ándalus hasta la costa cantábrica gallega. Pero en 1096, tras el matrimonio de su hermanastra Teresa con Enrique de Borgoña, el condado de Galicia se dividió en dos: el reino de Galicia, que seguiría gobernado por Urraca y su marido, y el condado de Portugal, entre el Miño y el Duero, que correspondería como dote a Teresa y su marido. A la muerte de Raimundo en 1107, Urraca, con veintisiete años y con dos o tres hijos legítimos, además de posiblemente siete abortos, pasó a gobernar de hecho las tierras que abarcaban Galicia, Zamora y parte de León, incluyendo Coria, Salamanca y Ávila.

Después de heredar el trono de León y Castilla y de casarse Urraca con Alfonso I de Aragón, los nuevos monarcas tuvieron que hacer frente a los avances almorávides, que en 1109 se habían apoderado de Talavera, Madrid y Guadalajara y después habían derrotado a Enrique de Borgoña en Santarém en 1110. La taifa de Zaragoza emprendió, entonces, una campaña contra Aragón, por lo que los nuevos reyes acudieron desde Sahagún y Alfonso «el Batallador» dio muerte al rey de la taifa en la batalla de Valtierra (1110).

El reinado de Urraca estuvo marcado por problemas internos: disputas matrimoniales con su segundo esposo, Alfonso «el Batallador»; conflictos en Galicia, con ansias de independencia; y primeros pasos de la autonomía del condado de Portugal, cedido por Alfonso VI a su hija Teresa y su marido Enrique de Borgoña.

El matrimonio entre Urraca y Alfonso I de Aragón fue de conveniencia, por deseo de su difunto padre, por dos motivos: primero para evitar rivalidades entre los nobles candidatos castellanos y leoneses como posibles maridos; y segundo para asegurarse Castilla el apoyo militar frente a los musulmanes que suponía la gran experiencia del rey aragonés. Pero pronto empezaron las discrepancias, principalmente porque ni la misma reina, ni parte de la nobleza, ni el clero francés aprobaban el matrimonio y deseaban otros candidatos que habían surgido cuando Urraca sería declarada heredera, principalmente el conde Gómez González, del que Urraca estaba enamorada. Entre la nobleza opositora figuraban tres facciones: la liderada por el obispo Diego Gelmírez de Santiago de Compostela, que pretendía que el infante Alfonso Raimúndez, hijo de Urraca, de su primer matrimonio, fuera el heredero de su madre, lo que contravenía el convenio matrimonial firmado por Alfonso I y Urraca, por el que todos los reinos debían recaer sobre el heredero nacido de su matrimonio, relegando así al infante Alfonso; la segunda facción liderada por el conde de Traba, Pedro Fróilaz, tutor del infante Alfonso, que deseaba la independencia de Galicia con Alfonso Raimúndez como rey; y la tercera encabezada por el conde Gómez González de Candespina, antiguo pretendiente y al parecer amante de Urraca, pues este veía que con el nuevo matrimonio de Urraca él perdía poderes y la posibilidad de casarse con ella y ser rey consorte. Por su parte el clero francés, que había venido con el primer esposo de Urraca, también consideraba que perdía poderes, por lo que influyó para que el Papa se opusiera al matrimonio de Urraca y Alfonso I por consanguineidad.

La primera discrepancia surgió con la sublevación del conde de Traba, que fue derrotado por Alfonso «el Batallador» en el castillo de Monterroso (Lugo) en 1110. Tras estos hechos la reina, que había acompañado al rey, volvió disgustada a León por el ajusticiamiento de un noble que se había rendido, y porque no soportaba a su marido, que era violento y misógino, existiendo desde el principio de su relación una gran antipatía mutua, pues ambos tenían un fuerte carácter, y la reina se quejaba de que incluso la había maltratado física y psicológicamente y de que tenía un odio mortal hacia su hijo el infante Alfonso, al que «el Batallador» consideraba como el último obstáculo para hacerse con todo el reino. Fue entonces cuando Urraca, tras consultar a los obispos por la oposición del Papa a su matrimonio, decidió separase de Alfonso I, al tiempo que «el Batallador» tuvo que marchar hacia Aragón para hacer frente a los almorávides que se habían apoderado de Zaragoza.

Luego Urraca se dirigió hacia Aragón, no se sabe bien si para ayudar a Alfonso I contra los almorávides o para presionarlo, pero la verdad es que volvió pronto a Burgos y empezó a recabar apoyos, consiguiéndolos en Castilla, León, La Rioja, Extremadura y parte de Galicia, por lo que a final de 1110 Alfonso I acudió a Sahagún a negociar con ella. Pero entonces surgieron dos facciones: una que apoyaba a Alfonso, formada por nobles y burgueses de ciudades cercanas al Camino de Santiago, que deseaban desprenderse de los eclesiásticos que los dominaban, y la otra que respaldaba a Urraca, compuesta por la nobleza y el clero que deseaba la anulación del matrimonio. Con esta situación se produjo una guerra civil entre los partidarios de una y otro.

Alfonso I, posiblemente por celos hacia los amantes de Urraca, encerró a la reina, que se había refugiado en el monasterio de Sahagún, en El Castellar (Teruel) y marchó de manera exitosa sobre Castilla, sometiendo a las ciudades rebeldes como Palencia, Burgos, Osma, Sahagún, Astorga, Toledo y Orense. Aprovechó mientras el conde Gómez González de Cadespina para, junto al conde González de Lara, liberar a la reina Urraca, que la llevaron a la fortaleza de Fresno de Cantespino (Segovia).

Después Urraca pactó con la nobleza gallega y su hijo fue coronado rey de Galicia en Santiago en 1111, al tiempo que un ejército gallego se enfrentó a Alfonso I, por lo que este contraatacó con auxilio de los portugueses —con la hermanastra de la reina y su esposo Enrique, que querían repartir el reino— y venció a las tropas gallegas rebeldes en Fresno de Cantespino (batalla de Candespina), donde murió el conde Gómez González (1111) y Urraca se refugió en Burgos. Esta contactó después con Enrique de Borgoña para repartir el reino, pero los portugueses cambiaron de bando porque temían el gran poder de Alfonso I; entonces este se confinó en el castillo de Peñafiel. Pero Urraca, ante las desproporcionadas ambiciones de su hermanastra, con la que siempre se había llevado mal, se reconcilió con su marido, si bien tal reconciliación duró poco, por lo que se refugió entonces en Galicia; allí se apoderó de Lugo, que era fiel a Alfonso I, y un ejército gallego marchó contra él, cayendo, sin embargo, derrotado por este en Viadangos (León, 1111), nuevamente con la ayuda de Teresa y Enrique de Borgoña, condes de Portugal. Ahora Alfonso I dominaba casi todo el reino y, además, tenía a su favor a Enrique de Borgoña, pero carecía de legitimidad para gobernar, lo que sí tenía Urraca con la presencia de su hijo, aunque solo conservaba Asturias y parte de Galicia.

Tras los enfrentamientos entre Urraca y su marido en Astorga y Carrión (1112), llegaron de nuevo a una breve reconciliación para gobernar conjuntamente, pero nuevamente se rompió por la oposición del clero y de los notables, por lo que Alfonso I abandonó Sahagún. Mientras, falleció Enrique de Borgoña (1112) y su viuda siguió con la política autonomista del fallecido. De esta manera, Urraca contaba con la lealtad de Asturias y León y, junto a su hijo, la de Galicia, mientras que casi toda Castilla y Toledo estaban en manos del «Batallador, y el oeste del reino lo dominaba Teresa. Al año siguiente se rompió la tregua cuando la reina, con el apoyo de los gallegos, sitió y tomó Burgos, sin que Alfonso I prestase auxilio a la ciudad.

En 1114 nuevamente Urraca perdió Burgos, Toledo, Sahagún y Carrión en favor de Alfonso I, pero la falta de legitimidad del aragonés salvó nuevamente a Urraca, quien tras arduas negociaciones mejoró su difícil situación. Al mismo tiempo, los eclesiásticos franceses de origen borgoñés, que llegaron con el primer marido de Urraca, mantuvieron discrepancias con Alfonso I por motivos relacionados con el Camino de Santiago y la posible pérdida de privilegios. Intercedieron ante el papa Pascual II para que anulase el matrimonio de los reyes, lo que el Papa hizo efectivo en 1114. Pero, además, Teresa, buscando una alianza con «el Batallador», le informó de que su hermanastra Urraca planeaba envenenarlo para quedarse con todos los reinos. Tras ello, Alfonso I, que no había tenido hijo que lo heredara y debido a su gran religiosidad, repudió definitivamente a Urraca, se retiró de Castilla y pasó a ser rey de Pamplona y Aragón exclusivamente, aunque siguió utilizando el título de emperador de España.

Pero con la retirada de Alfonso «el Batallador» no llegó la paz para Urraca, que en 1115 tuvo que luchar contra el obispo de Santiago y el conde de Traba, que pretendían más autonomía para su rey, el hijo de Urraca. Se llegó a un pacto, pero al año siguiente otra vez se rebelaron y también llegaron a otro pacto. Después Urraca quedó cercada por el conde de Traba y por su hermanastra Teresa en el castillo de Sobroso, desde donde volvió a Santiago y León, mientras que Alfonso I reforzó su poder en La Rioja y Castilla oriental, aunque Urraca recuperó Burgos y Sahagún. Ese mismo año Urraca cedió el gobierno del sur del Duero y Toledo a su hijo Alfonso, por lo que los nobles gallegos perdían la custodia del infante, se debilitaba al mismo tiempo la posición de Alfonso I «el Batallador» en la región y se terminaban las aspiraciones de su hermanastra y su hijo para compartir el reino de León y solo se quedaban con el condado de Portugal, que al final se independizaría en tiempo de Alfonso VII. De esta manera Urraca había recuperado gran parte de Castilla y se había reforzado en Galicia, y para someter a su hermanastra pactó con «el Batallador» que se preparaba para conquistar Zaragoza. Las incursiones de este contra los almorávides en el Ebro lograron aplazar las campañas de los musulmanes en Castilla.

En 1117, para preparar una campaña contra Teresa, Urraca marchó hacia Santiago para negociar con el obispo los derechos del infante Alfonso a sucederle en el trono de León y Castilla (Pacto de Tambre), pero se amotinó el pueblo: la golpearon, desnudaron, vejaron, la tiraron al barro y de una pedrada parece que perdió parte de la dentadura. Tras huir volvió y sitió la ciudad hasta la rendición y después la sometió a una dura represión. Urraca, más tarde, anuló la campaña contra su hermanastra y se retiró a León, aunque pudo conquistar Toro y Zamora, pues Teresa tuvo que centrarse en la defensa de Coímbra por el ataque de los almorávides. Ese mismo año Alfonso Raimúndez entró en Toledo y puso fin al dominio de Alfonso I «el Batallador» en la ciudad y Urraca pactó con su exmarido una tregua en Burgos, que duró todo su reinado y permitió a Urraca consolidar el poder en el centro peninsular, a cambio de ceder Zaragoza al rey aragonés.

En 1118 Urraca sofocó una revuelta en Segovia y volvió a Galicia, aunque dejó parte de sus tropas al obispo de Toledo para enfrentarse a los almorávides. Al año siguiente tuvo que contrarrestar una conjura por la excesiva inclinación de Urraca por Castilla y por los pactos con Aragón, en la que participó su antiguo mayordomo Guter Fernández y se apresó a Pedro González de Lara en el castillo de Mansilla. La crisis no acabó con la liberación de este, sino que se extendió hasta León donde la reina quedó cercada en el castillo, pero poco a poco volvieron las aguas a su cauce.

En 1120 Urraca persiguió en Galicia a los partidarios del conde de Traba con la colaboración del obispo de Santiago y después su ejército cruzó el Miño y penetró en tierras de Teresa, que quedó sitiada en el castillo de Lanhoso (Braga, Portugal), por lo que esta reconoció a Urraca como soberana; ello indujo a Urraca a apresar al obispo de Santiago, pero el infante Alfonso abandonó a su madre y se unió al conde de Traba y a los partidarios del obispo, que cercaron a Urraca en la catedral, por lo que tuvo que liberar al obispo cautivo, aunque no le devolvió sus extensos territorios, que en sucesivas ocasiones y dado su gran afán de poder y riquezas había conseguido, donados muchos de ellas por la propia reina. Después el obispo liberado se unió al conde de Traba, al infante Alfonso y a Teresa y, ante la amenaza de excomunión por el papa Calixto II, que era hermano de Raimundo, primer esposo de Urraca, la reina no tuvo más remedio que ceder ciertos ingresos de las tierras de realengo a su hijo Alfonso. Siguieron las tensiones, pero se evitó el choque de las tropas de Urraca y las del obispo y del conde de Traba mediante un pacto por el que la reina devolvería los territorios del obispo antes de finalizar el año 1121. Sin embargo, a mediados de año se intentó derrocar a Urraca y proclamar rey a su hijo, pero la intervención del papa Calixto II desbarató la maniobra, aunque sí aprovechó Teresa para recuperar el valle del Miño.

En 1122 «el Batallador» se adentró en los territorios del sur del Duero, llegando hasta Olmedo, seguramente para forzar al obispo de Toledo y a Alfonso Raimúndez a mantener la tregua con Castilla que tenía firmada Urraca desde 1117. Desde esa fecha de 1122 Alfonso I no volvió a pisar tierras de Castilla, ni a reclamar territorios en la zona, salvo Soria, pero sí siguió utilizando el título de emperador.

En 1123 Urraca se alió con el obispo de Santiago y apresó al conde de Traba, confiscando sus bienes. Tras esto, marchó a Toledo, pasando por Segovia, para preparar la conquista de Sigüenza, que consiguió al año siguiente, fecha en que también el obispo de Santiago armó caballero al infante Alfonso, lo que suponía su mayoría de edad.

Urraca murió, hay quien dice que le sobrevino por un parto, a los cuarenta y cuatro años en 1126 en Saldaña, y ese mismo año su hijo fue coronado rey de León con el título de Alfonso VII, quien desde ese momento se dedicó a criticar duramente las acciones de su madre y a condenarla al olvido. También las crónicas de los siglos XII y XIII la criticaron considerándola débil, caprichosa, voluble, temperamental, falsa y lujuriosa, aunque no puede decirse que no fuese una buena reina, a pesar de no haber sido rigurosamente educada para gobernar, lo que sí aprendió rápidamente de sus maridos. Realmente se le puede considerar como una mujer de enérgico carácter, gran talento, independiente, constante, prudente, elocuente y hermosa. Sus restos mortales se trasladaron a León y se depositaron en el Panteón de los Reyes de San Isidoro de León.

Se puede presuponer que, si Urraca y «el Batallador» se hubiesen llevado bien, se habría conseguido la unión de Castilla, León, Pamplona y Aragón y, con tal fortaleza, lo más seguro es que Portugal no hubiese podido independizarse y estuviese aún unido a la actual España.

ALFONSO VII (1126-1157), «EL EMPERADOR», REY DE LEÓN Y CASTILLA

Alfonso Raimúndez, hijo de Urraca I de León y Raimundo de Borgoña, nació en Caldas de Reyes (Pontevedra) en 1105, donde se crio y educó. Subió al trono de León y Castilla en 1126, siendo coronado *imperator totuis Hispaniae* en 1135. Fue el primer rey de la dinastía Borgoña, que se extinguió en 1369 con la muerte de Pedro I «el Cruel» y la subida al trono de su hermanastro Enrique II «de Trastámara».

De su primer matrimonio con Berenguela, hija del conde Ramón Berenguer III de Barcelona y hermana de Ramón Berenguer IV, tuvo siete hijos: Ramón, que falleció de niño; Sancho, futuro Sancho III de Castilla; Fernando, futuro Fernando II de León; Constanza, que se casó con Luis VII de Francia; Sancha, que se desposó con Sancho VI «el Sabio» de Pamplona; García y Alfonso. De su segundo matrimonio, con Riquilda o Rica de Polonia, nació Sancha, que se casó con Alfonso II de Aragón, y Fernando. También tuvo relaciones extramatrimoniales. Con Guntroda Pérez tuvo a Urraca, que se casó con García Ramírez IV de Pamplona, y con Urraca Fernández de Castro tuvo a Estefanía, que fue asesinada por su esposo, hecho en la que se inspira la tragicomedia «La desdichada Estefanía» de Lope de Vega.

Alfonso Raimúndez quedó huérfano de padre a los dos años, siendo desde entonces considerado el heredero del condado de

Galicia, que su madre gobernó tras quedar viuda. Pero en 1109 su madre se casó con Alfonso I de Aragón y firmó unas capitulaciones matrimoniales por las que el infante Alfonso quedaría desheredado como rey de León y Castilla si nacía un varón del nuevo matrimonio real. Tal matrimonio tuvo muchos detractores en todo el reino y sobre todo en Galicia, donde el obispo Gelmírez y el conde de Traba, tutor del infante Alfonso, velaban por la herencia del infante. En 1111 el conde de Traba, al parecer con el beneplácito de Urraca, proclamó a Alfonso, con siete años, como rey de Galicia. Entonces «el Batallador» se dirigió a Galicia y derrotó a los partidarios del infante Alfonso en Villadangos, con la ayuda de los condes de Portugal, tíos del infante, pero Alfonso Raimúndez pudo huir junto al obispo de Santiago, siendo el conde de Traba detenido, aunque liberado poco después.

En 1116, ya separados Urraca y «el Batallador», la reina cedió a su hijo los territorios del sur del Duero que estaban dominados por su exmarido, lo que constituía una gran baza para la reina, ya que alejaba al infante Alfonso de la incómoda influencia de los nobles gallegos y disputaba la región del sur del Duero a su excónyuge, el monarca aragonés. En 1117 el infante entró en Toledo y quedó bajo la custodia del arzobispo Bernardo, empezando a utilizar ya el título de emperador, y desde entonces estuvo asociado al reino de su madre. El infante Alfonso también pudo contar con el apoyo del papa Calixto II, su tío. En 1124, en Santiago de Compostela, el obispo armó caballero al infante Alfonso, al cumplir la mayoría de edad, sin la presencia materna, pero con su aprobación.

A la muerte de Urraca en 1126 en Saldaña, su hijo Alfonso que estaba en Sahagún partió para León, donde sería proclamado rey de León e inmediatamente inició la reclamación del reino de Castilla, territorio en el que «el Batallador» tenía guarniciones militares que aseguraban su dominio. Las ciudades de Burgos y Carrión se decantaron por el nuevo rey y se entregaron en 1127. «El Batallador» se dirigió a Castilla con un gran ejército, pero no llegó a chocar con el de Alfonso VII, ya que ambos tenían problemas: «el Batallador» con los almorávides y Alfonso VII con su tía Teresa de Portugal; se firmó la Paz de Támara y se establecieron las antiguas fronteras del tiempo de Sancho III «el Mayor» y «el Batallador» dejó de utilizar el título de emperador, que había usado desde 1109 a 1114, durante el matrimonio con Urraca. Alfonso VII recuperó parte de las tierras de La Rioja y Soria, pero no Ágreda, ni Almazán y tampoco la ciudad de Soria.

Después Alfonso VII partió hacia Galicia y penetró en el condado de Portugal al que arrasó, volviendo después a León para desposarse con Berenguela de Barcelona (1128), quien tuvo que hacer parte del viaje por mar al no poder atravesar las tierras aragonesas regidas por «el Batallador».

Ese mismo año Teresa reconoció la soberanía de Alfonso VII, pero el hijo de esta, Alfonso Enríquez, la derrotó en la batalla de Mamede y Teresa tuvo que refugiarse en Galicia. Este hecho sería el origen de la independencia de Portugal.

En 1130 Alfonso VII depuso a los obispos de León, Salamanca y Oviedo por oponerse a su matrimonio, lo que provocó la rebelión de varios nobles, encabezados por Pedro González de Lara, que tomaron Palencia, pero Alfonso acudió y apresó fácilmente a los cabecillas restableciéndose el orden, aunque siguieron las rebeliones hasta 1133.

Al morir «el Batallador» (1134), rey de Aragón y Pamplona, sin descendencia, dejó el reino a las Órdenes Militares, lo que no aceptaron ni los pamploneses ni los aragoneses. Entonces Alfonso VII reclamó el trono vacante como tataranieto de Sancho III «el Mayor», pero los nobles aragoneses eligieron a Ramiro II, hermano del rey fallecido, y los pamploneses a García Ramírez, separándose por tanto Aragón y Pamplona. A todo esto, se unió la contraofensiva almorávide, por lo que un pánico contagioso se difundió por el valle medio del Ebro, de manera que el único que podría garantizar una protección eficaz era Alfonso VII de Castilla y León; por eso, al llegar este a la ciudad del Ebro, sus habitantes lo reconocieron como su señor. En esta situación se logró alcanzar un pacto entre Ramiro II de Aragón y García Ramírez IV de Pamplona, pero al año siguiente lo rompió el último, quien se unió a Alfonso VII, presentándole vasallaje y entregándole la mayor parte de La Rioja y el señorío de Zaragoza a cambio de la región vasca.

Luego Alfonso VII traspasó los Pirineos, controló amplios territorios del sur de Francia y llegó hasta el río Ródano. A su regreso fue cuando se le coronó *Imperator Totius Hispanae* en la Catedral de León (1135), siendo reconocido por su cuñado Ramón

Berenguer IV de Barcelona, García Ramírez de Pamplona, varios condes del Mediodía francés y diversos caudillos musulmanes, pero sin la asistencia de su primo Alfonso Enríquez de Portugal y ni la de Ramiro II de Aragón, con el que estaba enemistado por la ocupación de Zaragoza.

Después, en 1136, Alfonso VII intentó reconciliarse con Ramiro II ofreciéndole, en Alagón, la restitución de Zaragoza a cambio de conservar plazas fuertes a la derecha del Ebro y la promesa de matrimonio de la pequeña Petronila —hija de Ramiro II— con el heredero castellano Sancho; pero este proyecto fracasó posiblemente por el recelo de la nobleza aragonesa hacia la hegemonía castellana y porque prefería la unión con un pequeño estado feudal como el de Barcelona y, además, por la mala experiencia del fracasado matrimonio entre Alfonso «el Batallador» de Aragón y Urraca de Castilla, que llegó a generar una auténtica guerra como ya se ha comentado. Al final Petronila se casaría con Ramón Berenguer IV y el condado de Barcelona quedaría unido a Aragón, constituyendo ambos territorios la corona de Aragón.

Alfonso VII, aprovechando el desmoronamiento del imperio almorávide con la formación nuevamente de reinos de taifas (los segundos), se propuso recuperar zonas más al sur peninsular. Empezó por la ocupación del valle del Tajo, La Mancha y Sierra Morena, conquistando ciudades como Colmenar de Oreja (Madrid, 1139), Albacete, Coria (Cáceres, 1142-1143), Jaén y Córdoba (1144, aunque esta volvió a caer en manos musulmanas ese mismo año) y Calatrava (Toledo, 1146).

Pero en 1143 Alfonso Enríquez invadió el sur de Galicia y tomó Tuy, por lo que Alfonso VII devastó Portugal y recuperó esta ciudad, donde Alfonso Enríquez le juró fidelidad, lo que no cumplió, pues siguió con acciones bélicas y políticas que le llevaron a proclamarse rey y declarar la independencia de Portugal, lo que se vio obligado a reconocer Alfonso VII, siendo su primo Alfonso I Enríquez el primer rey de Portugal.

En 1146 se produjo la invasión de los almohades, que desembarcaron en Algeciras y ocuparon extensos territorios de al-Ándalus. Ante esta situación Alfonso VII pactó con los reyes de Pamplona y Aragón —y Ramón Berenguer IV ya como príncipe de Aragón—, ambos vasallos suyos. Entre todos emprendieron, con la ayuda de naves genovesas y cruzados franceses, una campaña que terminó con la conquista de Almería (1147). Pero Alfonso VII no pudo retener Jaén, plaza imprescindible para asegurar las comunicaciones de Castilla con las tierras conquistadas, ni consolidar la repoblación de las tierras y ciudades tomadas, antes de que los almohades, con renovadas fuerzas, ocupasen el vacío que dejaban los almorávides.

Los diez últimos años de la vida de Alfonso VII no tuvieron respiro contra los musulmanes. En 1149 conquistó Uclés, al año siguiente atacó Córdoba, en 1151 sitió Jaén, después Guadix (1152) y Andújar (1155), que cayó al año siguiente, y ese mismo año se apoderó de Pedroche y Santa Eufemia, en la actual provincia de Córdoba.

Tras el fallecimiento de García Ramírez IV de Pamplona (1150) se firmó el Tratado de Tudilén (Tudillén o Tudején, Navarra, 1151) entre Ramón Berenguer IV y Alfonso VII, que acordaron el reparto de la reconquista de territorios musulmanes —Aragón se reservaba la conquista de Valencia, Denia y Murcia y Castilla de Lorca y Vera— y el sometimiento de Ramón Berenguer al vasallaje del castellano, así como una nueva ofensiva y reparto del reino de Pamplona. Esto último no se llevó a efecto porque Sancho VI de Pamplona, hijo del rey pamplonés fallecido, casó a su hermana Blanca con el heredero de Alfonso VII, el príncipe Sancho, y renovó el vasallaje al rey castellano. Este pacto matrimonial se complementaba con el realizado con anterioridad, en 1144, cuando se desposaron García Ramírez IV y Urraca, hija bastarda de Alfonso VII y Guntroda. Pero a pesar de todo, Sancho VI de Pamplona se vio amenazado durante todo su reinado por los sucesivos acuerdos entre castellanos y aragoneses para repartirse su reino. Aunque, como se expresó en el capítulo 3, si bien Ramón Berenguer IV fue hostil con guerras fronterizas prolongadas durante años, Alfonso VII trató de conseguir Pamplona atrayéndose a los súbditos que discrepaban de Sancho VI, que pasaron al servicio del castellano y se instalaron en La Rioja, Soria y Castilla oriental.

En 1156 las relaciones entre Castilla y Aragón se reafirmaron con el pacto matrimonial de Sancha, hija del segundo matrimonio de Alfonso VII, con el heredero de Ramón Berenguer IV, Alfonso II «el Casto». Al año siguiente se firmó el Pacto de Lérida entre Aragón y Castilla, pero la situación cambió ese mismo año al morir el monarca castellano, cuando volvía de intentar recuperar Almería que había sido ocupada por los almohades. Entonces, por deseo del rey fallecido, se volvieron a separar Castilla y León: Castilla y Toledo los regiría Sancho III y en León, Asturias y Galicia reinaría Fernando II. Alfonso VII murió en Sierra Morena bajo una encina del paraje de Fresneda, según algunos en las proximidades de Santa Elena (Jaén) y según otros en las cercanías de Viso del Marqués (Ciudad Real). El cadáver se llevó a Toledo y se sepultó en su catedral.

FERNANDO II (1157-1188)

El infante Fernando, hijo de Alfonso VII de León y Castilla, nació en 1137 y pasó los primeros años de su vida en la corte, al cargo de su nodriza Juliana Fernández y de su ayo Suero Alonso. Después se trasladó a Galicia, donde se educaría bajo la tutela de Fernando Pérez de Traba, de la misma estirpe que ayudó a su padre, que llegó a ser su suegro cuando Fernando se casó en segundas nupcias con su hija ilegítima Teresa. Posteriormente, Fernando, tras la muerte de su tutor, volvió a la corte de su padre. En 1151 fue asociado al trono de León, Asturias y Galicia por su progenitor, al igual que su hermano Sancho, el primogénito, lo fue a Castilla y Toledo. Con posterioridad, en 1155, se acordaron en Valladolid los términos de la división definitiva del reino de Alfonso VII. La última acción de Fernando antes de proclamarse rey la realizó acompañando a su padre en una fallida expedición a Almería en 1157, en la que, al volver, murió Alfonso VII.

Fernando II se casó con su prima segunda Urraca de Portugal en 1165, de cuya unión nació Alfonso, que sucedería a su padre como Alfonso IX de León. Después de diez años de matrimonio, el papa Alejandro III lo anuló por motivos de consanguineidad, retirándose la reina a un monasterio de la Orden de San Juan en Jerusalén. Posteriormente, Fernando II se casó con Teresa Fernández de Traba, en 1177-78, con la que había tenido antes un hijo ilegítimo, Fernando. Más tarde, en el segundo parto, murieron tanto la madre como el nuevo hijo (1180), siendo ambos sepultados en el Panteón de los Reyes de San Isidoro de León. En 1187, convino un tercer matrimonio con Urraca López de Haro, con la que previamente había tenido tres hijos ilegítimos: García, Alfonso y Sancho, los dos últimos se legitimaron al celebrarse el matrimonio, pero no el primero que ya había fallecido.

Al subir al trono, Fernando confirmó a los nobles en los cargos que ocupaban con su padre con el fin de atraerlos, pero los habitantes de Zamora se sublevaron contra el mayordomo real Ponce Cabrera y quemaron una iglesia, donde murió el hijo del mayordomo. Fernando II los perdonó, ante la amenaza de abandonar la ciudad, y destituyó al mayordomo, que se trasladó a Castilla y se puso a las órdenes de Sancho III, participando después en un ataque a Pamplona; más tarde, el rey leonés conquistó algunas plazas fronterizas con León y se las entregó a Ponce Cabrera como agradecimiento a sus servicios. Tras estos acontecimientos de la frontera, Fernando II preparó un gran ejército en prevención de la actitud beligerante de su hermano Sancho III de Castilla, pero gracias a la intervención de su tía Sancha, de la infanta Estefanía y de los obispos de Plasencia y León, los dos reyes firmaron el Tratado de Sahagún (1158) por el que ambos se comprometían a luchar contra los musulmanes, repartirse las conquistas y en el caso de que uno de ellos muriera el otro heredaría el reino del fallecido, aparte de prever repartirse Portugal.

Pero el pacto se rompió ese mismo año, a la muerte de Sancho III y subir al trono su hijo Alfonso VIII, con solo tres años. Al principio, Fernando II no mostró mucho interés en actuar contra Castilla, posiblemente porque tenía problemas con Alfonso I de Portugal, que, descontento con el Tratado de Sahagún, se apoderó de gran parte de la región de Toroño. Entonces Fernando II, preocupado por la frontera castellana, se vio obligado a negociar la paz con Portugal a fin de no tener que actuar en dos frentes, y, para ello, se reunió con Alfonso I en Cabrera.

Después de la muerte de su tía Sancha (1159), Fernando II tuvo que intervenir en Castilla para poner orden entre los partidarios de las dos familias —de Castro y de Lara— que rivalizaban por ejercer la regencia del pequeño rey castellano Alfonso VIII, exigiendo a los de Lara que le entregasen el niño para encargarse él de la educación de su sobrino, pero al final el niño quedó a cargo de los de Lara, figurando Fernando II como hipotético regente. Estas acciones fomentaron nuevamente el deseo de paz con Portugal, por lo que Fernando II y Alfonso I se reunieron en Santa María del Palo (Galicia) a finales de 1159. Pero a pesar de las buenas relaciones con Portugal, el rey leonés, en prevención de que Alfonso I se aliara con Castilla, repobló Ledesma y Ciudad Rodrigo, lo que garantizaba las comunicaciones entre León y Extremadura.

En 1160 Fernando Rodríguez de Castro, «el Castellano», venció a los partidarios de los de Lara en la batalla de Lobregal. Dos años después, «el Castellano» sería nombrado mayordomo mayor de Fernando II.

También en los primeros años de su reinado Fernando II tuvo que sofocar otras rebeliones en ciudades como Lugo (1161), donde medió entre el Consejo y el obispo, que abusaba de su posición. Más tarde, el rey leonés tuvo que actuar contra una sublevación en Salamanca, donde pacificó a los nobles que se sentían agraviados por el modo de repoblar Ciudad Rodrigo, pero al poco tiempo atacaron esta ciudad, por lo que Fernando II volvió a la zona y los venció en la batalla de Valmuza (1162).

Solucionados estos problemas internos, Fernando II decidió intervenir en Castilla y aprovechó la minoría de edad de su sobrino para apoderarse de Segovia, gran parte de Extremadura y Toledo, dejando a Fernando Rodríguez de Castro como gobernador de esta ciudad, que permanecería en poder de los leoneses hasta 1166. Con posterioridad siguió hasta Burgos, donde consiguió importantes apoyos. Además, en esas fechas, prescindiendo de Castilla, Fernando II se alió con Alfonso II de Aragón en contra de Navarra (Agreda, 1162) y el rey aragonés reconoció a su tío, el rey leonés, como su tutor.

Pero al año siguiente los portugueses rompieron la tregua firmada años antes en protesta por la repoblación de Ciudad Rodrigo y Alfonso I de Portugal conquistó Salamanca y atacó la frontera gallega, pero Fernando II recuperó Salamanca, aunque no pudo defender las regiones de Limia y Toroño, debido a que tuvo que desplazar tropas hacia Castilla, donde los de Castro y los de Lara combatían nuevamente.

La llegada de Fernando II a Castilla supuso la retirada de los de Lara, con el pequeño Alfonso VIII, a Soria y se iniciaron negociaciones por las que los de Lara homenajearon al rey leonés, que además se convirtió de facto en el nuevo tutor de Alfonso VIII, aunque en el último momento los de Lara se llevaron al rey castellano a San Esteban de Gormaz. Después de este desplante Fernando volvió a León, pero al poco tiempo regresó a Castilla y tras nuevas negociaciones logró reunirse con su sobrino, al que dejó bajo la tutoría de uno de sus partidarios, pero al morir este pronto, Alfonso VIII se vio de nuevo entre los de Lara, comenzando nuevamente los enfrentamientos de frontera.

En 1164 Fernando Rodríguez de Castro, «el Castellano», con tropas leonesas, derrotó a los de Lara en la batalla de Huete. Un año más tarde Alfonso I de Portugal, aprovechando los conflictos de Fernando II en Castilla, atacó varias veces Tuy y Orense y tomó la fortaleza de Cedofeita o Cedofeira. Al no disponer Fernando II de efectivos para combatir se vio obligado a negociar en Pontevedra, donde se reunieron los dos reyes, concertando el matrimonio de la infanta Urraca de Portugal con Fernando II. Poco después de la boda, Fernando marchó a Castilla, donde derrotó a los de Lara en Medina de Rioseco. Luego, Fernando II se reunió con los de Lara en Soria y decidieron entregar la ciudad de Uclés a la Orden del Temple, que después se convertiría en la sede de la Orden Santiago, para que defendiera Toledo de los ataques musulmanes. También Fernando II, no fiándose de los de Lara, se alió con Sancho VI de Navarra en contra de los almohades, a los que arrebató Alcántara (Cáceres) y Alburquerque (Badajoz) en 1166, pero, casi al mismo tiempo, Toledo pasó de nuevo a manos de los de Lara, terminando entonces la supuesta regencia que ejercía Fernando II sobre su sobrino Alfonso VIII.

Desde 1166 a 1168 Alfonso I de Portugal se apoderó de varias plazas de León, por lo que Fernando II fortificó Ciudad Rodrigo y derrotó, poco después, al ejército portugués que acudió allí bajo el mando de su cuñado Sancho de Portugal.

Más tarde, Alfonso I invadió Galicia apoderándose de Tuy y otros castillos, y en 1169 atacó Évora, Trujillo y Cáceres y se dirigió a Badajoz, en poder de los musulmanes, que según el Tratado de Sahagún (1158) debía pertenecer a León cuando fuese reconquistada. Así pues, se enfrentaron portugueses y leoneses, estos con la ayuda de almohades. Alfonso I fue capturado tras romperse una pierna y después la ciudad de Badajoz quedó en manos de los musulmanes aliados de León.

Por otra parte, Cáceres se mantuvo con León, pero las plazas cacereñas de Trujillo, Montánchez, Santa Cruz de la Sierra y Monfragüe fueron cedidas por el rey leonés a Fernando Rodríguez de Castro «el Castellano», señor de un semiindependiente señorío castellano entre el Tajo y el Guadiana, lo que beneficiaba a Alfonso VIII de Castilla.

Años después, en 1173, los musulmanes vencidos por Alfonso I de Portugal atacaron el reino de León con la idea de apoderarse de Ciudad Rodrigo, pero Fernando II fue hábil y buscó rápidamente un ejército que los derrotó.

En 1177 Fernando II atacó Cuenca y, mientras los almohades hacían lo propio con Talavera y Toledo, el leonés aprovechó para atacar Sevilla, pasando después a Arcos y concluir en Jerez, donde consiguió un importante botín, que después le arrebataron.

Un año más tarde Fernando II invadió Castilla y se apoderó de Castrojeriz (Burgos) y Dueñas (Palencia), por lo que Alfonso VIII de Castilla se alió con Alfonso I de Portugal para luchar contra León. En 1179 Alfonso VIII entró en Tierra de Campos y recuperó el Infantado, que Fernando II había ocupado durante la minoría de edad del castellano, pero al mismo tiempo Alfonso I de Portugal envió a su hijo a atacar Ciudad Rodrigo, por lo que Fernando II tuvo que dividir su ejército, que a pesar de ello salió victorioso en ambos frentes.

En 1180 se reunieron los reyes de Castilla y León en Tordesillas y firmaron la paz. Pero ese mismo año Alfonso VIII se dispuso a atacar nuevamente las fronteras leonesas y Fernando II se aprestó a defenderlas, pero ambos lo pensaron mejor y en 1181 firmaron la Paz de Medina de Rioseco.

En 1182, mediante el Tratado de Fresno-Lavandera, se puso fin a los problemas entre Castilla y León y sus reyes se comprometieron a colaborar en la reconquista. Así, Fernando II sitió Cáceres en 1183 y la tomó en 1184. Pero entonces, Yusuf —el artífice de la restauración almohade del que había sido el imperio hispánico de los almorávides— asedió Santarém (Portugal), donde murió cuando intentaba contener el avance cristiano por Portugal y Extremadura y su ejército fue derrotado por Alfonso I de Portugal y Fernando II de León, que acudió en su ayuda, lo que sorprendió tanto a los musulmanes como a los portugueses.

En 1188 la reina Urraca López de Haro, que dominaba la corte y al rey, viendo próxima la muerte de su esposo Fernando Il quiso asegurar el trono de León para su hijo Sancho, el único que le vivía de los tres que tuvo, en perjuicio del infante Alfonso, hijo de Fernando II y Urraca de Portugal. La reina sostenía que Alfonso era ilegítimo ya que el matrimonio de sus padres lo había anulado el Papa, mientras que su hijo Sancho, aunque nació ilegítimo se legitimó con el matrimonio real en 1187. Esta tercera reina logró una victoria, pues Fernando II desterró a su primogénito Alfonso a Portugal para evitar males mayores.

En 1188 murió Fernando II en Benavente, cuando regresaba de peregrinar a Santiago de Compostela y, en contra de sus deseos de recibir sepultura en Santiago de Compostela, su esposa lo enterró en el Panteón de los Reyes de San Isidoro de León, evitando así que el arzobispo de Santiago, que era partidario del infante Alfonso, lo apoyara en detrimento de su hijo Sancho. Pero esta triquiñuela real no tuvo efecto y el infante Alfonso, apoyado por la mayor parte de la nobleza, se proclamó rey con el título de Alfonso IX de León. Posteriormente el nuevo rey trasladó los restos mortales de su padre a la catedral de Santiago de Compostela, como era deseo del difunto, que en 1170 había creado la Orden de Santiago para proteger a los peregrinos que visitaban la tumba del Apóstol.

ALFONSO IX (1188-1230), EL ÚLTIMO REY DE LEÓN, «EL REY PEREGRINO»

Alfonso IX nació en Zamora en 1171 y fue el último rey de León como reino independiente. A veces se le denomina Alfonso VIII de León, pues realmente ocupo el puesto ocho de los reyes alfonsinos leoneses. Durante su infancia tuvo mucho contacto con sus padres, quienes le consiguieron preceptores que lo instruyeron en los cam-

pos intelectual y militar. Siendo muy joven contrajo una enfermedad que le afectó gravemente a la vista y estuvo a punto de morir,
sanando milagrosamente, según se comenta, con la intervención
de San Isidoro, del que fue muy devoto su padre. Alfonso IX tenía
un rostro noble, era elocuente, generoso, físicamente fuerte, diestro con las armas y muy creyente, pero mujeriego y colérico.

Alfonso IX se casó en 1191 con Teresa de Portugal y tuvieron
tres hijos: Sancha, Fernando, primogénito que murió a los veintidós años, y Dulce. Tras anularse el matrimonio por consanguineidad, pues eran primos, se casó en 1197 con Berenguela de
Castilla, sobrina suya e hija de Alfonso VIII, y tuvieron cinco
hijos: Leonor, Constanza, Fernando, futuro Fernando III «el
Santo», Alfonso y Berenguela. Este matrimonio también fue anulado por la Iglesia por razones de parentesco. Además, Alfonso
tuvo relaciones extramatrimoniales: la primera con Inés Íñiguez
de Mendoza, tras la anulación de su primer matrimonio, de la que
nació Urraca; otra relación la tuvo con la noble gallega Estefanía
Pérez de Faiam, con el nacimiento de Fernando. Parece ser que
también tuvo una amante salamantina, Maura, con la que tuvo a
otro Fernando; mantuvo también una relación con la portuguesa
Aldonza, con la que tuvo tres hijos: Rodrigo, Aldonza y Teresa. Y
finalmente también sostuvo relaciones con la portuguesa Teresa
Gil de Soverosa, de las que nacieron cuatro hijos: Sancha, María,
Martín y Urraca.

Al morir su padre, Alfonso tenía solo diecisiete años y encontró serias dificultades para acceder al trono. En primer lugar,
su madrastra Urraca pretendía que su hijo Sancho sucediera a
Fernando II a pesar de que Alfonso era mayor, justificándose en
que este había perdido la legitimidad al haberse anulado el matrimonio entre sus padres por razones de consanguineidad. Desde
pequeño su madrastra le tenía una gran antipatía. Por otra parte,
Portugal y Castilla deseaban repartirse el reino de León, por lo que
presionaban por el oeste y por el este. Y finalmente, los almohades
no cesaban de hostigar por el sur. Pero aun así los nobles leoneses
consideraron que Alfonso era el idóneo heredero y lo proclamaron rey en León. Fue en 1195, después de siete años, cuando se dieron por finalizadas las aspiraciones de su hermanastro Sancho, al
morir este despedazado por un oso durante una cacería.

Por otra parte, la debilidad del nuevo monarca se acrecentaba debido a que el reino estaba en bancarrota por la política de gastos militares llevados a cabo por su padre. Por todas estas razones convocó enseguida la Curia Extraordinaria en León, de la que emanó la Carta Magna. Esta Curia Extraordinaria, que fue el germen de las Cortes de León, reunió a representantes del clero, la nobleza y las clases populares de las principales ciudades y villas de León, Galicia, Asturias y Extremadura, y fueron las primeras cortes representativas de Europa y del mundo. Con la reunión de estas Cortes se consiguió generar más recursos para el reino, implicando a las ciudades que tenían una mayor prosperidad económica, al tiempo que se eliminaban los abusos de la nobleza y se mejoraba la administración de la justicia.

Inmediatamente después de subir al trono Alfonso IX firmó el Pacto en Carrión de los Condes (1188) con su primo Alfonso VIII de Castilla. En el acto Alfonso VIII invistió caballero a Alfonso IX, que besó la mano del rey castellano, lo que representó una humillación que Alfonso IX nunca olvidó y le hizo engendrar un fuerte rencor hacia su primo. Igualmente, el rey leonés se comprometió a casarse con alguna infanta castellana. También ese día se armó caballero Conrado de Suecia, hijo del emperador Federico Barbarroja, que había venido a desposar a la princesa Berenguela, hija de Alfonso VIII, pero ella rechazó al de Suecia y años más tarde se casaría con Alfonso IX.

Más tarde, Alfonso VIII rompió el Pacto de Carrión y se apoderó de algunas plazas de León, como Valencia de Don Juan y Valderas, lo que dio lugar al comienzo de las hostilidades entre Castilla y León.

Para evitar una situación similar con el reino de Portugal, Alfonso IX se entrevistó con Sancho I, segundo rey de Portugal, y, como al parecer el leonés estaba desilusionado por el hecho de que la infanta Berenguela de Castilla, que a él le gustaba, se había prometido a Conrado de Suecia, concertaron el matrimonio de Alfonso IX con Teresa de Portugal. Se casaron en 1191 a sabiendas de que eran primos y por tanto tenían lazos de consanguineidad prohibidos por la Iglesia. El papa Celestino III anuló el matrimonio y pronunció después sentencias de excomunión y entredicho; la primera afectaba a los reyes de León y Portugal, y la segunda a ambos reinos. La reina volvió a Portugal e ingresó en el monasterio de Lorvao (Coímbra) en 1196, aunque después de tener tres hijos.

Sancho I de Portugal contactó con Alfonso II de Aragón para defenderse de Alfonso VIII de Castilla, pero el aragonés le propuso que en el pacto entrasen también Sancho VI de Navarra y Alfonso IX de León. Este pacto entre cuatro reinos se llamó Liga de Huesca: todos estaban contra Alfonso VIII.

Alfonso IX firmó una tregua de cinco años con los almohades en 1191 para evitar los ataques por el sur, lo que le costó la segunda excomunión por parte del papa Celestino III, que concedió a los que atacasen al reino de León las mismas gracias que recibían los cruzados. Así que Portugal aprovechó para atacarlo, invadiendo Galicia y tomando Tuy y Pontevedra, que después pasarían de nuevo a León. Castilla, con la ayuda de Aragón y Portugal, intentó conquistar Benavente y Astorga, pero no lo consiguió y se contentó con la toma de Puente Castro, cerca de León, donde destruyó el barrio judío y su sinagoga y esclavizó a muchos vencidos.

Alfonso IX atacó Castilla con la ayuda musulmana y llegó hasta Carrión, lo que obligó a Alfonso VIII a pactar con León y con los musulmanes. Después, mediante la intervención de la Santa Sede, los *Alfonsos* firmaron el tratado de Tordehumos (1194): Alfonso VIII se comprometía a devolver de inmediato los castillos de Alba, Luna y Portilla, y, a su muerte, también se devolverían todos los territorios que había arrebatado a León —Valderas, Bolaños, Villafrechós, Villarmentero, Siero de Riaño y Siero de Asturias—. Por su parte, Alfonso IX se comprometía a casarse con Berenguela, la hija del rey castellano y que tanto gustaba al leonés, y, si no tenían descendencia de tal enlace, el reino de León se anexionaría a Castilla, pero no se llegaron a casar hasta 1197 y, desde el principio, el papa Celestino III se negó a reconocer el matrimonio e impuso la pena de excomunión para los esposos, la cual significaría la tercera que recibiría Alfonso IX; esto enturbió la buena relación de los reyes, que estaban muy enamorados. A pesar de todo, engendraron cuatro hijos.

Por su parte, el almohade Al-Mansur, que vio rota la tregua lograda con Alfonso VIII al aliarse este con Alfonso IX y penetrar las tropas cristianas hasta Sevilla, cruzó el estrecho de Gibraltar con un gran ejército dispuesto a combatir contra Alfonso VIII.

Este, desde Toledo, envió mensajes a León, Portugal, Aragón y Navarra pidiéndoles ayuda. Alfonso IX no se la prestó porque el castellano no quería devolver las plazas contempladas en el Tratado de Tordehumos. En cuanto a los otros monarcas no se sabe bien si desoyeron la solicitud de ayuda o no tuvieron tiempo de prepararse o lo hicieron muy lentamente, pero lo que sí ocurrió fue que Alfonso VIII no tuvo paciencia para esperar ayuda y se lanzó al ataque contra los musulmanes en Alarcos (1195), resultando derrotado estrepitosamente. De regreso a Toledo, Alfonso VIII encontró allí a Alfonso IX de León, que al final se había decidido a auxiliarle, lo que constituyó una gran humillación para el derrotado castellano y un aumento del resentimiento por parte del leonés, pues Alfonso VIII no se había dignado a esperarlo para intervenir en la batalla de Alarcos y además este nuevamente se negó a cumplir las estipulaciones de Tordehumos.

Al subir Inocencio III (1198) al solio pontificio, no fue más permisivo que su antecesor, y, en 1204, anuló definitivamente el matrimonio de Alfonso IX y Berenguela, amenazando nuevamente con mantener la excomunión, por lo que la reina volvió a Castilla con sus hijos. Resultaba que Alfonso IX había tenido siete hijos, pero todos ilegítimos por anulación de sus dos matrimonios. Entonces, en 1205, se envió una embajada a Dinamarca para concertar un nuevo matrimonio del rey leonés, pero no llegó a buen puerto.

La separación de los reyes leoneses volvió a enfrentar a Castilla y León, pero al final Alfonso VIII de Castilla testamentó a favor de su nieto Fernando, futuro Fernando III «el Santo», dejándole los castillos en disputa: Valderas, Melgar, Bolaños, Villafrechós, Almanza, Castroponce, El Carpio, Monreal, Castrotierra, Siero de Asturias y Siero de Riaño. El acuerdo entre los dos monarcas se llevó a cabo en Cabreros del Monte (1206), donde también se declaraba que los siete hijos de Alfonso IX eran herederos, a pesar de ser ilegítimos. Además, Berenguela entregó a su hijo Fernando los castillos de Luna, Argüello, Gordon y Ferrera más los correspondientes a las arras que le había entregado Alfonso IX cuando se casaron. Ello suponía un importante patrimonio para el primogénito de Alfonso IX y Berenguela.

Con el tiempo, debido al gran poderío del Alfonso VIII, todos los reinos cristianos peninsulares hicieron frente común contra Castilla, pero la intervención de la Santa Sede, que deseaba la unión de todos los cristianos contra los almohades en la Península, logró detener todas las hostilidades y hacer posible una cruzada. Se consiguió entonces la unión de los reinos de Castilla, Aragón y Navarra, pero no de León, que, aunque ansiaba asistir a la cruzada, no lo hizo porque Alfonso VIII no había cumplido su Pacto de Tordehumos, ni de Portugal, donde ya reinaba Alfonso II. Pero ambos reinos —León y Portugal— dieron libertad para que sus súbditos se unieran a la cruzada, por lo que en ella lucharon muchos asturianos, leoneses, gallegos y portugueses, al lado de las Órdenes Militares y las tropas europeas voluntarias. Así, Al-Nasir fue vencido el dieciséis de julio de 1212 en Las Navas de Tolosa por Alfonso VIII, Pedro II de Aragón y Sancho VII de Navarra.

Mientras, aprovechando la ausencia de las tropas de Castilla, ocupadas en la batalla de Las Navas de Tolosa, Alfonso IX recuperó solo las plazas castellanas que estaban dentro de las fronteras de León, para evitar una nueva excomunión por parte de Inocencio III, que había condenado cualquier ataque entre los reinos cristianos durante la cruzada. Al volver de la batalla Alfonso VIII no pudo hacer nada, pero sin embargo sí invitó a los reyes de León y de Portugal a firmar un tratado de paz en Coímbra y un nuevo pacto con León, por el que el castellano devolvió a Alfonso IX las plazas de Peñafiel y Almanza.

En Castilla, a la muerte de Alfonso VIII (1214) le sucedió su hijo Enrique I, con solo diez años, quien murió tres años después accidentalmente de una herida causada por la caída de una teja. Durante su reinado ejerció de regente su hermana Berenguela, que ya había vuelto a Castilla tras anularse el matrimonio con el rey leonés Alfonso IX; la regente tuvo dificultades, pues Núñez de Lara usurpó el poder, por lo que Berenguela pidió auxilio a su hijo Fernando, que desde León se presentó con mil quinientos hombres e hizo huir al usurpador. Tras la muerte de Enrique I, Berenguela heredó el trono y consiguió que ese mismo año se reconociera como su sucesor a su hijo Fernando III. Este, criado en la corte de su padre Alfonso IX de León, tuvo dificultades para acudir a Castilla, pues su progenitor se lo impedía, así que tuvo que escaparse para llegar a su destino. El hecho era que Alfonso IX también revindicaba sus derechos al trono castellano en virtud del Tratado de Sahagún (1158), en el que Sancho III de Castilla y Fernando II de León establecieron el acuerdo de que, si uno de ellos o sus descendientes muriesen sin herederos, el superviviente heredaría el trono vacante. Entonces, Núñez de Lara, con el beneplácito de Alfonso IX, cercó Valladolid. Berenguela y Fernando se retiraron a Burgos, mientras que Alfonso IX saqueaba zonas de Valladolid. Fernando, haciendo gala de su prudencia, no luchó con su padre y, en cambio, le envió mensajes de reconciliación, que el padre terminó por aceptar. Después, Alfonso IX se retiró a León y firmó con Castilla el Pacto de Toro en 1218.

Finalizadas las luchas con Castilla, Alfonso IX se ocupó de la reconquista. En 1218 pretendió conquistar Cáceres, pero después de tres meses de asedio no consiguió tomarla. Más tarde, en otra incursión en tierras musulmanas, Alfonso IX chocó con el rey de Portugal, que pretendía los mismos objetivos, venciendo a los portugueses en Braga y en Guimarães y firmando la Paz de Boronal en 1219. A continuación, Alfonso IX prosiguió la campaña y llegó hasta Sevilla, donde consiguió un gran botín. En 1221 la Orden de Alcántara tomó Valencia de Alcántara, lo que impulsó la reconquista leonesa. En cuatro ocasiones Alfonso IX intentó conquistar Cáceres, desde 1222 a 1226, lo que logró en 1229. Ello, junto a la derrota del musulmán Ibn Hud, quien pretendía ayudar a Mérida, supuso la caída de muchas ciudades extremeñas. Así, en 1230 se conquistaron Mérida, Badajoz, Elvas y Talavera la Real; también Montánchez se entregó a la Orden de Santiago. Después de esta campaña Alfonso IX peregrinó por cuarta vez a Santiago, pero enfermó en el camino y falleció en Villanueva de Sarria. Se le sepultó después en la catedral de Santiago.

Este rey leonés, que a lo largo de su reinado tuvo multitud de dificultades, ejerció una gran tarea repobladora, concedió fueros a muchas ciudades, refundó La Coruña y potenció la economía interesándose por la agricultura y la ganadería. Por otra parte, fundó el Estudio General de Salamanca en 1218, a partir de las escuelas catedralicias que llevaban funcionando casi un siglo; a este, años más tarde, le daría un gran impulso su hijo Fernando III «el Santo», y, posteriormente, fue convertido en la Universidad de Salamanca, en 1254, por su nieto Alfonso X «el Sabio», siendo la primera universidad europea. Además, Alfonso IX potenció como nadie la peregrinación jacobea, fundó varios hospitales para peregrinos y fue el rey que más veces peregrinó a Santiago. Fue mecenas del maestro Mateo, autor del Pórtico de la Gloria de la catedral de Santiago, que se consagró en 1211.

A la muerte de Alfonso IX en 1230, su hijo Fernando III, que, desde que accedió al trono de Castilla en 1217, había ejercido una intensa actividad de reconquista, consiguió, sin respetar el testamento de su padre, la renuncia de sus hermanastras herederas Sancha y Dulce, con la Concordia de Benavente, tras una negociación de las dos reinas viudas de Alfonso IX —Berenguela de Castilla y Teresa de Portugal—, a cambio de una renta de treinta mil maravedíes anuales. De esta manera, Fernando fue rey de Castilla y León, que, desde entonces, no volvieron a separarse y constituyeron la corona de Castilla, por lo que Alfonso IX fue el último rey de León.

V. EL REINO DE ARAGÓN

A mediados del siglo VIII los musulmanes dominaban totalmente la península ibérica a excepción de la cornisa cantábrica; pero la zona al sur de los Pirineos, desde el mar Cantábrico al Mediterráneo, no estaba de facto dominada por los musulmanes, quienes la consideraban de escaso interés económico y estratégico, al ser una región pobre, fría y montañosa. Entonces la indefensión de los líderes locales de esta zona frente a los musulmanes, que seguían con más o menos intensidad importunándolos, los llevó a llamar al rey de los francos Carlomagno para que los defendiera. Así, en el año 778, el rey franco entró en la Península con la idea de crear una zona sometida a su vasallaje que constituyera una barrera entre los musulmanes y su propio reino franco. Ello provocó una reacción del emir cordobés Abd al-Rahman I, quien en 781 sometió a Galindo Belascotenes, caudillo local, pero la incursión franca no cesó y en 799-800 se dirigió una expedición contra Huesca.

En la zona citada destacó la figura de Aureolo u Oriol, posiblemente oriundo de la familia de los condes francos de Périgueux, hijo de Oriol de Périgueux. Algunos autores consideran que, tras la expedición franca de 799-800, Aureolo, con la protección de Carlomagno, estableció una guarnición franca en el castillo de Loarre, aunque otros creen que el territorio controlado por Aureolo se situaba en los condados de Urgel y Pallars; incluso puede que se ubicara en los condados de Ribagorza y Sobrarbe, aunque lo realmente cierto es que la zona gobernada por Aureolo estaba al sur de los Pirineos, frente a Zaragoza y Huesca. Hay quien la sitúa en los valles de Hecho y Canfranc, muy bien comunicada con el reino de los francos. Otros consideran que el dominio de Aureolo comprendía el condado de Aragón, en los valles de Hecho y Aragón. También se considera que Aureolo dominó como funcionario franco la zona de Sobrarbe, que estaba gobernada por Galindo Belascotenes, un cristiano montañés, que participó en la batalla de Roncesvalles, donde fue derrotado Carlomagno, quien después sufrió la represión de Abd al-Rahman I y terminó aliándose con los francos.

Bajo el dominio de los francos, parece ser que Aureolo fundó el monasterio de San Juan de Matidero; en esa época también se adquirieron terrenos en el valle de Hecho, donde en un futuro construyó el monasterio de San Pedro de Siresa.

El fallecimiento de Aureolo en el año 809 fue aprovechado por el gobernador musulmán de Zaragoza y Huesca, Amrús ben Yusuf, para ocupar sus fortalezas. Posteriormente, Amrús se sublevó contra el emir cordobés Al-Hakam I, y, más tarde, negoció y se sometió a Carlomagno. El emperador galo y Al-Haham I firmaron una tregua en el año 810 y Amrús fue expulsado de Zaragoza por los musulmanes cordobeses. En 812 se firmó otra tregua entre Al-Hakam I y Carlomagno y este envió tropas contra Amrús en Huesca, siendo entonces, al parecer, cuando el emperador nombró como nuevo conde, al sur de los Pirineos, al indígena Aznar I Galíndez, quien fundaría una dinastía condal hispana: el condado de Aragón. Aznar empezó a gobernar manteniendo un difícil equilibrio con sus vecinos: los pamploneses, los francos, los cordobeses y los Banu Qasi, los muladíes del valle del Ebro.

Aznar I Galíndez, biznieto del franco Galindo, gobernó bajo la influencia carolingia y se casó con Eneca Garcés, que posiblemente fuera hija de Céntulo de Gascuña, y de tal unión nacieron: Céntulo, Galindo, Ailona y Matrona, quien se desposó con García Galíndez «el Malo». Al parecer, el padre de este último, Galindo Belascotenes o Velasco, tributario del emir cordobés, había sido derrocado por Aznar I Galíndez, partidario de los francos, aunque después, para limar asperezas, García «el Malo» se casó con Matrona, hija de Aznar I Galíndez. Más tarde, García «el Malo» se sublevó contra su suegro, por lo que este lo encarceló en el castillo de Bellosta, aunque pronto fue liberado; parece ser que los cuñados Galindo y Céntulo de García «el Malo» le hacían la vida imposible y, en una de las burlas, lo encerraron en un hórreo la noche de San Juan; García, al salir de su encierro, enfadado, golpeó con un madero a Céntulo, que resultó muerto, por lo que tuvo que huir a las montañas y repudiar a su mujer, quien se había puesto a favor de su familia y quien, al parecer, había cometido estupro con su hermano Céntulo. Fue entonces cuando García «el Malo» propuso a Musa II, de los Banu Qasi, y a Íñigo Arista de Pamplona combatir a su exsuegro Aznar I Galíndez, lo que les pareció bien, pues así dejaban de preocuparse por la debilidad de su flanco oriental, que estaba dominado por los francos, que ahora estaban ocupados con una rebelión de los gascones. García «el Malo» se ofreció a dirigir las tropas de Musa y de Arista y pidió la mano de la hija menor de este, Nunila, con la condición de que, si salía victorioso, sería conde de Aragón y se casaría con ella. Ambos hechos los consiguió en Jaca, y Aznar I Galíndez tuvo que atravesar los Pirineos buscando el cobijo de Ludovico, hijo de Carlomagno, que le otorgó los condados de Urgel y Cerdeña.

En 824 un gran ejército de francos y gascones al mando de los condes Aznar I Galíndez y Eblo se dirigió hacia Pamplona, donde Íñigo Arista, tras destruir los puentes para evitar el paso de los atacantes, los mantuvo a raya en las murallas, al mismo tiempo que estos fueron atacados por la retaguardia por las tropas de García «el Malo» y de Musa. Los francos y gascones se vieron obligados a huir y fueron perseguidos por los vascones que, debido al conocimiento del terreno, los destrozaron en las montañas y valles en la llamada segunda batalla de Roncesvalles. Aznar I Galíndez fue apresado y enviado a Ludovico para hacerle saber que los vascones querían ser independientes, en cuyo territorio habían quedado muchos francos como rehenes para conseguir rescates o venderse como esclavos. Por otra parte, el conde Eblo, también apresado, sería enviado a Córdoba como muestra de que la amenaza franca había desaparecido. Así, Pamplona, el valle del Ebro y Aragón quedaron como aliados, al mando de Arista, Musa II y García «el Malo», respectivamente.

García «el Malo» murió o se retiró del poder en 833, pasando el condado de Aragón a su hijo Galindo Garcés, habido de su unión a Nunila de Pamplona, por lo que era nieto de Íñigo Arista. Galindo Garcés se casó con Guldregut y junto a ella fundó el monasterio de San Pedro de Sirera.

Es posible que Aznar I Galíndez, como legítimo conde de Aragón, abdicara en favor de su hijo Galindo I Aznárez, quien no recuperaría el condado de Aragón hasta el año 844. Aznar I Galíndez fundó, junto al abad Zacarías, el cenobio de Siresa y gobernó los condados de Urgel y Cerdeña hasta su muerte en 832-833 o tal vez 839. Sus restos mortales se sepultaron en Urgel.

A la muerte de Galindo Garcés en el año 844, sin descendencia, le sucedió Galindo I Aznárez, conde de Urgel y Cerdeña por herencia de su padre Aznar I Galíndez, por lo que el condado de Aragón pasó de nuevo a la dinastía Aznar. Hay quien opina que Galindo Garcés era nieto de Aznar I Galíndez, por parte de su hija Matrona, que fue repudiada por García «el Malo», frente a los que opinan que era nieto de Íñigo Arista de Pamplona, por parte de su hija Nunila, casada en segundas nupcias con García «el Malo».

Galindo I Aznárez nació en el año 800 y sucedió a su padre en los condados de Urgel y Cerdeña en 832-833. En 833 también se apoderó de las jurisdicciones de Pallars y Ribagorza que arrebató al conde Berenguer de Tolosa, con el apoyo de los nobles de la comarca que deseaban eliminar la influencia franca. Después Galindo I Aznárez fue destituido como conde de Cerdeña (835) y Urgel (838) por el franco Ludovico y los condados pasaron a Sunifredo I. También fue desplazado de los condados de Pallars y Ribagorza por Fredo de Tolosa en el año 844 y en esa fecha recuperó el condado de Aragón, a la muerte de su posible sobrino Galindo Garcés.

Bajo el gobierno de Galindo I Aznárez se fundó el monasterio de San Martín de Cillas, se realizaron importantes donaciones al monasterio de San Pedro de Siresa y se impulsó la independencia del condado de Aragón, desvinculándose de los carolingios, aunque la influencia franca siguió siendo importante en los aspectos culturales y eclesiásticos. Por el contrario, sus relaciones con García Íñiguez de Pamplona, que desde el año 841 era regente por haberse quedado paralítico su padre Íñigo Íñiguez, se fortalecieron y la influencia de Pamplona empezó a ser notable. A la muerte de Galindo I Aznárez en 867 le sucedió su hijo Aznar II Galíndez.

Aznar II Galíndez se casó con Onneca Garcés, hija de García Íñiguez de Pamplona, con la que tuvo tres hijos: Galindo, futuro Galindo II Aznárez; Sancha, que se casó con Al-Tawil de Huesca, y García. Debido a su política matrimonial estuvo ligado al reino cristiano de Pamplona y al gobernador musulmán de Huesca, lo que le hizo alejarse de la influencia carolingia. Por otra parte, el vínculo con Pamplona supuso el inicio de la dependencia del condado de Aragón respecto a Pamplona, aunque se mantuvo la independencia tanto respecto a los francos como a los pamploneses y a los musulmanes. A su muerte le sucedió su hijo Galindo II Aznárez en el año 893.

Galindo II Aznárez, nacido sobre 860, se casó con Acibella, hija del conde de Gascuña, y tuvieron tres hijos: Toda, Redemptus o Redento, que sería obispo, y Mirón, que falleció pronto. Después se casó con Sancha, hija de García Jiménez de Pamplona, y engendraron a Andregoto, que heredaría el condado de Aragón y se casaría con su primo hermano García Sánchez I de Pamplona, y Velasquita. Fuera de sus matrimonios, Galindo II Aznárez tuvo al menos cinco hijos ilegítimos.

Galindo II Aznárez ayudó en el cambio de dinastía de Pamplona a favor de su cuñado Sancho Garcés I, hermano de su segunda esposa. Galindo II se centró en la expansión y repoblación de su territorio y ocupó Sobrarbe. Fue aliado de Al-Tawil de Huesca, su cuñado, que fue derrotado en 911 por Sancho Garcés I, quien se apoderó de la mitad occidental del valle de Aragón. Después Galindo II conquistó, antes de 920, la parte oriental del valle de Aragón y también extendió sus dominios por los valles de Atarés y Acumer y el campo de Jaca, pero Sancho Garcés I le hizo jurar vasallaje y detener sus ansias expansionistas. Realmente, Aragón pasó a ser un apéndice de Pamplona.

A la muerte de Galindo II Aznárez (922), Sancho Garcés I de Pamplona ocupó las tierras aragonesas ignorando derechos sucesorios de los herederos del conde aragonés. Los reclamó el gobernador musulmán de Huesca, que estaba casado con una hermana del conde fallecido; pero también tenían derecho los hijos del primer matrimonio de Galindo II Aznárez e igualmente los del segundo matrimonio: Andregoto y Velasquita. Se solucionó el asunto de la ocupación de Aragón por Sancho Garcés I haciendo recaer el derecho sucesorio sobre Andregoto y prometiendo a esta en matrimonio con el hijo del rey pamplonés, García Sánchez, primo hermano de Andregoto y futuro García Sánchez I de

Pamplona. A este acuerdo parece que habían llegado el rey pamplonés y Galindo II, antes de su fallecimiento. Parece ser que como Andregoto era menor de edad ejerció la tutoría Fortún Jiménez, aunque hay quien considera que el condado de Aragón pasó a Guntislo, hijo ilegítimo de Galindo II, hasta 933. Pero lo cierto es que, en el año 925, a la muerte de Sancho Garcés I, se confirmó el acuerdo del matrimonio de Andregoto con García Sánchez I de Pamplona y la tutoría de la condesa pasó al preceptor de su prometido, que también era un niño, es decir a Jimeno Garcés, hasta que en 933 García Sánchez I alcanzó la mayoría de edad. El matrimonio se llevó a cabo en 934-938 y tuvieron dos hijos: Sancho, futuro Sancho Garcés II, y Urraca. En 940 se disolvió el matrimonio de Andregoto y García Sánchez I por razones de parentesco y por interés del esposo que deseaba estrechar relaciones con el reino de León: se casó con Teresa, hija de Ramiro II de León, en 943, aunque Andregoto siguió siendo reina de Pamplona. Como Andregoto, por ser mujer, no podía gobernar el condado, lo hizo su hijo Sancho Garcés II y ella se retiró a vivir junto a su hermana Velasquita en Lumbier y posteriormente a su lugar de nacimiento, Aibar, donde falleció en el año 972. Desde que Sancho Garcés II heredó el condado de Aragón, este pasó a depender definitivamente del reino de Pamplona.

En efecto, tras la abdicación de Andregoto, el condado de Aragón se integró en el reino de Pamplona durante los reinados de Sancho Garcés II «Abarca», García Sánchez II «el Temblón» y Sancho Garcés III «el Mayor». La historia de estos tres reyes pamploneses se detalla en el capítulo 3 (Reino de Pamplona).

Como ya se comentó en el capítulo 3, Sancho Garcés III «el Mayor», antes de su muerte (1035) dispuso su testamento: su hijo mayor Ramiro I (1035-1063), bastardo reconocido, recibiría el condado de Aragón y algunas tierras de Pamplona; su segundo hijo, el legítimo primogénito García Sánchez III «de Nájera», recibiría el trono de Pamplona, algunas tierras de Aragón y gran parte del condado de Castilla; su hijo Fernando I gobernaría un menguado condado de Castilla, la zona burgalesa hasta el Duero, y Gonzalo heredaría el condado de Sobrarbe y Ribagorza y algunas tierras de Aragón. Todos los hermanos deberían vasallaje a García Sánchez III, que tendría hegemonía política sobre los demás, pero el testamento del padre no fue respetado y al morir este cada hijo se hizo dueño de su territorio, por lo que se produjeron disputas territoriales entre ellos.

RAMIRO I (1035-1063), PRIMER REY DE ARAGÓN

Ramiro I de Aragón nació 1006-1008 de una relación ilegítima de Sancho III «el Mayor» con la noble Sancha de Aibar, por lo que quedó fuera de la primogenitura a pesar de ser el primer hijo de Sancho III, pero la verdad es que este siempre lo consideró como a sus hermanastros legítimos: creció y se educó en la corte real con su madre.

En el año 1032 su padre gestionó el matrimonio de Ramiro con Sancha, hermana de Bermudo III de León, pero fracasó el proyecto por la oposición de los leoneses que deseaban unir a la infanta con otro de los hijos de Sancho III «el Mayor» que fuera legítimo; de hecho, se casaría después con su hijo Fernando, nombrado por su padre conde de Castilla.

Al morir su padre, Ramiro heredó el condado de Aragón con trono en Jaca, que entonces era una aldea. El condado comprendía desde el valle del Roncal hasta las riberas del Gállego y las regiones y poblaciones de Jaca, los valles de Hecho, Aragüés, Broto y Aínsa, la Peña de Oruel, Atarés y San Juan de la Peña. Ramiro no se tituló rey de Aragón, pero sí se hacía nombrar hijo del rey Sancho y por ello ejerció como rey, recibiendo fidelidad de la nobleza aragonesa que como tal lo consideraba. También como rey le reconocieron los reyes de Pamplona. Se casó en 1036 con Ermesinda, hija del conde de Foix-Bigorra, y engendró cinco hijos: Sancho Ramírez, su sucesor, García, que sería obispo de Jaca, Sancha, Urraca y Teresa.

Ramiro I empezó el gobierno de Aragón ejerciendo autoridad plena, aunque debía prestar fidelidad a su hermanastro García Sánchez III de Pamplona, pero eso fue solo en teoría, por lo que consolidó la total independencia de su territorio.

Después, en 1043, considerándose postergado por la decisión de su padre y creyéndose con mayores derechos que su hermanastro

García de Pamplona, quiso apoderarse de las tierras de este reino, por lo que, aprovechando que el rey pamplonés estaba en Roma jurando su cargo y con la ayuda de las taifas de Zaragoza, Huesca y Tudela, invadió los territorios de Pamplona. Pero García volvió de Roma, reunió su ejército y derrotó a su hermanastro en la batalla Tafalla, por lo que Ramiro tuvo que refugiarse en Sobrarbe y Ribagorza, donde permaneció hasta el año siguiente. Después, ese mismo año de 1044, se reconcilió con su hermanastro García, puede que por la intercesión de su otro hermanastro Fernando, ya rey León y Castilla. Ello supuso la ruptura de Ramiro con la taifa de Zaragoza y la devolución por parte del rey García de las tierras que le arrebató a Ramiro tras la batalla de Tafalla, de manera que de esa forma Ramiro recuperó todos los territorios que le dejó su padre.

En 1044-1045 —aunque sobre esta fecha hay discrepancias— fue asesinado su hermanastro menor Gonzalo, rey Sobrarbe y Ribagorza, por su vasallo Ramonet de Gascuña en el puente de Monclús. Entonces sus condados se agregaron, por acuerdo de sus moradores, al reino de Aragón, por lo que Ramiro I aumentó su territorio.

Al hacerse cargo de los territorios de su hermanastro Gonzalo, Ramiro entró en pugna con el condado de Barcelona por los ricos territorios musulmanes a los que accedía por la cuenca de Cinca, y con los condes de Urgell, Pallars y Barcelona por las parias que les pagaban los musulmanes de los reinos de taifas.

Tras la muerte de su primera esposa, Ramiro contrajo matrimonio con Inés de Aquitania sobre 1054, pero no tuvo descendencia. Sí, en cambio, la había detenido, antes incluso de su primer matrimonio, con Amuña o Amuina, de cuya relación nació su hijo ilegítimo Sancho Ramírez, con el mismo nombre que el heredero legítimo y sucesor de Ramiro I. Este hijo ilegítimo heredó el señorío de Aibar, Javierre y Latre y el de Ribagorza con el título de conde.

En 1057 Ramiro I firmó una alianza con su sobrino Sancho Garcés IV de Pamplona, posiblemente para contrarrestar el poderío de su hermanastro Fernando I de León y Castilla, por la que Ramiro se sometía al vasallaje del pamplonés a cambio de recibir las villas de Lerda y Andués y el castillo de Sangüesa.

Para frenar a Ramón Berenguer de Barcelona, Ramiro I acordó un doble matrimonio con los miembros del condado de Urgell:

casó a su hija Sancha con Ermengol III y a la hija de este con su hijo heredero Sancho Ramírez. Esta unión de Aragón y Urgell fortaleció a Ramiro I, que en continuadas acciones de reconquista consiguió varios castillos y territorios: Secorún, Senegüé, Javierre, Santa María de Buil, Monclús, Castejón de Sobrarbe, Albizanda, Perarrúa, Luzás, Falces, Benabarre, Laguarres, Lascuarre, Capella, Caserras, Viacamp y Cornudella; ello impedía al conde de Barcelona acceder al valle del Cinca.

Estos éxitos de Ramiro I le impulsaron a asaltar la fortaleza de Graus (Huesca), que el taifa de Zaragoza defendió ayudado por los castellanos, con la participación del infante Sancho, futuro Sancho II de Castilla, y un jovencísimo Rodrigo Díaz de Vivar, que al poco sería apodado «el Cid Campeador», con apenas catorce años. Los musulmanes perdieron Torreciudad y Fantova, al norte de Barbastro (Huesca), pero al final consiguieron rechazar a los cristianos y Ramiro I murió en la batalla (1063), asesinado por el musulmán Sadaro o Sadada que hablaba romance y que disfrazado de cristiano le clavó una lanza en la frente. Sus restos mortales se sepultaron en el panteón de los Reyes del monasterio de San Juan de la Peña.

En otro orden de cosas, Ramiro I instituyó el obispado de Aragón, al que otorgó el monasterio de San Adrián de Sásabe y un cuantioso patrimonio. Posteriormente su hijo García llegaría a ser obispo de Jaca y de Pamplona. Tras este primer rey de Aragón subieron al trono otros cinco monarcas más, hasta que Ramiro II de Aragón y Ramón Berenguer IV de Barcelona unieron el reino de Aragón y el condado de Barcelona, al desposarse Petronila, la hija de Ramiro II, con el conde catalán, constituyendo el conjunto la corona de Aragón.

SANCHO RAMÍREZ (1063-1094), PEDRO I (1094-1104) Y ALFONSO I, «EL BATALLADOR» (1104-1134), REYES DE ARAGÓN Y PAMPLONA

Sancho Ramírez de Aragón, hijo del primer rey de Aragón, Ramiro I, nació en 1042 y sucedió a su padre en 1063, cuando este murió en las murallas de Graus (Huesca) en lucha contra el rey de la taifa de Zaragoza, que estaba ayudado por el reino de Castilla.

Como se detalló en el capítulo 3, tras el asesinato de Sancho IV de Pamplona en Peñalén en 1076, a manos de su propio hermano Ramón, este intentó proclamarse rey, pero los pamploneses se opusieron. El vacío de poder que surgió entonces fue aprovechado por los reyes de Aragón y Castilla-León para ocupar los dominios del reino de Pamplona. Para ello no se tuvo en cuenta la descendencia menor de edad del monarca asesinado —a la que tampoco querían los pamploneses—, ni la legitimidad de otro hermano del rey fallecido, Ramiro, señor de Calahorra. Entonces, por ello, el reino de Pamplona quedó dividido en dos territorios, con frontera en el río Ega: uno constituido por Pamplona y la parte oriental de Guipúzcoa, que reconoció a Sancho Ramírez de Aragón, quien fue proclamado rey como Sancho V de Pamplona; y el otro territorio, que quedó constituido por La Rioja, Álava, Vizcaya y la parte occidental de Guipúzcoa, fue ocupado por Alfonso VI de Castilla y León, quien lo anexionó a Castilla.

Ocurrió ahora en Pamplona lo contrario que había ocurrido hacía tiempo, en el que Aragón estaba gobernado por Pamplona. Esta nueva situación, en la que Pamplona dependía de Aragón, duraría cincuenta y ocho años, durante los reinados de los reyes aragoneses Sancho Ramírez y sus hijos Pedro I y Alfonso I «el Batallador», hasta que García Ramírez «el Restaurador» en 1134 consiguió que Pamplona fuese nuevamente independiente.

La historia detallada de los monarcas Sancho Ramírez I, Pedro I y Alfonso I «el Batallador» se encuentra en el capítulo 3.

RAMIRO II (1134-1157), «EL MONJE»
O «EL REY CAMPANA»

Como se consideró en el capítulo 3, Alfonso I «el Batallador», en 1131, sintiéndose mayor y sin posibilidad de descendencia, testamentó dejando su reino a las Órdenes Militares y de inmediato, dado el gran prestigio y poder del monarca, todos acataron su decisión. Pero tras su muerte nadie la respetó, pues ello supondría deshacer la obra conquistadora de su abuelo Ramiro I, de su padre Sancho Ramírez, de su hermano Pedro I y la suya propia.

El que Alfonso I ignorase a su hermano Ramiro como heredero pudo ser porque lo consideraba incapacitado para gobernar por su condición de clérigo, de igual manera que si fuese mujer, según el derecho del reino de Aragón. Entonces, a la vista del testamento de Alfonso I, las villas, los nobles y algunos eclesiásticos se negaron a aceptar la decisión real y el reino, tras una serie de compromisos, se dividió nuevamente en dos: Aragón para Ramiro II y Pamplona para García Ramírez «el Restaurador». Por otra parte, las Órdenes Militares, con solo unos quince años de existencia en Oriente, no tenían arraigo en la Península y preferían recibir patrimonio territorial a cambio de renunciar a la herencia.

Ramiro II de Aragón nació en 1086, hijo de Sancho Ramírez I y Felicia, su segunda esposa, por tanto, hermanastro de Pedro I y hermano menor de Alfonso I «el Batallador». Desde pequeño estuvo ligado a la Iglesia: primero, desde los seis años, como monje en el monasterio francés de San Ponce de Tomeras, donde lo entregó su padre, y permaneció hasta 1110. Después como abad en Sahagún en 1111, nombrado por su hermano Alfonso I en sustitución del abad titular a quien expulsó. Mas tarde sería nombrado obispo de Burgos en 1116 y parece ser que algún tiempo después también de Pamplona, y posteriormente fue abad de San Pedro el Viejo de Huesca, hasta que, finalmente, fue elegido obispo de Roda-Barbastro en 1134, tras morir su obispo Pedro en el sitio de Fraga.

Ese mismo año de 1134 murió su hermano Alfonso I y Ramiro se vio obligado a colgar los hábitos y aceptar el trono. Tras el funeral de su hermano realizó un viaje de aproximadamente un mes por el reino para conocer a sus súbditos y comprobar su fidelidad y después fue coronado en Jaca el veintinueve de septiembre de 1034. A pesar de no tener experiencia superó con éxito diversas dificultades y revueltas durante su reinado, desde 1134 a 1157, aunque realmente solo llegó a reinar de 1134 a 1137, año este último en que confió el gobierno del reino al conde Ramón Berenguer IV de Barcelona.

Su nombramiento como rey de Aragón era rechazado por los reyes de Pamplona y Castilla, por el papado, pues deseaba que se respetase el testamento de Alfonso I a favor de Órdenes Militares, y por parte de la propia nobleza aragonesa. Además, también debió tener en cuenta a los vecinos musulmanes con los que tuvo que firmar treguas para asegurar la frontera suroriental del reino.

La propia división del reino de Aragón, para dar lugar a los nuevos reinos de Pamplona y Aragón, ocasionó los primeros problemas que tuvo que afrontar Ramiro, que se solucionaron mediante negociaciones en las que intervinieron varios personajes por parte de García Ramírez «el Restaurador» y de Ramiro II, llegando a un pacto por el que ambos se reconocían como reyes de sus correspondientes territorios, en 1134.

Después, Alfonso VII de Castilla, alegando derechos sucesorios como pariente de Sancho III «el Mayor», que era bisabuelo del «Batallador», tomó casi toda La Rioja y se apoderó de Zaragoza, aunque la ocupación de esta última quedó limitada solo a la permanencia de unas guarniciones, gracias a la mediación del conde Ramón Berenguer IV de Barcelona.

A todo esto se unía la contraofensiva almorávide con el desmoronamiento de las posiciones avanzadas de los cristianos. Como ya se comentó en el capítulo 4, un pánico contagioso se extendió por el valle medio del Ebro, de manera que el único que podría garantizar una protección eficaz era Alfonso VII de Castilla y León, por eso sus habitantes al llegar este a Zaragoza, lo reconocieron como su señor.

En 1135, para contrarrestar la superioridad de Alfonso VII en el valle del Ebro, Aragón y Pamplona firmaron un pacto en Vadoluengo, entre Sangüesa y Sos, por el que Ramiro II prohijaba a García Ramírez, quien quedaba como vasallo del aragonés a condición de ser su heredero. Pero tal pacto duró poco, pues lo rompió el pamplonés para unirse a Alfonso VII, presentándole vasallaje y entregándole la mayor parte de La Rioja y el señorío de Zaragoza, a cambio de conseguir la región vasca y de que se le reconociera como rey de Pamplona.

Además, en los primeros tiempos del reinado de Ramiro II había varias facciones nobiliarias que luchaban por alcanzar más poder, por lo que el rey se vio obligado a huir en 1035 a Besalú (Gerona). Cuenta la leyenda que su antiguo abad de San Ponce de Tomeras, Frotardo, le recomendó que para solucionar los conflictos tenía que arrancar las malas hierbas. Así que cuando volvió Ramiro a Jaca dijo que iba a construir una campana tan grande que pudiese oírse en todo el reino —la llamada campana de Huesca—. Muchos nobles fueron a ver la campana para reírse del rey y entonces se les condujo, uno a uno, a una habitación en la que serían decapitados, y mientras se les degollaba les decía: «Escucha, escucha, mira cómo se oyen las campanadas». Después de siete —hay quien dice trece o quince— decapitaciones y poner las cabezas en círculo, se llevó a cabo la última decapitación, la del noble más rebelde, cuya cabeza se colocó en el centro y hacía de badajo de la campana. Estos hechos, según parece, hicieron que los enemigos desaparecieran de la corte.

Ramiro II, para garantizar la continuidad dinástica sin necesidad de casarse, pues tenía voto de castidad por ser moje, decidió el prohijamiento de un heredero, como podría ser el rey de Pamplona o el de Castilla y León, pero viendo que no podía confiar en ellos decidió casarse, aunque solo por el deber de procrear un heredero. Así lo hizo en 1135 con la viuda fértil, tenía tres hijos, Inés de Poitou. Posiblemente la elección de tal esposa se debió a que el padre de la novia, Guillermo de Aquitania, apoyaba al antipapa Anacleto, quien acababa de expulsar de Roma al papa Inocencio II, y podría proporcionar la dispensa para que Ramiro contrajera matrimonio. Un año después de celebrar el matrimonio nació Petronila y se separaron los esposos: Inés se retiró al monasterio de Fontevrault, cumplida su misión, donde murió veintitrés años después.

En ese mismo año de 1136 Alfonso VII intentó reconciliarse con Ramiro II ofreciéndole, en Alagón, la restitución de Zaragoza a cambio de conservar plazas fuertes a la derecha del Ebro y la promesa de matrimonio de la pequeña Petronila con el heredero castellano Sancho. Ello provocó la enemistad del reino de Pamplona, que quedaba sin poder expansionarse al no tener fronteras con los musulmanes. Entonces García Ramírez de Pamplona atacó Aragón y Alfonso VII respondió apoderándose de Estella. Después, en 1137, Pamplona atacó a Ramiro II y conquistó Malón, Burta y Fresno entre otras plazas, en la zona de Tudela.

Pero el proyecto de casar a Petronila con el príncipe Sancho de León fracasó, posiblemente por el recelo de la nobleza aragonesa hacia la hegemonía castellana y porque prefería la unión con un pequeño estado feudal como Cataluña. Además, por la mala experiencia del fracasado matrimonio entre Alfonso I «el Batallador» de Aragón y Urraca de Castilla, que llegó a generar una auténtica guerra como ya se reflejó en los capítulos 3 y 4.

Por otra parte, a Aragón le venía bien acercarse a Cataluña para tener salida al mar, ya que al separarse de Pamplona había cortado el acceso al mar Cantábrico. Por tanto, dadas las prisas de Ramiro para volver a la vida monástica y por encontrar lo antes posible para Petronila un marido que ejerciera como tutor, pues ella no podía reinar por sí misma al ser mujer, tras arduas negociaciones en Barbastro (1137), Ramiro II entregó a Petronila, con un año, a Ramón Berenguer IV de Barcelona, con más de veinte, con la promesa de matrimonio, que se celebraría mucho después, en 1150, cuando Petronila cumplió catorce años. El rey aragonés cedió al conde catalán el gobierno de Aragón con el título de príncipe, conservando el de rey para él, aunque se retiró al monasterio de San Pedro el Viejo (Huesca). En el acuerdo se especificaba que el reino pasaría a Ramón Berenguer a la muerte de Ramiro, incluso en el supuesto de que Petronila también falleciera sin herederos. Igualmente se acordaba que si de la unión de Ramón Berenguer y Petronila nacía un heredero, este heredaría tanto Aragón como el condado de Barcelona. Por tanto, el nuevo reino de Aragón —corona de Aragón— resultó de la unión dinástica pactada entre Aragón y Barcelona, aunque ambos conservaron su propia identidad (territorio, leyes, costumbres, instituciones y gobernantes). Esta unión surgió también por el interés económico común y los deseos compartidos de conquistar las tierras situadas entre el Cinca y el Segre y las de la desembocadura del Ebro y de expansionarse hacia Valencia. Por otra parte, la unión del condado de Barcelona y del reino de Aragón garantizaba la independencia de Aragón frente a Pamplona y Castilla y además se solventaba el pleito que Aragón tenía con el papado por el incumplimiento del testamento de Alfonso «el Batallador» que dejaba el reino a las Órdenes Militares, ya que Ramón Berenguer IV era templario. En efecto, poco a poco las distintas Órdenes cedieron sus derechos de la herencia a Ramón Berenguer, hasta que el papa Adriano IV dio por terminado el contencioso de la herencia del «Batallador» en 1158. Los templarios recibieron, por su renuncia a la herencia del «Batallador», numerosos bienes libres de cargas señoriales, el diezmo de todo el reino y la quinta parte de todas las conquistas, entre otras cosas.

Ramiro II murió en el priorato de San Pedro el Viejo, como rey de Aragón, y sus restos se depositaron en la capilla de San Bartolomé de la iglesia del priorato.

PETRONILA (1157-1164) Y RAMÓN BERENGUER IV (1137-1162), «EL SANTO»

Petronila, hija de Ramiro II e Inés de Poitou, nació en Huesca en 1136 y con un año fue entregada por su padre al conde de Barcelona Ramón Berenguer IV que tenía más de veinte años, para que cuando Petronila cumpliese la edad reglamentaria de catorce años se desposaran. Ramiro II, aunque se retiró entonces al monasterio de San Pedro el Viejo, siguió siendo rey, Petronila sería considerada reina y el conde de Barcelona príncipe de Aragón, con la tarea del gobierno del reino.

Ramón Berenguer IV había nacido en Barcelona en 1113-1114, hijo de Ramón Berenguer III y Dulce de Provenza. En 1131 heredó de su padre el condado de Barcelona.

Parece ser que pronto el conde Ramón Berenguer IV envió la niña Petronila a Castilla para que fuese educada por Berenguela, la hermana del conde, que estaba casada con Alfonso VII. Como se comentó antes, durante estos años de minoría de edad de

Petronila hubo una propuesta para casarla con el príncipe Sancho de Castilla, lo que no llegó a buen puerto por las razones antes comentadas, pero la persistencia de ciertos rumores sobre la posibilidad de nuevamente comprometer a Petronila con Sancho alarmó a los aragoneses, por lo que la niña reina fue devuelta a Aragón con la excusa de que el clima de Castilla no le favorecía, y poco después fue llevada a la corte condal de Barcelona, donde siguió siendo instruida.

Durante el reinado de Petronila, su esposo gobernó acertadamente el reino de Aragón a la vez que los condados heredados de su padre Ramón Berenguer III: Barcelona, Gerona, Osona, Besalú, Cerdeña y Conflent.

Como gobernante de Aragón, lo primero que hizo Ramón Berenguer IV fue entrevistarse con Alfonso VII de Castilla en Carrión de los Condes (1137), donde ratificaron el acuerdo contraído por el suegro del catalán un año antes en Alagón. Ese mismo año Ramón Berenguer IV recibió de Alfonso VII las tenencias de Zaragoza, Tarazona, Calatayud y Daroca a cambio de su vasallaje hacia el rey castellano.

Al año siguiente García Ramírez de Pamplona atacó Aragón y conquistó Pedrola, Sos y Petilla. Después, en el año 1140, Ramón Berenguer IV acordó con Alfonso VII repartirse el reino de Pamplona. El príncipe aragonés atacó la ciudad de Pamplona y el rey pamplonés contraatacó en Egea de los Caballeros. Las hostilidades continuaron con victorias alternativas hasta que se firmó la paz, cuando el rey castellano dejó de estar interesado en apoyar al aragonés. En 1141 el rey de Pamplona atacó Jaca y el príncipe aragonés realizó una expedición contra Pamplona, con la ayuda nuevamente de Alfonso VII. También en ese año de 1141 Ramón Berenguer IV arrebató a los musulmanes las poblaciones de Alcolea de Cinca, Chalamera y Sariñena.

El príncipe aragonés recuperó, entre 1141 y 1142, varias plazas al sureste de Zaragoza: Alfajarín, Pina, Velilla de Ebro, Zaidín y Daroca. También en 1142 nuevos incidentes fronterizos entre Aragón y Pamplona no conllevaron ocupaciones, salvo la de Monzón que quedó en poder de Aragón por su lejanía de Pamplona.

En 1143 Ramón Berenguer IV ayudó a Guillermo VI a recuperar Montpellier, lo que aprovechó el rey pamplonés para realizar una expedición sobre Zaragoza que le permitió conquistar Tarazona y Borja. Al volver Ramón Berenguer IV reanudó la guerra contra Pamplona, recuperando Tarazona y Borja y conquistando Sos en el año 1144. También en este año Ramón Berenguer IV realizó una incursión sobre Murcia.

En 1145 el príncipe aragonés ayudo a su hermano Berenguer Ramón contra Ramón de Baucio, que quería arrebatarle el condado de Provenza. Poco después Berenguer Ramón fue asesinado por corsarios genoveses y Ramón de Baucio, por lo que el príncipe aragonés volvió, dio muerte a Ramón de Baucio y se proclamó marqués de Provenza, hasta que su sobrino alcanzara la mayoría de edad. Se inició entonces una rivalidad entre Barcelona y Tolosa, que apoyada por el emperador Conrado III, Pisa y Génova quería expansionarse por el Mediterráneo a través de los territorios de Provenza.

Después, en 1146, el rey de Pamplona se apoderó de Petilla de Aragón, por lo que Ramón Berenguer IV atacó Arguedas, y García Ramírez conquistó Tauste, Pradilla de Ebro y Vierlas y, gracias a que Alfonso VII necesitaba aliados contra los almorávides, se produjo una tregua entre Aragón y Pamplona. Ese mismo año Ramón Berenguer IV realizó una expedición a Valencia. Al año siguiente el príncipe aragonés participó y ayudó, junto a las flotas de Barcelona, Pisa y Génova, en la expedición que conquistó Almería y a cuyo mando iba Alfonso VII. También en 1147 Ramón Berenguer IV arrebató a los musulmanes la plaza de Ontiñana (Huesca).

En 1148 Ramón Berenguer IV tomó la plaza musulmana de Tortosa; mientras, el rey de Pamplona aprovechó para ocupar Tauste y conquistar Los Fayos y Espetiella. El príncipe aragonés respondió con la toma de Carcastillo. Al año siguiente Ramón Berenguer IV conquistó Lérida y Fraga, con la ayuda del conde de Urgel, y después Mequinenza, llegando a continuación hasta el río Algás, Miravete y las sierras de Prades y Siurana, convirtiendo en tributario suyo al rey Lobo de Valencia y Murcia.

En 1149, ante la inviabilidad de reunificación de Pamplona y Aragón en un solo reino, se llegó a un acuerdo en el que se reconocía a Pamplona como reino y, para reforzar la paz, Ramón Berenguer IV se casaría con Blanca, la hija de García Ramírez, se devolverían las plazas conquistadas recientemente y se repartirían las tierras que podían conquistar a los musulmanes en las fronteras del reino de Zaragoza. Pero el acuerdo matrimonial era imposible, pues Blanca ya estaba comprometida con el heredero de Castilla y Ramón Berenguer IV perdería el título de príncipe y el gobierno de Aragón si no se casaba con Petronila. Aun así, se consiguió la paz.

Al cumplir catorce años, en 1150, Petronila se desposó en Lérida con Ramón Berenguer IV y fijaron su residencia en el palacio condal de San Pedro de Vilamajor, en la comarca del Vallés Oriental (Barcelona), que había sido construido en el siglo xi por los gemelos Ramón Berenguer y Berenguer Ramón, condes de Barcelona. A los dos años de casados vino al mundo el infante Pedro que murió antes de 1158, año en que nació el infante indistintamente llamado Alfonso y Ramón: Alfonso por su madre y Ramón por su padre, quien sería el futuro rey Alfonso II «el Casto», primer rey de la corona de Aragón. También nacieron otros hijos: Raimundo, futuro conde Provenza y Cerdeña, que murió asesinado por los partidarios del conde de Tolosa; Pedro, futuro conde de Provenza, que murió el mismo año que su hermano Raimundo; Leonor; Sancho, futuro conde de Rosiñol y de Cerdeña, Provenza y Rosellón; y Dulce, que se casaría con Sancho I de Portugal. Ramón Berenguer IV tuvo además un hijo ilegítimo, Berenguer, que llegó a ser abad de Montearagón y arzobispo de Narbona.

A la muerte de García Ramírez de Pamplona en 1151, Ramón Berenguer IV y Alfonso VII firmaron el Pacto de Tudillén para, entre otras cuestiones, repartirse el reino de Pamplona, pero esto no se llevó a efecto porque el nuevo heredero pamplonés, Sancho VI, prestó vasallaje al emperador Alfonso VII y su hermana Blanca se casó con Sancho de Castilla, hijo de Alfonso VII. El Pacto de Tullidén sí se cumplió en lo referente al reparto de las tierras por conquistar a los musulmanes, correspondiendo a Ramón Berenguer IV Valencia, Denia y Murcia y quedando el resto de al-Ándalus para Castilla. Ese mismo año, en un nuevo enfrentamiento con Pamplona, el príncipe aragonés consiguió recuperar Borja.

En 1153 se culminó el fin de la reconquista en Cataluña empezada años antes, por lo que Ramón Berenguer IV unió físicamente Aragón y el condado de Barcelona, tras dominar la región de Segriá, gran parte de las Garrigas, el Priorato, Miravet y Siurana, así como la toma de castillos en la ribera del Ebro.

Para avanzar por Occitania, Ramón Berenguer IV en 1154 se alió con Carcasona y Montpellier, así como con Enrique II de Inglaterra, consiguiendo también el apoyo del emperador Federico II, quien reconoció la soberanía del príncipe aragonés sobre la Provenza, lo que condujo a una guerra contra el condado de Tolosa, aliado con Francia. Así se iniciaron las alianzas, que durarían muchos años, entre Aragón e Inglaterra, por una parte, y entre Francia y Castilla, por otra.

En 1156 Pamplona atacó Castilla y Aragón, si bien el enfrentamiento con Castilla duró poco por la muerte de Blanca, esposa del rey castellano, la guerra contra Aragón continuó hasta conseguir los aragoneses la toma de Fontellas (cerca de Tudela), aunque fue recuperada ese mismo año por Pamplona.

En 1158 Ramón Berenguer IV consiguió que Sancho III de Castilla, sucesor de Alfonso VII, que había muerto un año antes, devolviera la plaza de Zaragoza a Aragón a cambio del vasallaje del conde y de su heredero, el futuro Alfonso II, quien quedó prometido, con menos de un año, a Sancha, hermanastra del nuevo rey castellano.

Ramón Berenguer IV murió en 1162 cuando viajaba a Turín para entrevistarse con Federico I Barbarroja, quien le había cedido los derechos sobre Provenza. Sus restos mortales se trasladaron desde el burgo de San Dalmacio de Génova al monasterio de Santa María de Ripoll, o tal vez al monasterio de Santa María de Poblet, que el mismo había ordenado construir, donde sería enterrado en olor de santidad. En 1794 las tropas francesas asaltaron Ripoll, robaron la espada de su ataúd y destrozaron su cuerpo, que estaba incorrupto. Después, en 1837, los migueletes de Ripoll sacaron su momia junto a las de los condes allí inhumados, las sometieron a juicio y les prendieron fuego.

Tras la muerte de su esposo, Petronila abdicó en favor de su hijo Alfonso II, que también heredó de su padre todos sus condados y señoríos, a excepción de Cerdeña, Carcasona y Narbona, que legó a su hijo Pedro. Hasta que Alfonso cumplió la mayoría de edad, en 1164, Petronila ejerció como regente, después renunció a la corana y, a pesar de haber enviudado con solo veintiocho años, no volvió a casarse y se retiró a la costa catalana, donde vivió, entre Barcelona y el condado de Besalú (que, junto a Ribas, le había donado su marido), hasta su muerte a los treinta y ocho años en Barcelona, en el año 1173. Sus restos mortales se depositaron en la catedral de Lérida según algunas fuentes o en algún lugar del condado de Barcelona, según otras.

VI. EL REINO DE CASTILLA

Castilla surgió en el siglo IX como un conjunto de tierras en la parte oriental del reino de Asturias. Comprendía la zona entre las montañas cántabras y una serie de castillos levantados en el valle del Ebro, es decir, entre la cordillera Cantábrica y la Meseta interior, que originariamente, en la Edad Media, se denominaba Bardulia o Bardulias. Era una zona caracterizada por desfiladeros, tajos y alturas fácilmente defendibles ante las acometidas de los musulmanes. Al principio, después de la reconquista por Alfonso I de Asturias, esta zona quedó despoblada por la falta de medios militares y humanos del rey asturiano, y porque a este solo le interesaba el dominio de la Galicia septentrional y asegurar pasos estratégicos hacia la Meseta y el valle del Ebro, como ya se dijo en el capítulo 2.

Después, de forma lenta, los cristianos de Alfonso II de Asturias colonizaron parte de las tierras vacías señaladas y empezaron por la construcción de numerosas fortalezas para protegerse de los musulmanes, quienes las llamaban *al-qila* (castillo), naciendo así la primera mención del nombre de Castilla, en romance *Castella*. Era un territorio ocupado por habitantes de origen astur, cántabro y vasco, con un dialecto romance propio: el castellano.

Aquí, en esta naciente Castilla, fue donde el conde Rodrigo (850-873) ejerció el gobierno encomendado por el rey asturiano Ordoño I. En 860 el conde realizó repoblaciones en la zona de la fortaleza de Amaya (Burgos). Después luchó al lado del rey astur en varias batallas, lo que obligó al emir Mohamed I de Córdoba a intervenir: envió a su hijo Al-Mundir, quien saqueó la ribera del Ebro y La Bureba (Burgos) en 863; consiguió la retirada del conde Rodrigo, que había intentado cortarle el paso en el desfiladero de La Morcuera, cerca de Miranda de Ebro, Burgos, lo que haría retrasar unos años el avance y repoblación de los castellanos.

Al morir Ordoño I de Asturias le sucedió su hijo Alfonso III «el Magno», que tuvo que enfrentarse a varios problemas internos, por lo que, dada su juventud, tendría unos dieciocho años, se vio obligado a refugiarse en la incipiente Castilla. Allí el conde Rodrigo lo acogió y puso tropas a su disposición para que entrase en Oviedo y venciese al usurpador gallego Fruela Bermúdez, conde de Lugo, que había logrado el control de esta ciudad, y para que después abortase las pretensiones dinásticas de Bermudo, hermano de Alfonso, que huyó buscando el refugio de los musulmanes.

El conde Rodrigo permaneció fiel al lado de Alfonso III y en 867-868 sofocó una rebelión del alavés Egylon, consiguiendo el gobierno de Álava. En 870, dicho gobierno pasó al conde Vela Jiménez y después (873) Rodrigo cedió su propio condado de Castilla a su hijo Diego Rodríguez Porcelos, que fundó las ciudades de Ubierna y Burgos, la futura capital de Castilla.

Después del año 885 parece ser que el condado de Castilla se fragmentó en condados más pequeños: Lantarón, Cerezo, Castilla y Burgos, entre otros. Pero al poco tiempo, en 912, los condados se expansionaron hasta la frontera definida por el río Duero, ocupando Roa, Haza, Clunia, San Esteban de Gormaz y Osma, y por otra parte, en 923-924, hasta ocupar casi la totalidad de la Rioja, hasta las fortalezas de Ibrillos y Grañón, que hacían frontera con el reino de Pamplona.

CONDE FERNÁN GONZÁLEZ, «EL BUEN CONDE» (931-970)

Fernán González, «el Buen Conde», fue probablemente hijo de Gonzalo Fernández, de la fortaleza de Lara, quien desde el año 900 ejerció funciones condales en Arlanza del Duero (Burgos) y Castilla.

En 932 Fernán González ayudó a Ramiro II, quien consiguió un gran botín, en la toma de la fortaleza de Magerit, que posteriormente abandonó. Al año siguiente fue Ramiro el que ayudó a Fernán González, cuando este fue atacado por Abd al-Rahman III en Burgo de Osma y San Estaban de Gormaz, logrando vencer en el primer ataque y consiguiendo levantar el cerco al que los musulmanes habían sometido a San Esteban de Gormaz.

En 934 nuevamente los musulmanes cordobeses avanzaron y asolaron Álava y Burgos, donde asesinaron a doscientos monjes de Cardeña, pero a su vuelta Ramiro II y Fernán González los esperaron en Osma y los derrotaron.

En 939 Fernán González destacó en la batalla de Simancas, donde nuevamente fueron derrotados los musulmanes cordobeses. Al año siguiente el conde castellano conquistó y repobló Sepúlveda, Riaza y Fresno.

En los años cuarenta Fernán González ya había reunido los condados de Burgos, Lantarón (Álava), Cerezo (Burgos), Álava y Lara (Burgos) y era mencionado como conde de Castilla, nombrado seguramente por Ramiro II. El conde tenía gran poder por el entroncamiento con Pamplona mediante su matrimonio con Sancha, hermana del rey García Sánchez I, y por los éxitos obtenidos frente a los musulmanes.

En los diez últimos años de su reinado Ramiro II de León tuvo problemas internos debidos fundamentalmente a la cada vez mayores ansias de independencia de Castilla, donde gobernaba de manera enérgica y decidida Fernán González.

Como se comentó con anterioridad —capítulo 4, epígrafe referente al rey Ramiro II de León—, sobre 943, Fernán González y su yerno el conde de Saldaña (Palencia) se rebelaron frente a Ramiro II, tras romperse una tregua firmada entre el califa cordobés y el rey leonés y este último nombrar a Ansur Fernández como conde de Monzón, pues este condado bloqueaba parcialmente la expansión del condado castellano. Ramiro II, con la ayuda del conde de Monzón, logró imponer su autoridad y encarcelar a los condes rebeldes, aunque poco después se liberaron, pues Ramiro II deseaba contar con la importante ayuda de Fernán González para enfrentarse al califa cordobés, que pretendía recuperar tierras en el sur del Duero. El conde castellano juró fidelidad a Ramiro, quien más tarde lo atrajo con el matrimonio del primogénito leonés Ordoño con Urraca, hija de Fernán González.

Aprovechando que el rey leonés tuvo que hacer frente a una rebeldía de magnates gallegos, los musulmanes atacaron el reino de León y llegaron hasta Lugo. Este hecho y varias incursiones musulmanas más, efectuadas en la parte occidental del reino de León, hacen pensar que Fernán González y el califa habían firmado un pacto por el que el califa no atacaba la zona de Castilla, lo que aprovecharía el conde para recuperar el poderío perdido tiempo atrás.

Como se comentó en el capítulo 4, Ordoño III de León, sucesor de Ramiro II y yerno de Fernán González, tuvo que hacer frente a una rebelión de los partidarios de su hermanastro Sancho «el Craso», encabezados por su abuela la reina Toda de Pamplona, Fernán González y varios magnates gallegos. Posteriormente Ordoño III llevó a cabo exitosamente una expedición de saqueo en Lisboa (955), pero tuvo que buscar la paz con el califato cordobés y someterse al pago de los consabidos tributos. Paralelamente Fernán González, tras derrotar a los cordobeses en San Esteban de Gormaz (955), también acordó una tregua con Córdoba.

A la muerte de Ordoño III, sin hijos mayores, le sucedió su hermanastro Sancho I «el Craso» (956-958), que desde el principio fue sometido a las presiones de Fernán González y de la nobleza gallega y asturleonesa, así como a la del califato de Córdoba, pues incumplió los acuerdos estipulados anteriormente por Ordoño III y el califa, lo que además provocó la enemistad con los magnates leoneses. Todo ello obligó a Sancho I, a los dos años de reinado, a huir a Pamplona. Entonces, debido a la gran influencia de Fernán González, se eligió rey a Ordoño IV, que constituía una marioneta del conde castellano y al que casó con su hija Urraca, viuda de Ordoño III, para así hacer y deshacer en el reino de León a su placer.

Los arreglos e intrigas de Fernán González hicieron que se pusieran en contra del monarca leonés los enemigos del conde: la reina Toda, los Vela de Álava y, más tarde, los Ansúrez. Todos ellos contaron con el apoyo del califa cordobés Abd al-Rahman III. Tras dos años de mal reinado de Ordoño IV, Sancho «el Craso», curado de su obesidad, se comprometió, mediante una hábil gestión diplomática de su abuela Toda, a entregar al califa cordobés diez fortalezas fronterizas en el Duero a cambio de ayuda para recuperar el reino de León. Entonces, los musulmanes entraron en el valle del Duero y los pamploneses atacaron e hicieron preso a Fernán González en Castilla, cerca de Nájera, por lo que Sancho pudo entrar triunfante en León para cumplir su segundo periodo de reinado (960-966). Ordoño IV huyó primero a Asturias, luego a Burgos, y, finalmente, se entregó a un general musulmán que lo llevó a Córdoba.

Después el nuevo califa Al-Hakam II reclamó a Sancho I las diez fortalezas que este prometió a su padre Abd al-Rahman III por ayudarle a conseguir el reino de León. Al negarse Sancho I a cumplir la promesa, el califa amenazó con apoyar a Ordoño IV, que estaba entonces en Córdoba, por lo que el rey leonés se retractó. Pero al poco tiempo Ordoño IV murió y Sancho I cambió nuevamente de opinión y buscó alianzas con García Sánchez I de Pamplona, con Fernán González y con los condes catalanes Borrell y Miró, para enfrentarse al califa. Este inició en 963 una ofensiva y conquistó San Esteban de Gormaz, Atienza y Calahorra, lo que forzó a una tregua que duraría diez años entre el califa y todos los reinos cristianos.

Tras el asesinato de Sancho I le sucedió su hijo Ramiro III de León (966-984/5). Durante su reinado la nobleza siguió gozando de mucha autonomía, sobre todo el conde Fernán González. Este fue el artífice de la independencia de Castilla, basada en el carácter fronterizo, la lejanía del núcleo del reino de León y el propio espíritu audaz y emprendedor del conde. Así, Castilla nació en los confines meridionales de la antigua Cantabria romana, englobando los valles superiores de Losa, Mena y Valdegovía, la orilla derecha del Ebro, el valle del Pisuerga, la tierra de Campos y los montes de Oca.

Ya en tiempos de Ramiro II de León (931-951), el conde castellano estaba fuertemente asentado y durante los reinados de Ordoño III, Sancho I y Ordoño IV, entre 951 a 966, aumentó su independencia, pero fue a su muerte cuando su hijo García Fernández (970-995) actuó con total independencia de León, sucediendo a su padre sin prestar ninguna atención al rey Ramiro III.

Tras la muerte de Fernán González se le enterró en el monasterio de San Pedro de Arlanza y después se trasladaron sus restos mortales a la colegiata de San Cosme y San Damián de

Covarrubias, junto a los de su esposa Sancha, con la que tuvo siete hijos. De un segundo matrimonio, con Urraca de Pamplona, hija de García Sánchez I de Pamplona, tuvo otro hijo.

CONDE GARCÍA FERNÁNDEZ, «EL DE LAS MANOS BLANCAS» (970-995)

Durante el gobierno de García Fernández, heredero de Fernán González, se reconocía la superioridad jurídica del reino de León, pero el conde gozó de plena autonomía. A García Fernández puede considerársele como un gran guerrero que supo estar a la altura del gran Almanzor. Se casó en el año 960 con Ava, del condado de Ribagorza, y tuvieron cinco hijas y dos hijos.

Al principio del gobierno de García Fernández se prosiguió con la larga tregua firmada en 963 por Al-Alkam II con los cristianos, hasta que, en 974, el conde castellano, aprovechando que parte del ejército cordobés estaba en África, saqueó tierras de Soria y Guadalajara y, después, con la ayuda de Ramiro III de León y de los pamploneses, asaltó San Esteban de Gormaz; pero la vuelta de los ejércitos cordobeses de África, después de someter al último emir de la dinastía idrísica, supuso la derrota de la coalición cristiana en Gormaz (Soria), Langa (Ávila) y Estercuel (Teruel, 975), como ya se comentó en el capítulo 3.

En 978 el conde castellano consiguió que se rindiese Gormaz y se dirigió a Almazán, Baraona y Atienza, pero el frío le obligó a retornar, aunque con un gran botín.

En 981 García Fernández acudió, al igual que el rey de Pamplona, a la ayuda que Almanzor les solicitó para derrotar, cerca de Atienza, a su propio general Galib, quien murió en la batalla al igual que el heredero de Sancho Garcés II, el príncipe Ramiro. Almanzor tomó después Zamora y Salamanca. Ese mismo año Almanzor venció a la coalición de Ramiro III de León, Sancho Garcés II de Pamplona y García Fernández de Castilla en la batalla de Rueda, quienes perdieron numerosas fortalezas castellanas adelantadas de Atienza y Sepúlveda.

García Fernández en 989 logró retener la estratégica forta-leza de Gormaz y provocó un conato de guerra entre Almanzor y su hijo Abd Allah. Este desertó y se unió a los cristianos, pero Almanzor ocupó Osma y Alcoba de la Torre (Soria). Al año siguiente, Almanzor volvió para recuperar a su hijo, que le entregó el conde castellano con la condición de que le respetase la vida. La promesa fue incumplida por Almanzor, que ejecutó a su hijo, aun-que la tregua conseguida con Castilla prosiguió unos años más.

En 994 Sancho García se rebeló contra su padre García Fernández y fue apoyado por importantes señores castellanos que deseaban la paz con Almanzor, quien aprovechó después para apoderarse de Clunia y San Esteban de Gormaz en el año 995. Más tarde, los ejércitos de Castilla y de Córdoba se encon-traron fortuitamente entre Langa del Duero y Alcozar y, allí, García Fernández cayó herido y prisionero de los musulmanes, que lo trasladaron a Medinaceli y después, medio agonizante, a Córdoba, donde murió cuatro días después. Se entregó su cadáver a los mozárabes cordobeses, que lo sepultaron en la iglesia de los Tres Cantos, y cinco años después fueron trasladados sus restos mortales al monasterio de San Pedro de Cardeña (Burgos), gracias al interés puesto por su hijo Sancho García, que ya había heredado el condado de Castilla.

CONDE SANCHO GARCÍA (995-1017), «EL DE LOS BUENOS FUEROS»

A Sancho García, heredero de García Fernández, se le conoció como «el de los Buenos Fueros» por los privilegios que otorgó a diversas poblaciones de Castilla. Se casó con Urraca, del condado de Saldaña, con quien tuvo seis hijos.

El conde Sancho García dirigió un ataque en el año 1000, ayu-dado por leoneses, pamploneses y el conde de Saldaña, contra Almanzor, quien desde Medinaceli realizaba una campaña con-tra Castilla. Al principio los cristianos iban venciendo y pusieron en apuros a Almanzor, pero, tras una desgraciada confusión, en la que los cristianos creyeron que venía un segundo ejército musulmán en auxilio del caudillo cordobés, al final fueron derrotados en la batalla de Cervera, lo que permitió después a Almanzor el saqueo de Burgos.

Posteriormente Sancho García participó, junto a Sancho Garcés III de Pamplona y Alfonso V de León, en la mítica batalla de Calatañazor, donde Almanzor sufrió la primera derrota importante a manos de los cristianos, si bien esta batalla parece ser que fue una leyenda.

En 1007 Sancho García llevó a cabo una incursión en territorio musulmán en la que destruyó el castillo de Atienza y llegó hasta Molina. Posteriormente apoyó al califa Sulayman en las luchas civiles cordobesas, en las que en 1009 saqueó Córdoba. Para seguir contando con su apoyo, Sulayman y sus partidarios eslavos, en el año 1010, le cedieron al conde castellano varias plazas en la línea del Duero: Osma, San Estaban de Gormaz, Clunia, Berlanga, Sepúlveda y Peñafiel, aunque al final Sancho García no las recibió todas.

Tras su muerte en 1017, Sancho García fue sepultado en el monasterio de San Salvador de Oña, que había sido fundado por él en 1011.

CONDE GARCÍA SÁNCHEZ (1017-1029)

García Sánchez, hijo del conde Sancho García de Castilla, heredó el condado con solo siete años. La tutoría del heredero fue ejercida por diversos magnates castellanos y por su tía Urraca, hermana de su padre y abadesa de Covarrubias. Entonces Sancho Garcés III de Pamplona, casado con Mayor, hermana del joven conde castellano, protegió los derechos de su cuñado frente a los infanzones castellanos y a Alfonso V de León, por lo que el rey pamplonés ejerció de facto el gobierno del condado de Castilla.

Como fórmula de entendimiento, Sancho Garcés III participó en una amplia política matrimonial: casó a su hermana Urraca con el viudo Alfonso V de León y, al morir este, gestionó el matrimonio de su joven cuñado García Sánchez con Sancha, hermana del nuevo rey leonés Bermudo III. Pero, al año siguiente, el joven García Sánchez fue asesinado en León, en la iglesia de San Juan Bautista, a donde había viajado, acompañado por Sancho Garcés III, para conocer a su prometida. Al parecer, los asesinos fueron los integrantes de la familia Vela, a los que el bisabuelo Fernán González del conde asesinado les había arrebatado dominios en Álava.

A partir de ese momento, después de ajusticiados los asesinos, Sancho Garcés III dirigió los destinos de Castilla y Álava como esposo de la hermana del conde asesinado y proclamó conde de Castilla a su hijo Fernando, como heredero de su madre.

FERNANDO I (1029-1065), «EL MAGNO», TAMBIÉN REY DE LEÓN

La historia completa de Fernando I «el Magno» se detalla en el capítulo 3, como rey de León.

Fernando I, hijo de Sancho Garcés III de Pamplona y Mayor o Muniadona de Castilla, sería nombrado conde de Castilla con doce años en 1029, después del asesinato de su tío el conde García Sánchez de Castilla, si bien el gobierno del condado castellano lo ejerció el padre hasta su muerte en 1035; ello supuso que el condado de Castilla, oficialmente no independiente, pasase a depender de hecho del reino de Pamplona en lugar de hacerlo, como hasta ahora, del reino de León.

Se ha de destacar aquí que, tras la derrota y muerte de Bermudo III de León por su cuñado el conde Fernando I de Castilla en la batalla de Tamarón (Burgos, 1037), el conde castellano empezó a denominarse rey de León y Castilla. Otros autores opinan que el reino de Castilla no nació hasta la muerte de este monarca, siendo su primer rey su hijo Sancho II «el Fuerte».

Fernando I estipuló que, a su muerte, se dividiese el reino: el primogénito Sancho II heredó Castilla, siendo su primer rey, y las parias de Zaragoza; Alfonso VI el reino de León, que comprendía Asturias, León, Astorga, El Bierzo y Zamora, y las parias de

Toledo; García Galicia y Portugal y las parias de Badajoz y Sevilla; Elvira el señorío de Toro (Zamora) y Urraca el señorío de Zamora.

En definitiva, para terminar, puede considerarse que Fernando I «el Magno» fue el último conde de Castilla, el primer unificador de León y Castilla y el primer rey de Castilla, aunque como ya se ha comentado sobre esta última aseveración hay discordancias, pues hay quien considera que el reino de Castilla no nació hasta la muerte de este gran monarca. Este reino de Castilla estuvo regido por diez monarcas, empezando por Fernando I «el Magno» y terminando con Fernando III «el Santo», que fue el que unió definitivamente el reino de Castilla al de León para constituir la corona de Castilla en 1230.

SANCHO II (1065-1072), «EL FUERTE»

Sancho Fernández, hijo de Fernando I y Sancha de León, nació en 1036. No se sabe mucho de la infancia y juventud de Sancho, pero parecer ser que fue educado de manera esmerada por su nodriza y después por nobles importantes de la corte de León. En 1060 se trasladó a Castilla, ya que este territorio sería el que debía gobernar en el futuro como primogénito de Fernando I. Debido a su carácter duro y beligerante, mantuvo unas relaciones no excesivamente cordiales con sus padres, aunque siempre fueron respetuosas, pero, con sus hermanos Alfonso y Urraca, las relaciones fueron francamente malas; ello podría ser la consecuencia de que los reyes privilegiaran más a Alfonso que a Sancho. A pesar de todo, Sancho colaboró con su padre en tareas de gobierno y participó en campañas contra los musulmanes de Zaragoza con la finalidad de controlar las parias de este reino de taifa.

En 1063, tras los éxitos de reconquista de Ramiro I de Aragón, hermanastro de Fernando I, se animó el rey aragonés a asaltar la fortaleza de Graus (Huesca), que el rey de la taifa de Zaragoza defendió ayudado por los castellanos, con la participación del infante Sancho, sobrino de Ramiro I, y Rodrigo Díaz de Vivar, el «Cid Campeador», con apenas catorce años. Los musulmanes perdieron Torreciudad y Fantova, al norte de Barbastro, pero al final consiguieron rechazar a los aragoneses. El propio rey Ramiro I murió en la batalla, asesinado por un musulmán que hablaba romance y que, disfrazado de cristiano, le clavó una lanza en la frente, pero hay quien considera que Ramiro murió a manos del infante Sancho, hazaña de la que, al parecer, este siempre se jactó.

Cuando su padre decidió repartir su reino, para lo que reunió la Curia Regia en 1063, no le sentó bien a Sancho, pues este consideraba que todos los territorios de su padre deberían corresponderle a él como primogénito, aunque Sancho, a pesar de todo, saldría beneficiado en el reparto, pues heredaría el trono de Castilla más las territorios asturianos de Santillana y Liébana, los condados de Monzón, Saldaña y Carrión, las regalías que su padre poseía en Nájera y Pamplona y el control de las importantes parias del reino musulmán de Zaragoza.

Al acceder al trono de Castilla en 1065, tras la muerte de su padre, Sancho II nombró alférez a Rodrigo Díaz de Vivar, «el Cid Campeador». En 1066 el rey castellano reclamó al rey de Pamplona la aldea de Pazuengos, cercana al monasterio de San Millán de la Cogolla, y para evitar una guerra los dos monarcas acordaron celebrar un «juicio de Dios». Los «juicios de Dios» consistían en que, para evitar el choque de dos ejércitos, solo lucharan dos contendientes —o solo dos grupos reducidos—, uno por cada ejército, que podían ser los propios reyes u otros guerreros nombrados por ellos. Para este «juicio», Sancho IV de Pamplona eligió a su alférez Jimeno Garcés, un gigantón que ya había matado en este tipo de duelos a más de treinta contendientes, y Sancho II nominó a su alférez Rodrigo Díaz de Vivar. Al parecer, la lucha empezó a caballo y después continuó en tierra, donde, tras una hora, Rodrigo clavó su espada en la axila del contrario, que murió en un charco de sangre. Es posible que desde entonces se le conociera a Rodrigo como el «Campeador» o «Campidoctor».

Después, en 1067, Sancho II intervino en Zaragoza para renovar el vasallaje de este reino de taifa, que también deseaba el rey aragonés. Sancho II puso sitio a la ciudad, que se entregó y pagó al rey castellano un gran rescate a cambio de comprometerse este a defenderla de sus enemigos. A la vuelta de esta campaña los castellanos recuperaron territorios fronterizos con Pamplona, que habían sido incorporados por Sancho III «el Mayor» a este reino: Pancorbo, Montes de Oca y La Bureba. Estos hechos y las pretensiones expansionistas de Sancho II provocaron la guerra de los Tres Sanchos, en la que Sancho IV de Pamplona y Sancho Ramírez de Aragón, ambos primos de Sancho II «el Fuerte», nietos todos de Sancho III «el Mayor», vencieron al rey castellano en la batalla de Valdegón, también denominada de Mendavia o de Viana. Tras la paz, Sancho II devolvió Viana y otras plazas pamplonesas ocupadas, pero retuvo Pancorbo, los Montes de Oca y La Bureba. Realmente, la guerra terminó sin un vencedor claro, pues Castilla recuperó Oña, Belorado, Atapuerca, Pancorbo, Cerezo de Río Tirón y Pazuengos, mientras que Pamplona se quedó con la actual Rioja.

Sancho II, a pesar de estar descontento con su herencia, permaneció pasivo durante dos años por el gran respeto que tenía hacia su madre, pero al morir Sancha, en 1067, se iniciaron los conflictos con sus hermanos. En 1068 Sancho II se enfrentó a su hermano Alfonso VI de León en Llantada (Palencia, 1068), en un «juicio de Dios» por el que ambos hermanos acordaron que el vencedor obtendría el reino del derrotado, pero después Alfonso no cumplió lo prometido al no reconocer el resultado del «juicio», en el que se enfrentaron cien caballeros selectos de los dos reinos y al parecer, cuando el «juicio» empezó a decantarse del lado castellano, Alfonso VI se escapó para salvar su corona y su vida. Pero, a pesar de todo, los hermanos no rompieron relaciones, como lo demuestra el hecho de que Alfonso asistió en 1069 a la boda de Sancho, quien desposó a la inglesa Alberta, posiblemente hija de Guillermo I «el Conquistador». Allí, al parecer los hermanos se pusieron de acuerdo para destronar a su hermano García de Galicia.

De este modo, en el año 1071 Sancho, con la complicidad de Alfonso que permitió el paso del ejército castellano a través del reino de León, derrotó a su hermano García de Galicia, lo apresó en Santarém, lo llevó a Burgos y después lo exilió a la taifa de Sevilla. A continuación, Sancho y Alfonso se proclamaron reyes de Galicia y firmaron una tregua de tres años. Posteriormente Sancho II despojó a su hermana Elvira la ciudad de Toro y, poco tiempo después, se rompió la tregua entre Sancho II y Alfonso VI con la batalla de Golpejera (Palencia, 1072), en la que Sancho salió nuevamente victorioso, aunque según los relatos, durante el día los leoneses hicieron que los castellanos tuvieran que retirarse, pero durante la noche estos se reagruparon y volvieron a la batalla, de manera que cogieron a los leoneses desprevenidos y los vencieron con el buen hacer de Rodrigo Díaz de Vivar. Después Sancho entró en León y fue coronado rey, con la oposición de parte de la nobleza y del clero leonés, pero aun así Sancho volvió a unificar el reino de su padre: Castilla y León, además de Galicia.

Alfonso VI, al que se había hecho prisionero tras la batalla de Golpejera, después de acogerse a sagrado en la iglesia de Santa María de Carrión, sería encarcelado en Burgos y se le trasladó a Sahagún, donde se le rasuró, se le impuso la casulla y se le hizo prometer hacerse monje y renunciar al trono leonés. Puede que Sancho valorara la posibilidad de inhabilitar a Alfonso cegándolo, como se hacía antiguamente en el reino de Asturias, pero, ante la mediación de su hermana Urraca, de San Hugo (abad de Cluny) y de los magnates leoneses, no se llevó a cabo tal acto; pasado el tiempo, con la intervención de su hermana Urraca, Alfonso logró fugarse y refugiarse en la taifa de Toledo. Luego, tras pasar nueve meses exiliado, la nobleza partidaria de Alfonso, junto a su hermana Urraca, sublevó la ciudad de Zamora en el año 1072. Sancho II, lleno de ira, sitió la ciudad y, tras siete meses de asedio, el desertor zamorano Vellido Delfos, con el pretexto de mostrarle al rey Sancho II los puntos débiles de las murallas, lo asesinó. Al parecer, Vellido era amante de Urraca y se hizo pasar por desertor para lograr la confianza del rey Sancho. Un día en que el rey y Vellido paseaban por un lugar apartado, con la excusa mencionada de indicarle los puntos flacos de la muralla, Sancho sintió ganas de hacer de vientre, por lo que bajó del caballo y entregó su venablo a Vellido, que, aprovechando el acto de defecar del rey, lo atravesó con su propia arma; después, Vellido volvió a Zamora y parece ser que Urraca le facilitó la huida a tierras musulmanas, aunque también pudo ser que fuese ajusticiado por los castellanos, descuartizándolo mediante cuatro caballos que tiraban de sus extremidades.

Otra versión de lo ocurrido en Zamora narra que el rey Sancho, deseoso de apoderarse de la última posesión de sus hermanos, esta vez la de Urraca, y reconociendo lo inexpugnable de la ciudad de

Zamora, cuya fortificación repelía muchos ataques de los enemigos, propuso a su hermana cambiársela por Medina de Rioseco, con todo su infantazgo, desde Villalpando hasta Valladolid, pero, al no consentir Urraca, Sancho II sitió la ciudad. El resto de la historia es coincidente con la anterior versión.

Los restos mortales de Sancho II se sepultaron en el monasterio de San Salvador de Oña, en conformidad con sus deseos, junto a los de sus abuelos Sancho III «el Mayor» de Pamplona y Muniadona de Castilla. Enterado de los acontecimientos, Alfonso VI volvió enseguida desde Toledo y consiguió proclamarse rey de Castilla y León, pues Sancho no dejó descendencia.

ALFONSO VI (1072-1109), URRACA I (1109-1126) Y ALFONSO VII (1126-1157), TAMBIÉN MONARCAS DE LEÓN

La historia de Alfonso VI «el Bravo», Urraca I «la Temeraria» y Alfonso VII «el Emperador» se detalla en el capítulo 4, como monarcas del reino de León.

Después del asesinato de Sancho II «el Fuerte» en Zamora, su hermano Alfonso VI volvió desde su exilio de Toledo y sería proclamado rey de la ya unificada Castilla y León, pues Sancho no dejó descendencia. Desde ese momento, con la lealtad de la nobleza y el clero de sus territorios, Alfonso VI se dedicó durante catorce años a engrandecer su reino: conquistó Uclés y territorios de la taifa toledana y después se anexionó Álava, Vizcaya, parte de Guipúzcoa y La Bureba, lo que le supuso una gran expansión territorial y la consecución de la mayor parte de las parias de los reinos de taifas.

Alfonso VI tuvo problemas con Rodrigo Díaz de Vivar, «el Cid Campeador», antiguo alférez de su hermano Sancho II, lo que supuso el destierro de Rodrigo, quien al final actuó como caudillo independiente en la zona de Levante, siendo temido tanto por los musulmanes como por los cristianos.

Después Alfonso VI conquistó Toledo en 1085, lo que supuso un importante hito en la reconquista, pues la rebelde ciudad toledana nunca volvió a manos musulmanas. Pero al año siguiente las tropas cristianas fueron derrotadas en la batalla de Zalaca (Sagrajas) por los almorávides del norte de África. A partir de esto, se inició un periodo de tres décadas en el que tuvieron la iniciativa los almorávides y Alfonso VI tuvo que mantenerse a la defensiva.

Alfonso VI, en las postrimerías de la vida, sufrió una triste derrota en Uclés (Cuenca) a manos de los almorávides, donde murió su heredero Sancho Alfónsez. Poco después de esta derrota y antes de su muerte, Alfonso VI eligió heredera a su hija Urraca, que había quedado viuda de Raimundo de Borgoña, y decidió casarla con Alfonso I «el Batallador» de Aragón.

Pero el matrimonio entre Urraca y Alfonso I de Aragón nunca funcionó, pues, aparte de llevarse mal los esposos, parte de la nobleza y del clero francés, que había acompañado al primer marido de Urraca, no aprobaba la unión. Esta terminó con una guerra civil, el repudio de Urraca por su marido —al anular el Papa su matrimonio, por razones de parentesco— y la retirada de Alfonso «el Batallador» a Aragón.

Pero esta retirada de Alfonso «el Batallador» no supuso la paz para Urraca, pues tuvo que luchar con la nobleza y el clero de Galicia, que pretendían más autonomía para Alfonso Raimúndez (hijo de su primer matrimonio), y con su hermana Teresa y su esposo Enrique de Borgoña, condes de Portugal.

Urraca murió en 1126 y ese mismo año su hijo sería coronado rey de León y Castilla con el título de Alfonso VII, quien desde ese momento se dedicó a criticar duramente las acciones de su madre. El nuevo rey de Castilla y León tuvo problemas con su padrastro Alfonso I «el Batallador» y con el condado de Portugal, que tenía ansias de independencia.

Al morir «el Batallador», sin descendencia, dejó el reino de Pamplona y Aragón a las Órdenes Militares, lo que no aceptaron ni los pamploneses ni los aragoneses. Alfonso VII reclamó el trono vacante como tataranieto de Sancho III «el Mayor», pero los nobles aragoneses eligieron a Ramiro II y los pamploneses a García Ramírez, separándose por tanto Aragón y Pamplona.

En esos momentos, la contraofensiva almorávide puso de manifiesto que el único que podría hacerles frente era Alfonso VII de Castilla, por lo que al llegar este a Zaragoza lo reconocieron como su señor. Después, mediante un pacto con Pamplona, Alfonso VII consiguió la mayor parte de La Rioja y el señorío de Zaragoza a cambio de la región vasca. A continuación, Alfonso VII traspasó los Pirineos y controló amplios territorios del sur de Francia, siendo a su vuelta coronado *Imperator Totius Hispanae* en la Catedral de León (1135).

Alfonso VII, aprovechando el desmoronamiento del imperio almorávide, con la formación nuevamente de reinos de taifas —los segundos—, empezó a recuperar zonas más al sur peninsular: Colmenar de Oreja (Madrid), Albacete, Coria (Cáceres), Jaén y Calatrava (Toledo). Pero al mismo tiempo, en 1143, Alfonso Enríquez, mediante acciones bélicas y políticas, consiguió proclamarse rey y declarar la independencia de Portugal, por lo que Alfonso VII se vio obligado a reconocerlo como tal.

En 1146 se produjo la invasión de los almohades, una nueva fuerza emergente del norte de África, que reemplazaba a los almorávides, y ante esta situación Alfonso VII pactó con los reyes de Pamplona y Aragón, y con la ayuda de naves genovesas y cruzados franceses conquistaron Almería, pero el rey castellano no pudo consolidar la repoblación de las tierras y ciudades tomadas, pues los almohades, con renovadas fuerzas, ocuparon el vacío que dejaron los almorávides. Aun así, Alfonso VII no tuvo respiro contra los musulmanes durante los diez últimos años de su vida.

Al morir el monarca castellano nuevamente se separaron Castilla y León, según sus deseos, testamentando de la siguiente forma: Castilla sería regida por su hijo Sancho (como Sancho III), y León quedaría para su hijo Fernando (como Fernando II).

SANCHO III (1157-1158), «EL DESEADO»

Sancho Alfónsez, hijo de Alfonso VII y Berenguela de Barcelona, nació en Toledo en 1113-1114. Fue criado por la nodriza María de Lezama, a quien Alfonso VII donó la villa de Villasilos, y después fue tutelado por Gutierre Fernández, de la casa de Castro. En 1136, Alfonso VII intentó reconciliarse con Ramiro II de Aragón ofreciéndole la restitución de Zaragoza a cambio de conservar plazas fuertes a la derecha del Ebro y la promesa de matrimonio de la pequeña Petronila, hija de Ramiro II, con el heredero castellano Sancho, pero este proyecto fracasó. Más tarde, en el año 1140, se firmó un tratado de paz entre Castilla y Pamplona, que se selló con el compromiso matrimonial de Blanca de Pamplona, hija del rey García Ramírez, con el infante Sancho.

En 1149, tras la muerte de su esposa Berenguela, Alfonso VII confió a Sancho el reino de Nájera, que incluía Logroño, con poderes de gobierno. Ese año se produjo el acuerdo entre García Ramírez de Pamplona y Ramón Berenguer IV de Barcelona por el que se dispuso el matrimonio del conde catalán con la princesa Blanca, a pesar de que esta ya estaba comprometida desde 1140 con Sancho III y de que Ramón Berenguer IV estaba comprometido con Petronila de Aragón desde 1137, un compromiso que unía el condado de Barcelona a Aragón, constituyendo ambos territorios la corona de Aragón. Al final se casaron Blanca y Sancho III en 1151 en Calahorra y nacieron tres hijos: el primero, de nombre desconocido, murió a los pocos meses; Alfonso, el futuro Alfonso VIII, y García, que murió enseguida, al igual que su madre, que lo hizo en el parto.

Ese mismo año de 1151 Sancho participó en una expedición dirigida contra Jaén, lugar en permanente disputa y dominio alternativo entre musulmanes vasallos del rey de Alfonso VII y musulmanes partidarios de los almohades.

En 1152 Sancho III fue armado caballero por su padre en Valladolid. Después, en el concilio de Valladolid (1155), se decidió la separación de los reinos de Castilla y León: Sancho recibiría Castilla, con Ávila, Segovia, Toledo, Tierra de Campos, Sahagún y Santillana de Asturias. Por su parte, Fernando heredaría León, con Toro, Zamora, Salamanca, Galicia y Oviedo. La mayor extensión de la heredad de Sancho demostraba la preponderancia de Castilla respecto a León.

A la muerte de Alfonso VII accedieron a sus tronos Sancho III y Fernando II sin ningún tipo de incidente, destacando un ánimo de mutua colaboración y respeto, principalmente debido a la mediación de su tía paterna Sancha, segunda esposa de Ramón Berenguer IV de Barcelona después de repudiar a Petronila de Aragón, con la que había contraído matrimonio en 1150.

Sancho III creó en 1158 la Orden de Calatrava, pues los Templarios que regentaban la ciudad no podían mantenerla por su situación de frontera peligrosa. Sería la primera orden militar de los reinos cristianos de la Península; quedó al mando del abad del monasterio de Fitero (Navarra) y su regla de vida fue aprobada por el papa Alejandro III en 1164.

Al igual que su padre, Sancho III logró que Sancho VI de Navarra y el conde Ramón Berenguer IV, ahora como príncipe de Aragón, tras la unificación del reino de Aragón y el condado de Barcelona para formar la corona de Aragón, le rindieran homenaje y se declarasen sus vasallos. Sancho III, para pacificar viejos conflictos, devolvió al rey de Pamplona las plazas de Artajona, Larraga, Cebror, Olite y Miranda de Ebro. Igualmente, devolvió a Aragón el reino de Zaragoza y se pactó el matrimonio de Sancha, hermanastra de Sancho III, y el infante Alfonso de Aragón, que ascendería al trono con el nombre Alfonso II. Pero poco después Sancho III, al igual que su padre años atrás, reanudó las hostilidades contra Sancho VI de Navarra con la intención de repartirse este reino entre él y el rey de Aragón, o al menos con la idea de que le reintegraran los territorios que habían pertenecido a sus antepasados.

Después Sancho III se dirigió a León con su ejército, pero los dos hermanos no llegaron a enfrentarse, pues firmaron el Tratado de Sahagún (1158), por el que Sancho III se comprometía a devolver a su hermano Fernando II las tierras fronterizas entre los ríos Cea y Pisuerga —condados de Saldaña, Monzón y Cea y el infantado de Medina de Rioseco, erigido por Alfonso VII para su hermana Sancha, tía por tanto de Sancho III y de Fernando II— a condición de que dichos territorios fuesen entregados a nobles leoneses procastellanos. También los dos hermanos se prestarían ayuda mutua frente a enemigos. Así mismo acordaron que, si uno de ellos moría sin descendencia, su reino pasaría al superviviente; además, se repartieron las zonas de posibles conquistas en territorios musulmanes: a León le corresponderían los derechos de conquista de Coria, Montánchez, Mérida, Badajoz, Portugal, desde el Algarve a Lisboa, y la baja Andalucía, incluido el valle del Guadalquivir, y el resto de los territorios de al-Ándalus correspondería a Castilla.

Sancho III murió a los veinticinco años en Toledo y le sucedió su hijo Alfonso, con solo dos años, lo que originó una lucha por el poder en Castilla entre las familias de la casa de Lara y de la casa de Castro. Sancho III sería sepultado en la catedral de Toledo, junto al lecho de su padre.

ALFONSO VIII (1158-1214), «EL NOBLE» O «EL DE LAS NAVAS DE TOLOSA»

Alfonso Sánchez, hijo de Sancho III y Blanca de Pamplona, nació en Soria en 1155. Al año siguiente murió su madre y tres años después su padre, quien antes de fallecer nombró como tutor a Gutierre Fernández de Castro y como regente a Manrique Pérez de Lara, con el fin de equilibrar el poder entre las familias rivales de Castro, apoyada por Fernando II de León, tío del pequeño rey, y de Lara. La prematura muerte de sus padres afectó mucho al pequeño monarca, que maduró muy de prisa entre enfrentamientos de las familias de Castro y de Lara y las presiones de los reinos de León y Navarra. De inmediato los de Lara presionaron a Gutierre, de manera que este se vio obligado a renunciar a sus cargos y a entregar al pequeño monarca a Manrique Pérez de Lara, lo que provocó una guerra civil que aprovecharon los reinos vecinos. En 1159, Sancho VI de Navarra se apoderó de Álava, Logroño, parte de la Rioja y las zonas burgalesas de Miranda de Ebro y La Bureba, aunque se le resistieron las riojanas Calahorra y Nájera; por su parte, Fernando II de León tomó Burgos.

En el año 1160 Nuño Pérez de Lara sería derrotado por Fernando Rodríguez de Castro «el Castellano» en la batalla de Lobregal, cerca de Villabrágima (Valladolid). Después, los de Lara, presionados por los de Castro y por Fernando II, se vieron obligados a trasladar al niño rey a Soria, donde permaneció hasta el año 1162, cuando decidieron entregarlo a Fernando II, que había conquistado Segovia y Toledo, aunque al final se puso al pequeño al amparo de villas leales del norte de Castilla: San Esteban de Gormaz, Atienza y Ávila, que tomaría el nombre de «Ávila del Rey» o «Ávila de los

Leales». Pero conforme iba creciendo Alfonso bajo la tutela de Nuño Pérez de Lara, otras ciudades y villas fueron retornando al dominio del rey castellano. En 1166 consiguió Toledo y finalmente, en 1169, Zorita de Canes, el gran castillo sobre el río Tajo. Puede considerarse que Nuño Pérez de Lara, tras la muerte de su hermano Manrique en la batalla de Huete (1164), mantuvo el control sobre la regencia durante años, salvo breves periodos, hasta 1169, fecha en la que Alfonso VIII alcanzó la mayoría de edad a los catorce años; con ello, Alfonso VIII se armó caballero en el monasterio de San Zoilo en Carrión de los Condes.

Alfonso VIII, tras proclamarse rey de Castilla en las Cortes de Burgos en 1170, se comprometió con Leonor de Plantagenet, la hija de Enrique II de Inglaterra y hermana de Ricardo Corazón de León y de Juan sin Tierra, que aportó el condado de Gascuña. Se casaron en Tarazona cuando la reina tenía solo diez años. Alfonso la cuidó de niña y le enseñó la lengua y costumbres castellanas, que pronto y fácilmente aprendió. Nunca se separó de ella y cuando se hizo mujer tuvieron diez hijos: Berenguela, que sería reina de Castilla y esposa de Alfonso IX de León; Sancho, que murió con solo meses; Sancha; Urraca, que se casaría con Alfonso II de Portugal; Blanca, que se desposaría con Luis VIII de Francia; Fernando, el heredero, que murió en 1211; Mafalda; Leonor, que se casaría con Jaime I de Aragón; Constanza y Enrique, el definitivo heredero y sucesor al trono de Castilla. Fuera del matrimonio no se le conoce descendencia, aunque hay quien opina que mantuvo relaciones con una joven judía de Toledo.

Con la mayoría de edad y la toma del poder, Alfonso VIII emprendió la contraofensiva en Navarra y León. Tras una serie de hostilidades fronterizas con Aragón, sin éxitos aparentes, firmó con Alfonso II de Aragón un tratado de paz (Sahagún, 1170), con el compromiso del matrimonio del rey aragonés con la infanta Sancha, tía de Alfonso VIII, y el del propio Alfonso VIII con Leonor de Plantagenet, que era la hija de Enrique II de Inglaterra, quien ejercía de mediador entre Castilla y Aragón. De esta forma, Alfonso VIII, aliado con Aragón, recuperó todas las plazas conquistadas antes por Navarra, se aseguró la frontera con León y se extendió por la costa cántabra, con la anexión de Guipúzcoa. En 1172 los almohades, tras derrotar al rebelde musulmán rey Lobo de Murcia, asediaron las ciudades conquenses de Huete y Uclés, pero un ejército de socorro de Alfonso VIII forzó la retirada de las tropas almohades. Entonces el acoso de los cristianos a los almohades, que nunca había cesado, se incrementó con la mayoría de edad de este arrogante rey castellano, aunque tuvo que ceder a las Órdenes Militares algunos territorios para su mejor defensa: a la Orden de Calatrava cedió Maqueda y Zorita de los Canes, y la Orden de Santiago se encargó de Uclés.

Con la ayuda de Alfonso II de Aragón, Alfonso VIII, tras una tregua con los almohades, empezó de nuevo la ofensiva contra los musulmanes con la conquista de Cuenca (1177), que se incorporó a Castilla. Después, los *Alfonsos* firmaron el Pacto de Cazola (1179), mediante el que se acordó que las conquistas en la zona de Valencia, Játiva y Denia quedaran a expensas de Aragón, pero renunciando a Murcia, que quedaría para Castilla. Igualmente llegaron al acuerdo para el reparto del reino de Navarra, aunque esto último no se llevó a cabo.

Respecto al conflicto entre Navarra y Castilla acordaron someterse al arbitraje de un rey ajeno, que fue Enrique II de Inglaterra; como este era suegro del rey castellano favoreció a su yerno, al que hizo que se le devolviera La Rioja. Al principio, Sancho VI se resistió a aceptar, pero, ante el tratado de los castellanos y aragoneses para repartirse Navarra (Cazola, 1179), el rey navarro aceptó renunciar definitivamente a La Rioja, aunque mantuvo Álava, Guipúzcoa y El Duranguesado (Vizcaya).

Mientras, en 1178, Fernando II de León invadió Castilla y se apoderó de Castrojeriz (Burgos) y Dueñas (Palencia). Alfonso VIII se alió con Alfonso I de Portugal para luchar contra León, pero en 1181 se reunieron los reyes de Castilla y León en Tordesillas y firmaron la Paz de Medina de Rioseco, que no fue duradera, volviéndose a reanudar las hostilidades al año siguiente y firmando en 1183 el Tratado de Fresno-Lavandera.

En el año 1182, Alfonso VIII se dirigió hacia las proximidades de Córdoba, desde donde hizo incursiones en los territorios musulmanes de Granada, Málaga, Ronda, Algeciras, Carmona y Setefilla, cerca de Lora del Río. Sin embargo, Talavera fue devastada por los musulmanes. Más tarde, en 1183, Alfonso tomó Alarcón (Cuenca).

Después del Pacto de Cazola, y tras unos años de luchas fronterizas navarroaragonesas, se llegó al Acuerdo de Agreda (1186) entre los reyes Alfonso II de Aragón y Alfonso VIII, para actuar contra el reino de Navarra. Luego, ese mismo año, Alfonso VIII recuperó parte de La Rioja, que estaba en manos de Navarra, y firmó una alianza con Portugal, León, Castilla, Navarra y Aragón para relanzar la reconquista. Después, Alfonso VIII continuó la lucha contra los almohades, tomando, de manera consecutiva, Infiesta en 1186; Reyna en 1187 y Magazuela, Baños y Calasparra en 1189.

En 1188 Alfonso VIII firmó con su primo Alfonso IX de León, que acababa de suceder a su padre Fernando II, un pacto en Carrión de los Condes, con el compromiso matrimonial del rey leonés con una infanta castellana, al tiempo que fue armado caballero por el rey castellano. Pero enseguida rompió el pacto Alfonso VIII para, aprovechando la debilidad del leonés, ocupar Valencia de Don Juan y Valderas, iniciándose un periodo de mutuos hostigamientos.

En el año 1191, Castilla, con la ayuda de Aragón y Portugal, intentó conquistar Benavente y Astorga, pero no lo consiguió y se contentó con la toma de Puente Castro (León). Alfonso IX de León, con la ayuda musulmana —que le costó la excomunión por parte del papa Celestino III—, atacó Castilla y llegó hasta Carrión de los Condes, lo que obligó a Alfonso VIII a pactar con León y con los musulmanes. El mismo año, un tratado entre Aragón, Navarra, León y Portugal (Liga de Huesca) dejó aislado a Alfonso VIII de Castilla, que respondió hostigando las fronteras aragonesas.

En 1194 finalizaron las tensiones entre León y Castilla con el Tratado de Tordehumos, por el que Alfonso VIII se comprometía a devolver los territorios conquistados y Alfonso IX se prometió en matrimonio con Berenguela, la hija del rey castellano, y, si no tenían descendencia, León se anexionaría a Castilla.

Como se comentó en el capítulo 4, el almohade Al-Mansur, que vio rota la tregua lograda con Alfonso VIII al aliarse este con Alfonso IX y penetrar las tropas cristianas hasta las inmediaciones de Sevilla (1194), cruzó el estrecho de Gibraltar con un gran ejército dispuesto para el combate contra Alfonso VIII. Este envió mensajes a los distintos reinos cristianos peninsulares para que lo auxiliaran, pero no se sabe bien si los monarcas cristianos desoyeron la solicitud de ayuda o no les dio tiempo para prepararse ante la impaciencia de Alfonso VIII, que se lanzó al ataque después de mantener a su tropa formada con las cotas de malla puestas todo el día anterior a pleno sol, mientras que los almohades habían descansado plenamente antes del combate. Resultó que los castellanos fueron derrotados estrepitosamente en Alarcos, cerca de Ciudad Real, en 1195. Al principio de la batalla, los cristianos rompieron las líneas enemigas después de tres cargas de la caballería, pero la llegada de refuerzos musulmanes inclinó la balanza en sentido contrario. Influyó mucho la participación de los arqueros turcos, que disparaban sus flechas con gran precisión, potencia y cadencia desde las grupas de sus caballos. Además, los musulmanes utilizaron tropas ligeras, que se dispersaban ágilmente en todas direcciones evitando ser blanco de los enemigos, para después reagruparse, cercar al enemigo y atacarlo en sus puntos más vulnerables: la retaguardia y los flancos.

En la sangrienta batalla murieron más de veinte mil castellanos y los obispos de Ávila, Segovia y Sigüenza. El rey escapó por poco y no pudo evitar que los musulmanes invadieran su reino, aunque pudo conservar Toledo, Cuenca y Guadalajara gracias a que el emir tuvo que volver a Marraquech para sofocar una revuelta.

De vuelta a Toledo, Alfonso VIII encontró allí a Alfonso IX de León, lo que constituyó una gran humillación para el derrotado castellano y un aumento del resentimiento por parte del leonés, quien no olvidaba la humillación de haber sido armado caballero por el rey castellano en 1188 y que, además, ahora no lo había esperado para intervenir en la batalla de Alarcos, aparte de que Alfonso VIII no había cumplido el pacto de Tordehumos.

Tras la derrota del rey castellano en Alarcos, los reyes de Navarra, León y Portugal llegaron a contactar con el califa almohade victorioso para llegar a algún tipo de alianza. Pero el Papa, para evitar esa alianza contra natura entre cristianos y musulmanes, hizo una llamada a los distintos reyes para que se unieran en un frente común contra los almohades. Así, en el año 1196, los reyes de Castilla, Aragón y Navarra se entrevistaron, en un lugar entre Agreda y Tarazona, para intentar unir los reinos cristianos contra los musulmanes. Pero nuevamente Alfonso VIII y el nuevo rey aragonés, Pedro II «el Católico», firmaron un pacto para repartirse Navarra, cuyas fronteras fueron atacadas por ambos.

Con esta situación, los almohades invadieron el valle del Tajo y asediaron Toledo, Madrid y Guadalajara en el año 1197. Para evitar el expolio navarro decretado por Castilla y Aragón, Sancho VII de Navarra pudo llegar pronto a un acuerdo con Aragón; en cambio Castilla se apoderó de Álava, Guipúzcoa y el Duranguesado (1199-1200), mientras el navarro buscaba en vano ayuda en la corte almohade, para lo que se desplazó hasta el Magreb. Por tanto, a partir del año 1200 Navarra quedaba reducida, sin salida al mar y constreñida por los poderosos aragoneses y castellanos. En 1207 Navarra firmó una tregua con Castilla en Guadalajara, sin reconocer la pérdida de los territorios vascos.

En 1211, Alfonso VIII, en lucha contra los almohades, llegó hasta Játiva acompañado por su hijo Fernando, el cual después de tomar Trujillo y Montánchez murió ese mismo año en Madrid al regresar de la campaña, por lo que el reino se quedó sin heredero, pasando los derechos sucesorios al benjamín de la familia: Enrique.

Por otra parte, debido al extraordinario poderío de Alfonso VIII, todos los reinos cristianos peninsulares nuevamente hicieron frente común contra Castilla, lo que hizo soñar a muchos de ellos con revanchas por agravios pasados. Pero la intervención de la Santa Sede, que deseaba la unión de todos los cristianos contra los musulmanes en la Península, logró detener todas las hostilidades y hacer posible una cruzada contra los almohades. Así, el almohade Al-Nasir, tímido, tartamudo, vacilante y de mucha menos valía que su padre Al-Mansur, aunque ambicioso, pues deseaba conquistar toda Europa y llegar a Roma para abrevar su caballo en el Tíber, fue vencido el dieciséis de julio de 1212 en Las Navas de Tolosa (Santa Elena, Jaén) por Alfonso VIII. Ayudaron a este el aragonés Pedro II y el navarro Sancho VII; la venganza de Alfonso VIII y del arzobispo Rodrigo Jiménez de Rada de Toledo se cumplió, por la derrota cristiana en Alarcos en 1195.

Para preparar la batalla el papa Inocencio III proclamó una cruzada. El arzobispo de Toledo viajó por Francia y Alemania para reclutar dos mil caballeros, junto a sus escuderos, diez mil hombres a caballo y cincuenta mil a pie. Todos se dirigieron a

Toledo, donde Alfonso VIII los acomodó en la llanura denominada Huerta del Rey.

En la Península, el arzobispo consiguió la unión de los reinos cristianos a excepción de León, que aunque ansiaba asistir no lo hizo porque Alfonso VIII no había cumplido el Pacto de Tordehumos, y de Portugal, donde ya reinaba Alfonso II; pero aunque Portugal y León no participaron, sus reyes sí dieron libertad para que sus súbditos lo hicieran, por lo que lucharían contra los musulmanes muchos asturianos, leoneses, gallegos y portugueses, al lado de las Órdenes Militares y las tropas europeas.

Durante la espera de la batalla, los europeos, deseosos de botín, indisciplinados y dados a la rapiña, entraron en Toledo. Informados de que allí vivían muchos judíos, los europeos organizaron una matanza para robarles. Los caballeros toledanos tuvieron que intervenir reprimiendo a la banda de salteadores y defendiendo a los judíos, que gozaban de la protección de Alfonso VIII.

Tras la llegada de las tropas de Pedro II de Aragón a Toledo, Alfonso VIII partió con sus tropas, con las europeas y con la de Aragón y tomaron Calatrava. Los europeos no entendieron por qué no les dejaban saquear la ciudad, por lo que empezaron las deserciones. Esto, unido al calor, al que no estaban acostumbrados a soportar, sirvió de excusa, salvo honrosas excepciones, para anunciar la vuelta a sus países. Entonces, los europeos se volvieron a Toledo, donde sus habitantes les cerraron las puertas y los trataron como cobardes, traidores y desertores. Después, partieron hacia los Pirineos, arrasando, robando y destruyendo todo lo que encontraban a su paso, constituyendo para los cristianos peninsulares una desgracia y no una ayuda como en principio pretendían ser.

Las tropas cristianas peninsulares, libres de indeseables, continuaron hacia el sur y ocuparon Alarcos, donde se les unió Sancho VII de Navarra con sus mesnadas y caballeros. Juntos prosiguieron hacia el sur sin recuperar Salvatierra, tomada el año anterior por el califa almohade. Llegaron hasta los desfiladeros de Sierra Morena, que decidieron cruzar a pesar de los riesgos de emboscadas. Apareció entonces, providencialmente, el pastor Martín Halaja, que dijo conocer pasos seguros para las tropas hasta llegar a Las Navas de Tolosa. Tras conducirlas exitosamente,

Martín desapareció sin dejar rastro. La tradición popular señala que tal pastor era un ángel o san Isidro Labrador.

En esta batalla, Alfonso VIII había aprendido la lección de la anterior (la de Alarcos). Conservó su caballería de manera cerrada para evitar infiltraciones de la caballería ligera enemiga y, sobre todo, mantuvo el cuerpo más importante en la reserva, para lanzarlo al ataque cuando los musulmanes intentaran cercar el cuerpo principal. Así, el ejército cristiano estaba dividido en tres cuerpos: los castellanos en el centro, los aragoneses a la izquierda y los navarros a la derecha. Cada cuerpo constaba a su vez de tres líneas ordenadas en profundidad: la primera (la vanguardia) con el cuerpo central al mando del alférez real de Castilla Diego López de Haro; la segunda con los caballeros de las Órdenes Militares (Templarios, Hospitalarios, Uclés y Calatrava), y la tercera (la retaguardia) con los tres reyes acompañados por los obispos de Toledo y Narbona.

El ejército almohade se ordenaba también en tres cuerpos: en la vanguardia las tropas ligeras, después los voluntarios (andalusíes y de todo el imperio) y finalmente el cuerpo de reserva constituido por los almohades, que ocupaban la retaguardia en la ladera del Cerro de los Olivares. En la cima se levantaba una tienda para Al-Nasir, rodeada de una zanja y una empalizada de impedimenta. Dicha tienda estaba defendida, además, por una guardia de piqueros, arqueros y honderos, muchos de ellos atados por las piernas o enterrados hasta las rodillas para no tener la posibilidad de huir y así asegurar la protección del emir y el propio martirio de los defensores. Hasta allí llegó Sancho VII, pero se le escapó el emir, que pudo huir al final de la batalla.

Después de la derrota musulmana el ejército cristiano descansó dos noches y un día antes de continuar sus conquistas jienenses: Tolosa, Vilches y Baños de la Encina, y degollaron a muchos fugitivos de la batalla. Luego pasaron a Baeza, en la que encontraron solo a ancianos e impedidos encerrados en la mezquita, que incendiaron con ellos dentro. Al día siguiente llegaron a Úbeda, que, abarrotada de fugitivos, ofreció un millón de maravedíes de oro para ser respetada, pero los prelados que velaban por el cumplimiento de la cruzada prohibieron cualquier trato de benevolencia con los infieles, por lo que la ciudad fue asaltada y sus habitantes degollados o esclavizados.

A los pocos días, una epidemia de disentería, causada por la falta de higiene, el calor y el agotamiento por la campaña y por los excesos con las musulmanas cautivas, aconsejó el regreso de las tropas a sus lugares de origen, cargadas de gloria y botín. Y, un año después, Castilla completó la hazaña con la toma de Alcaraz (Albacete), consolidando el poder castellano en La Mancha.

Aprovechando la ausencia de las tropas de Castilla, ocupadas en la batalla de Las Navas de Tolosa, Alfonso IX recuperó las plazas castellanas que estaban dentro de las fronteras de León, por lo que al volver de la batalla Alfonso VIII no pudo hacer nada. Invitó sin embargo a los reyes de Portugal y de León a firmar un tratado de paz en Coímbra y un nuevo pacto con León, por el que el castellano devolvió a Alfonso IX las plazas de Peñafiel y Almanza.

Alfonso VIII fundó el Estudio General Español (*Studium Generale* de Palencia), que fue el germen de la Universidad. Su corte acogió a trovadores y sabios, y el rey se rodeó de prestigiosos intelectuales, sobresaliendo el arzobispo historiador Rodrigo Jiménez de Rada y Diego García de Campos, con su obra *Planeta*. Así mismo se escribió en castellano el *Cantar de mío Cid*.

Alfonso VIII murió de fiebres en la aldea Gutierre-Muñoz (Ávila), cuando viajaba para encontrarse con su hija Urraca, casada con Alfonso II de Portugal. El cadáver se trasladó a Burgos, donde se le sepultó en el monasterio de Santa María la Real de las Huelgas, que él había ordenado construir, y donde también recibió sepultura su esposa, que murió poco después.

ENRIQUE I (1214-1217), «EL REY INFORTUNADO»

Enrique Alfónsez nació en Valladolid en 1204 y fue el menor de la familia de siete hermanas y tres hermanos. El mayor de los hermanos, Sancho, murió a los pocos meses de nacer, y el segundo, Fernando, a los veintidós años, por lo que al final Enrique fue el heredero y sucesor de Alfonso VIII, a los diez años. Antes de ello, los primeros años de su vida los pasó en la corte bajo la vigilancia de su madre Leonor, con un tratamiento privilegiado, aunque secundario, ya que no fue heredero hasta el año 1211, en el que murió su hermano Fernando.

Alfonso VIII, viendo próxima su muerte, testamentó que, cuando llegase su hora, la regencia de su pequeño heredero recayera sobre su esposa Leonor, pero la muerte de esta a los veinticuatro días de la de su esposo hizo que fuese su hija mayor Berenguela, residente en la corte de Castilla después de haber sido anulado su matrimonio con Alfonso IX de León, la nominada por su madre enferma para ejercer la regencia de su hermano Enrique. Para un mejor cuidado del pequeño rey, Berenguela encargó de ello al caballero palentino García Lorenzo.

Tal regencia fue cuestionada a los pocos meses por la familia de Lara, la misma que había pugnado por la regencia y tutoría de Alfonso VIII en su minoría de edad, por no considerar adecuado que una mujer dirigiese el reino, pero, sobre todo, porque si la regencia pasaba a sus propias manos —las de los Lara— ello repercutiría en grandes beneficios y privilegios para ellos. Así, el conde Álvaro Núñez de Lara, que había sido alférez mayor del rey difunto, convenció a García Lorenzo para que le entregase el niño, con la promesa de darle una villa, al tiempo que supo ganarse el afecto del pequeño rey. Ello obligó a Berenguela a renunciar a la tutoría y regencia para evitar conflictos parecidos a los ocurridos durante la minoría de edad de su padre Alfonso VIII. Pero, aun así, el corto reinado de Enrique I quedó marcado por la lucha de dos facciones de la nobleza: la que respaldaba a Berenguela y la de los de Lara. Berenguela cedió, si bien hizo prometer a don Álvaro bajo juramento que no tomaría decisiones importantes, como cambio de leyes, donar o arrendar tierras, percepción de tributos y tratados de paz y guerra, sin su consentimiento. Pero la promesa no duró mucho y el conde empezó a gobernar de manera opresiva, por lo que Berenguela, junto a su hermana Leonor, tuvieron que refugiarse en el castillo palentino de Autillo de Campos, propiedad del mayordomo real de Castilla Gonzalo Rodríguez Girón, y se vio obligada a enviar a todos sus hijos con su padre Alfonso IX a la corte de León.

En el año 1215, el conde don Álvaro propuso el matrimonio de Enrique I con Mafalda, que era hija de Sancho I de Portugal, ocho años mayor que Enrique, por lo que la prometida quedó defraudada; se firmó un pacto entre Castilla y Portugal, que favorecía los intereses de los de Lara. El matrimonio se celebró en Burgos, aunque no se consumó. Al año siguiente fue anulado por el papa Inocencio III por razones parentesco de los contrayentes. Después, nuevamente, los de Lara concertaron un nuevo matrimonio para Enrique, esta vez con Sancha, hija de Alfonso IX de León, con el fin de que se unieran los reinos de León y Castilla y, al mismo tiempo, apartar de la línea sucesoria a Fernando de León, hijo de Berenguela y Alfonso IX, el futuro Fernando III «el Santo», y conseguir beneficios y privilegios para la casa de Lara, pero el matrimonio no llegó a celebrarse por la negativa del rey leonés, o puede que por la muerte del pequeño rey castellano.

En 1216, la enemistad entre Berenguela y don Álvaro llevó a una guerra, siendo sitiada Berenguela en Autillo de Campos. Decidió Berenguela entonces enviar a su hijo Fernando con su padre Alfonso IX. Según parece, después, Fernando acudió al auxilio de su madre con una tropa que obligó a los sitiadores a retirarse a Palencia.

Ese mismo año, Berenguela envió a la corte de Castilla un mensajero para informarse de la situación de su hermano, pero don Álvaro lo descubrió y ordenó que lo ahorcaran después de poner entre sus ropas una falsa carta que decía que Berenguela le ordenaba el envenenamiento de Enrique I, con el fin de fomentar el odio del rey hacia su hermana. Ante aquella situación, Berenguela preparó la huida de Enrique de la corte, con el beneplácito del pequeño rey, enviando para ello a Rodrigo Fernández Valverde, pero la maniobra fue descubierta por don Álvaro, que encarceló al enviado y lo llevó a la fortaleza de Alarcón, y, desde aquel momento, controló más los movimientos del rey y al mismo tiempo desplazó de la corte a importantes personajes simpatizantes de Berenguela.

En 1217 don Álvaro atacó la Extremadura castellana, tomando el castillo de Montealegre y asediando Villalba de los Alcores, ambos en la provincia de Valladolid, así como el castillo de Autillo, donde Berenguela observaba cómo Castilla era asolada por las tropas del regente don Álvaro, al que acompañaba el rey, por lo que no quiso luchar contra su hermano y entregó campos y castillos.

Después de estos hechos, Enrique I y su regente se trasladaron a Palencia, donde murió el rey a los trece años en un accidente en el Palacio Episcopal de Palencia. Según cuentan, mientras jugaba con otros niños, uno de ellos le dio una pedrada en la cabeza que le hizo perder el conocimiento: murió a los once días a pesar de todos los intentos, incluida la trepanación, por salvar su vida. Otra versión señala que murió del desprendimiento de una teja movida por una pedrada de uno de los niños que jugaban con el rey. Otra más relata que uno de los niños subió al tejado para ver como jugaban los demás y, sin darse cuenta, pisó una teja que, al estar suelta, cayó sobre la cabeza del rey. Hay otra versión que indica que murió porque un compañero de juego le lanzó una teja para que Enrique la tomara con las manos, pero se le fue el lanzamiento alto y le dio en la cabeza. Al parecer, el niño que le hirió se llamaba Íñigo de Mendoza y sería apresado junto a otro compañero de juego y a ambos se les trasladó a Madrid, se les encerró en la casa de los Laso del Castillo y, finalmente, fueron degollados y enterrados en la cercana iglesia de San Andrés. Una leyenda, que puede que mantenga algún viso de realidad, reza que el lugar donde se les degolló fue denominado calle de los Dos Mancebos, calle que aún existe.

Después de la muerte de Enrique I, el conde don Álvaro llevó su cadáver hasta Tariego de Cerrato, entre Burgos y Dueñas, con la idea de ocultar su muerte y seguir disfrutando de los privilegios que el cargo de regente le reportaba. Pero Berenguela, que le sucedió en el trono, se apoderó de Dueñas y envió a los obispos de Palencia y Burgos para que se hicieran cargo de los restos mortales de Enrique I, que se trasladaron a Burgos y se sepultaron en el monasterio de las Huelgas.

BERENGUELA I (1217), «LA GRANDE» O «LA PRUDENTÍSIMA»

Berenguela de Castilla nació en Burgos, o tal vez Segovia, en 1179-1180, y su lactancia corrió a cargo de Estefanía, esposa de Pedro Sánchez. Fue la primogénita de Alfonso VIII y heredera hasta que nació su hermano Sancho en 1181; murió este a los pocos meses, por lo que continuó siendo heredera hasta que, en 1189, nació su hermano Fernando, que también murió —en 1211—, por lo que nuevamente pasó a ser heredera hasta que nació su hermano Enrique en 1204. Ostentar durante muchos años la condición de heredera la convirtió en un partido muy codiciado en Europa. Así, en 1187, con solo siete u ocho años, sería prometida en matrimonio con el duque Conrado, hijo del emperador Federico I Barbarroja. Se celebraron los esponsales en Carrión de los Condes al año siguiente, tras abonar Conrado una dote de cuarenta y dos mil maravedíes. El novio volvió a Alemania a la espera de que su esposa creciera, pero al nacer, en 1189, el infante Fernando de Castilla, Berenguela perdió los derechos al trono y Conrado su interés, por lo que se cancelaron los esponsales y Berenguela solicitó al papa la anulación matrimonial. Después, en 1197, Berenguela se casó con su tío Alfonso IX de León, a los diecisiete años, matrimonio que, aunque el papa Celestino III permitió, no lo hizo su sucesor Inocencio III, que en 1204 anuló la unión pese a que ya habían tenido cinco hijos: Leonor, que murió a los cuatro años; Constanza; Fernando —futuro Fernando III «el Santo»—; Alfonso, padre de María de Molina, quien se casaría con Sancho IV; y Berenguela, que se casaría con el emperador de Constantinopla y rey-regente de Jerusalén, Juan de Brienne. Tras la anulación matrimonial, Berenguela volvió a Castilla con sus cuatro hijos supervivientes y consiguió que el Papa los considerara legítimos a pesar de su anulado matrimonio.

La muerte de Alfonso VIII y la de su esposa Leonor, veinticuatro días después, dieron pie a que Berenguela se hiciese cargo de la tutoría y regencia de su hermano Enrique, que entonces solo tenía diez años. Como se comentó antes —epígrafe correspondiente a Enrique I—, tuvo problemas con la familia de Lara durante los tres años de reinado de Enrique I, hasta la muerte de este a los trece años.

Inmediatamente después de la muerte del Enrique I, el seis de junio de 1217, Berenguela envió un mensaje a Alfonso IX para que consintiese que su hijo Fernando viajase a Castilla para cazar junto a ella unos días. Después Berenguela accedió al trono de su fallecido hermano y unos días después lo cedió a su hijo Fernando, el dos de julio de ese año. Pero la actividad de Berenguela no decayó, pues hasta su muerte fue sabia y prudente consejera de Fernando III, constituyendo una verdadera «reina en la sombra».

En 1218, Berenguela actuó de mediadora entre el conflicto surgido entre Fernando III y su padre Alfonso IX, quien estaba apoyado por don Álvaro Núñez de Lara, pues el rey leonés pretendía hacerse con el reino de Castilla. Tiempo después, tras el fallecimiento del conde don Álvaro y la intervención de Berenguela, se firmó el Pacto de Toro entre hijo y padre, que renunció al reino de Castilla.

También Berenguela concertó los matrimonios de su hijo Fernando III. Primero con Beatriz de Suabia —nieta de Federico Barbarroja— y después, cuando esta murió, con Juana de Danmartin, proveniente de la corte francesa de Luis VIII.

En 1222 Berenguela participó en el Convenio de Zafra, por el que se concertó el matrimonio de Mafalda, de la familia de Lara, con su hijo Alfonso, lo que puso fin a los enfrentamientos con esta familia. Nuevamente intervino Berenguela en el matrimonio de su hija Berenguela con Juan de Brienne en 1224; este compromiso desbarató los planes de Alfonso IX que pretendía que Juan de Brenne se casara con una de sus hijas de su primer matrimonio, con Teresa de Portugal, para que este pudiese reclamar el trono de León, que de esa forma no pasaría a su hijo Fernando III.

Por último, a la muerte de Alfonso IX, Berenguela se reunió con Teresa de Portugal para, mediante la Concordia de Benavente, conseguir para Fernando III el reino de León a cambio de la renuncia de sus hermanastras Sancha y Dulce, tras abonarles unas generosas aportaciones dinerarias y patrimoniales.

Berenguela fue una mujer virtuosa, inteligente y prudente. Fue protectora de monasterios, se preocupó por obras de mantenimiento de catedrales como las de Burgos y Toledo y fue mecenas de literatos. Murió en 1245 en Burgos, y sus restos mortales reposan en el monasterio de las Huelgas.

FERNANDO III (1217-1252), «EL SANTO»

Fernando Alfónsez, hijo de Alfonso IX de León y Berenguela de Castilla, nació en un albergue de peregrinos de la Vía de la Plata, en el monasterio cisterciense de Valparaíso, en la actual pedanía de Peleas de Arriba, entre Zamora y Salamanca, en 1199 o 1201. Tras la anulación de su matrimonio, la reina Berenguela volvió a Castilla con sus hijos, excepto Fernando que se quedó a cargo de su padre, aunque lo cierto era que Fernando de pequeño pasaba temporadas alternativamente con una y otro: en Burgos con su madre, donde le llamaban «el Leonés», y en León con su padre, donde le conocían como «el Castellano»; cuando fue más mayor sí permaneció todo el tiempo en León.

Durante el reinado de Enrique I, cuando su hermana Berenguela fue sitiada en el castillo de Autillo de Campos (1216) por las tropas del conde Álvaro Núñez de Lara, al parecer esta pidió ayuda a su hijo Fernando, que desde León se desplazó con mil quinientos hombres e hizo huir al conde.

Tras la muerte de Enrique I accedió al trono de Castilla su hermana Berenguela, y, por tanto, pasó a ser heredero su hijo Fernando de León. Berenguela, sin comunicar la muerte de su hermano, pidió a Alfonso IX que dejase ir a Fernando hasta el castillo de Autillo para defenderla de Núñez de Lara, pero el rey leonés, aconsejado por sus hijas mayores Dulce y Sancha, no consintió el desplazamiento de su hijo, por lo que éste tuvo que escapar para llegar a su destino. La negativa de Alfonso IX se debió a que, con la nueva situación de Castilla, entraba en conflicto con su exesposa e hijo, pues este heredaría una Castilla que el rey leonés reclamaba según el Tratado de Sahagún, firmado entre Sancho III de Castilla y Fernando II de León, por el cual, si moría uno de ellos o de sus herederos descendientes sin descendencia, el reino del fallecido pasaría al superviviente, lo que otorgaba el derecho a Alfonso IX al haber muerto Enrique I sin descendencia y no ser su hijo Fernando de León descendiente directo de Alfonso VIII; pero otros tratados señalaban que Berenguela era la legítima heredera del reino castellano.

Al encontrarse madre e hijo, Berenguela proclamó rey de Castilla a su hijo, con la nominación de Fernando III de Castilla, en Autillo, el 10-14 de junio de 1217. La coronación oficial se llevó a cabo el 2-3 de julio en Valladolid. Después, como era costumbre, los nuevos reyes debían dar a conocer su coronación por las principales capitales del reino y decidieron empezar por Segovia, pasando primero por la villa de Madrid, donde se hospedaron en una casa cercana al convento de San Martín. Al enterarse los de Lara de que los reyes estaban poco protegidos, trataron de dar un golpe de mano para apoderarse de ellos, pero fueron protegidos por los feligreses y miembros de la congregación de San Martín. En la refriega murieron varios madrileños, en recuerdo de los cuales se colocó una cruz en el Postigo de San Martín.

Entonces, Núñez de Lara, con el beneplácito de Alfonso IX, cercó Valladolid, donde nuevamente estaban Berenguela y Fernando, que ahora se retiraron a Burgos, mientras que Alfonso IX aprovechaba para saquear algunas zonas de Valladolid. Fernando, haciendo gala de su prudencia, no luchó con su padre y, en cambio, le envió mensajes de reconciliación, que el padre terminó por aceptar. Se firmó una tregua, a finales de 1217, por la que Fernando reconocía a su padre la posesión de varias ciudades y villas castellanas (Villagarcía, Ureña, Villalar, etc.) y le entregó diez u once mil maravedíes que el difunto Enrique I le debía por un cambio del castillo de Santibáñez.

Pero algunos obispos y ciudades del sur siguieron hostiles. El conde don Álvaro cayó prisionero cerca de Palencia y obligado a entregar sus castillos y a ayudar al rey en contra de su hermano Fernando Núñez de Lara, a cambio de su libertad. Poco después Fernando Núñez se sometió, pero los de Lara, nuevamente, se sublevaron en 1218, con la ayuda de Alfonso IX, invadiendo territorios por el sur de Toro. Finalmente, los conflictos con los de Lara cesaron definitivamente con la muerte de don Álvaro en 1218. Más tarde, Alfonso IX se retiró a León y firmó, en ese mismo año, el Pacto de Toro, por el que el rey leonés renunció a sus pretensiones sobre Castilla y Fernando garantizaría los bienes y señoríos de los de Lara.

El veintisiete de noviembre de 1219, el rey Fernando se armó a sí mismo caballero, ciñéndose su espada Lobera, en el monasterio de Santa María la Real de las Huelgas de Burgos, y tres días después se desposó con Beatriz de Suabia, la hija de Federico II de Alemania, en la catedral de Burgos. De tal matrimonio nacieron diez hijos: Alfonso —futuro Alfonso X «el Sabio»—; Fadrique, al parecer ejecutado en 1277 por orden de su propio hermano Alfonso X; Fernando, que murió en la conquista de Sevilla; Leonor; Berenguela; Enrique; Felipe, que fue nombrado arzobispo de Sevilla, pero no fue consagrado, porque colgó los hábitos para casarse con Cristina de Noruega, de la que se enamoró perdidamente; Sancho, que llegaría a ser arzobispo de Toledo y Sevilla; Manuel y María. La reina Beatriz fue muy querida por el pueblo por su belleza, modestia y gran cultura, que supo trasmitir a su marido e hijos.

Después de su matrimonio, el rey Fernando, activo, sagaz y ambicioso, aprovechó la época de vacas flacas de los almohades, tras la muerte del califa Yusuf II, en 1224, que aceleró la creación de los terceros reinos de taifas. Con anterioridad a esta fecha y a pesar del Tratado de Cazola (1179), que reservaba la conquista de Valencia para los aragoneses, Fernando dirigió varias expediciones por el territorio valenciano, sitiando Requena en 1219. Luego, en 1224, atravesó La Mancha y Sierra Morena y, como aliado del musulmán Al-Bayasi («el Baezano»), atacó territorios que reconocían al adversario de este último, el califa Al-Adil; tomó Quesada (Jaén) y, a continuación, bajó asolando el curso del Guadalquivir hasta cerca de Jaén.

En 1225, Fernando III tomó Priego de Córdoba, y después lo hizo con las plazas granadinas de Loja y Alhama y asedió Jaén infructuosamente. Llegó hasta la vega de Granada, donde pactó con los granadinos, que liberaron a mil trecientos o mil quinientos esclavos cristianos.

Al año siguiente atacó la región murciana y el alto Guadalquivir. Aceptó el vasallaje de Al-Bayasi, que le entregó a Fernando III las ciudades jienenses de Martos y Andújar; también una guarnición castellana ocupó Baeza. Además, el rey castellano consiguió las plazas de Burgalimar (Jaén) y Salvatierra a cambio de recursos cedidos a Al-Bayasi para atacar a Al-Adil. Después «el Baezano» asedió Sevilla y se adueñó de todas las fortalezas del Aljarafe y Al-Adil huyó hacia Gibraltar. Fue entonces cuando los musulmanes de Córdoba y Sevilla aceptaron a Al-Bayasi, principalmente por el miedo que tenían a su aliado el rey Fernando. Al final del verano de 1226, tras un asedio, se entregó la plaza de Capilla y también se ocupó Montiel. Durante el asedio de Capilla llegó la noticia del asesinato de Al-Bayasi. En efecto, los musulmanes de Córdoba, conscientes de que a los califas enfrentados, Al-Adil y Al-Bayasi, les interesaba más el imperio almohade que al-Ándalus, se rebelaron contra Al-Bayasi, que tuvo que huir a Almodóvar pero, antes de llegar, fue decapitado en la cuesta cercana a las puertas del castillo, por el visir del mismo. Este presentó en Sevilla la cabeza de Al-Bayasi al hermano de Al-Adil, que, en vez de recompensarlo, lo ajustició. Entonces, Fernando tomó bajo su protección al hijo de Al-Bayasi, Abd al-Mon, lo educó entre sus hijos y, después, cuando conquistó Sevilla, fue el padrino de su bautizo en la fe cristiana. Abd al-Mon tomó el nombre de Fernando Ademón o Abdelmón, apellido que aún existe. Por otra parte, Al-Adil también murió asesinado en 1227, al parecer ahogado en un baño de su palacio, y al-Ándalus reconoció como sucesor a su hermano Al-Mamún.

A Al-Mamún le llovieron los problemas, pues en Murcia, Marruecos y Túnez le surgieron caudillos rebeldes. Aprovechó esto Fernando III para conquistar lugares en la loma de Úbeda y sitiar Jaén. Al-Mamún pidió una tregua de un año a cambio de trescientos mil maravedíes. El califa pasó el Estrecho y derrotó a los rebeldes de África, pero no pudo evitar los ataques cristianos por Extremadura, que significaron la definitiva conquista de Cáceres por los leoneses en 1229, y que Fernando III sitiara nuevamente Jaén. Tampoco pudo evitar Al-Mamún que Murcia fuera tomada por el nuevo rebelde musulmán Ibn Hud, que en dos años se apoderó de toda al-Ándalus, a excepción de Valencia.

A la muerte de Alfonso IX de León en 1230 se presentó el problema de su sucesión. Tras las tensiones entre Alfonso IX y su hijo Fernando II, después del fallecimiento de Enrique I de Castilla, en 1217, el rey leonés se inclinó por ceder su trono a sus hijas Sancha y Dulce, nacidas de su primera esposa Teresa de Portugal. Ahora, en 1230, se constituyeron dos bloques de nobles y obispos leoneses: uno apoyaba a las hermanas y el otro a su hermanastro Fernando; pero, al final, Fernando III consiguió, sin respetar el testamento de su padre, la renuncia de sus hermanastras herederas Sancha y Dulce, mediante la Concordia de Benavente o Tratado de Tercerías, tras una negociación de Berenguela y Teresa, las dos reinas viudas de Alfonso IX, a cambio de una renta de treinta mil maravedíes anuales y varias fortalezas, que volverían a la Corona cuando muriesen las hermanastras. De esta manera Fernando fue rey de los reinos de Castilla y León, bajo la denominación de Fernando III, que permanecerían unidos dinásticamente desde entonces, constituyendo la corona de Castilla, aunque quedaron tres unidades administrativas diferentes: Castilla, León y Galicia. Pero realmente el proceso de unificación de Castilla y León no fue tan fácil, pues algunos nobles y obispos, principalmente de Galicia, mostraron su oposición durante unos tres años, hasta su pacificación total en 1233. Fernando III puede considerarse como el último rey de León, el último de Castilla y el primero de la corona de Castilla.

Después de la unión de Castilla y León, en 1231, Fernando III se entrevistó con Sancho II de Portugal en Sabugal (Portugal) y ambos ratificaron su amistad y fijaron las fronteras de los dos reinos, con lo que desaparecieron las luchas fronterizas que habían enfrentado durante mucho tiempo a portugueses y leoneses.

Prosiguiendo con la reconquista, Fernando tomó en 1231 Quesada, que anteriormente había sido abandonada, Toya y Cazorla, y a continuación arrasó la campiña cordobesa y asaltó el castillo de Palma del Río. En Jerez venció a Ibn Hud y consiguió un gran botín. De esta campaña fue testigo el príncipe Alfonso, futuro Alfonso X, con solo nueve años. En los años siguientes se fue descomponiendo el estado almohade y aparecieron los terceros reinos de taifas, lo que aprovechó Fernando III para impulsar aún más la reconquista. Entre 1233 y 1234 ocupó las plazas jienenses de Úbeda, Iznatoraf y San Esteban, arrebatándoselas a su aliado Ibn Hud, por lo que este tuvo que llegar a un acuerdo y pagar un tributo al castellano. Igualmente, en aquellas fechas cayeron Trujillo (Cáceres), el castillo de Montiel (Ciudad Real) y Baza (Granada). Pero, además, a Ibn Hud le surgió un competidor: Mohamed ibn Nasr, más conocido como Alhamar, por su roja barba, que se hizo sultán de Arjona (Jaén) en 1232.

Después, Alhamar extendió sus dominios por las plazas granadinas de Guadix y Baza y sería el último rebelde de al-Ándalus y fundador de la dinastía nazarí de Granada. Desde Arjona, en 1233, extendió su autoridad sobre las plazas jienenses de Porcuna,

Úbeda y Jaén, la cual hizo su capital, y Córdoba. Alhamar, después, se apoderó de Sevilla, pero los sevillanos optaron por apoyar a Ibn Hud, que en 1234 había sido reconocido como gobernante de al-Ándalus por parte de Bagdad. Además, Ibn Hud recuperó Córdoba en 1235, por lo que ambos rebeldes firmaron una tregua y Alhamar se declaró vasallo de Ibn Hud. También en 1234 los castellanos conquistaron Medellín, Alange (Badajoz), Santa Cruz (Cáceres) y, en 1235, la pacense Magacela, el castillo de Torres de Albánchez y el de Chiclana de Segura.

Córdoba firmó en 1235 una tregua con Fernando III, que no impidió que los cordobeses ocuparan los lejanos castillos jienenses de Iznatoraf y San Esteban. Pero poco después, tras la muerte de la primera esposa de Fernando —Beatriz de Suabia—, el emir aprovechó la ausencia del castellano para no pagar los impuestos. Fernando III, entonces, lanzó una expedición hacia Córdoba. Primero asaltó Palma del Río (Córdoba), después pasó por Sevilla y sitió Jerez, y luego empezó la ocupación de Córdoba mediante una audaz acción de los cristianos de la frontera, que se enteraron de que la muralla de la Axarquía, el arrabal oriental de la ciudad, estaba desguarnecida, la tomaron mediante un golpe de mano nocturno y se fortificaron en el barrio hasta recibir refuerzos de las plazas fronterizas próximas. De inmediato Fernando III, desde León, se dirigió a Córdoba y se apresuró a sitiar la ciudad, e Ibn Hud no pudo acudir a socorrer a los musulmanes cordobeses porque estaba siendo atacado por cristianos en Levante. Así, la capital cordobesa se entregó el día de San Pedro de 1236, con la complicidad de Alhamar. Fernando e Ibn Hud firmaron una tregua de seis años, y Hud pagaría un tributo.

Entonces, la reina madre Berenguela, que siempre actuaba como tal, recomendó a Fernando III un nuevo matrimonio para evitar los amoríos ilegítimos que tan frecuentes eran entre la nobleza. Berenguela, con el consejo de su hermana Blanca, esposa de Luis VIII de Francia, concertó el matrimonio de su hijo con la noble cortesana Juana de Dammatín, condesa de Ponthieu y bisnieta de Luis VII de Francia. La boda se celebró en la catedral de Burgos oficiada por el obispo Mauricio, el mismo que desposó a Fernando en su primer matrimonio. De este nuevo matrimonio nacieron cinco hijos: Fernando, Leonor, que casaría con Eduardo I de Inglaterra, Luis, Simón o Ximen y Juan.

La caída de Córdoba dio lugar a que se entregaran a Fernando III todos los pueblos de la región, mediante pactos con Ibn Hud por los que el rey Fernando respetaba las leyes y costumbres de los musulmanes, pero abonando grandes tributos. Por ello, tan solo fueron ocupadas las plazas importantes, en las que se sustituyó a la población musulmana por cristianos. Por otra parte, las campanas que trajo Almanzor desde Santiago de Compostela a Córdoba a hombros de presos cristianos se devolvieron ahora a hombros de cautivos musulmanes.

El descontento de la población con Ibn Hud por los enormes tributos que tenían que aportar a Fernando III fue aprovechado por Alhamar para hacer su entrada, en 1237, en Granada, como capital del recién creado emirato o reino de Granada. Casi al mismo tiempo, Ibn Hud fue asesinado por su hombre de confianza, el gobernador de Almería, dejando a Alhamar como caudillo de la región oriental de al-Ándalus: Granada, Málaga, Almería y Jaén. Castilla incrementó sus dominios con Córdoba y Murcia, llegando al Mediterráneo por Cartagena, y los aragoneses se apoderaron de Valencia.

Fernando III, después de la conquista de Córdoba, entre 1240 y 1243, ocupó, sin apenas resistencia, las plazas jienenses de Chillón y Gahete, las cordobesas de Pedroche, Santa Eufemia, Obejo, Setefilla, Hornachuelos, Almodóvar, Luque, Lucena, Santaella, Montoro, Aguilar y Baena y las sevillanas de Écija, Marchena, Morón, Osuna y Estepa.

En 1243, Fernando III enfermó en Burgos, por lo que envió a su hijo Alfonso a las campañas del sur. Cuando el príncipe Alfonso llegó a Toledo, recibió un mensaje del rey de la taifa murciana ofreciéndole vasallaje para evitar el peligro que para el musulmán suponía la proximidad de Jaime I de Aragón con sus conquistas en Levante y las Baleares; por eso, Alfonso se desvió hacia Murcia, dejando por el momento la reconquista de Andalucía, que retomaría su padre al recuperarse de su enfermedad. Alfonso se estableció en el alcázar de Murcia tras firmar, en 1243, un acuerdo con el rey musulmán murciano, que veía cómo Jaime I de Aragón había conquistado Valencia y Játiva y amenazaba el reino de Murcia mediante un pacto con Alhamar, rey de Jaén y Granada. Algún tiempo después, Alfonso firmó con Jaime I el Tratado de Almizra (1244) para fijar la expansión de este hacia el sur, y también se concertó el matrimonio de Alfonso con Violante, la hija de Jaime I.

Alfonso dirigió la conquista del reino de Murcia, en virtud del Tratado de Almizra, incorporando a Castilla las ciudades de Alicante, Elche, Orihuela, Murcia, Lorca, Mula y Cartagena, esta última con la ayuda de una flota procedente del Cantábrico, que ayudaría también en la posterior toma de Sevilla. Por su parte, Jaime I conquistó Játiva y Alcira (1245). Todas estas conquistas se concretaron sin graves destrucciones, ya que la mayoría de ellas fueron capitulaciones. En el terreno conquistado quedaron muchos musulmanes, por lo que posteriormente hubo varias rebeliones. Destacó la de Al-Azraq, al que apoyó en varios momentos el príncipe Alfonso de Castilla. La paz no llegó hasta 1248, con la expulsión de cien mil musulmanes.

Después de la conquista de todas las plazas andaluzas señaladas antes, Fernando veía abrirse fácilmente el camino hacia Sevilla, pero le preocupaba Jaén en la retaguardia. Conquistó Arjona y Alcaudete y también Martos y Úbeda y optó por el asedio de Jaén, por tercera vez, ahora en 1245, que duró todo el invierno, con numerosas bajas por ambos bandos. Alhamar comprendió que tendría que rendirse por hambre y decidió entregar la plaza. Así, se presentó en el campamento cristiano, se ofreció como vasallo del rey Fernando, entregó Jaén y ciento cincuenta mil maravedíes anuales y prometió prestar en el futuro ayuda militar al rey Fernando. Con una tregua de veinte años se aseguró la supervivencia de su reino de Granada, que duró dos siglos y medio dentro de sus fronteras seguras: entre el Mediterráneo por el sur y la Serranía de Ronda y la Sierra de Elvira por el norte.

Después de la toma de Jaén, en 1246, Fernando III devastó los campos sevillanos de Carmona, Lora, Cantillana, Alcalá de Guadaira y El Aljarafe y la campiña de Jerez (Cádiz), como preparación del asedio a Sevilla para el año siguiente y para dominar, así, todo el valle el Guadalquivir. Ese año murió la madre del rey Fernando, después de visitarlo el año anterior en Pozo de Don Gil, donde Alfonso X fundaría después Villa Real, en la actualidad Ciudad Real.

La conquista de Sevilla era difícil y se llevó a cabo de manera simultánea por tierra y por el río. Fernando ordenó la formación de una flota con naves procedentes del Cantábrico, origen de la Marina de Castilla, para atacar a la flota musulmana, que sería derrotada a pesar de tener más navíos. Ello privó a los sevillanos de los refuerzos procedentes de África que podían llegar por el río. Mientras, las plazas cercanas fueron tomadas por los castellanoleoneses, y entonces se procedió al asedio de Sevilla, pero el emir de Niebla les suministraba a los sitiados víveres desde la fortaleza de San Juan de Aznalfarache utilizando un puente de barcas, reforzado con cadenas de hierro, que iba desde la Torre del Oro hasta la orilla opuesta, por lo que Fernando III decidió destruirlo, lo que se consiguió mediante barcos cargados de piedras que embistieron y rompieron las barcas del puente. Así, la ciudad intramuros quedó aislada del Aljarafe y del castillo de Triana y no tuvo más remedio que rendirse, después de seis meses, el veintitrés de noviembre de 1248. El rey granadino Alhamar ayudó a los cristianos con quinientos jinetes. También recibió Fernando III ayuda de portugueses, aragoneses y catalanes.

Después, Fernando III bajó por el Guadalquivir, mediante dos campañas de saqueo, liquidando las resistencias restantes de Las Marismas y de la comarca del estrecho de Gibraltar: Jerez, Arcos, Medina Sidonia, Vejer y otras ciudades grandes, como Lebrija (Sevilla) y las gaditanas Bornos, Alcalá de los Gazules, Puerto de Santa María, Sanlúcar, Rota y Trebujena. En todas estas actividades bélicas estuvo implicado, en primera línea, el príncipe Alfonso, ejerciendo a veces labores de gobierno dada la mala salud de su padre. Después de estas acciones solo quedaba la toma de Cádiz y Niebla (Huelva).

Desde el sitio de Sevilla, Fernando III se sentía mal y creyó morir antes de su conquista. Sin embargo, murió cuatro años más tarde, en 1252, cuando preparaba una expedición a Marruecos para conquistar desde Oran hasta el Atlántico, con la idea de poder controlar ambos lados del Estrecho.

La muerte de Fernando III se debió a una hidropesía, que es la retención de líquidos en determinados órganos, que contrajo un año antes, una enfermedad bastante frecuente en la época y en siglos posteriores, en los que la padecieron personajes tan conocidos como Isabel «la Católica» y Miguel de Cervantes. A sus exequias asistió conmovido el pueblo sevillano, así como el rey granadino Alhamar. Se le enterró, según sus deseos, en una sepultura sencilla en la catedral de Sevilla, al pie de la imagen de la Virgen de los Reyes, que, según parece, le había regalado su primo San Luis —Luis IX de Francia—. Después, su hijo Alfonso X ordenó la construcción de dos ricos mausoleos para sus padres. Tiempo después, su descendiente Pedro I «el Cruel» confiscó las joyas de los mausoleos para hacer frente a la Guerra de los Dos Pedros.

En 1590 el papa Sixto V confirmó que Fernando III merecía el tratamiento de santo, y, más tarde, el papa Urbano VIII, tras ciertas restricciones, acreditó la santidad e inició el proceso de beatificación en 1628, durando este veintisiete años, siendo entonces aprobado el culto como beato solo en Sevilla, en la capilla de los Reyes. Años después, en 1671, el papa Clemente X extendió el culto al beato Fernando a todos los dominios de los reinos peninsulares, y, finalmente, el mismo Papa lo canonizó en 1672. Fue el segundo rey español santo, tras el visigodo San Hermenegildo. Se ha de notar que su canonización se demoró más de cuatrocientos años desde su muerte, en contraste con la demora de menos de treinta años que sufrió su primo San Luis de Francia, lo que se debió a que este era un fervoroso seguidor y potenciador de las Cruzadas, muriendo él mismo en la Octava Cruzada en Túnez a causa de disentería. Fernando III no fue santo por ser pacífico, sino por su gran belicosidad y constancia en pelear contra los musulmanes, si bien también es cierto que mostraba gran piedad y un gran respeto a la moral cristiana. Como reza su epitafio, era recto, justo, prudente, magnífico, fuerte, piadoso y humilde. El Jueves Santo instauró la costumbre de lavar los pies a doce de sus súbditos más pobres, costumbre que perduró en la corte de Castilla y después en la española hasta el siglo xx. Cuando estaba en campaña, lo que era muy frecuente, rezaba el oficio parvo mariano, antecedente medieval del santo rosario.

Por otra parte, Fernando III también sobresalió en el aspecto cultural, destacando en la construcción de catedrales como las de Toledo, Burgos y León; fue impulsor de la Universidad de Salamanca, construyó una atarazana en Sevilla, encargó al arzobispo Jiménez de Rada que escribiese la *Historia gótica*; era amigo de trovadores —él mismo compuso algunas cantigas, una a la Santísima Virgen—, fue amante de la música y el canto; e instauró como lengua oficial el castellano en sustitución del latín. Como buen gobernante, instituyó el germen de los futuros Consejos del Reino al designar doce varones sabios y prudentes para que le aconsejaran y le asesoraran. Además, era un elegante jinete, diestro en los juegos a caballo, buen cazador y excelente jugador de damas, ajedrez y juegos de salón. Fue diligente y austero y, como dijo su hijo Alfonso X, «no conoció el vicio ni el ocio.

Fernando III engrandeció Castilla y León como ningún rey lo hizo antes o después de su reinado. En pocos años, la población de su reino triplicaba a la de Portugal y Aragón; se rompió el equilibrio entre los reinos cristianos peninsulares a favor de la corona de Castilla, pues, territorial y demográficamente, era superior a todos ellos.

VII. LA CORONA DE ARAGÓN

En 1137, Petronila, con solo un año, fue entregada por su padre Ramiro II de Aragón al conde de Barcelona Ramón Berenguer IV, que tenía más de veinte años, para que, cuando cumpliese la edad reglamentaria de catorce años, se desposaran. Después, Ramiro se retiró al monasterio de San Pedro el Viejo, pero siguió siendo rey; Petronila sería considerada reina, y el conde de Barcelona, príncipe de Aragón, con la tarea del gobierno del reino que ahora abarcaba Aragón y el condado de Barcelona y que constituía la corona de Aragón.

Cuando cumplió catorce años, Petronila se desposó con Ramón Berenguer IV en Lérida, en 1150, y fijaron su residencia en el palacio condal de San Pedro de Vilamajor, en la comarca del Vallés Oriental (Barcelona). Dos años después nació el infante Pedro, pero murió antes de 1158, año en el que nació el infante llamado indistintamente Alfonso y Ramón —Alfonso por su madre y Ramón por su padre—, que sería el futuro rey Alfonso II «el Casto», primer rey de la corona de Aragón.

Tras la muerte de Ramón Berenguer IV en 1162, Petronila abdicó en favor de su hijo Alfonso II, que también recibió de su padre todos los condados y señoríos de su propiedad, a excepción de Cerdeña, Carcasona y Narbona, que las heredó su hermano Pedro. Hasta que Alfonso cumplió la mayoría de edad, en 1164, Petronila ejerció como regente de la ya corona de Aragón.

ALFONSO II (1164-1196), «EL CASTO»

Alfonso, para su madre, o Ramón, para su padre, nació en Huesca en 1157, hijo de Petronila de Aragón y Ramón Berenguer IV de Barcelona; al subir al trono, siempre firmó como Alfonso. Era alto, delgado, diplomático, conciliador y se le conoce como «el Casto» y también como «el Trovador», por su habilidad para las trovas y obras en provenzal, a veces no excesivamente castas, y por su interés por la poesía y las artes. Al parecer, el apelativo «Casto» le vino porque solo tuvo relaciones con su esposa y por no tener hijos bastardos con otras cortesanas como era muy común en esa época, aunque ciertos cronistas le atribuyen muchos amoríos, pero puede que fueran solo fruto de su fantasía trovadoresca.

Al morir su padre en 1162, Alfonso, con apenas cinco años, empezó a viajar por el reino de Aragón para recibir el homenaje de sus vasallos, quienes constituirían el Consejo de Regencia, formado por obispos, nobles y representantes de ciudades, que gobernaría durante la minoría de edad del monarca. Entonces Fernando II de León fue aceptado como tutor de Alfonso, quien fue reconocido por el leonés como rey de Aragón y conde de Barcelona; pero su madre Petronila publicó las últimas voluntades de su marido, en las que se manifestaba que el tutor de Alfonso debía ser Enrique II de Inglaterra, aunque también parece que su primo Ramón Berenguer III de Provenza deseaba ejercer como tal. En 1163, el niño Alfonso consiguió el juramento de los habitantes de Barcelona y empezó a recorrer el territorio para obtener la fidelidad de sus vasallos. Entonces, para evitar problemas por la tutoría de Alfonso II, Petronila renunció a la regencia, en 1164, y cedió la corona de Aragón y el condado de Barcelona a su hijo, que fue reconocido por el Papa. Las primeras Cortes documentadas del reino (corona) se celebraron en Zaragoza ese mismo año. Sus dominios, tras la incorporación del reino de Valencia, constituirían a finales del siglo XII la denominada corona de Aragón. Alfonso II, pues, gobernó como rey de Aragón, que ya incluía los condados de Sobrarbe y Ribagorza, y como conde de Barcelona, que en esos momentos incluía los condados de Gerona, Osona y Besalú, y con todo ello constituyó la corona de Aragón.

Alfonso II tuvo dos intentos de proposiciones matrimoniales: con Mafalda de Portugal y con la princesa bizantina Eudoxia, pero, al final, se casó en 1174 con Sancha de Castilla, hija del segundo matrimonio de Alfonso VII de León y Castilla, en la catedral del Salvador de Zaragoza. Este matrimonio estaba concertado casi desde el nacimiento del rey aragonés, con la finalidad de reafirmar las relaciones entre ambos reinos. Ese mismo año, Alfonso II, con dieciséis años, también sería armado caballero. De su matrimonio nacieron cinco hijos y cuatro hijas.

Durante el reinado de Alfonso II de Aragón, que siempre consideró prioritaria Occitania frente a la península ibérica, se produjeron hasta siete pactos o tratados con los reyes cristianos peninsulares. Mediante el primero de los pactos, prescindiendo de Castilla, Aragón se alió con Fernando II de León en contra de Navarra (Agreda, 1162) para repartirse este reino. En 1168 se rompió esta alianza y se firmó un segundo pacto-tregua, esta vez con Sancho VI de Navarra (Sangüesa).

Alfonso II de Aragón, debido a que su padre Ramón Berenguer IV supo expansionarse por Occitania y el Mediterráneo mediante pactos adecuados y anexiones de muchos condados, reinó sobre gran parte del sur de Francia, con excepción del condado de Tolosa, con el que se llegó a un acuerdo de paz. Alfonso II anexionó el condado de Provenza tras la muerte de su primo Ramón Berenguer III de Provenza sin herederos masculinos y encargó su gobierno a su hermano Pedro, con el título de conde. También buscó alianzas con Inglaterra y más tarde con Portugal, formando el eje Aragón-Inglaterra-Portugal, frente al formado por Castilla, Francia y Escocia.

En 1168-1169, Alfonso II reconquistó en tierras aragonesas La Matarraña y repobló varias localidades cercanas; llegó hasta Cantavieja (Teruel) y ocupó después los macizos montañosos de las localidades turolenses de Montalbán y Aliaga y el resto de la provincia de Teruel, arrebatándoselos al rey murciano Lobo, que era su tributario. Mientras, el señor de Estella, Pedro Ruiz de Azagra, autorizado por Navarra y Aragón, conquistó Albarracín e hizo de él un señorío independiente que obstaculizaba la expansión de Aragón hacia el sur.

Tras una serie de hostilidades fronterizas entre Castilla y Aragón, sin éxito aparente, Alfonso II de Aragón firmó su tercer tratado de paz, esta vez con Castilla (Sahagún, 1170), con el compromiso de su matrimonio con la infanta Sancha de Castilla y la concertación de la boda del rey castellano Alfonso VIII con Leonor de Plantagenet, hija de Enrique II de Inglaterra, que ejercía de mediador o árbitro.

Después de estos hechos Alfonso II reemprendió la reconquista del bajo Aragón, ocupando Caspe (Zaragoza) y reconstruyendo Teruel (1170). También rechazó ataques de Sancho VI de Navarra e hizo incursiones en el territorio del fallecido rey Lobo, llegando hasta Játiva y Murcia (1172). En 1174 fundó la Orden Militar de Alfambra y en años sucesivos varias Encomiendas Templarias (Castellote, Aliaga, Cantavieja y Villel).

Alfonso VIII de Castilla, con la ayuda de Alfonso II de Aragón, conquistó Cuenca (1177), que se incorporó a Castilla, y ambos monarcas firmaron el Pacto de Cazola (1179). Este fue el cuarto pacto del rey aragonés, mediante el que se acordó repartirse Navarra y que las reconquistas en la zona de Valencia, Játiva y Denia quedaran a expensas de Aragón, mientras que Murcia quedase para Castilla; de este modo, los aragoneses pudieron llegar después hasta Sagunto (1179) y Olocau del Rey (Castellón, 1180).

En 1181, el conde de Tolosa invadió el vizcondado de Narbona y el hermano de Alfonso II, Pedro, fue asesinado, por lo que el rey aragonés nombró nuevo gobernador de Provenza a otro hermano, Sancho, al que tuvo que destituir en 1185 por haber realizado tratos ilegales con Tolosa y Génova. Después logró la paz con Tolosa y consolidó su dominio desde Niza hasta el Atlántico, con posesiones propias y de vasallos suyos, y estuvo a punto de crear un reino pirenaico, que englobaría las cuencas del Ebro y del Garona.

Después del Pacto de Cazola, tras unos años de luchas fronterizas navarroaragonesas, se llegó a un acuerdo en Agreda (1186), el quinto del reino aragonés, entre los reyes Alfonso II y Alfonso VIII, de nuevo contra Navarra. Poco después de dicho acuerdo se produjo un distanciamiento entre los castellanos y aragoneses y una nueva aproximación de Aragón hacia Navarra (sexto pacto de Aragón, el Pacto de Daroca, 1190). Poco después, un tratado entre Aragón, Navarra, León y Portugal (Liga de Huesca, 1191), séptimo pacto de Aragón, dejó aislado a Alfonso VIII de Castilla, que respondió hostigando las fronteras aragonesas.

En 1192, Ricardo Corazón de León, de vuelta de las Cruzadas, se alió con el conde de Tolosa en contra de Alfonso II, pero este logró fortalecer sus posesiones en Languedoc tras concertar el matrimonio de su hijo Alfonso con Gersenda de Sabrán, hija de un antiguo aliado del conde de Tolosa. En 1195 firmaron la paz Alfonso II y el nuevo conde de Tolosa, sin alterar los equilibrios territoriales en Occitania.

Tras la pérdida de la batalla de Alarcos (1195) por Alfonso VIII contra los almohades y el avance de estos por la Península, las presiones del papa Celestino II forzaron a los reyes de Castilla y Aragón a negociar una operación conjunta contra los almohades, pero al final no se llevó a cabo. Ese mismo año, Alfonso II peregrinó a Santiago de Compostela y aprovechó para reunirse, con afán de mediador, con los reyes de Castilla, Navarra, León y Portugal, para hacer un frente común contra los musulmanes.

Alfonso II murió a la vuelta de Santiago de Compostela, en Perpiñán, en 1196, y se le enterró en el monasterio de Poblet. Le sucedieron su hijo mayor Pedro como rey de Aragón y conde de Barcelona y su segundo hijo Alfonso como conde de Provenza y otros condados.

PEDRO II (1196-1213), «EL CATÓLICO»

Pedro II «el Católico» nació en 1178 en Huesca, donde se bautizó en su catedral y pasó su infancia. Era un robusto gigante, audaz, sensual, galante, atractivo, seductor y fastuoso; también era amante de las armas y de las artes.

A la muerte de su padre, Alfonso II de Aragón, Pedro contaba diecinueve años, y, como para heredar la corona tenía que haber cumplido los veinte, según especificaba el testamento paterno, su madre Sancha de Castilla fue la que ejerció de tutora. Madre e hijo no tuvieron una relación cordial, pues, en los primeros años de reinado, mantuvieron continuos enfrentamientos, y no pusieron fin a sus diferencias hasta 1201 en Daroca.

En 1196 Pedro II se reunió con los reyes de Castilla y Navarra, en un paraje entre Agreda y Tarazona, para intentar unir los reinos cristianos contra los almohades. Pero después Alfonso VIII de Castilla y Pedro II de Aragón firmaron un pacto para repartirse Navarra, cuyas fronteras fueron atacadas por ambos. Más tarde, en 1198, Pedro II ayudó a Alfonso VIII contra León, Navarra y los almohades.

Respecto a Occitania, Pedro II siguió la misma política expansionista transpirenaica de sus antecesores; completó el sueño de su padre en Occitania frente al intento de expansión de la monarquía de los Capetos franceses. Se casó con María de Montpellier en 1204, por lo que incorporó este señorío a la corona de Aragón. Pedro II llevó a cabo en la zona diversas alianzas, sobresaliendo la que conllevó el matrimonio de la infanta Leonor, hermana de Pedro II, con Raimundo VI de Tolosa, lo que frenaba la ancestral hostilidad entre Aragón y Tolosa. En 1209 Pedro II se anexionó el condado de Urgel, a la muerte del conde Armengol VIII.

El matrimonio entre Pedro II y María no fue prolífero, ya que mantenían una mutua antipatía y una escasa vida marital. Solo tuvieron un hijo, Jaime, después de varios años de matrimonio, tras dos años más de haber sido repudiada y habiendo incluso intentado el divorcio, que el Papa no autorizó, pues el rey aragonés deseaba casarse con María de Montferrato, heredera del reino cruzado de Jerusalén, inexistente ya en la práctica. Puede decirse que Pedro fue un deplorable esposo y peor padre: encerró a la reina en su castillo, mientras él iba de lecho en lecho, y, respecto a su hijo, ni siquiera se aprendió su nombre y se empeñaba en llamarlo Pedro. El rey aragonés tuvo, además, una hija y un hijo ilegítimos conocidos, Leonor y Pedro.

Pedro II fue coronado, en el año 1204, por el papa Inocencio III en Roma, siendo el primer monarca aragonés ungido por la Santa Sede. En adelante los reyes aragoneses serían coronados en la Seo de Zaragoza por el arzobispo de Tarragona, previo permiso de Roma.

En relación con la reconquista de la Península, Pedro II logró tomar diversas localidades de Teruel: Mora de Rubielos, 1198; Manzanera, 1202; Rubielos de Mora, 1203; Camarena, 1205; y El

Cuervo, 1210; así como Serreilla (Cuenca, 1210) y las plazas valencianas de Castielfabib y Ademuz (1210).

Pedro II participó junto a Alfonso VIII de Castilla y Sancho VII de Navarra, en 1212, en la batalla de Las Navas de Tolosa. Pedro II se dirigió hacia Toledo y unió sus tropas a las de Alfonso VIII y a otras fuerzas europeas, que se habían reclutado tras la proclamación de la Cruzada que pretendía llevarse a cabo contra los almohades. Desde allí, el conjunto de tropas se dirigió hasta Calatrava, tomando la villa, donde los europeos, al no poder saquear la ciudad y no estar acostumbrados a soportar el calor, se retiraron a sus países. Poco después, las tropas de Castilla y Aragón ocuparon Alarcos, y allí se les unió Sancho VII de Navarra con su ejército. Una vez que todas las tropas se unificaron, llegaron hasta Las Navas de Tolosa, donde los almohades sufrieron una estrepitosa derrota que fue clave en la reconquista de Hispania, pues, desde entonces, la iniciativa la tomaron los cristianos, empezando con la conquista de Andalucía por parte de Fernando III «el Santo» y la de Levante por Jaime I de Aragón, el hijo y heredero de Pedro II. Al parecer, en la batalla de Las Navas de Tolosa, Pedro II fue herido de gravedad en una pierna, pero siguió luchando hasta la victoria.

En otro orden de cosas, la expansión transpirenaica de Aragón decaería pronto debido a la persecución que la Iglesia desencadenó contra los cátaros, afincados en el sur de Francia, principalmente, en Provenza y Languedoc, a los que el rey aragonés defendía. Los cátaros o albigenses, pues su epicentro estaba en la ciudad de Albi, seguían el catarismo, una herejía cristiana procedente de Asia Menor y los Balcanes.

Después de muchos años de catarismo, en 1181, la Santa Sede organizó una infructuosa cruzada contra Roger II de Béziers y otros nobles de Languedoc que protegían a sus súbditos. Pero el papa Inocencio III, en 1209, impulsó una terrible cruzada que incendió Béziers y ocupó Carcasona, siendo Simón de Montfort, señor de la *Île-de-France*, el caudillo de aquella, y quien masacró cruelmente a los cátaros. Los cruzados quisieron imponerse a Raimundo VI de Tolosa, que se resistió, pero, al final, esta ciudad fue sitiada, por lo que Raimundo VI y otros nobles buscaron la ayuda de la corona de Aragón. Entonces Pedro II, que veía peligrar sus posesiones en la zona, pues pasarían al rey de Francia, intentó llegar a arreglos pacíficos actuando consecutivamente en varios frentes: dictó medidas contra los cátaros (1198-1210), visitó al Papa en Roma (1204), se esforzó para que Carcasona no fuera quemada (1209), conferenció en Narbona con Montfort —concertando el matrimonio, que al final no se celebró, de la hija de Monfort con el heredero aragonés Jaime, y concediéndole al francés la tutela del joven como garantía—, se entrevistó con los legados pontificios (1211), envió en 1212 embajadores a Roma y, finalmente, luchó en Las Navas de Tolosa como ya se ha comentado.

Fallidos todos los intentos de Pedro II por llegar a acuerdos, se vio obligado a la lucha armada apoyando a Raimundo VI y los cátaros, aunque eso suponía la excomunión: el mismo Papa que lo coronó también lo excomulgó. Pedro II se encontraba en una paradoja: por un lado, tenía un sentimiento católico inalterable, por lo que debía combatir la herejía cátara, pero, por otro, se veía obligado a defender a los cátaros para mantener su propia hegemonía en Occitania. Por tanto, en 1213, se presentó en Tolosa y consiguió que Raimundo VI y otros condes le jurasen obediencia y fidelidad, convirtiéndose así en el soberano de casi toda Occitania, una condición real que le duró poco, pues murió ese mismo año luchando contra los cruzados en Muret, a doce kilómetros de Tolosa, donde sus tropas fueron derrotadas; de esa forma se terminaron las pretensiones hegemónicas de Aragón en Occitania, todo por la temeridad y arrogancia de Pedro II, que se expuso excesivamente en la batalla junto al estandarte real en lugar de permanecer en la retaguardia, como normalmente hacían los monarcas. Pudiera haber influido, en su actitud, la juerga de la noche anterior, con borrachera y amante incluida, que no lo mantuviera en plena forma para una batalla y le pasase tan mala factura.

Pedro II fue enterrado en los Hospitalarios de Tolosa y allí permaneció hasta 1217, fecha en que el papa Honorio III autorizó su trasladó al monasterio de Santa María de Sigena, en Huesca, donde fue sepultado en el exterior del recinto sagrado, por estar excomulgado.

JAIME I (1213-1276), «EL CONQUISTADOR»

Jaime I «el Conquistador» nació, en 1208, en el palacio de Mirabais de Montpellier, donde también se engendró, único hijo legítimo y poco querido de Pedro II «el Católico», un afecto paupérrimo, porque su madre María de Montpellier no fue nunca deseada, sino más bien odiada por Pedro II, de manera que el embarazo de tal hijo fue un engaño para el monarca, pues ya llevaba dos años de haber repudiado a la reina: entonces, algunos nobles y eclesiásticos le hicieron creer que se acostaba con una amante y no con la reina; así que, tras descubrir el engaño, no quiso ver ni conocer a su hijo; parece que incluso el niño sufrió un intento de atentado en su cuna. El nombre de Jaime le viene porque su madre, cuando estaba de parto, encendió doce velas con los nombres de los apóstoles, de manera que la última en apagarse daría el nombre al heredero, y esa fue la de Santiago Apóstol, San Jaime.

Hasta que Jaime tuvo dos años no lo conoció su padre. Fue en el momento en que lo entregó a la custodia de Simón de Montfort, conductor de la Cruzada contra los cátaros, quien lo encerró como rehén en el castillo de Carcasone para que se casase, cuando fuese mayor de edad, con su hija Amicia, con el fin de frenar la escalada de violencia contra los cátaros del sur de Francia, a los que defendía el rey aragonés.

Cuando Pedro II murió en la batalla de Muret, Simón de Montfort no quiso devolver el niño, que ya había cumplido los cinco años, a los nobles aragoneses y catalanes que lo intentaban proclamar rey, hasta que con la intercesión del papa Inocencio III se consiguió la entrega de Jaime en Narbona. Después, Simón de Montfort se apoderó de Tolosa y se convirtió en conde de esta ciudad, pero algunos de los súbditos del fallecido Pedro II, al frente del conde Sancho de Aragón, tío abuelo del rey, que deseaban venganza por los hechos de Muret, sitiaron Tolosa, y, a pesar de que el papa Honorio III envió una bula contra el conde Sancho, Simón de Montfort perdió la vida en el sitio de la ciudad, por lo que la venganza estaba consumada.

Tras la recuperación de Jaime I en Narbona, la regencia quedó bajo la tutela de su tío-abuelo Sancho, hijo de Petronila y Ramón

Berenguer IV. Jaime I heredó el Señorío de Montpellier de su madre, quien también murió ese año de 1213 en Roma, donde había conseguido que el Papa le ayudara a liberar a su hijo, como se comentó antes, y que evitara el divorcio que deseaba su marido. De esta manera, a los seis años, Jaime era rey de la corona de Aragón y señor de Montpellier. La primera vez que cruzó los Pirineos lo hizo junto a su primo Ramón Berenguer V de Provenza, para ser educados ambos en Monzón por los Templarios de Aragón.

A los trece años, Jaime I se casó con Leonor de Castilla, hermana de la reina Berenguela e hija de Alfonso VIII, en Ágreda (Soria). Tras la boda, los nuevos esposos se trasladaron a Tarazona, donde el rey tomó su condición de caballero. De esta unión nació Alfonso, heredero que se casaría con Constanza de Bear y moriría sin descendencia antes que su padre. El matrimonio de Jaime y Leonor se anuló ocho años después por razones de parentesco, a propuesta del propio rey, que, seguramente, deseaba casarse con otra. Y así fue. El rey, algún tiempo después, contrajo matrimonio con Violante de Hungría, con la que tuvo nueve hijos: Violante, que se casaría con Alfonso X «el Sabio»; Constanza; Pedro —futuro Pedro III Aragón—; Jaime —futuro rey de Mallorca—; Fernando; Sancha; María; Isabel y Sancho. La reina Violante tenía un fuerte carácter y, posiblemente para beneficiar a sus hijos, ejerció una influencia perturbadora sobre su esposo, al que hizo que tomara decisiones políticas desfavorables para la Corona, lo que llevó a la posterior división y atomización del reino. Al enviudar, en 1253, Jaime I comenzó una desenfrenada carrera de amoríos con cinco sucesivas amantes conocidas que le dieron al menos seis hijos bastardos, que fueron el origen de las más importantes casas nobiliarias de Aragón y Valencia. A una de sus amantes, Teresa Gil de Vidaure, prometió matrimonio, y se casó en secreto de manera civil con ella, pero, después, la abandonó cuando esta contrajo la lepra. La abandonada viajó a Roma para que no se anulase su matrimonio, lo que consiguió del Papa. Esto dio lugar a que el rey ordenara cortar la lengua a su confesor, el obispo de Gerona, por no guardar el secreto de confesión y haber contado al Papa los devaneos amorosos del monarca.

Los quince primeros años del reinado de Jaime I fueron complicados, pues no lograba pacificar a la nobleza aragonesa, por lo que no pudo tener actividad reconquistadora, incluso, en el año 1224, fue hecho prisionero y tres años después sufrió otra rebelión nobiliaria, dirigida por su tío el infante Fernando, hijo de Alfonso II de Aragón, que terminó, gracias a la intervención de la Santa Sede, con la Concordia de Alcalá, que marcó el triunfo y la estabilidad de la monarquía, que ahora sí podía empezar con campañas contra los musulmanes. Fue entonces cuando ocupó regiones de Murcia e inició la reconquista de Levante con el asedio a Peñíscola, que sirvió, aunque terminó en fracaso, como experiencia guerrera, y la imposición de un importante tributo al gobernador musulmán de Valencia.

Después decidió actuar en dos direcciones: hacia las islas Baleares y hacia Valencia. La decisión de conquistar las Baleares fue, más que por deshacerse de las hostilidades de los piratas musulmanes que las ocupaban, por conseguir el monopolio del comercio y el control de una primera etapa de la ruta hacia Oriente, el control del lejano comercio con Siria y Alejandría. Así, tras el acuerdo de repartir las tierras ganadas entre los conquistadores, principalmente catalanes, partió en 1229 con ciento cincuenta y cinco barcos, mil quinientos jinetes y quince mil infantes hacia las Baleares. Desembarcaron en la isla de Mallorca y vencieron en la batalla de Porto Pi, si bien el asedio posterior a la capital duró tres meses. Los musulmanes encerrados tras las murallas habían crucificado a varios soldados cristianos por lo que al tomar la ciudad los cristianos pasaron a cuchillo a los musulmanes vencidos. Algunos musulmanes que pudieron escapar organizaron la resistencia en las montañas, donde fueron definitivamente derrotados en 1232. Tras la caída de la ciudad se produjo una epidemia debido a la gran cantidad de cadáveres, lo que diezmó la tropa cristiana. Después Mallorca se constituyó como un reino más de la corona de Aragón.

Respecto a la conquista de la isla de Menorca, se presentaron dos problemas: el primero fue la división y tensiones del ejército por el botín, y el segundo, que Jaime I pretendía ahora dar prioridad a la conquista de Valencia. No obstante, Jaime consiguió someter a Menorca a un protectorado con vasallaje y no sería conquistada hasta 1287, por su nieto Alfonso III de Aragón. Por otra parte, las islas de Ibiza y Formentera fueron conquistadas en 1235, por iniciativa de los estamentos nobiliario y eclesiástico, al mando del arzobispo de Tarragona.

La conquista del reino de Valencia no fue exclusiva obra de los catalanes, como en el caso de Mallorca, sino que colaboraron aragoneses y catalanes, siendo la iniciativa de la nobleza de Aragón. Esta conquista se realizó durante tres etapas: en la primera (1232-1235) se conquistó la parte norte, la región castellonense, con la toma de Burriana, Peñíscola y el castillo de Castellón; en la segunda (1236-1238) se conquistó la parte central del reino valenciano, hasta el Júcar, con la toma de Alcira y Valencia, tras cinco meses de asedio, quedando como otro reino dentro de la corona de Aragón; y en la tercera etapa (1239-1245) se ocupó la parte meridional, el antiguo reino de Denia, hasta los límites que Aragón tenía acordados con Castilla (Tratado de Cazola, 1179).

En plena campaña valenciana, a la muerte de Sancho VII de Navarra en 1234, los navarros, que no estaban dispuestos a perder su independencia, aceptaron a Teobaldo I como rey. Entonces Jaime I, en virtud de un acuerdo de prohijamiento que había llevado a cabo con Sancho VII, mediante el cual el que sobreviviera de los dos heredaría el reino del otro, invadió Navarra, pero la resistencia de los navarros y la oposición de Francia y del papado le obligaron a desistir.

Por otra parte, como se comentó en el capítulo anterior, Fernando III de Castilla, mientras reconquistaba el sur peninsular, implicó a su hijo Alfonso X «el Sabio» en la reconquista por levante. Alfonso se estableció en el alcázar de Murcia, tras firmar en 1243 un acuerdo con el rey musulmán murciano, que veía cómo Jaime I de Aragón había conquistado Valencia y amenazaba el reino de Murcia mediante un pacto con Alhamar, rey de Jaén y Granada. Tiempo después, Alfonso firmó con Jaime I el Tratado de Almizra (1244) para limitar la expansión de éste hacia el sur, al tiempo que se concertó el matrimonio de Alfonso con Violante, la hija de Jaime I.

Después, Alfonso dirigió la conquista del reino de Murcia, en virtud del Tratado de Almizra, incorporando a Castilla diversas ciudades, mientras que Jaime I conquistó Játiva y Alcira (1245). Como igualmente se comentó en el capítulo anterior, todas estas conquistas se realizaron sin graves destrucciones, pues la mayoría de ellas fueron capitulaciones, quedando en el terreno conquistado muchos musulmanes, los denominados mudéjares.

Al cabo del tiempo, Alhamar, sintiéndose amenazado por Alfonso X, que ya era rey de Castilla, se alió con los benimerines y con los mudéjares de Jerez y Murcia, que se sublevaron contra el rey castellano en 1264; entonces, Jaime I de Aragón fue llamado por su hija Violante, esposa de Alfonso X, para que auxiliara en el levantamiento en Murcia. El príncipe heredero, futuro Pedro III «el Grande» de Aragón, acudió, conquistó Murcia (1265-1266) y dejó allí a diez mil aragoneses y catalanes, a pesar de que el Tratado de Almizra señalaba que Murcia pertenecía a Castilla, pero, poco después, el rey aragonés devolvió la ciudad a Alfonso X, que la repobló con castellanos. Jaime I consiguió, al mismo tiempo, la rápida sumisión de las plazas de Alicante, Elche y Orihuela (1265-1266).

Jaime I en 1262 estipuló que, a su muerte, su ahora primogénito Pedro —tras la muerte del primogénito Alfonso— heredara Cataluña, Aragón y Valencia, y su segundo hijo Jaime el reino de Mallorca, los condados de Rosellón y Cerdeña, el señorío de Montpellier, el vizcondado de Carlat y la baronía de Omedales. Así, cuando terminara su reinado, al estar definido el reino de Valencia y separarse Aragón de Cataluña después de permanecer unidos durante cien años, y ceder por parte de Aragón a Cataluña la ciudad de Lérida, con la frontera por el río Cinca, la corona de Aragón quedaría como una entidad confederal.

En 1269, Jaime I quiso poner su granito de arena con una expedición a Tierra Santa. Salió de Barcelona con su flota, pero, debido a las tormentas, tuvo que desistir, desembarcar cerca de Montpellier y volver por tierra a Barcelona, mientras que las naves, tras repararse, siguieron hasta San Juan de Acre. Otro fracaso similar lo tuvo en 1274. También amargó sus últimos años de vida la situación de enfrentamiento entre su primogénito Pedro y su hermanastro Fernando Sanchís de Castro, cabecilla de una revuelta feudal en Aragón y Cataluña; fue tan duro el enfrentamiento que protagonizó Pedro que su padre lo destituyó como lugarteniente de Cataluña en 1272, pero esto no impidió que la lucha entre los hermanastros continuara hasta 1275, cuando Fernando murió ahogado en el río Cinca, al parecer, por orden de Pedro. También en 1275 se sublevaron los mudéjares valencianos y acudió el rey personalmente a sofocar la revuelta, pero fue derrotado en Luchente en 1276. Al mes siguiente de este descalabro, Jaime I «el Conquistador» murió en Alcira, tras un largo reinado de sesenta y tres años. Se le amortajó con los hábitos del Císter y sus restos mortales se depositaron en Santa María de Valencia hasta 1278 en que se trasladaron al Monasterio de Poblet.

Jaime I fue un hombre alto, rubio, hermoso, valiente, orgulloso, sensible y muy religioso, pese a haber sido excomulgado por injurias al arzobispo de Zaragoza, por ordenar cortar la lengua al obispo de Gerona y, sobre todo, por ser un mujeriego y mantener un ejército de amantes extramatrimoniales. Pero también Jaime I fue instruido y culto. Entre 1244 y 1274 escribió en catalán una crónica de la historia de Cataluña, así como el primer código de costumbres marítimas. Igualmente, introdujo el derecho romano, hizo reformas monetarias, modificó instituciones como las Cortes y los organismos municipales y fue protector de los judíos.

Durante el reinado de Jaime I de Aragón se deben destacar las buenas relaciones comerciales de Cataluña con el norte de África, siguiendo o precediendo a los comerciantes los diplomáticos y los soldados catalanes, ejerciendo protectorados o sirviendo como tropas mercenarias a los musulmanes africanos. Igualmente concertó el matrimonio de su hijo Pedro con Constanza de Sicilia, que daría el impulso decisivo en la expansión mediterránea. Por otra parte, renunció a cualquier reivindicación sobre territorios en el sur de Francia a cambio de que los reyes franceses renunciaran a los derechos feudales como descendientes de Carlomagno —Tratado de Corbeil, firmado con San Luis IX de Francia en 1258—. Esto se refrendó con la boda de Isabel, hija de Jaime I, con Felipe el heredero de Francia. Realmente se detuvo la expansión al otro lado de los Pirineos para iniciar una política exterior de apertura hacia el Mediterráneo. Pero, en contrapartida, cometió el error político de dividir el reino entre sus herederos y de separar Aragón y Cataluña, al consolidar las Cortes privativas de cada reino, que actuaron como elementos esenciales en la creación de una conciencia diferenciadora de cada territorio.

PEDRO III (1276-1285), «EL GRANDE»

Pedro III «el Grande» nació en Valencia en 1239-1240, hijo de Jaime I «el Conquistador» y Violante de Hungría. Esta era intrigante, de fuerte carácter, e hizo todo lo posible para que sus hijos heredasen en detrimento del primogénito Alfonso, hijo del primer matrimonio de Jaime I; aunque, después, el primogénito murió antes que su padre, por lo que Pedro pasó a ser el heredero de la corona de Aragón. Al morir su madre en el año 1251, la formación de Pedro quedó en manos de la nobleza que lo instruyó en las armas —fue experto en la utilización de la maza—, la caza y las letras. Siendo infante, Pedro participó en las conquistas de Valencia y Murcia. Era enérgico, hábil, inteligente y audaz, aventajando a su padre en cualidades políticas e igualándole en las guerreras; destacó por su resistencia a la intemperie e inclemencias del tiempo, al mismo nivel que los almogávares de su tropa, en la persecución sin tregua a los enemigos.

Pedro III tuvo tres hijos ilegítimos con María Nicolau. Después se casó con Constanza de Hohenstaufen, hija de Manfredo I de Sicilia, en la catedral de Montpellier en 1262 y tuvieron seis hijos: Alfonso y Jaime, que serían reyes de Aragón; Isabel, que sería reina de Portugal y la canonizarían como Santa Isabel de Portugal; Federico, que sería rey de Sicilia; Violante, que se casaría con Roberto I de Nápoles; y Pedro. Posteriormente, de los amores con Inés de Zapata tuvo cuatro hijos ilegítimos más. También tuvo amoríos con Elisenda de Montesquieu; con la esposa del siciliano Alaimo de Lentini; con la siciliana Lisa; y casi seguro que con algunas más.

Tras la muerte de su padre, fue coronado en Zaragoza como Pedro III de Aragón. Siguió la misma política de penetración económica y protectorado en África que su padre. Además, para Pedro III, las plazas africanas constituían una cabeza de puente para avanzar por el Mediterráneo, ya que en la Península no le quedaba frontera donde atacar a los musulmanes, ni tampoco podía expansionarse por Occitania, según el acuerdo firmado por su padre con San Luis de Francia (Corbeil).

En 1266, el francés Carlos de Anjou acogió bajo su soberanía la isla de Sicilia, con la anuencia del papa Clemente IV, quien no deseaba ningún Hohenstaufen en el sur de Italia tras derrotar, en Benevento, al suegro de Pedro III, Manfredo, que murió en la batalla. Después el francés ordenó cegar a los tres hijos de Manfredo y en 1268-1269 capturó y decapitó a Conradino, sobrino y último heredero de Manfredo. Por tanto, ahora los herederos eran Constanza y su esposo el rey aragonés, apoyados por muchos sicilianos que propusieron como candidato al trono de Sicilia a Pedro III, quien contaba también con el beneplácito de los bizantinos.

Al principio, aparentemente, Pedro no tomó mucho interés y continuó con sus asuntos africanos, y por ello, en 1279, una flota aragonesa restableció la soberanía feudal sobre Túnez. Dos años más tarde armó una flota para invadir Túnez, para lo que solicitó del papa Martín IV una cruzada, que el Papa, francés y partidario de Carlos de Anjou, no autorizó.

Después, tras una revuelta en Palermo, las llamadas Vísperas Sicilianas, en la que se expulsó de la ciudad a Carlos de Anjou, el rey aragonés aprovechó para tomar Sicilia y Malta, así como la isla Djerba, frente a la costa tunecina, con una flota de cien barcos (1282). Pedro III fue coronado rey en Palermo e instó a Carlos Anjou, que estaba en Mesina, para que lo reconociera como rey de Sicilia y abandonara la isla, lo que tuvo que hacer tras sufrir la flota francesa una derrota en Nicotera, viéndose obligado el rey francés a refugiarse en Nápoles. El papa Martín IV respondió excomulgando a Pedro III y deponiéndolo como rey de Aragón, corana que ofreció a Carlos de Valois, hijo de Felipe III de Francia, al que invistió en 1284. Al mismo tiempo declaró una cruzada contra Aragón y, a tenor de esto, los franceses asaltaron tierras catalanas, pero Pedro III respondió atacándolos en Mallorca y Occitania.

Coincidiendo con estas acciones, Pedro tuvo problemas internos en Aragón y Cataluña, surgidos de las dificultades económicas que había provocado la conquista de Sicilia. Solucionados estos problemas, Pedro III hizo frente a la invasión que Felipe III de Francia realizó en Gerona en 1285, con la complicidad de Jaime I de Mallorca, hermano del rey aragonés, de manera que la flota aragonesa regresó de Sicilia y derrotó a la francesa en las islas Formigues. Después, durante la retirada de las tropas francesas, las consiguió derrotar en tierra en el barranco de las Penizas. En conclusión, se puede decir que ni el Papa ni los franceses pudieron con Pedro «el Grande», que los venció en Italia, en el Mediterráneo y en Cataluña.

A continuación, Pedro III se dispuso a enfrentarse a su hermano Jaime II de Mallorca y a su sobrino Sancho IV de Castilla: al primero por haber colaborado con los franceses en la ocupación de Gerona y al segundo por no haberlo socorrido durante la misma ocupación. Lo cierto es que no se enfrentó a ninguno de los dos, pues enfermó antes y murió, de una afección pulmonar, en Sant Climent, cuando se dirigía a Barcelona. Se le enterró en el Monasterio cisterciense de Santes Creus, según sus deseos testamentarios. Igualmente, deseó que se le levantase la excomunión para morir en el seno de la Iglesia, intentando devolver al Papa el reino de Sicilia, pero, al final, no hubo tiempo. En cambio, antes de morir, sí tuvo la satisfacción de saber que sus rivales Carlos de Anjou, el papa Martín IV y Felipe III de Francia habían muerto antes que él. Dejó a su hijo Alfonso III la corona de Aragón y a su hijo Jaime I el reino de Sicilia.

Respecto a las relaciones con Castilla, Pedro III protegió a los infantes Alfonso y Fernando de la Cerda como legítimos herederos de la corona de Castilla frente a Sancho IV «el Bravo», pero, al final, reconoció a este último a cambio de su apoyo en la recuperación de varias villas fronterizas con Navarra y de un acuerdo secreto para repartirse este reino, acción que, por supuesto, no se llevó a cabo.

Pedro III «el Grande» de Aragón siguió los pasos de su padre en lo referente a la cultura, pues ejerció como excelente trovador y escribió *Sirventeses,* en catalán. Por otra parte, debió ceder ante los problemas internos con los nobles aragoneses y catalanes, comprometiéndose a respetar sus fueros y reunir una vez al año las Cortes, tanto en Aragón como en Cataluña, por lo que al morir había dejado fortalecido el sistema constitucional representado por las Cortes aragonesas y catalanas.

ALFONSO III (1285-1291), «EL LIBERAL» O «EL FRANCO»

Alfonso III de Aragón nació en Valencia en 1265, hijo de Pedro III y Constanza de Sicilia. Desde 1282, mientras su padre estuvo ocupado en Sicilia, Alfonso gobernó el reino de Aragón. También fue gobernador de Sicilia. Después participó en la guerra contra Felipe III de Francia en Cataluña, liberando Gerona. Igualmente, en 1285, por encargo de su padre, conquistó Ibiza y Mallorca, que arrebató a su tío Jaime II por haber este ayudado a Felipe III de Francia en la toma de Gerona. Después, tras la muerte de su padre, pasó a Alicante y desde allí se trasladó a Valencia, donde sería jurado rey (1286) y, al poco tiempo, fue coronado en la Seo de Zaragoza.

En el año 1287, Alfonso III conquistó Menorca, que estaba gobernada por el reyezuelo musulmán Abu Umar (o Ibn Hazam) bajo el protectorado de Cataluña. Acusó a dicho gobernante de aliarse con Túnez y con los franceses y de permitir que la isla fuese un nido de piratas. La flota empleada en la conquista estaba compuesta por más de cien naves y unos veinte mil hombres. Después de una leve resistencia, los musulmanes se replegaron y pidieron la rendición. Tras firmar el Pacto de Sent Agáyz (Santa Águeda) el reyezuelo partió hacia Berbería con doscientos familiares y allegados, los restos mortales de su padre y su gran biblioteca. La población musulmana que allí quedó se vio obligada a pagar un tributo para ser libre y los que no pudieron pagarlo serían vendidos como esclavos en el norte de África. Al final la isla quedó deshabitada hasta que fue repoblada, principalmente por catalanes, aunque también por valencianos y aragoneses. Alfonso III ordenó la construcción de la catedral en Ciudadela sobre una mezquita, aunque no se iniciaron las obras hasta 1300, ya fallecido el rey.

Alfonso III tuvo problemas con la nobleza aragonesa, que amenazó con ofrecer la corona de Aragón a Carlos de Valois, por su ambición mediterránea y por haber sido proclamado rey en Valencia antes de jurar los Fueros de Zaragoza, por lo que tuvo que conceder, en 1287, el Privilegio General de la Unión, conjunto de preceptos en detrimento del poder real y en beneficio de los nobles, que le obligaba a convocar anualmente las Cortes en

Zaragoza. Después, en 1289, en las Cortes de Monzón, se reforzó el poder de la monarquía gracias al apoyo de los estamentos catalanes y valencianos.

Con Alfonso III prosiguió la antigua enemistad con Castilla, por no haber recibido ayuda de este reino contra los franceses en 1285, cuando su padre Pedro III la solicitó. El rey aragonés se negó a entregar a Castilla los infantes de la Cerda, que estaban en Aragón, y, por tanto, se rompieron definitivamente las relaciones entre ambos reinos. Sancho IV de Castilla firmó un acuerdo con Francia en contra de Aragón, siendo entonces cuando Alfonso III proclamó a Alfonso de la Cerda rey de Castilla en Jaca (1288) y declaró la guerra a Sancho IV. Como agradecimiento, Alfonso de la Cerda le hizo al rey aragonés la donación nominal del reino de Murcia, que nunca llegó a ser efectiva. Debido a estos hechos, entre 1289 y 1291, hubo luchas fronterizas entre Castilla y Aragón.

En Sicilia también tuvo problemas Alfonso III, pues el Papa y los franceses acosaban a su hermano Jaime, rey de Sicilia, que tenía prisionero desde la época de su padre al príncipe francés Carlos de Salerno, futuro Carlos II de Anjou, apodado «el Cojo». Entonces, por intermediación de embajadores de la Santa Sede, Francia e Inglaterra, se firmó la Paz de Canfranc (1288). Alfonso III liberó al príncipe de Salerno con la condición de que renunciara a Sicilia y mantuvo como rehenes a los hijos de este en Barcelona. Después, tras la imposibilidad de que Carlos de Salerno tomara Sicilia, se firmó el Tratado de Tarascón (1291), por el que se comprometía Alfonso III a viajar a Roma, para que se levantase su excomunión, que persistía desde tiempo de Pedro III, y también a organizar una cruzada a Tierra Santa. El pontífice revocaría la investidura de la corona de Aragón concedida a Carlos de Valois y Francia se comprometía a renunciar a los territorios de la corona de Aragón, a Alfonso III se le reconocían los derechos sobre Mallorca y la posibilidad de conquistar las islas de Córcega y Cerdeña, pero con la condición de que tanto él como su hermano Jaime renunciaran al trono de Sicilia, en favor de Carlos de Salerno. Jaime no cumplió el tratado, por lo que nuevamente se avecinaba un conflicto, que Alfonso III no vivió pues murió antes de forma repentina.

En el año 1282, Alfonso III se prometió con la infanta Leonor, hija de Eduardo I de Inglaterra, pero la boda no se celebró de inmediato al estar excomulgado Pedro III, por lo que los reyes de Inglaterra retrasaron el viaje de la princesa a Aragón. Finalmente, en 1290, se celebró la boda por poderes, pero, antes de que la princesa saliese rumbo a Barcelona, donde se estaban preparando los festejos para recibirla, Alfonso III murió de infarto a los veintisiete años, naturalmente sin haberse consumado el matrimonio. Alfonso III legó, mediante testamento de 1287, la corona de Aragón a su hermano Jaime, entonces rey de Sicilia, pasando este reino a manos de su otro hermano Fadrique o Federico. Los restos mortales de Alfonso III se depositaron en el convento de San Francisco de Barcelona y allí estuvieron hasta que el convento se demolió en 1835, momento en el que los trasladaron a la catedral de Barcelona, junto a los de su madre Constanza de Sicilia.

Alfonso III fue un rey bondadoso y cumplió siempre la palabra dada. La liberalidad de este rey se mostró en el aspecto cultural, así como en el interés que puso por la traducción de la Biblia al catalán. También durante su corto reinado se consiguió por primera vez que la lengua conocida como «romance vulgar» se designase *catalanesc*.

JAIME II (1291-1327), «EL JUSTO»

Jaime II nació en Valencia en 1267, hijo de Pedro III de Aragón y hermano y sucesor de Alfonso III «el Liberal», que falleció sin dejar descendencia. Fue lugarteniente de Sicilia desde 1283, a donde se trasladó junto a su madre. Dos años después heredó de su padre este reino. Derrotó a su competidor Carlos de Anjou, que estaba apoyado por la Santa Sede, en diversas contiendas. También conquistó parte de Calabria y las islas del golfo de Nápoles.

Al acceder al trono de Aragón, Jaime II encargó el gobierno de Sicilia a su hermano Federico o Fadrique. Inmediatamente después, Jaime II se alió con Sancho IV de Castilla y se casó civilmente con la hija de este, Isabel, de solo ocho años, que pasó a la corte aragonesa. Pero el matrimonio no llegó a consumarse, pues cuando murió el rey castellano se anuló, ya que el Papa no lo había aprobado por razones de consanguinidad. Isabel fue devuelta a Castilla a la edad de once años.

A pesar de ese primer matrimonio fallido, Jaime II estuvo casado tres veces más. Primero, desde 1295, con Blanca de Anjou, con la que tuvo doce hijos. Debemos destacar que, dada su vida itinerante y sin domicilio fijo, trató a sus hijos con rigidez y sin cariño alguno, viviendo los infantes solos desde los doce años. Tras la muerte de Blanca, Jaime II planeó en 1311 casarse con María de Chipre, pensando en las ventajas comerciales de la isla y en la posibilidad de ser rey de Jerusalén, que llevaba aparejado el reino de Chipre. La boda se celebró en 1315, tras largas negociaciones de la dote, pero el matrimonio no dio frutos y, nuevamente, Jaime quedó viudo en 1322. Ese mismo año se casó de nuevo, esta vez con la catalana Elisenda de Moncada, pero tampoco llegaron hijos, posiblemente porque el rey ya tenía poca salud, después de una grave enfermedad que padeció en 1318. Durante su estancia en Sicilia, de joven, tuvo fugaces relaciones amorosas con el resultado de al menos tres bastardos, a los que, como a los hijos legítimos, no hizo el menor caso.

Respecto a Sicilia, Jaime II, tras una serie de tensiones y avatares diplomáticos, se vio obligado a firmar el Tratado de Anagni (1295), que estipulaba su matrimonio con Blanca de Anjou, su segunda esposa, la paz entre Francia y Aragón, la donación de Sicilia a la Santa Sede y la restitución de Mallorca a su tío Jaime de Mallorca, quien le presentaría vasallaje, a cambio de los derechos sobre Córcega y Cerdeña. Pero los sicilianos proclamaron rey a Federico, que, a pesar de ser vencido en 1299 por su propio hermano Jaime II y tras una serie de circunstancias, sería reconocido como Federico III de Sicilia en 1302, mediante la Paz de Caltabellota, consolidando el poder de esta rama aragonesa en la isla durante varias generaciones más.

Completa la política mediterránea de Jaime II los acuerdos con Sancho IV de Castilla (Vistas de Monteagudo, 1291) para repartirse zonas de influencia en África, dando como resultado la intensificación de la presencia de Aragón en Túnez, Bugía y Tremecén y de Castilla en las costas de Marruecos. Los aragoneses ayudarían a Castilla en la lucha contra los musulmanes, materializada con la toma de Tarifa (1292), y los castellanos harían lo propio contra los franceses en ayuda de Aragón. También Jaime II organizó una expedición a Oriente para ayudar al emperador Andrónico II contra los turcos y para ello utilizó las tropas de almogávares que habían quedado desocupadas en Sicilia y que, dado su carácter indisciplinado y violento, constituían un problema para los habitantes de la isla.

Respecto a Castilla, aprovechando la minoría de edad de Fernando IV, sucesor de Sancho IV, Jaime II, en tres campañas —1296, 1298 y 1300— ocupó las plazas de Alicante, Elche, Orihuela, Guardamar del Segura y Murcia; después, también ocupó Alhama y Cartagena y finalmente, en 1301, sitió Lorca, que pertenecía al infante don Juan Manuel, primo hermano de Sancho IV, que escribió el libro de cuentos *El Conde Lucanor* y que en política siempre estuvo incordiando. Entonces, la reina María de Molina, esposa de Sancho IV y madre y regente de Fernando IV, cercó los castillos de Alcalá y Mula y sitió Murcia y estuvo a punto de capturar a Jaime II, que escapó con la ayuda de Juan y Enrique de Castilla, tíos de Fernando IV, que querían tener buenas relaciones con el rey aragonés. Después, tras la Sentencia Arbitral del rey de Portugal en Torrellas (1304) y el Tratado de Elche (1305), se firmó la paz entre Aragón y Castilla, devolviendo Jaime II la mayor parte del reino de Murcia y quedando las comarcas de Alicante, Orihuela y Elche en posesión del reino de Valencia.

En esta situación, en 1308, los castellanos y aragoneses firmaron la Alianza de Vistas de Campillo y el Tratado de Alcalá de Henares con un doble objetivo: primero, el compromiso de la heredera de Fernando IV, Leonor, con Jaime de Aragón, hijo de Jaime II; el matrimonio no llegó a celebrarse, pues el novio huyó durante la celebración de esponsales, y después renunció a los derechos al trono y profesó en una orden religiosa. La infanta se casaría años después con el sucesor de Jaime II, Alfonso IV de Aragón, hermano del novio huido. El segundo objetivo fue reanudar las campañas contra los musulmanes y repartirse el territorio por conquistar, pactando también con los benimerines, aunque los resultados de reconquista fueron mínimos.

En 1309 Jaime II encabezó una cruzada contra Almería, que terminó siendo asediada, pero sin resultado porque tuvo que levantar el cerco por falta de víveres principalmente.

Con posterioridad, cuando contó con estabilidad en sus fronteras peninsulares y la ayuda de sus súbditos, principalmente catalanes, Jaime II se apoderó de Córcega y Cerdeña (1323-1325) a pesar de la oposición de Génova y Pisa y de algunos alzamientos de los nobles locales, que con la ayuda de Génova persistieron a lo largo de todo el siglo.

En otro orden de cosas, Jaime II fue un rey respetuoso con los acuerdos firmados con sus súbditos y atento a cumplir las demandas que llegaban a su corte, hechos por lo que fue conocido como «el Justo»; consolidó la corona de Aragón al declarar la unión indisoluble de Aragón, Valencia y Cataluña; tuvo que desterrar de su territorio a los Templarios por las exigencias del papado, aunque se resistió al principio, por lo que en compensación creo la Orden Militar de Nuestra Señora de Montesa para luchar contra los musulmanes en el reino de Valencia; consiguió el vasallaje de los reyes de Mallorca; recuperó el valle de Arán, que había sido ocupado por los franceses en 1283; creó la Universidad de Lérida y se preocupó por la medicina, la poesía y la arquitectura; ordenó construir un palacio nuevo en Egea de los Caballeros y la reconstrucción de los palacios reales de Barcelona y Valencia, así como la Seo de Zaragoza; también encargó la narración de los hechos de su abuelo Jaime I «el Conquistador», que se plasmaron en el *Liber gestarum*.

Fue un monarca de gran cultura, buen latinista, notable orador, prudente, generoso y caritativo. Su vida fue un ejemplo por su afán moralizador; le gustaba la caza, cabalgar, bailar, el tiro con arco, el ajedrez y componer versos. Pero también tuvo defectos: no demostró cariño a sus hijos y fue cruel con sus enemigos, así como iracundo y vengativo.

Murió en Barcelona, se le sepultó en el monasterio de San Francisco de Barcelona y, en 1410, sus restos mortales se trasladaron al monasterio cisterciense de Santes Creus, junto a los de su esposa Blanca de Anjou y a los de su padre el rey Pedro III. En 1835, durante la primera guerra carlista, las tropas que se alojaron en el monasterio profanaron las tumbas de Jaime II y de su esposa.

Le sucedió Alfonso IV «el Benigno» (1327-1336), su segundo hijo, pues el primero, Jaime, se hizo monje tras huir durante su boda con Leonor de Castilla, como ya se comentó.

ALFONSO IV (1327-1336), «EL BENIGNO»

Alfonso IV posiblemente nació en Nápoles en 1299. Fue el segundo hijo de Jaime II de Aragón y de su segunda esposa Blanca de Anjou y, al parecer, lo amamantó ella misma. Durante toda su vida sufrió multitud de enfermedades. Era de carácter débil, sencillo, muy religioso, admirador de los franciscanos, humilde y bondadoso. Todo ello le valió el sobrenombre de «Benigno».

En 1314 se casó, en la catedral de Lérida, con Teresa de Entenza, heredera del condado independiente de Urgel y del vizcondado de Áger, y tuvieron siete hijos. Teresa testamentó en 1327 que sus posesiones de Urgel y Áger las heredase su hijo menor, Sancho, y, si este muriese, lo que ocurrió ese mismo año, pasaría la herencia a su tercer hijo, Jaime, pues el mayor, Alfonso, ya había muerto y el segundo, Pedro, estaba predestinado para heredar la corona de Aragón, con el nombre de Pedro IV.

Alfonso, durante el reinado de su padre, participó en la toma de Cerdeña (1323), por lo que, a pesar de que esta estaba cedida al rey de Aragón por el Papa en el Tratado de Anagni (1295), el reino aragonés entró en conflicto con Pisa y Génova, que tenían posesiones e intereses comerciales en la isla. Para la conquista se dispuso de ochenta naves grandes y gran cantidad de pequeñas, así como de diez mil hombres. A su vuelta de Cerdeña, en 1324, Alfonso inició la construcción del templo de Santa María del Mar en Barcelona.

Tras la muerte de su padre y la renuncia de su hermano Jaime, quien prefirió entrar en un convento como monje, Alfonso heredó la corona de Aragón, solo cinco días después de haber enviudado de Teresa de Entenza. Se coronó a sí mismo, en Zaragoza, el Domingo de Pascua de 1328, sin la intervención de ningún obispo. Después, volvió a casarse en 1329, esta vez con la antigua novia de su hermano Jaime, Leonor de Castilla, en la iglesia de San Francisco de Tarazona. Leonor era hija de Fernando IV de Castilla y hermana de Alfonso XI, y, tras la fallida boda con Jaime, había regresado a Castilla hacía ya ocho años. De este matrimonio nacieron dos hijos: Fernando y Juan. La nueva reina, cuando nacieron sus hijos, presionó a su marido para que cediera villas y señoríos en el límite de Valencia al hijo de ambos, Fernando, lo que el rey hizo en 1333, pero los valencianos y el heredero Pedro, hijo de su primer matrimonio, se opusieron para evitar el fraccionamiento del reino de Aragón, por lo que Alfonso IV rectificó. Este gesto provocó tensiones permanentes de la reina y sus hijos con el heredero Pedro, que se vio obligado a refugiarse en las montañas de Jaca.

Durante el reinado de Alfonso IV se produjo en Cataluña un importante declive demográfico y económico, debido principalmente a la peste negra y a una fuerte hambruna que asoló la región en 1333, por la escasez de trigo, debido a las malas cosechas y, sobre todo, por el bloqueo de la flota de Génova que impedía la llegada de este cereal desde Cerdeña y Sicilia. Solo Barcelona perdió diez mil habitantes.

Con respecto a los musulmanes, Alfonso IV, aparte de la colaboración con su cuñado Alfonso XI de Castilla para el bloqueo del Estrecho, donde participó con naves aragonesas para impedir el paso de tropas musulmanas a la Península, llevó a cabo en solitario una cruzada contra el reino de Granada en 1329, en la que no intervino su cuñado porque tenía buenas relaciones con los nazaríes, de los que recibía parias (tributos). Esta cruzada, por otra parte, fue poco efectiva, porque el papa Juan XXII no puso interés en pregonarla. Después, los musulmanes atacaron el reino de Valencia y tomaron Orihuela y Elche (1331), que más tarde fueron recuperadas por el rey aragonés. También Alfonso IV, entre 1330 y 1333, intentó la conquista de Almería, pero no lo consiguió, por lo que se firmó la paz en 1335.

Respecto al gobierno de Cerdeña, en 1329-1330 el rey aragonés promovió su repoblación con catalanes, valencianos y aragoneses, tras desterrar a sardos y genoveses. Después tuvo que sofocar revueltas apoyadas por Pisa y principalmente por Génova. La guerra contra Génova se prolongó entre 1329 y 1336, año este último en el que Alfonso IV, antes de morir, consiguió una precaria paz con el mantenimiento de la posesión de la isla. También apoyó el comercio mediterráneo firmando alianzas con los musulmanes de Bugía y Túnez.

Alfonso IV fue un rey interesado en promover la cultura. Igualmente impulsó los estudios de Derecho en la Universidad de Lérida. Hay quien opina que fue un rey débil e irresoluto, aunque mostró a veces un espíritu honesto, liberal y justiciero. Al parecer fue más capaz en sus actuaciones cuando era infante que cuando dirigió el trono.

Dos meses antes de morir, cuando ya estaba enfermo del mal crónico que acarreaba de su estancia en Cerdeña, su esposa Leonor y los dos hijos habidos con esta huyeron a Castilla, pues temían represalias por parte del heredero Pedro, quien a la muerte del rey accedió a la corona de Aragón, mientras que las posesiones de su madre, Teresa de Entenza, recayeron en su hermano Jaime. Alfonso IV sería enterrado en el convento de Frailes Menores de Barcelona, y, en 1369, sus restos mortales se trasladaron al convento de la misma orden en Lérida, según su deseo testamentario.

PEDRO IV (1336-1387), «EL CEREMONIOSO»

Pedro IV de Aragón, hijo de Alfonso IV y de su primera esposa Teresa de Entenza, recibió el sobrenombre de «Ceremonioso» por su afición al protocolo y las ceremonias, que reguló en el Libro de las Ordenanzas de la Casa de Aragón. También se le llamó Pedro «el del Punyalet» (Puñalete), porque siempre portaba un puñal. Nació en Balaguer en 1319, sietemesino, enfermizo y de corta estatura. De infante normalmente hablaba el aragonés y residió en Zaragoza, Egea de los Caballeros y Jaca. Cuando su padre enfermaba, comenzó a ejercer de lugarteniente de Aragón, con el apoyo de su tutor Pedro López de Luna, arzobispo de Zaragoza.

Pedro, al contrario que su padre, fue enérgico y duro, pero además astuto, taimado y violento. En vida de su padre, Pedro estuvo en discordia con su madrastra Leonor de Castilla, que intentaba privarlo de una buena parte de su patrimonio para favorecer a sus hijos Fernando y Juan.

Al morir su padre, Pedro se dispuso a coronarse en Zaragoza, aunque algunos nobles catalanes le aconsejaron que primero jurase los *Usatges* (usos y costumbres) de Barcelona, pero este hizo caso omiso y, cuando juró los *Usatges,* lo hizo en Lérida, con el consiguiente descontento de los catalanes. Después, el catalán Pedro de Ribagorza consiguió desplazar a Pedro López de Luna, lo que permitió que el rey fuese más proclive a la política mediterránea —de la que se beneficiaban los catalanes— que a la continental —cercana a los intereses de Aragón—.

Dos meses antes de la muerte del rey «Benigno», Leonor y sus hijos huyeron a Castilla temiendo represalias por parte del inminente nuevo monarca; de esta manera, al heredar Pedro IV el trono de Aragón, empezaron mal las relaciones con Castilla, pero, para evitar tensiones, el nuevo rey renunció a confiscar los bienes de su madrastra y hermanastros y mantuvo buenas relaciones con Alfonso XI de Castilla, hermano de la madrastra.

Pedro IV tuvo cuatro esposas: María de Navarra (hija de Juana II y Felipe III de Évreux), con la que tuvo cuatro hijos: Constanza, Juana, María, que murió en la infancia; y Pedro, que solo vivió horas. La reina moriría cinco días después de este parto. La segunda esposa fue Leonor de Portugal, hija de Alfonso IV, que murió de peste negra al año de desposarse. La tercera fue Leonor de Sicilia, hija de Pedro II, con la que tuvo cuatro hijos: Juan —futuro Juan I—; Martín —futuro Martín I—; Alfonso, que murió de niño; y Leonor, que se casaría con Juan I de Castilla y fue madre de Fernando I de Antequera, futuro rey de Aragón. Después de la muerte de Leonor de Sicilia en 1375, Pedro IV, en su vejez, tuvo relaciones amorosas con la viuda Sibila de Fortiá, de las que nació, un año después, su hija Isabel. Finalmente, en 1377 se desposó con Sibila, que estaba embarazada de Alfonso. Además de este hijo tuvo, al parecer, otro cuyo nombre se ignora.

En su largo reinado, Pedro IV reorganizó la corte, la administración y el ejército, con la idea de incrementar el poder real en el interior y aumentar los dominios en el Mediterráneo.

Entre 1347 y 1348, Pedro IV sofocó una rebelión de su hermanastro Fernando, que no aceptaba que el rey hubiese nombrado heredera a su hija Constanza, pues aún no tenía hijos varones. Fernando estaba apoyado por la Unión de Aragón y la Unión Valenciana, que fueron derrotadas en 1348 en las batallas de Épila y Mislata respectivamente, y, además, los cabecillas fueron castigados. Al parecer, años después, en 1363, Pedro IV ordenó asesinar a su hermanastro Fernando en Burriana.

Pedro «el Ceremonioso» pretendió recuperar reinos que habían pertenecido a sus predecesores en el Mediterráneo: Mallorca, Cerdeña y Sicilia, principalmente. Empezó por Mallorca con una campaña de hostilidades contra su vasallo y cuñado, y tío lejano, Jaime III de Mallorca. En 1343 llegó a conquistar la capital y Jaime tuvo que retirarse al Rosellón, que, tras dos campañas más, fue también conquistado. Entonces, Jaime pasó a su señorío de Montpellier. Murió, en 1349, en un último intento de recuperar Mallorca, y esta quedó definitivamente unida al reino de Aragón, si bien Pedro IV permitió que el sucesor de Jaime III, Jaime IV, preso hasta 1362, conservase su dignidad real de manera puramente formal hasta su muerte en 1375, título que, entonces, pasó al rey aragonés.

Respecto a la isla de Cerdeña, «el Ceremonioso», apoyado por Venecia, derrotó a los genoveses en el Bósforo (1351) y en aguas de Cerdeña (1352), pero se mantuvieron los levantamientos. En 1354 acudió Pedro IV en persona y consiguió la sumisión eventual de la familia Arborea. En 1358 hubo otro levantamiento protagonizado por los Oria y en 1365 otro más de los Arborea. Pedro IV se tuvo que conformar con un acuerdo de paz, tras una serie de batallas navales que se volvieron endémicas, con Leonor de Arborea, cabeza de la nobleza sarda, en 1386.

En cuanto a Sicilia, Pedro «el Ceremonioso» contrajo matrimonio con Leonor de Sicilia en 1349, que era hermana del rey Luis I de Sicilia. Años después preparó, junto a su hijo Martín «el Humano», la futura boda de su nieto Martín «el Joven» con María de Sicilia, sobrina de Luis I y heredera del trono; Sicilia quedó entonces, desde 1380-1382, en manos de Aragón.

Finalmente, su dominio en el Mediterráneo se incrementó con la expedición de los almogávares, tropas escogidas y muy diestras en la guerra (nutridas muchas veces de malhechores o depredadores fronterizos, tanto musulmanes como cristianos), que conquistó los ducados de Atenas y Neopatria en el Mediterráneo oriental en 1379.

En la Península, Pedro «el Ceremonioso» se enfrentó a Pedro I «el Cruel» de Castilla, en la llamada «Guerra de los Dos Pedros». Al parecer, el motivo de dicha guerra fue que Pedro «el Cruel» quiso vengar la afrenta sufrida por su abuelo Fernando IV de Castilla, al tener que ceder parte del reino de Murcia, la mitad meridional de la provincia de Alicante, a Jaime II de Aragón. Para ello, Pedro «el Cruel» rompió un pacto firmado con anterioridad y ocupó Alicante (1356). Pero, además había otros motivos para la guerra: «el Ceremonioso» quería recuperar la parte del reino de Murcia a la que su abuelo Jaime II había renunciado en 1304; los castellanos se aliaron con los genoveses, enemigos acérrimos de la pretendida integración mediterránea del «Ceremonioso»; los vasallos de las dos coronas se disputaban los pastos del ganado en el sistema Ibérico; y, mientras que los castellanos se aliaron con Inglaterra en la Guerra de los Cien Años, los aragoneses lo hicieron con Francia.

Según la crónica escrita por el propio «Ceremonioso», Pedro «el Cruel» quería eliminar todos los reinos peninsulares y proclamarse emperador de España. «El Ceremonioso» se defendió con todos los medios, recurriendo incluso a Enrique de Trastámara, hermanastro de Pedro «el Cruel», pretendiente del trono castellano y residente en Aragón. Entonces Pedro «el Cruel» declaró la guerra a Aragón, empezando con la conquista del castillo de Bijuesca y de Tarazona (1357). Se firmó una tregua de un año y «el Cruel» regresó a Sevilla en busca de recursos.

En el año 1361, «el Cruel» arrebató a Aragón las fortalezas de Berdejo, Torrijo y Alhama. La muerte de Pedro I a manos de su hermanastro Enrique de Trastámara, en 1369, y la ascensión de este al trono no conllevó la paz entre Castilla y Aragón, pues Enrique no cumplió con la promesa hecha al «Ceremonioso» de compensaciones territoriales si este le ayudaba a llegar al trono castellano. Por ello, las hostilidades se prolongaron entre Pedro IV y Enrique II, hasta que el hartazgo de los contendientes y la amenaza de los musulmanes granadinos los llevó a la firma de la paz mediante los Tratados de Almazán (1374) y Lérida (1375), por los que Aragón y Castilla se obligaron ambos a devolverse los lugares conquistados. Así, tras enfrentamientos durante muchos años, se terminó la «Guerra de los Pedros», sin vencedores ni vencidos, pero con los desastres propios de una guerra, a los que hubo que añadir los derivados de la peste negra, la sequía, un fuerte terremoto (1373) y las plagas de langostas.

A Pedro IV se debe la creación en 1359 de la Diputación General de Cataluña, la futura Generalitat. Posteriormente, se crearon las correspondientes a Aragón y Valencia. Fue amante de la ciencia y la cultura: gran astrólogo, alquimista y excelente trovador, y se preocupó por la enseñanza universitaria, fundando el Estudio General de Perpiñán, así como el correspondiente de Huesca. Igualmente, Pedro IV fue impulsor de obras arquitectónicas: las murallas de Valencia, Morella, Barcelona y Montblanc, las atarazanas de Barcelona y los Sepulcros Reales del Monasterio de Poblet.

Cuando, en 1386, Pedro IV estaba gravemente enfermo, su esposa Sibila, temerosa de la venganza del futuro rey, el infante Juan, con el que había tenido problemas por los numerosos favores dispensados a la familia de la reina, huyó y se hizo fuerte en el castillo de San Martín de Sarroca, pero tuvo que rendirse y fue acusada de lesa majestad por abandonar a su real marido enfermo, así como de robos en palacio. Pedro «el Ceremonioso» murió en Barcelona y sus restos mortales descansan en el monasterio de Santa María de Poblet.

JUAN I (1387-1396), «EL CAZADOR»

Tras el largo reinado de Pedro «el Ceremonioso», cargado de brillantez, ambición y plenitud, se inició la decadencia de la corona de Aragón, principalmente en Cataluña, cuando le sucedió su hijo Juan I, que había nacido en Perpiñán en 1350. Con apenas un año, Juan sería nombrado duque de Gerona, lo que lo identificaba como heredero de la corona de Aragón. Se le conocía como «el Cazador» por su gran afición al mundo cinegético, aunque también se le denominaba «el Amador de toda gentileza». Desde 1363 ejerció como lugarteniente general de los reinos de su progenitor.

Su padre quiso que Juan contrajese matrimonios adecuados para establecer relaciones internacionales. Así, en 1370 se prometió con Juana de Valois, hija de Felipe IV el Hermoso, pero esta murió en Beziers en presencia de su prometido, que había ido a buscarla, antes de llegar a Perpiñán, donde iba a celebrarse la boda. Juan, muy afectado, estuvo vestido de riguroso luto durante los tres meses que permaneció en esta ciudad francesa. Dos años más tarde, se desposó con Marta de Armañac en la catedral de Barcelona, y nacieron tres hijos, que no sobrevivieron el año, y una hija, Juana. Tras la muerte de Marta, en 1378, Pedro IV intentó nuevamente casar a su hijo Juan con la heredera de Sicilia, María, con la idea de anexionar la isla a la corona de Aragón, pero la corte francesa le propuso dos opciones más: la primera fue casarse con Violante de Bar, sobrina del rey francés Carlos V «el Sabio», y la segunda, con una hija del señor de Coucy, sobrina del monarca galo. Incluso el papa aviñonés Clemente VII ofreció una tercera opción: su sobrina, hija del conde de Ginebra. Pero el infante Juan ignoró a su padre y se casó con Violante en Montpellier. Tuvieron cuatro hijos y tres hijas, de los que solo les sobrevivió Yolanda, que se casaría con Luis II de Anjou, rey de Nápoles. Este acto de rebeldía de Juan hacia su padre tensó sus relaciones, de forma que el rey no asistió a la boda de su hijo e hizo que la madrastra de Juan, Sibila de Forcià, se enemistara con el infante. La ruptura definitiva del rey con el infante Juan llegó por los continuos conflictos que este mantenía con su madrastra, lo que llevó al rey a destituirlo como lugarteniente general de la Corona.

A la muerte de Pedro IV, Juan I estaba convaleciente de una grave enfermedad, por lo que nombró lugarteniente de la Corona a su hermano Martín «el Humano». Después, lo primero que hizo fue encerrar a su madrastra Sibila, a quien acusó de grandes crímenes, y todos sus bienes fueron confiscados y cedidos a su esposa Violante, que se volvió inmensamente rica y poderosa. Sibila, mediante la intervención del Papa, pudo salir de prisión, y se le asignó una renta anual vitalicia.

Al principio de su reinado, Juan I chocó con su exsuegro, el conde Juan de Armañac, que se consideraba con derecho al trono de Mallorca como heredero de Jaime IV. El conde invadió el Ampurdán y llegó hasta Gerona (1389-1390), pero fue rechazado por las tropas aragonesas al mando del hermano del rey, el infante Martín «el Humano». También Juan I sometió la isla de Cerdeña, donde se rebeló Leonor de Arborea, para lo que envió ayuda a su sobrino Martín «el Joven», que desde Sicilia acudió a Cerdeña para abortar la rebelión. Martín «el Joven», casado con María de Sicilia, tuvo que aceptar también ayuda de Aragón en reiteradas ocasiones para poder gobernar la isla de Sicilia.

Juan I era débil, afrancesado y dominado por su segunda esposa Violante de Bar, que era una joven guapa, alegre y acostumbrada al lujo y refinamiento que introdujo en la corte de su marido. Este dejó en manos de su esposa las tareas de gobierno y las finanzas, mientras él se dedicaba a sus aficiones favoritas, principalmente a la cultura —instaurando, por ejemplo, los Juegos Florales de Barcelona—, a la caza y a su favorita Carroza de Vilaragut, cuyos excesos y extravagancias provocaron la ira de los cortesanos, que, al final, lograron que el rey la expulsara de la corte. Todo ello acentuó la crisis de la Corona, que se había producido en el reinado anterior debido a las guerras, la corrupción de los consejeros y otras calamidades. En efecto, debido al despilfarro de la corte, en la que se dedicaban cuantiosos recursos al mecenazgo de artistas, a las grandes extravagancias y excesos de la reina y de la favorita del rey, a las suntuosas y continuas fiestas y a sofocar los disturbios de Cerdeña mediante el pago a corruptos, Juan I llegó a no poder sufragar siquiera los gastos de su coronación en la Seo de Zaragoza. Tal era la ruina administrativa que el rey tuvo que vender castillos en el Rosellón, los cuales compraron sus propios corruptos consejeros a buen precio, y, como las Cortes se negaron a pagar emolumentos destinados a suntuosas fiestas, mientras que el pueblo sufría gran escasez, Juan I se vio obligado a solicitar préstamos a banqueros florentinos, lo que supuso la decadencia económica de Cataluña y el auge de Aragón y Valencia. La pobreza llegó a provocar las persecuciones, vejaciones y matanzas de los judíos de Cataluña, Valencia y Mallorca en 1391, con lo que desapareció uno de los pocos sustentos monetarios con que contaba el reino.

Respecto al Cisma de Occidente, Juan I guardó obediencia a los papas de Aviñón; primero a Clemente VII y después a Benedicto XIII, el papa, o mejor, antipapa Luna, al que ofreció que se instalara en Barcelona, lo que no fue posible porque la ciudad se negó a proporcionar la ayuda pecuniaria necesaria.

En otro orden de cosas, se reconcilió con los Anjou de Provenza, pretendientes al trono de Nápoles, y pactó el matrimonio de su hija Violante con Luis II de Provenza en 1390. A pesar del pacto con Francia tuvo que sufrir el ataque del conde Bernardo de Armagnac, hermano de su suegro y vasallo de Francia, que pretendía el reino de Mallorca, además de Rosellón y Cerdeña.

En la Península, Juan I tuvo buenas relaciones con Castilla. Con Navarra proyectó el matrimonio de la heredera navarra, Juana, hija de Carlos III, con el primogénito aragonés Jaime, pero este murió siendo niño. En cambio, con el reino de Granada sufrió momentos tensos por las incursiones musulmanas.

Un retroceso del dominio aragonés en el Mediterráneo hizo que se perdieran los ducados de Atenas (1388) y Neopatria (1391), por falta de ayudas y recursos.

Juan I, refinado y sibarita, era aficionado a la astrología y a la alquimia y fue amante de las letras y las artes. Fue un gran bibliófilo y practicó el mecenazgo de poetas, músicos, juglares y trovadores. Fue un lector empedernido y cultivó la poesía y la música.

«El Cazador» murió a consecuencia de una caída de caballo mientras cazaba en los bosques de Foixà, cerca del castillo de Montgrí y Orriols (Torroella de Montgrí, Gerona). Sería enterrado en Barcelona y, tiempo después, sus restos mortales se trasladaron al monasterio de Poblet. Dejó el reino con graves dificultades financieras, principalmente debidas a los inmoderados gastos cortesanos. Le sucedió su hermano Martín, por no tener descendencia masculina a pesar haber engendrado siete hijos varones, pues ninguno le sobrevivió.

MARTÍN I (1396-1410), «EL HUMANO»

Martín fue llamado «el Humano» por su pasión por las humanidades y los libros, o tal vez por ser bondadoso. También fue reconocido por «el Viejo». Fue hijo de Pedro «el Ceremonioso» de Aragón y de su tercera esposa Leonor de Sicilia, y nació en 1356 en Gerona o Perpiñán. Siendo infante, Martín «el Humano» sería nombrado duque de Montblanc o Montpellier y lugarteniente general del rey aragonés. Se casó, en 1374, con María de Luna, hija del primer conde de Luna, y tuvieron cuatro hijos: Martín «el Joven», que sería rey de Sicilia; Jaime, Juan y Margarita. Al morir su madre, en 1375, Martín «el Humano» heredó los derechos del reino de Sicilia, que reforzó al prometer, en 1379, a su hijo Martín «el Joven» con María de Sicilia, que había heredado el trono, en 1377, al morir su padre Federico III de Sicilia, casado con Constanza, hija de Pedro «el Ceremonioso», y hermano de Leonor de Sicilia, pero el matrimonio no se celebró hasta que alcanzaron la mayoría de edad, en 1390. Mientras tanto, «el Humano» ejerció como regente de Sicilia, desde 1380-1982, bajo el reinado aragonés de su padre Pedro «el Ceremonioso».

Tras coronarse en Palermo los reyes María de Sicilia y Martín I «el Joven», la facción nobiliaria partidaria de los Anjou se sublevó, por lo que Martín «el Humano» se desplazó con una flota e intervino, pacificando la isla. Estando en esas tareas falleció su hermano Juan I de Aragón (1396), por lo que la esposa del «Humano», María de Luna, al no tener descendencia masculina del rey fallecido, reclamó la corona de Aragón para su esposo, quien, al no haber acabado de resolver los conflictos en Sicilia, tardó meses en volver a la Península; en su ausencia, su esposa ejerció la regencia aragonesa. Ella tuvo que hacer frente a las pretensiones sucesorias del conde Mateo de Foix, yerno de Juan I, casado con la primogénita Juana, que fue vencido por el conde Jaime de Urgel y se retiró a Francia. Igualmente lo intentó la otra hija de Juan I, Violante o Yolanda, que después se casaría con Luis II de Anjou.

También la viuda de Juan I, Sibila, alegó que estaba embarazada del rey fallecido y, por tanto, el hijo que viniera sería el heredero del trono, pero, al ponerse bajo custodia, confesó que era falso el embarazo. Paralelamente, María de Luna había abierto un proceso de las ciudades y villas reales contra treinta y ocho consejeros y funcionarios de la corte del rey fallecido, así como contra la viuda Violante: a todos se les acusó de gobernar según sus intereses, de haber aconsejado mal al rey, de haberse enriquecido ilícitamente y de llevar una vida inmoral. La mayor parte de los acusados fueron absueltos por el nuevo rey Martín I en 1397-1398, después de volver de Sicilia. En 1397, Martin «el Humano» juró en

Zaragoza los Fueros, y fue coronado dos años después en la Seo de Zaragoza, intentado mientras obtener la amistad de las oligarquías urbanas, pero no tuvo mucho éxito debido a las guerras de bandos de las élites, que el nuevo monarca no supo gestionar.

Tras la muerte del conde de Ampurias (1401), Martín I anexionó este condado a Aragón, quedando ya solo como independiente el condado de Pallars, que se anexionaría mucho después, en tiempos de Fernando II «el Católico».

En 1401 murió María de Sicilia, y, entonces, su esposo Martín «el Joven» se convirtió en su heredero. Martín «el Humano» y su consorte buscaron rápidamente nueva esposa para el viudo, que se casó en 1402 con Blanca de Navarra.

Por otra parte, Martín I procuró mantener buenas relaciones con los reinos vecinos: Navarra, Francia, Castilla y Granada.

En la cuestión del Cisma de Occidente, Martín I tomó partido por Benedicto XIII, el papa Luna, con el que tenía relaciones de amistad, pues el papa aviñonés era pariente de la reina. Este apoyo le supondría la excomunión y su destitución de Córcega, Cerdeña y Sicilia, que eran feudos de la Santa Sede, por parte del papa de Roma Bonifacio IX. Cuando las demás naciones retiraron la obediencia al antipapa Luna, Martín I siguió apoyándolo militar y diplomáticamente, de manera que, cuando el antipapa tuvo que huir de Aviñón (1403), se refugió primero en Provenza y luego en Cataluña, terminando unos años más tarde en Peñíscola (Castellón, 1408). En 1397, Martín I organizó una cruzada a Berbería, que fracasó debido a una tempestad. Pasado algún tiempo, en 1398-1399, lanzó otras dos cruzadas contra el norte de África, en Tremecén y Bona, sin conseguir objetivos. Benedicto XIII ayudo a Martín «el Humano» y a su hijo Martín «el Joven» en sus pretensiones sobre Sicilia frente a los Anjou, que eran partidarios del papa de Roma. Para suavizar tensiones, «el Humano» casó a su sobrina Yolanda con Luis II de Anjou en 1400.

Durante el reinado de Martín I se le prestó una gran importancia a la política mediterránea, principalmente con relación a Sicilia y Cerdeña. La familia Arborea, ayudada por los genoveses, dominaba la mayor parte de Cerdeña. Martín «el Joven», rey de Sicilia y príncipe heredero de Aragón, desembarcó en Cerdeña con una flota de ciento cincuenta naves y derrotó a los sardos y genoveses (1409). Pero ese mismo año murió de malaria en Cagliari, sin descendencia legítima, y dejó como heredero de Sicilia a su padre Martín I «el Humano». Este, como, a pesar de haber tenido tres hijos varones, ninguno le sobrevivía, se vio obligado, el mismo año de la muerte de Martín «el Joven», a casarse de nuevo, pues estaba viudo desde 1406, fecha desde la que el monarca se encontraba solo y con una profunda tristeza. El nuevo matrimonio lo contrajo con la joven Margarita de Prades y, al no conseguir descendencia, intentó legitimar como su heredero a Fadrique de Luna, un bastardo de su hijo Martín «el Joven», pero, como tampoco logró tener los apoyos suficientes para ello, convocó una asamblea de juristas para que le aconsejasen sobre su sucesión; murió antes de obtener una respuesta y sin haberse atrevido a nombrar heredero a Fadrique de Luna ni a su cuñado Jaime de Urgell, casado con su hermana Isabel y biznieto de Alfonso «el Benigno». Hay quien considera que murió por la peste, aunque otros achacan su muerte a las pócimas que tomaba para remediar su impotencia e intentar engendrar hijos. Se le sepultó en el monasterio de Santa María de Poblet.

Martín «el Humano» fue un monarca pacífico, físicamente débil, irresoluto y poco enérgico, pero inteligente, honesto, piadoso, resignado, muy interesado en la cultura y los autores clásicos y amante de la arquitectura. Consiguió montar una importante biblioteca y fundó la Real Cartuja de Valldecrist, quinta en España. Igualmente instauró el Estudio General de Medicina y Artes de Barcelona.

INTERREGNO (1410-1412)

Tras la muerte de Martín I «el Humano» sin descendientes masculinos, se presentó en Aragón una encrucijada sucesoria que dio lugar a un periodo de interregno de dos años, en el que siete pretendientes se disputaban la corona: Fadrique de Luna; Jaime de Urgell; Luis de Calabria, nieto por línea femenina de Juan I; Fernando «de Antequera», nieto por línea femenina de Pedro IV «el Ceremonioso»; Alfonso de Gandía, nieto por línea masculina de Jaime II; Alfonso de Denia y Juan Prades, estos dos últimos hijos de Alfonso de Gandía.

Las predilecciones de Aragón, Cataluña y Valencia no coincidían, pero, con el tiempo, Fernando «de Antequera» se posicionó mejor debido a su gran prestigio personal —pues había impulsado la reconquista, tenía experiencia política y suficiente riqueza para negociar y mantener embajadores a su favor— y al apoyo del antipapa Benedicto XIII, que creía que, en el futuro, Fernando le ayudaría en el Cisma de Occidente; así como del de familias aragonesas, valencianas y catalanas. Además, el asesinato del arzobispo de Zaragoza, partidario del duque de Calabria, a manos de la nobleza afín al conde de Urgel, restó popularidad a estos dos candidatos.

En esta situación, en 1412, Benedicto XIII propuso que se nombraran nueve compromisarios, tres por cada reino, casi todos afines al antipapa y a Fernando «de Antequera», para que, reunidos en Caspe (Zaragoza), eligieran al pretendiente más idóneo; como era lógico, el resultado fue favorable a Fernando «de Antequera», que contó con seis de los nueve votos.

FERNANDO I «DE ANTEQUERA» (1412-1416)

Fernando I nació en Medina del Campo en 1380. Era el segundo hijo de Juan I de Castilla y Leonor de Aragón, hermana del rey Martín «el Humano»; por tanto, era nieto de Pedro IV «el Ceremonioso» de Aragón y también de Enrique II de Trastámara, de Castilla, y sobrino de Martín I «el Humano». Recibió una esmerada educación militar y religiosa, dada la preocupación espiritual de su padre. Se le conocería como Fernando «de Antequera», por la conquista de esta, y también como Fernando «de Trastámara», «el Justo» y «el Honesto».

Durante el reinado de su hermano Enrique III «el Doliente», de Castilla, Fernando no dejó de pensar que pronto podría ser rey de este reino, dada la mala salud de su hermano, quien no tenía descendencia masculina. Al casarse con su tía Leonor de

Alburquerque, Fernando reforzaba sus derechos dinásticos en caso de que su hermano falleciera, pero Enrique III tuvo un heredero un año antes de perecer: el futuro Juan II. Por deseo testamentario del rey fallecido, su viuda Catalina de Lancaster y Fernando ejercieron la regencia del heredero, que solo contaba uno año. Las desavenencias de los corregentes terminaron por dividir el territorio, quedándose Fernando con la parte meridional, desde la Sierra de Guadarrama hasta el reino de Granada. Ello le permitió reanudar la guerra contra ese reino musulmán, que ya se había iniciado en los últimos años del reinado de Enrique III y que se había paralizado tras su muerte. Así, tras una importante victoria marítima contra las escuadras de Túnez y Tremecén en las costas de Gibraltar, se desbarató una segunda ofensiva granadina, y, en 1406, Fernando logró tomar Pruna, Zahara de la Sierra y Ayamonte, pero no pudo con Setenil, por lo que tuvo que firmar una tregua de dos años con Yusuf III de Granada. Después conquistó la importante plaza de Antequera, en 1410, lo que le dio un gran prestigio militar, siendo conocido desde entonces como Fernando «de Antequera».

Pero lo más importante que consiguió Fernando durante el tiempo de regencia de Castilla fue el enriquecimiento de su familia, situando a sus hijos en cargos privilegiados, valiéndose de presiones, favores y sobornos. Se había casado con su tía Leonor de Alburquerque y tenían siete hijos: Alfonso, que se casaría con su sobrina María, hermana de Juan II de Castilla, y sucedería a su padre como rey de Aragón; María, que se casaría con su primo Juan II de Castilla; Juan, que sería rey de Navarra y de Aragón; Enrique, que sería conde de Alburquerque, duque de Villena y, con nueve años, Maestre de la Orden de Santiago; Sancho, que con ocho años sería Maestre de las Órdenes de Alcántara y de Calatrava; Leonor, que se casaría con Eduardo I de Portugal; y Pedro, que sería conde de Alburquerque y duque de Noto.

Tras los dos años de interregno después de la muerte de Martín «el Humano», Fernando «de Antequera» fue aceptado como rey en 1412, con el título de Fernando I de Aragón. De inmediato, sus rivales del Compromiso de Caspe le rindieron vasallaje, incluso Jaime de Urgell, a cambio del ducado de Montblanc y el compromiso matrimonial entre los hijos de ambos, Enrique e Isabel. Pero después, en 1413, Jaime de Urgell se sublevó y, con la ayuda de mercenarios anglofranceses, tomó los castillos de Trasmoz (Zaragoza) y Montearagón (Huesca) y atacó Lérida, aunque el nuevo rey sitió y conquistó Balaguer (Lérida), capital de los dominios del sublevado, que fue apresado, condenado a prisión perpetua, y vio confiscados sus bienes. Después, tras vencer todo tipo de oposición interior, fue coronado de manera fastuosa en la Seo de Zaragoza en 1414.

En los escasos cuatro años que duró su reinado, que podrían reducirse a los dos últimos, Fernando I consiguió restablecer el orden tras el inestable y anárquico periodo de interregno: reorganizó la hacienda, saneó la economía, organizó el comercio, encauzó la administración de la Corona, llevó a cabo la reforma municipal de Zaragoza, intentó impedir las persecuciones a los judíos, luchó contra el bandolerismo y la corrupción y siempre fue conciliador, cauto y con gran ética y moral, lo que demostró siguiendo lealmente las disposiciones testamentarias de su hermano, no habitual en los tiempos medievales, y no intentando en ningún momento apoderarse del reino castellano. En el aspecto cultural fue un rey amante de la música y de las manifestaciones cortesanas.

Una vez consolidado el poder en Aragón, Fernando I trató de normalizar la situación de Sicilia, sumida en el caos tras la muerte de Martín «el Joven» y de su padre, Martín I «el Humano». Allí se enfrentaba la viuda de Martín, Blanca de Navarra y futura monarca del reino, con el hijo ilegítimo de Martín «el Joven», Fadrique de Luna. Una vez pacificada Sicilia, en 1415, Fernando nombró virrey de la isla italiana a su hijo Juan, duque de Peñafiel y luego Juan II de Aragón. Juan acabó casándose con la viuda de Martín «el Joven», Blanca, no sin antes intentarlo con la reina Juana de Nápoles, que había heredado la Corona a la muerte de su hermano Ladislao I de Nápoles.

Igualmente, Fernando I consiguió pacificar Cerdeña, aunque con mayores dificultades y concesiones territoriales a ciertos nobles insurrectos. También en su política mediterránea, pactó una tregua con Génova en 1413 y firmó tratados de amistad con Egipto y Fez.

Respecto a su relación con Benedicto XIII —antipapa, que junto con el papa Gregorio XII y el antipapa Juan XXIII, dividía la Iglesia en el llamado Cisma de Occidente—, tras un año de intentar convencerlo para que renunciara a la tiara y resolver así el Cisma, como propuso el Concilio de Constanza (1414-1415), no lo consiguió. Fernando I se separó de la obediencia eclesiástica de Benedicto XIII, olvidando los grandes favores que le debía, gracias a los que había conseguido la corona de Aragón, pero tal decisión le dio fuerza al rey en Europa y el Mediterráneo.

Durante su reinado, Fernando I mantuvo la regencia de Castilla, y cuando, en 1416. se agravó la enfermedad que padecía desde el año anterior, comunicó a su hijo Juan que, cuando muriese, se dirigiese a Sevilla para tomar la regencia de Castilla, cuyo rey Juan II era aún menor de edad. Poco después, Fernando I murió en Igualada, cuando regresaba de Zaragoza. Está enterrado en el monasterio de Santa María de Poblet.

ALFONSO V (1416-1458), «EL MAGNÁNIMO»

Alfonso V de Aragón, conocido como «el Magnánimo» y también como «el Sabio», nació en Medina del Campo en 1396 y fue el hijo primogénito de Fernando I «de Antequera» y Leonor de Alburquerque. Recibió una esmerada educación, lo mismo que sus hermanos, los llamados «infantes de Aragón». Con apenas diez años sería prometido con la infanta María, hija de su tío Enrique III «el Doliente» de Castilla, y se casaron en la catedral de Valencia en 1415, cuando él ya era heredero de Aragón, pues su padre había sido elegido rey de ese reino en virtud del Compromiso de Caspe (1412). Desde entonces, Alfonso colaboró con su padre, primero como presidente de las Cortes de Aragón, en 1412, y, después, en la firma de una tregua con Venecia y Génova (1413). Fue el brazo derecho de su padre durante todo el reinado de este. Al parecer, manejaba bien la espada, era un buen jinete y disfrutaba en las justas y torneos; tocaba todo tipo de instrumentos musicales y danzaba magníficamente, además de ser elegante, atractivo, simpático, gentil y prudente.

A la muerte de su padre, Alfonso heredó un reino con problemas políticos y sociales, principalmente con el estamento nobiliario catalán con respecto a las ayudas para la expansión mediterránea, que su padre primero y después él mismo pretendían, así como por la exigencia de los nobles catalanes sobre la expulsión de los consejeros castellanos que el monarca había traído. A pesar de todo, Alfonso consiguió ayudas para su expansión mediterránea, que inició de inmediato, no obstante el rechazo que Aragón tenía sobre esta iniciativa internacional.

En primer lugar, acabó con las ansias de independencia de Sicilia, cuyo trono, como virrey, ocupaba su hermano Juan. Este, tras casarse con Blanca de Navarra, viuda de Martín «el Joven», rey de Sicilia, pasó a ser rey de Navarra y después se ocupó, en nombre de su hermano Alfonso V, en defender las grandes propiedades que «los infantes de Aragón» tenían en Castilla. También Alfonso V dejó el gobierno de Aragón en manos de su esposa la reina María, por lo que, de esa manera, se ocupó intensamente en los asuntos mediterráneos sin prestar atención a los peninsulares, que siempre aconsejaban la vuelta del rey.

Después actuó en Cerdeña, rebelada por la instigación de los genoveses, enviando una flota de veinticuatro galeras y sometiéndola sin resistencia. También atacó la base genovesa de Córcega y tomó Calvi (1420), pero no consiguió Bonifacio, tras un asedio a esta ciudad corsa.

Fue entonces cuando recibió una embajada de Juana II de Nápoles, que le pedía ayuda contra sus enemigos a cambio de que le nombrara heredero de su trono. Así, como prohijado de Juana II de Nápoles, luchó desde 1421 por ocupar el trono de Nápoles, en rivalidad con Génova, Venecia, Florencia, la Santa Sede, Milán y los Anjou. Al poco de su estancia en Nápoles como heredero de Juana II, los napolitanos, incitados por la propia reina, que había cambiado de opinión, se sublevaron. Alfonso recuperó la ciudad, aunque después Juana II, refugiada en Aversa y Nola, nombró heredero a Luis III de Anjou (1423), con el apoyo del papa Martín V.

Tras ese revés y recibir noticias sobre los problemas que sus hermanos —«los infantes aragoneses»— tenían en Castilla, y al mismo tiempo necesitar el propio Alfonso V fondos monetarios y tropas para continuar su expansión mediterránea, dejó a su hermano Pedro en Nápoles y volvió a la Península, tras destruir el puerto de Marsella (1423), de donde se llevó las cadenas que impedían el acceso a la dársena y el cuerpo de San Luis, obispo de Toulouse.

«Los infantes aragoneses» Juan y Enrique, hermanos de Alfonso V, tenían fricciones entre sí, pues el segundo estaba prisionero del condestable de Castilla, Álvaro de Luna, valido de Juan II, y el primero parecía no tomar interés en que fuese liberado. En realidad existía una intermitente guerra civil en Castilla, entre el bando de Álvaro de Luna y de la pequeña nobleza y el bando de «los infantes de Aragón». En 1429-1430 estaban ambas facciones dispuestas para la guerra, pero, gracias a la intervención de Alfonso V y, sobre todo, a la de su esposa María, se llegó a una negociación de paz, lo que evitó una batalla campal entre las tropas castellanas y las navarroaragonesas, que apoyaban a «los infantes aragoneses». Se firmó, pues, una tregua de cinco años, y se prohibió a «los infantes aragoneses» regresar a Castilla. Con este concierto, todo el mundo salió contento, pues se evitó una guerra que los aragoneses no deseaban, en cuanto así no tenían que disipar fondos monetarios que, por otra parte, Alfonso V necesitaba para sus aventuras mediterráneas.

Tras nueve años de ausencia de Alfonso V en Italia, su hermano Pedro perdió Nápoles y tuvo que refugiarse en Sicilia, por lo que el rey aragonés se vio obligado a retornar a Italia en 1432. Una liga militar formada por Venecia, Florencia y Milán, apoyada por el papa Eugenio IV y por el emperador Segismundo, le impidió tomar Nápoles y le obligó a firmar una tregua de diez años con Juana II de Nápoles. Después, en 1434, Alfonso V se centró en África, donde ya en 1432 había dirigido una expedición contra la isla de Yerba, llevando a cabo una incursión a Trípoli.

El heredero de Nápoles Luis III de Anjou falleció ese año de 1434, y la reina Juana II nombró nuevo heredero a Renato, hermano del fallecido. Al año siguiente, la propia reina murió. Entonces Alfonso V consideró un buen momento para conquistar Nápoles, y, acompañado de sus hermanos Juan I de Navarra, Enrique y Pedro, atacó Capua y sitió Gaeta, donde el propio rey Alfonso V y sus hermanos Juan y Enrique cayeron prisioneros en la isla de Ponza y se entregaron al duque de Milán (1435). En 1436 liberaron a Juan I de Navarra para que consiguiera el rescate para la suelta de sus hermanos. Juan volvió a la Península y se hizo cargo de la regencia de Aragón; al mismo tiempo, la reina María, la esposa de Alfonso V, pasó a gobernar el principado de Cataluña.

Durante la regencia en Aragón, Juan I de Navarra consiguió recuperar parte de las rentas castellanas y las plazas perdidas en 1430, al tiempo que casó a su hija Blanca con Enrique «el Impotente», heredero de Castilla, asegurándose así una influencia en este reino. Mientras, Alfonso V también negoció su libertad y firmó una alianza con el duque de Milán por la que se repartía la península italiana en tres partes: los milaneses podían operar en la parte norte, incluida Córcega, que cedió Alfonso V; los Estados Pontificios, en la central; y los aragoneses lo podían hacer en el sur de Italia; ello permitió a Alfonso V conquistar Capua y Gaeta (1436) y poner sitio a Nápoles, donde perdió la vida su hermano Pedro en 1438. Tras la conquista de Aversa (1444) y Benevento (1441), consiguió finalmente la capital napolitana en 1442 y entró triunfalmente en Castelnuovo en 1443, y mediante la Paz de Terracina (1443) el papa Eugenio IV reconoció el gobierno de Alfonso V, que estableció allí su corte y no volvió más a Aragón. En Nápoles, Alfonso V ejerció desde entonces un importante mecenazgo cultural y literario en cuatro lenguas (latín, castellano, catalán e italiano); creó una importantísima biblioteca, con una gran predilección por los clásicos; fundó la Academia Alfonsina (Panormitana o Pontaniana) y embelleció la ciudad con la construcción o reforma de edificios, palacios y castillos.

Respecto al Mediterráneo oriental, Alfonso V siguió con su agresivo imperialismo: colaboró en la defensa de Rodas (1433); se alió con Serbia, Albania y Hungría; se enfrentó a Egipto, aunque después estableció allí un consulado; y amplió su penetración por los Balcanes. Pero todo ello solo sirvió para perjudicar el comercio catalán en esas zonas.

El reinado de Alfonso V terminó con dos guerras: la primera de carácter fronterizo contra Castilla (1445-1454), dirigida por su hermano Juan I de Navarra y en apoyo de este; la segunda, naval, contra Génova, cuyo final no pudo ver el rey aragonés pues murió, en el castillo del Ovo (Nápoles), al año de iniciarse la contienda. Sus restos mortales se depositaron en la iglesia de Santo Domingo de Nápoles, y, en 1671, se trasladaron al monasterio de Poblet.

Alfonso V no tuvo hijos legítimos, pues, al parecer, no tenía buenas relaciones con su esposa, con la que convivió escasamente cinco años, y no de forma continua, de los cuarenta y tres que estuvo casado con ella. Sí tuvo hijos ilegítimos con amantes italianas: Fernando (Ferrante), al que hizo duque de Calabria, y dos hijas, María y Leonor, que tuvo con Giraldona de Carlino; Juan, con otra amante. En cambio, con su amante preferida, la hermosa Lucrecia de Alagno, de la que estaba locamente enamorado, no tuvo descendencia. Parece que en algún momento pensó separase de su esposa legítima para casarse con Lucrecia, pero el papa Calixto III no accedió a que repudiara a su esposa.

En Aragón le sucedió su hermano Juan I de Navarra, como Juan II en Aragón, y en Nápoles su hijo Fernando, mientras que su otro hijo, Juan, heredaría el resto de los títulos y ducados transalpinos. En definitiva, puede decirse que sus conquistas fueron estériles pues desaparecieron con su muerte, al no ser anexionadas a Aragón; puede considerarse que Alfonso «el Magnánimo» fue más rey italiano que de Aragón, donde no se le quería demasiado por las continuas peticiones de dinero, que condujeron al reino aragonés a un progresivo empobrecimiento y a una situación de conflictividad interna

JUAN II (1458-1479), «EL GRANDE»

Juan II de Aragón, denominado «el Grande», segundo hijo de Fernando I «de Antequera» y Leonor de Alburquerque, nació en Medina del Campo en 1398. Como sus hermanos, «los infantes de Aragón», la mayor parte de su infancia la pasó en Castilla, donde recibió una esmerada educación cultural por parte de su tío segundo Enrique de Villena, lo que justifica la protección que, al igual que sus hermanos, dio a las artes y las ciencias; también se instruyó en el manejo de las armas y el arte de la caza. Cuando su padre accedió a la corona de Aragón le dio el título de duque de Peñafiel y otros más para que representara los importantes intereses castellanos de la familia.

Igualmente, su padre lo envió a Sicilia y Cerdeña en 1415 como lugarteniente general y entonces fue cuando se intentó el casamiento de Juan con Juana II de Nápoles, pero esta, mucho mayor que él, se decidió por otro matrimonio. Al año siguiente, tras la muerte de su padre, el infante Juan, por propia iniciativa, volvió a la península ibérica, pues, al contrario que su hermano, el ya Alfonso V de Aragón, no le llamaban la atención los asuntos del Mediterráneo. En aquel momento se dirigió a Castilla para hacerse cargo de las enormes posesiones de «los infantes de Aragón» y donde encabezó el partido aragonesista de Castilla, que pretendía seguir la línea intervencionista de la nobleza en la dirección del reino, lo que incomodaba a su primo el rey Juan II de Castilla. En efecto, «los infantes de Aragón», dado que sus posesiones e intereses en Castilla eran muy grandes, se vieron siempre inmersos en guerras y conflictos que condujeron a situaciones de caos y desordenes, pero que alimentaban sus ambiciones y las de sus partidarios para controlar a Juan II de Castilla.

En el año 1419, el infante Juan firmó en Olite las capitulaciones matrimoniales con Blanca, hija de Carlos III de Navarra, que había vuelto de Sicilia en 1415, cuando fue relevada como lugarteniente de la isla por el ahora su futuro esposo Juan. Se casaron en la catedral de Pamplona en 1420 y tuvieron cuatro hijos: Carlos, primogénito y heredero del reino de Navarra, nombrado príncipe de Viana por su abuelo Carlos III; Juana, que solo vivió dos años; Blanca y Leonor, que serían reinas de Navarra, aunque la última solo durante quince días.

Poco después de la boda con Blanca, Juan se enteró de que su hermano Enrique había raptado a su primo Juan II de Castilla en su residencia de Tordesillas. Este hecho incomodó a Juan, por no haber sido informado y por la falta de sintonía y desunión entre «los infantes de Aragón», motivo que fue aprovechado por el condestable Álvaro de Luna, valido de Juan II, para liberar a su rey y firmar una tregua con los hermanos Juan y Enrique, que unas veces estaban con Álvaro de Luna y otras en su contra. Juan se instaló con su familia en el castillo de Peñafiel, donde, en 1421, nació su hijo Carlos. Después, en 1423, Álvaro de Luna detuvo al infante Enrique y Juan mantuvo una actitud ambigua a la hora de ayudar en su liberación, pues estaba ahora a favor de Álvaro de Luna. Entonces intervino su hermano Alfonso V de Aragón, que había vuelto de Italia para evitar una guerra entre «los infantes de Aragón» y para conseguir fondos para sus intereses mediterráneos, consiguiendo el Acuerdo de Torre de Arciel (1425, Navarra), por el que Enrique fue liberado y «los infantes de Aragón» firmaron la paz entre ellos y con Juan II de Castilla.

Ese mismo año, tras la muerte de Carlos III de Navarra, los esposos serían nombrados reyes de Navarra, como Blanca II y Juan I. Realmente, durante su etapa de rey de Navarra, Juan estuvo ajeno a los asuntos de este reino, cuyo gobierno dejó en manos de su esposa; en cambio, se mantuvo pendiente de Aragón, defendiendo los intereses de su hermano Alfonso V, que permaneció casi todo su reinado en Italia, y de sus propios intereses en Castilla.

Años después, en 1429, para defender los intereses de «los infantes de Aragón», invadió Castilla y gracias a su hermana María, esposa del rey Juan II de Castilla, se evitó el enfrentamiento. Mas al año siguiente, Juan I de Navarra persistió, perdió la contienda y se vio obligado a firmar la Tregua de Majano (1430), con importantes pérdidas para «los infantes de Aragón» que tuvieron que retirarse de Castilla.

Después, en 1431 y 1432, Juan I pasó a Barcelona para ayudar a su hermano Alfonso V a organizar la flota para la conquista de Nápoles; en 1433 Juan I se quedó en Aragón como lugarteniente y en 1435 participó en la fracasada campaña de Nápoles, donde en la batalla naval de Ponza cayó prisionero junto a sus hermanos. Tras cuatro meses de prisión, Juan fue liberado y se desplazó a Aragón para solicitar a las Cortes el elevado rescate para la liberación de Alfonso V. Desde entonces, Juan I ejerció como lugarteniente de Aragón y Cataluña, en nombre de su hermano Alfonso V, que una vez liberado permaneció en Italia.

Tras la muerte de Blanca de Navarra en 1441, Juan I incumplió el testamento de su esposa en favor de su hijo Carlos, al que su padre solo lo nombró lugarteniente de Navarra, lo que provocó el descontento de los navarros.

Desde antes de la muerte de Blanca, Juan I había regresado a un primer plano de la política de Castilla, ejerciendo de conciliador a veces, atrayéndose, por ejemplo, al infante Enrique —futuro Enrique IV de Castilla— con la propuesta del matrimonio de este con su hija Blanca de Navarra, e intrigando siempre. Después de quedarse viudo, Juan I, convertido en árbitro de Castilla, impuso a Juan II la Sentencia de Medina del Campo (1441), mediante la cual se desterró a Álvaro de Luna, se dejaba en libertad a los consejeros del partido aragonesista y Juan I se comprometía a desposarse con Juana Enríquez, hija del poderoso almirante de Castilla. Pero, más tarde, todo se precipitó; Juan I se enfrentó nuevamente a su primo y cuñado Juan II de Castilla, tomando Atienza y Torija, siendo finalmente derrotado, en 1445, en la batalla de Olmedo, donde murió «el infante aragonés» Enrique. Este hecho puso fin al influjo de «los infantes aragoneses» en Castilla, que debían retirarse de este reino con los graves perjuicios que ello implicaba.

Tras estos acontecimientos, Juan I se casó con Juana Enríquez, de cuyo matrimonio nacieron cuatro hijos: Fernando, el futuro Fernando «el Católico»; Leonor y María, que murieron pronto, y Juana, que se casaría con Fernando, hijo natural de Alfonso V «el Magnánimo» y su heredero en Nápoles.

Con la instigación de su esposa Juana Enríquez, Juan I llegó a enfrentarse con su hijo Carlos de Viana en 1451 por no dejarlo reinar en Navarra, llegando a una guerra donde Carlos fue derrotado y hecho prisionero en Aibar en 1452. De la misma forma, Juana Enríquez, que había dado a luz al futuro Fernando «el Católico» y deseaba que su hijo fuese el heredero universal de su padre, consiguió que Juan I deslegitimara a Carlos y a su hermana Blanca como herederos de Navarra en beneficio de su hija menor Leonor. Carlos, tras su liberación, marchó a Nápoles buscando la protección de su tío Alfonso V de Aragón, que obligó a su hermano Juan a anular el desheredamiento de Carlos.

En 1454 Alfonso V de Aragón, durante su permanencia en Nápoles y Sicilia, nombró a Juan I de Navarra lugarteniente de Aragón y Cataluña. Cuatro años más tarde Juan I otorgó a su hijo Fernando los títulos de duque de Montblanc y conde de Ribagorza, que según las capitulaciones matrimoniales con la fallecida Blanca de Navarra correspondían al príncipe Carlos de Viana.

A la muerte de Alfonso V (1458), Juan I de Navarra le sucedió en la corona de Aragón como Juan II, lo que aprovechó su hijo Carlos de Viana, que estaba refugiado en la corte de Nápoles, para proclamarse primogénito y gobernador general de la Corona aragonesa, estableciendo una fastuosa corte en Palermo. Entonces Juan II, ante el temor de que su hijo se proclamase rey de Sicilia, le hizo volver a Aragón para reconciliarse, ofrecer perdón a todos sus partidarios y entregarle el gobierno de Cataluña. Pero después

Juan II, convencido por los familiares de su esposa de que Carlos estaba conspirando, lo hizo detener en Lérida (1460). Esto provocó un importante movimiento de protesta en Cataluña, la movilización de los ejércitos de Enrique IV de Castilla, que apoyaba a Carlos, y el alzamiento de los partidarios del príncipe de Viana. Juan II tuvo que dejar en libertad a Carlos en 1461, al tiempo que Navarra sufrió la invasión castellana de Estella, que no quedó incorporada a Castilla por su denodada resistencia, y perdió para siempre la comarca de La Guardia o Rioja Alta.

Seguidamente se firmó la Concordia de Vilafranca del Penedés (Barcelona, 1461) entre Juana Enríquez, esposa de Juan II y lugarteniente en Cataluña, y los principales representantes catalanes. La concordia convirtió al monarca en un rey constitucional, prohibiéndole incluso la entrada en Cataluña sin autorización. Pero esto no iba a durar mucho, pues a los pocos meses murió Carlos de Viana —de enfermedad pulmonar o envenenamiento por parte de su madrastra— y Juan II nombró a su hijo Fernando, el futuro «Católico», de solo nueve años, como lugarteniente en Cataluña, y a su esposa Juana Enríquez como tutora de este.

El ambiente en Aragón estaba muy enrarecido, lo que era el resultado de una compleja situación política, social, institucional y económica iniciada en la segunda mitad del siglo anterior. Juana Enríquez y su hijo fueron sitiados en Gerona y resistieron durante cuatro meses hasta la llegada las de tropas aragonesas auxiliadas por las de Luis XI de Francia, por lo que, a cambio, Juan II tuvo que abonar al rey francés doscientas mil doblas de oro a pagar en un año, tomando como garantía los condados de Rosellón y Cerdeña, que pasaron a Francia al no cumplir el plazo estipulado para el pago.

Y fue cuando estalló el conflicto civil en Cataluña (1462-1472), que dividió en dos bandos al principado, siendo las principales causas de la fratricida contienda las rivalidades entre la nobleza, la lucha de partidos, las reivindicaciones de los payeses y el enfrentamiento entre la burguesía y la monarquía. El bando de la nobleza y el clero desposeyó a Juan II de los derechos a la corona por haber entrado en Cataluña sin permiso y buscó un sustituto: Enrique IV de Castilla, quien envió como lugarteniente a Juan Beaumont, noble navarro y partidario del difunto Carlos de Viana: él recibió el juramento de fidelidad de los catalanes como representante de Enrique IV.

Con esto se internacionalizó la guerra civil, aunque con intereses distintos para los reinos extranjeros involucrados: Castilla solo deseaba contrarrestar las actividades de los partidos aragoneses en su territorio, mientras que Francia quería mantener los condados de Rosellón y Cerdeña. Al principio de la guerra se aceptó la Sentencia Arbitral de Bayona (1463), donde el rey francés ejercía de mediador entre Enrique IV y Juan II, intercesión que consiguió que el rey castellano abandonase a los catalanes. Estos ofrecieron entonces el gobierno al condestable Pedro de Portugal, como conde de Barcelona (1464-1466). Durante el gobierno del condestable, sufrió la derrota de Calaf (1465) por parte de Juan II, donde el infante Fernando intervino con solo trece o catorce años. A la muerte prematura del condestable, a causa de las heridas de la batalla, el Consejo catalán nombró conde de Barcelona al angevino Renato I de Nápoles (1466-1472), perteneciente a un linaje enemigo secular de Cataluña. El nuevo conde envió a su hijo Juan II de Lorena como lugarteniente, con el título de príncipe de Gerona. A la muerte de este (1470), Renato I nombró lugarteniente a su hijo natural Juan de Calabria, que vivió el periodo más calamitoso de la guerra.

La hábil política de Juan II de Aragón consiguió aislar internacionalmente al Consejo del principado. Una alianza con Castilla, gracias a la boda de su heredero Fernando con la princesa Isabel (1469), forzó el fin de la guerra con una victoria real de compromiso: Juan II obtuvo la obediencia de sus súbditos rebeldes a cambio de no tomar represalias y respetar el *statu quo* político anterior a 1462. Después, en 1472, Juan II, con la ayuda de su hijo Fernando, consiguió entrar en Barcelona, donde se rindieron los rebeldes; el rey se mostró clemente y les concedió el perdón. Ese mismo año acabaría la guerra con las Capitulaciones de Pedralbes. Después, Juan II intentó recobrar El Rosellón y Cerdeña, pero no pudo evitar que los franceses ocuparan la sierra de La Albera (Gerona) y tomaran los municipios, hoy franceses, de Elna y Perpiñán (1475).

Juan II, el rey más longevo del siglo XV, murió de muerte natural, aunque acelerada por el mal de gota que hacía tiempo padecía, en Barcelona, en el año 1479, y sería enterrado en el monasterio de Poblet. Su hija Leonor heredó el reino de Navarra y su hijo Fernando la corona de Aragón.

Juan II, a pesar de su apelativo «Grande», aunque los rebeldes catalanes lo conocían como Juan «sin Fe», fue un monarca indeseable y ambicioso para algunos y recto y cabal para otros. Su vida estuvo salpicada de guerras e intrigas políticas. Fue un rey empeñado en unir Castilla y Aragón en un solo reino, lo que conseguiría después su hijo Fernando «el Católico». Juan II intervino en el devenir político y militar de Navarra, Aragón y Castilla, así como en las posesiones mediterráneas de la corona de Aragón. Ahora bien, fue poco querido, más bien odiado por casi todos, porque sus procedimientos fueron muchas veces condenables, principalmente al arrebatar a su hijo Carlos el trono de Navarra que legítimamente le correspondía.

Estuvo ciego varios años debido a las cataratas que padecía, pero recuperó la vista cuando un médico judío lo operó en 1468. Como un gran mujeriego que fue, Juan II también tuvo hijos ilegítimos: Juan, hijo de una dama castellana apellidada Avellaneda, que sería arzobispo de Zaragoza; Alfonso, hijo de Leonor Escobar, que sería maestre de la Orden de Calatrava; de una dama navarra de la familia Ansas nacieron Fernando y María, que murieron niños, y Leonor; y, al parecer, tuvo otro hijo natural llamado Alfonso.

FERNANDO II (1479-1516), «EL CATÓLICO»

Fernando «el Católico», hijo de Juan II de Aragón y de su segunda esposa Juana Enríquez, nació en 1452 en el palacio de la familia Sada, en Sos (Aragón), donde su madre se trasladó por deseo propio desde Estella (Navarra) para que su hijo naciera en Aragón. Llegó al mundo sin pompa ni festejos, propio de tiempos de guerra, como la que trascurría en Navarra entre su padre y su hermanastro Carlos de Viana. Aun así, astrólogos y videntes pronosticaron que algo importante iba a ocurrir, que un gran rey había nacido.

Fue educado por el humanista Francisco Vidal de Noya, quien le inculcó el gusto por las lecturas históricas, aunque su fuerte siempre fue la política. Por otra parte, también recibió las oportunas lecciones sobre armas y caballería, que correspondían a su condición de príncipe. Creció en medio de continuas luchas y embrollos diplomáticos. Con solo seis años recibió de su padre los títulos de duque de Montblanch, conde de Ribagorza y señor de Balaguer, que según las capitulaciones matrimoniales de Blanca de Navarra correspondían a su hijo Carlos de Viana, primogénito de Juan II. Con nueve años, a la muerte de su hermanastro Carlos de Viana (1461), a Fernando se le declaro heredero de la corona de Aragón en Calatayud y al año siguiente sería nombrado lugarteniente general de Cataluña, bajo la tutela de su madre.

Fernando tomó parte activa en algunas secuencias de la guerra civil catalana (1462-1472) y, al mismo tiempo, se familiarizó con la administración del Estado. En el año 1462 padeció el asedio, junto a su madre, de la ciudad de Gerona durante meses. A los doce años ejerció como lugarteniente de Aragón, y no había cumplido los trece cuando se le nombró capitán general de los ejércitos realistas, por incapacidad de su padre, que prácticamente estaba ciego por las cataratas que padecía. En 1465 participó en la batalla de Calaf, donde fue derrotado el condestable Pedro de Portugal en la guerra civil catalana, y que moriría poco después por las heridas de la batalla.

Al morir el príncipe heredero Alfonso de Castilla, Juan II de Aragón negoció en secreto con Isabel, hermana del fallecido y ahora heredera de Castilla, la boda de esta con su hijo Fernando, aunque este estaba prometido con la hija de Juan Pacheco, favorito de Enrique IV de Castilla. Juan II, para tener más fortaleza a la hora de negociar, en 1468 le había otorgado a su hijo la corregencia de Sicilia con el título real. Isabel, que estaba en Ocaña custodiada por Juan Pacheco, con la excusa de visitar la tumba de su hermano Alfonso en Ávila, se desplazó a Valladolid, donde llegó Fernando después de atravesar Castilla disfrazado de mozo de mulas de unos comerciantes. Allí se casaron en 1469, en el palacio de Vivero, él con diecisiete años y ella con dieciocho. Esta unión no significó la fusión automática de los dos reinos en uno solo, porque, en los aspectos económico, administrativo y judicial, cada uno de los reinos sería independiente durante mucho tiempo, si bien en lo político y religioso ambos territorios tenderían a la unificación. Como eran primos segundos —sus abuelos eran hermanos—, solicitaron la dispensa al papa Paulo II, y, al denegarla éste, se utilizó una bula falsa. Después, el papa Sixto IV, que regeneraría y restauraría la capilla Sixtina, envió al cardenal Rodrigo Borgia, el español futuro papa Alejandro VI, para que, entre otros asuntos, arreglase la bula que dispensaba de consanguineidad a Fernando e Isabel. El cardenal consiguió a cambio la ciudad de Gandía (Valencia) para su hijo Pedro Luis.

Fernando e Isabel tuvieron cinco hijos: Isabel, Juan, Juana, María y Catalina. Antes de su matrimonio, Fernando había tenido un hijo natural con una dama de la aristocracia catalana, a pesar de ser un adolescente. Durante el matrimonio también tuvo hijos de relaciones extramatrimoniales: con la noble catalana Aldonza Ruiz de Ivorra tuvo a Alonso o Alfonso y Juana María; con la noble vizcaína Toda Larrea tuvo a María Esperanza; y con la noble portuguesa Juana Pereira tuvo a María Blanca. Estas relaciones ilícitas conllevaron los celos que la reina Isabel tuvo de las cortesanas jóvenes, por lo que decidió que estas fueran todas de una avanzada edad.

En 1473, Fernando se ordenó caballero de la Orden del Toisón de Oro, y se celebró la ceremonia de investidura al año siguiente en la iglesia de Santa María de la Asunción de Dueñas (Palencia). Ese mismo año, tras la muerte de Enrique IV «el Impotente» —hermanastro de Isabel y supuesto padre de Juana «la Beltraneja», pues al parecer era hija de Beltrán de la Cueva y de la reina Juana de Portugal—, Isabel se autoproclamó reina de Castilla, hecho que dio origen al inició de una guerra civil entre los partidarios de Isabel y los de «Juana la Beltraneja». A continuación, en 1475, Fernando, después de arduas discusiones con la recelosa nobleza castellana, consiguió proclamarse corregente de Castilla, mediante la Concordia de Segovia.

La guerra civil de la sucesión castellana (1474-1479) se internacionalizó: Aragón apoyaba a Isabel y Portugal a Juana, casada con Alfonso V de Portugal, quien quería unir su reino y el de Castilla, ayudada además por Francia, que quería evitar que Aragón, su enemigo en Italia, se uniera a Castilla. Fernando contribuyó activamente en esta guerra, sobre todo con la victoria de la batalla de Toro (Zamora, 1476). Ese mismo año, Fernando acudió a las Vascongadas y obligó a los franceses a levantar el sitio de Fuenterrabía. Al año siguiente guerreó en la zona de Zamora e intentó pacificar Extremadura, aunque, en 1478, los portugueses ganaron la batalla naval de Guinea en el Atlántico.

Mediante el Tratado de Alcaçovas (1479) se puso fin a la guerra: Juana renunció al trono de Castilla e ingresó en un convento en Coímbra, se produjo la reconciliación hispanoportuguesa, se logró la pacificación de Extremadura y se produjo la consolidación de Isabel en el trono de sus antepasados. Portugal, por su parte, conseguía la hegemonía en el Atlántico, con excepción de las islas Canarias.

En el mismo año del fin de la guerra civil castellana (1479), Fernando sucedió a su padre Juan II en Aragón. En cambio, fue antes, en 1475, cuando se produjo la unión de las coronas de Castilla y Aragón (Concordia de Segovia), que se corroboró en 1481 con la Concordia de Calatayud.

En 1476 se creó la Santa Hermandad, institución precursora de la Guardia Civil, para actuar contra el bandolerismo. Años después, en 1481, el papa Sixto IV creo la Inquisición en Castilla, que, unida a la de Aragón, creada en 1248, convergería en la Inquisición Española.

En 1481 se inició la guerra contra los musulmanes granadinos, que duraría diez años. Los cristianos comenzaron a atacar las fuentes de subsistencia para debilitar a los granadinos: invadían el territorio y lo saqueaban, al tiempo que talaban los árboles, incendiaban los cultivos y destrozaban las norias y acequias y todo lo que no podían llevarse. El rey Fernando fomentó hábilmente las rencillas internas de la familia real granadina: los Zegríes apoyaban a Muley Hacén, que mantenía una relación con Zoraya, hija cautiva del alcaide de Martos (Jaén); los Abencerrajes abogaban por la esposa engañada, Aixa, que espoleaba a su hijo Boabdil para que se alzara contra su padre; finalmente entraba en el juego el hermano del sultán, «el Zagal», que respaldado por los Venegas también quería el reino.

La ofensiva cristiana se inició con la toma de Alhama de Granada, en el año 1482. Para mejorar la situación financiera Muley Hacén propuso nuevos impuestos, lo que dio lugar a que los granadinos se inclinasen por su hijo Boabdil (Mohamed XII), quien sería proclamado rey en 1482, por lo que Muley Hacén y su hermano «el Zagal» se retiraron a Málaga. Boabdil, envalentonado, atacó Lucena en 1483, siendo derrotado y hecho prisionero por los cristianos, que, al poco tiempo, lo liberarían, tras aceptar someterse al vasallaje del rey Fernando, y se estableció como rey de Guadix. Poco después, «el Zagal» se hizo con el poder en Granada, para un segundo mandato de Muley Hacén (1483-1485). Los granadinos pidieron ayuda a los soberanos de Fez y Tremecén, quienes se limitaron a acoger a los que huían de al-Ándalus y a pagar rescates de prisioneros.

En 1485 Muley Hacén, enfermo y débil, nombró heredero a su hermano «el Zagal» (Mohamed XIII) (1485-1486), el más valiente y estratega de los tres contendientes por el trono granadino. Muley Hacén murió en 1486 en el castillo de Mondújar (Lecrín, Granada); su esposa Zoraya y sus dos hijos se exiliaron y se convirtieron al catolicismo, tomando los nombres de Juan y Fernando de Granada. Mientras, los cristianos continuaron con los asedios y tomaron Huelma (1483), Ronda (1485), Loja, Colomera, Iznalloz, Moclín, Íllora y Montefrío (1486); los partidarios de Boabdil y «el Zagal» se desangraban en Granada y el primero desplazó a su tío en 1486. En 1487 los cristianos se apoderaron de Vélez-Málaga y Málaga; «el Zagal», desalentado, abandonó la lucha y entregó Huéscar, Guadix y Almería un año o dos después; se trasladó en 1491 con sus partidarios a Oran, donde fue encarcelado y cegado por el sultán de Fez (Marruecos), que era amigo de Boabdil.

Aunque la guerra era cuestión del rey Fernando, la reina Isabel tuvo decisivas intervenciones, como la ocurrida en Baza, que estaba sitiada desde hacía mucho tiempo, pero los soldados cristianos no podían conseguirla y estaban desmoralizados. Entonces el rey pidió a la reina que se presentara en el campo de batalla para infundir moral a las tropas, lo que hizo acompañada por varias damas y su primogénita Isabel, causando un gran impacto, que sirvió para conseguir la rendición definitiva de la ciudad (1489), tras lo cual se sometió toda la costa granadina, aunque Salobreña se rebeló en 1490.

Según un tratado secreto mediante el cual Isabel y Fernando declaraban a Boabdil vasallo de Castilla, el nazarí debía entregar la ciudad de Granada en cuanto se la arrebatara a su padre y a su tío; pero no lo hizo por miedo a ser linchado por los suyos, por traidor. Boabdil, con posterioridad, se vio obligado a firmar en abril de 1491, en Santa Fe, las Capitulaciones de Granada. Los cristianos arreciaron la guerra y a lo largo del mes de junio de 1491 tomaron varias plazas granadinas; después asediaron la capital y construyeron el campamento permanente de Santa Fe (Granada). Debido al más moderno y potente ejército cristiano, los granadinos no pudieron resistir. La población de la ciudad se dividió entre los llamados «palomas», que querían entregar la ciudad a cambio de que se respetasen sus bienes, y los denominados «halcones», que deseaban resistir a ultranza. El dos de enero 1492, Boabdil entregó las llaves de la Alhambra a don Gutierre de Cárdenas, el gran comendador de León, en la torre de Comares, y acto seguido el conde de Tendilla entró en la ciudad.

Boabdil y los suyos se trasladaron a las tierras que les cedieron en Las Alpujarras y Laujar de Andarax (Almería), donde Boabdil estableció su residencia. En una llanura, a la salida de Granada, llamada «el Suspiro del Moro», al parecer Boabdil volvió la cabeza para mirar todo lo que dejaba atrás y rompió a llorar, y entonces su madre le dijo: «Llora, llora como una mujer por lo que no has sabido defender como un hombre». En 1493 falleció la esposa de Boabdil y este se trasladó a Fez, después de vender a los reyes cristianos su señorío y recoger los restos de sus antepasados en Mondújar.

Fernando e Isabel entraron en Granada el seis de enero de 1492, y, con este hecho, la península ibérica era totalmente cristiana, como ocho siglos antes en tiempos de los visigodos, pero con dos importantes comunidades no cristianas: la judía y la musulmana.

Ese mismo año de 1492 se produjo, por decreto, la conversión forzosa de los judíos (los marranos) o la expulsión de los que no quisieron hacerlo en los reinos de Castilla y Aragón. El papa Inocencio VIII impuso el nombre de «Reyes Católicos» a Fernando e Isabel. Ese año también se conquistó la isla canaria de La Palma y se impulsó, principalmente por la reina, el proyecto de Colón, que fructificó con el descubrimiento de América.

En el año 1493, el papa Alejandro VI dividió el Nuevo Mundo entre España y Portugal: desde el meridiano que pasa por las Azores hacia las tierras desconocidas correspondería a España y desde dicho meridiano hacia oriente a Portugal. Al año siguiente se firmó el Tratado de Tordesillas, por el que esa línea de demarcación se desplazaba hacia occidente en trescientas setenta leguas, así que Portugal pudo hacerse con Brasil. También fue este Papa el que concedió a Fernando e Isabel el título de «Verdaderos Reyes y Príncipes Católicos» en 1494 y les confirmó el de «Reyes Católicos» en 1496, título que desde entonces se extendió a todos los monarcas españoles, hasta el actual Felipe VI.

En este último año de 1496, los «Reyes Católicos» completaron la incorporación de las islas Canarias con la conquista de Tenerife, y en 1497 realizaron la toma de Melilla.

Fernando «el Católico», como rey de Aragón, después de la reconquista de Granada y tras sufrir un atentado en Barcelona (1492), centró su actividad en la tradicional expansión aragonesa por el Mediterráneo y África. Mediante el Tratado de Barcelona (1493) con el rey francés Carlos VIII, Fernando recuperó El Rosellón y Cerdeña, ocupada por Francia desde 1463, a cambio de liberar tierras italianas en las que el rey francés tenía intereses. Como este intervino en Nápoles, Fernando «el Católico» organizó la Liga Santa, con el emperador Maximiliano de Austria, el papa Alejandro VI, Milán y Venecia, en 1495 para evitar la anexión de Nápoles y Sicilia a Francia; finalmente, las tropas francesas se retiraron y esta acción constituyó el primer gran éxito internacional del rey Fernando. Después, los éxitos militares bajo el mando del capitán Gonzalo Fernández de Córdoba y la astucia del rey consiguieron la expulsión de las dinastías reinantes en Nápoles y Sicilia y posteriormente la de los franceses, sumándose Nápoles a la corona de los «Reyes Católicos», ya en tiempos de Luis XII de Francia.

Los «Reyes Católicos» quisieron aislar al reino de Francia, para lo que buscaron alianzas con distintas monarquías mediante compromisos matrimoniales de sus hijos: la infanta Isabel se desposó con el príncipe portugués Alfonso, y, al quedar viuda, con el heredero Manuel; Isabel murió de parto, siguiéndole poco tiempo después su hijo Miguel, que había sido trasladado a Granada; el infante Juan se casó con Margarita, hija del emperador del Imperio germánico Maximiliano de Austria, pero murió pronto de tuberculosis, aunque tuvo una hija póstuma que nació muerta; la infanta Juana se desposó con Felipe «el Hermoso», hijo también de Maximiliano, y ambos llegarían a ser reyes de Castilla; la infanta María contrajo matrimonio con el viudo de su hermana, Manuel de Portugal; y la benjamina Catalina se casó con el príncipe Arturo de Gales y al morir este, poco después, se desposó con su cuñado Enrique VIII de Inglaterra.

Con respecto a la expansión por África, solo se ocuparon algunas plazas como Mazalquivir (1497) y posteriormente el Peñón de Vélez, Orán, Bugía, Argel, Túnez, La Goleta y Trípoli. Las conquistas se interrumpieron en 1510, principalmente porque los esfuerzos se volcaron en la expansión por la recién descubierta América y en la reanudación de las guerras italianas.

En 1504 murió la reina Isabel, de cáncer de útero y llena de preocupaciones por las desgracias familiares que se cebaron con sus hijos. Entonces Fernando proclamó reina de Castilla a su hija Juana, reservándose la gobernación del reino para él. Mediante el Tratado de Blois (1505), neutralizó la influencia francesa sobre su yerno Felipe «el Hermoso» y se prometió con Germana de Foix, sobrina de Luis XII de Francia, con la idea de que los nuevos reyes de Castilla —su hija y su yerno— no heredaran Aragón. Pero las injerencias del yerno obligaron a Fernando a firmar la Concordia de Salamanca (1505), por lo que tuvo que ceder el reino de Castilla de forma conjunta a Juana y Felipe —este como Felipe I—, actuando Fernando «el Católico» solo como gobernador.

En el año 1506 Fernando se casó con Germana de Foix en el palacio de los Condes de Buendía de Dueñas (Palencia), ella con dieciocho años y él con cincuenta y cuatro. El rey francés cedió a Germana los derechos dinásticos del reino de Nápoles y a Fernando el título de rey de Jerusalén, derechos que volverían a la Corona francesa si no hubiese descendencia del nuevo matrimonio. En 1509 tuvieron un hijo, Juan, que hubiese sido rey de Aragón si no hubiese muerto a las pocas horas de nacer. Era tal la obsesión que Fernando tenía por conseguir descendencia que hay quien opina que murió por el abuso de cantárida, un afrodisíaco utilizado en esa época.

En 1506 llegaron los nuevos reyes Juana y Felipe «el Hermoso» a Castilla. Mediante la Concordia de Villafáfila, Fernando volvió a Aragón y Felipe I sería proclamado rey de Castilla. Poco tiempo después, ese mismo año, a los dos meses de reinado, Felipe I fallecía en Burgos, al parecer de unas fiebres mal curadas, aunque se cree que también pudo ser por beber agua fría después de hacer deporte; hay quien opina que detrás de esta muerte estaba la mano de su suegro. De esta forma, ante la incapacidad de la reina Juana, se hizo cargo de la regencia el cardenal Cisneros, hasta que Fernando volviera desde Italia; a su regreso, el citado encerró a su hija en Tordesillas por locura, enfermedad que padeció también su abuela materna, y gobernó como regente en Castilla, aunque centrado en las cuestiones italianas. Después, en 1507, Fernando dejó el gobierno de Castilla al cardenal Cisneros.

Respecto a Navarra, tanto los «Reyes Católicos», con la unión de Castilla y Aragón, como Luis XI de Francia presionaron para que la heredera Catalina de Navarra se casase con algún príncipe de sus respectivas conveniencias. Los «Reyes Católicos» propusieron al infante Juan de Castilla, aceptado por los navarros del norte y del sur, pero las cortes ultrapirenaicas de los Foix se inclinaron por Juan de Albret, a propuesta del rey francés. Tras la boda (1486) y la coronación (1494) los nuevos reyes de Navarra no contaron con la aprobación de algunos navarros. Después, tras la muerte de la hija de ambos —la heredera Magdalena, 1504—, rehén de Fernando «el Católico», se produjeron nuevas guerras civiles.

En esta situación, la independencia de Navarra, constituida por un mosaico de territorios entre montañas, era insostenible con el antagonismo entre Francia y Castilla-Aragón, y debía incorporarse, más pronto que tarde, a uno de estos reinos. Después de varios intentos de repartir Navarra entre las potencias señaladas y dada la predilección de los reyes navarros (Catalina y Juan de Albret) por Francia, con negociaciones para casar a su nuevo hijo Enrique con una hija de Luis XII, parecía que Navarra sería anexionada por Francia, pero, sin embargo, fue Fernando «el Católico» el que conquistó la Navarra cispirenaica.

La cuestión fue de la siguiente manera: en el año 1511 se creó la Santa Liga —el papa Julio II, el dux de Venecia y Fernando «el Católico»—, a la que se adhirió Enrique VIII de Inglaterra, para expulsar a los franceses de Italia. En 1512, Fernando ocupó la Navarra peninsular e invadió Francia desde los Pirineos, con la ayuda inglesa desembarcada en Guipúzcoa. Al principio, los navarros quisieron ser neutrales, pero, mediante ciertas concesiones de Luis XII, se comprometieron a impedir el paso a las tropas de la Santa Liga y de los ingleses por su territorio. Entonces, Fernando denunció este tratado como contra la Santa Liga y la Iglesia, solicitó bula de excomunión para los reyes navarros como aliados de Francia y ordenó la ocupación de Navarra por el duque de Alba, con la colaboración de los navarros del norte, los beamonteses.

En 1513 las Cortes de Navarra, con la asistencia tan solo de los navarros del norte, proclamaron rey a Fernando «el Católico». En 1515 las Cortes de Burgos incorporaron Navarra a Castilla, sin la presencia de navarros, pero conservando su condición de reino con sus características propias. Aunque la reina Catalina intentó recuperar el reino no lo consiguió. En cambio, su hijo Enrique II de Navarra logró reinar en la Baja Navarra (transpirenaica) de 1530 a 1555, al cedérsela Carlos I, nieto de los «Reyes Católicos», por el difícil control de la zona.

Fernando «el Católico», un genio de la política y la diplomacia, prudente y seguro de sí mismo, fue frugal en sus gastos y no se enriqueció ni se apropió de bienes ajenos, como lo confirma que al morir sus arcas apenas contenían lo suficiente para los gastos fúnebres. A partir de 1513 empezó a padecer enfermedades, se tornó impaciente e irritable y perdió la ilusión por los negocios de Estado, solo siguió conservando su pasión por la caza, con la que llegó a obsesionarse al final de sus días.

Fernando, aquejado de hidropesía o de afección cardiaca, murió en Madrigalejo (Cáceres) en 1516, dejando los reinos a su hija Juana y a su nieto Carlos de Gante, futuro Carlos I, y nombrando regentes, de la corona de Aragón a su hijo natural Alonso, arzobispo de Zaragoza, y de la corona de Castilla al cardenal Cisneros. Realmente Fernando «el Católico», en algún momento anterior, no deseaba dejar los reinos de Castilla y Aragón al primogénito Carlos, príncipe formado y educado en el extranjero, sino al hermano de este, Fernando, criado y educado en España. Por deseo propio, Fernando «el Católico» recibió cristiana sepultura en la capilla de los «Reyes Católicos» de Granada, junto a su esposa Isabel y su nieto Miguel. Su viuda Germana, poco atractiva y con menos seso, además de frívola, vanidosa y solo preocupada por las fiestas, al parecer tuvo un hijo con el nieto y sucesor de Fernando, Carlos I. Luego, se casó tres veces más y murió prematuramente por obesidad.

VIII. EL REINO DE NAVARRA

El reino de Navarra nació cuando Sancho VI «el Sabio», cansado de que los reinos de Castilla y Aragón intentasen reiteradamente absorber y repartirse su reino, aprovechó las minorías de edad de Alfonso VIII de Castilla y de Alfonso II «el Casto» de Aragón para, en 1162, intitularse rey de Navarra —rey de todos los habitantes del reino—, en lugar de rey de Pamplona —rey de los barones pamploneses, la aristocracia militar que regía la ciudad—. Además, conseguiría que el reino de Pamplona dejase de estar lastrado por el vasallaje que rendía a Castilla.

Se ha de resaltar que, aunque el título de rey de Navarra ya se utilizaba desde 1142, si bien de forma no oficial, en tiempos del rey García IV Ramírez «el Restaurador», es ahora, en 1162, cuando toma carácter oficial. Puede, pues, considerarse que Sancho VI fue el último rey de Pamplona y el primero de Navarra. A lo largo de su historia, este reino fue regido por diecinueve monarcas, antes de ser anexionado definitivamente a Castilla-Aragón por Fernando «el Católico» en 1515.

SANCHO VI (1150-1194), «EL SABIO»

Sancho VI, sucesor de su padre García Ramírez «el Restaurador», fue rey de Pamplona desde 1150 a 1162 y rey de Navarra desde 1162 hasta su muerte en 1194, año en que dejó el trono a su hijo Sancho VII «el Fuerte». Al final del capítulo 3 se narra la historia de Sancho VI, que fue un rey justo, caritativo y prudente, calificativos que le aquilataron para ser conocido en la posteridad como Sancho VI «el Sabio».

SANCHO VII (1194-1234), «EL FUERTE»

Sancho VII fue conocido como «el Fuerte», no solo por su gran fortaleza sino también por su enorme estatura, pues medía entre 2,22 y 2,31 metros. Parece que nació en Tudela en 1170, aunque hay dudas sobre la verdadera fecha. Se casó con Constanza, hija de Raimundo VI de Tolosa, en 1195, y la repudió en 1200. Al parecer, se casó después con Clemencia, hija o pariente de Federico Barbarroja, aunque otras fuentes dicen que lo hizo con una hija de Abu Yaqub II al-Mustansir, emir de Marruecos. Lo que sí es cierto es que no tuvo descendencia legítima, si bien alguien apunta que tuvo un hijo de su segundo matrimonio, Fernando, que murió a los quince años al caer accidentalmente de un caballo. En cambio, sí es seguro que tuvo varios hijos bastardos de madres desconocidas: Ramiro, obispo de Pamplona; Pedro, posiblemente abad de Irache; Guillermo, al servicio de Jaime I en Aragón; Rodrigo, Jimeno, Lope, Sancha o Blanca, abadesa de Martilla, y puede que algunos más.

Siendo aún príncipe, Sancho participó, junto a su cuñado Ricardo Corazón de León, que estaba casado con su hermana Berenguela, en una campaña para defender los derechos de este sobre Gascuña (1192) y posteriormente en otra para ayudarlo contra Felipe II Augusto de Francia (1194).

En 1195, tras la derrota de Alfonso VIII de Castilla por los musulmanes en la batalla Alarcos, donde Sancho VII llegó tarde y no pudo intervenir, los reyes de Navarra, León y Portugal llegaron a contactar con el califa almohade victorioso para establecer alianzas. De hecho, Sancho VII estableció un pacto de neutralidad con los musulmanes, de los que recibía dinero. El Papa, para evitar esa alianza contra natura, que suponía la excomunión para el rey navarro, le concedió el reconocimiento diplomático como rey, antes denegado a sus antecesores por el incumplimiento del testamento de Alfonso I «el Batallador» a favor de las Órdenes Militares, al tiempo que le exhortaba a unirse a un frente común contra los musulmanes. Así, en 1196, se entrevistaron, entre Agreda y Tarazona, en la denominada «mesa de los tres reyes», los monarcas de Castilla, Aragón y Navarra, auspiciados por la Santa Sede, con la finalidad de unirse contra los musulmanes. Pero poco después, nuevamente, Alfonso VIII y el nuevo rey aragonés Pedro II «el Católico» firmaron un pacto para repartirse Navarra, cuyas fronteras fueron atacadas por ambos (1198), y Sancho VII tuvo que ceder poblaciones a Castilla y Aragón. Para evitar que siguiese el expolio navarro decretado por Castilla y Aragón, Sancho VII de Navarra llegó pronto a un acuerdo con Aragón, con la promesa de matrimonio de su hermana Blanca con Pedro II, aunque esta propuesta era irrealizable, pues el Papa no concedería esta licencia matrimonial por ser los contrayentes nietos de Alfonso VII de Castilla. En cambio, Castilla se apoderó de Vitoria tras un largo asedio y de Álava, Guipúzcoa y el Duranguesado (1199-1200), mientras que el rey navarro buscaba en vano ayuda en la corte almohade. En efecto, entre 1198 y 1200, Sancho VII permaneció algún tiempo en tierras africanas al servicio de Al-Nasir. Por tanto, a partir de 1200, tras la pérdida de las plazas vascas, Navarra quedaba reducida, sin salida al mar y constreñida por los poderosos aragoneses y castellanos.

En 1201 Sancho VII firmó un tratado de ayuda mutua con Juan sin Tierra, hermano y sucesor de Ricardo Corazón de León, en el que se establecía que Bayona fuese puerto de Navarra, en sustitución del de San Sebastián que se había perdido en favor de Castilla, lo que sirvió al navarro para fines comerciales.

En 1203 Sancho VII, con la anuencia del duque de Aquitania Juan sin Tierra, logró que le prestasen vasallaje una serie de señores en la zona de San Juan de Pie de Puerto (Francia).

En 1207 Navarra firmó una tregua de cinco años con Castilla, en Guadalajara, pero sin reconocer la pérdida de los territorios vascos, aunque estos se fueron consolidando como territorios castellanos.

Pasaron los años y, debido al extraordinario poderío del Alfonso VIII, todos los reinos cristianos peninsulares hicieron frente común contra Castilla, como ya se ha comentado en el capítulo 6. Pero la intervención de la Santa Sede logró detener todas las hostilidades entre cristianos y llevar a cabo una cruzada contra los almohades. Así se llegó a la batalla de Las Navas de Tolosa, en 1212, donde Alfonso VIII, ayudado por el aragonés Pedro II y el navarro Sancho VII, logró una decisiva victoria para los cristianos, derrotando al almohade Al-Nasir. Este, durante la batalla, se alojaba en una tienda en la cima del Cerro de los Olivares, protegida por guardias atados por las piernas o enterrados hasta las rodillas para no tener la posibilidad de huir. Hasta esa tienda logró llegar Sancho VII, pero no pudo apresar al emir, que pudo huir al final de la batalla. Esta heroica gesta parece más bien una leyenda. Y, en efecto, es casi imposible que el caballo de Sancho VII, por muy fuerte que fuera, pudiese saltar por encima de los musulmanes allí amarrados, con un peso que por lo menos suponía ciento cincuenta kilos, entre la gran corpulencia del rey y su armadura.

Sancho VII, a pesar de las dificultades que tenía con los reinos de Castilla y Aragón, con la correspondiente merma de su territorio, no renunció a los beneficios de las incursiones contra los musulmanes. Su intervención en la batalla de Las Navas de Tolosa, aportando doscientos caballeros y consiguiendo un inmenso botín y la devolución de algunas plazas en la frontera castellana —San Vicente de Sonsierra, Buradón, Toro, Marañón, Bernedo y Genevilla—, lo estimuló para abrirse un frente propio contra los almohades. Compró una serie de castillos en El Moncayo, el valle medio del Jalón y las tierras de Teruel, de manera que podía trasladarse desde Navarra hasta El Maestrazgo (Castellón y Teruel) y emprender expediciones al reino musulmán de Valencia (1219-1220).

En 1121-1122, ya mayor, Sancho VII comenzó su declive físico; en 1124 sufrió de una úlcera varicosa en una pierna y permaneció desde entonces en el castillo de Tudela, por lo que muchos le denominaron «el Encerrado»; debido a los grandes dolores que padecía, se volvió arisco, receloso y, al moverse poco, obeso. Él, que había sido antes valiente, obstinado y autoritario, ahora era poco menos que un inútil.

La muerte de su hijo, de accidente ecuestre como ya se comentó, y la de su hermano Fernando, que había sido rehén en Alemania durante dos años, entregado por su padre Sancho VI para la liberación de su yerno Ricardo Corazón de León, hicieron que su herencia recayese sobre su sobrino Teobaldo, conde de Champaña, hijo de su hermana Blanca y Teobaldo III de Champaña. El sobrino viajó a Navarra en 1225, pero no logró el apoyo de la nobleza, que seguramente prefería a Guillermo, hijo ilegítimo del rey, ni del propio Sancho VII, pues, al parecer, Teobaldo intrigó para arrebatarle la corona, por lo que el rey, en 1230-1231, intentó, en Tudela, un pacto de prohijamiento con Jaime I de Aragón, con solo veintitrés años y reciente conquistador de Mallorca: el que sobreviviera al otro heredaría los dos reinos, y hasta ese momento se ayudarían contra Fernando III de Castilla. Lógicamente, la diferencia de edades favorecía a Jaime, quien siempre recibió continuos préstamos del rey navarro para solventar sus conquistas contra los musulmanes, a cambio de tomar en prenda diversas villas aragonesas.

Pero, a la muerte de Sancho, los navarros, que no estaban dispuestos a perder su independencia, aceptaron a Teobaldo, auspiciado por su madre Blanca, hermana del difunto rey. Blanca llevaba tiempo ejerciendo una especie de regencia en Navarra, dada la inmovilidad de Sancho VII, quien, como ya se ha comentado, desde 1221-1222 había entrado en un declive que se acentuó en 1224 por la enfermedad que sufrió. Con la muerte de Sancho VII y la subida al trono de Teobaldo I desapareció la dinastía Jimena y comenzó la de Champaña.

Sancho VII recibió sepultura en la parroquia de San Nicolás de Tudela, y dos años después sería trasladado a la Real Colegiata de Santa María de Roncesvalles.

TEOBALDO I (1234-1253), «EL TROVADOR»

Teobaldo nació en Troyes en 1201. Fue hijo póstumo de Teobaldo III de Champaña y Blanca de Navarra, quién ejerció la regencia de los condados de Champaña y Brie durante la minoría de edad de su hijo, bajo la tutela de Felipe II Augusto de Francia, en cuya corte se educó Teobaldo hasta los trece años, en que se armó caballero, junto al hijo del rey, y prestó vasallaje al rey francés.

En la corte francesa, Teobaldo adquirió una gran formación humanística y literaria, y, debido a sus composiciones trovadorescas, fue conocido como «el Trovador», siendo indiscutiblemente el mejor de su época. Se conservan más de sesenta composiciones propias autentificadas y una veintena más atribuidas. Realmente sobresalió más como trovador que como político y guerrero, siendo considerado como un hombre de gran sensibilidad, afable y valeroso.

Se casó tres veces: primero en 1220 con Gertrudis, condesa de Metz, que aportó una importante dote, pero de la que se divorció dos años después, con el pretexto de razones de parentesco y sin haber conseguido descendencia. En 1222, con su mayoría de edad, se desposó con Inés de Beaujeu, prima hermana de Luis VIII de Francia, de la que nació su hija Blanca. Algunos años después, tras la muerte de Inés, Teobaldo tomó como esposa a Margarita de Borbón en 1233, y tuvieron siete hijos: Teobaldo, que sería el heredero; Pedro; Leonor; Margarita; Beatriz; Enrique, que sucedería a su hermano Teobaldo, pues su hermano Pedro ya había fallecido; y Guillermo, que abrazó la vida religiosa. También tuvo relaciones extramatrimoniales, de las que nacieron cuatro hijas y un hijo: Alicia, Inés, Marquesa, Berenguela y Nicolás, del que apenas hay referencias.

En 1222 se hizo cargo del gobierno de los condados heredados de su padre, con el título de Teobaldo IV de Champaña y Brie. En 1226 acudió a la cruzada que el papa Honorio III promulgó contra los albigenses, aunque al final se puso de parte de ellos, al igual que Pedro II de Aragón. Al morir Luis VIII de Francia (1226), Teobaldo se enfrentó a su viuda, Blanca de Castilla, si bien después, entre 1227 y 1230, intentó un acercamiento. Al parecer, tras la muerte de Luis VIII, Teobaldo fue acusado de haberle envenenado por estar enamorado de la esposa, pero Teobaldo contestó a esta acusación con crueles sátiras, aunque poco después homenajeó al nuevo monarca Luis IX de Francia. Por otra parte, se ha de resaltar que Teobaldo I votó, en 1230, ir a la cruzada a Tierra Santa.

Tras la muerte de Sancho VII (1134) no se respetó el compromiso de prohijamiento con Jaime I de Aragón, pues los navarros no querían perder su independencia, ya que si se respetaba tal compromiso Navarra sería absorbida por Aragón, como en tiempos pasados. Por ello, eligieron a su sobrino Teobaldo, como Teobaldo I, con el apoyo de Luis IX de Francia y del papa Gregorio IX. En vista de la situación y considerándose con derecho de prohijado, Jaime I intentó invadir Navarra, pero la resistencia de los navarros y la oposición de Francia y de la Santa Sede le obligaron a desistir pronto.

Pero al llegar Teobaldo I a Pamplona, acostumbrado a una gran autoridad, chocó con la nobleza y el clero, que disfrutaban de considerables prerrogativas; entonces, el rey nombró para los cargos de mayor responsabilidad a *champañeses*, disgustando tanto a los navarros que se vio obligado a dar marcha atrás. Para que, en adelante, no se pudiese alegar ignorancia de las prerrogativas de los estamentos privilegiados, se redactó lo que sería el núcleo original de los Fueros Generales de Navarra, que establecían, entre otras cuestiones, que, cuando se nombrara un monarca extranjero, este no podía nombrar a más de cinco extranjeros para cargos públicos.

También Teobaldo selló pactos con Castilla, Aragón e Inglaterra, lo que le permitió consolidar su Corona y mantener relaciones cordiales con los distintos monarcas. Con Castilla concertó el matrimonio de su hija Blanca con el príncipe castellano Alfonso, futuro Alfonso X «el Sabio», y Teobaldo recibiría las tierras de Guipúzcoa, por lo que Navarra tendría salida al mar. Pero ese pacto no llegó a cumplirse, pues al año siguiente Teobaldo concertó el matrimonio de su hija con el conde de Bretaña, su aliado frente a Francia. Con respecto a Aragón, renunció a los castillos de Gallur, Escó, Zalatamos y Trasmoz que tenía en prenda por el prohijamiento entre Sancho VII y Jaime I, por lo que este se conformó por perder el prohijamiento. Con Enrique III de Inglaterra se comprometió a que no atacaría nunca a Gascuña.

Teobaldo I hizo público su voto para asistir a la cruzada a Tierra Santa en 1235; combatió durante 1239 y 1240 en la cruzada que se denominó «de los barones», en Palestina, como único rey, junto a lo más granado de la caballería francesa, donde tampoco faltaron navarros, aunque todos fueron derrotados cerca de Gaza, posiblemente por las desavenencias entre los jefes, pero aun así, las rencillas entre los musulmanes permitieron que se firmara la paz, consiguiendo para los cruzados Jerusalén, Belén y Ascalón.

Desde la vuelta de la cruzada se dedicó a viajar continuamente desde Navarra a Champaña y a mantener la paz con los reinos cristianos. Sí tuvo importantes diferencias con el obispo Jiménez de Gazólaz de Pamplona, quien lo excomulgó y puso en entredicho al reino en 1246, aunque dos años después se reconciliaron y se levantó la excomunión, pero el entredicho continuó hasta 1251. Teobaldo I murió en Pamplona en 1253 y recibió sepultura en su catedral.

TEOBALDO II (1253-1270), «EL JOVEN»

Teobaldo «el Joven» nació en Provins (Champaña) en 1239. Fue conde de Champaña y Brie, como Teobaldo V, y rey de Navarra con el título de Teobaldo II.

Sucedió a su padre con solo catorce años, bajo la regencia de su madre Margarita de Borbón y la tutela de Jaime I de Aragón, con el que se alió frente a las ambiciones expansionistas de Alfonso X de Castilla, quien estaba entonces enemistado con su suegro, el rey aragonés. Mediante esta alianza se prometían defensa mutua y el acuerdo matrimonial de Constanza, la hija de Jaime I, con Teobaldo II, y, en caso de que no se celebrarse este matrimonio, tampoco se casaría Teobaldo con Leonor de Castilla, la hermana de Alfonso X.

Gracias al poco entendimiento entre los poderosos castellanos y aragoneses, Navarra se sentía segura. Pero la reina navarra madre, Margarita de Borbón, no consideró suficiente la amistad aragonesa. Tras rechazar a la hija de Jaime «el Conquistador», eligió para su hijo la mano de Isabel, hija de San Luis de Francia, lo que le daba gran prestigio frente a la resistencia de los nobles navarros a la tendencia autoritaria de la monarquía. Así, Teobaldo II, al volver a Navarra, tras su matrimonio en 1255, llegó rodeado de funcionarios y nobles franceses y dispuesto a valer sus prerrogativas reales. Además, consiguió del papado el derecho a ser ungido y coronado, haciendo ver de esa manera a los engreídos nobles navarros que su autoridad real poseía un carácter divino, que no se basaba solo en la voluntad de los súbditos. Realmente Teobaldo, como su padre, pasó la mayor parte de su reinado en Champaña, viajando solo a Navarra en cinco o seis ocasiones, en visitas de pocos meses.

También debido a la influencia del rey francés, Alfonso X de Castilla, que prometió a su hija Berenguela con el heredero francés, aunque luego murió este antes de desposarse, cedió en 1256 a Teobaldo II, mientras viviese, los puertos de Fuenterrabía y San Sebastián para la exportación de productos navarros.

Se ha de resaltar del reinado de Teobaldo II sus buenas relaciones con las monarquías peninsulares. El único acontecimiento bélico que protagonizó fue el conflicto de Gascuña contra Inglaterra (1266), como consecuencia de la discutida incorporación del condado de Bigorra a Navarra. Los navarros, desde San Juan de Pie de Puerto, llegaron hasta Lourdes, cuyo castillo quedó para Teobaldo II después de las conversaciones de paz de su suegro —el rey francés— con Inglaterra.

En 1269, previendo su falta de descendencia —solo tenía una hija bastarda, Juana, que entró en religión—, Teobaldo II concertó el matrimonio de su hermano Enrique con Blanca de Artois y lo nombró heredero en caso de su posible muerte, pues en un escaso periodo de tiempo partiría para la cruzada de Túnez. Además, antes de ello, Teobaldo II nombró senescal o gobernador de Navarra a su mencionado hermano Enrique.

De su figura sobresale la gran sintonía y amistad que tuvo con su suegro San Luis de Francia, que le hizo participar en una cruzada en Tierra Santa. En 1270, Teobaldo II zarpó con su ejército franco-navarro desde Marsella para participar en la cruzada, pero, al llegar a Cerdeña, donde había quedado con su suegro, decidieron marchar contra Túnez con el fin de cortar los suministros que los tunecinos enviaban al sultán de Egipto y el deseo, de San Luis, de convertir a su emir al cristianismo, aunque realmente era por el interés de Carlos de Anjou, rey de Sicilia y hermano del rey francés, que deseaba constituir un reino en África. Al llegar a Túnez tomaron la fortaleza de Cartago, pero se retiraron cuando, el veinticinco de agosto, murió el rey francés víctima de la peste. Teobaldo desistió entonces de la empresa militar y decidió enviar parte de las tropas hacia Europa. Dos meses después, Teobaldo firmó un acuerdo comercial con Túnez y dirigió el resto de las tropas a Sicilia, donde a primeros de diciembre murió, también de peste, en el puerto de Trapani, a los treinta y dos años. Su cuerpo se trasladó a Provins, donde recibió sepultura en el convento de las Clarisas, y su corazón se depositó en la iglesia de los Dominicos. Las tropas francesas de Napoleón destruyeron su sepulcro y hoy solo existe un monumento de piedra en las Clarisas. Los franceses consideraban a Teobaldo II como un rey prudente, piadoso y con arrojo en la cruzada, y los navarros como generoso, juicioso y conciliador en las relaciones con la Iglesia.

ENRIQUE I (1270-1274), «EL GORDO»

Enrique I de Navarra nació posiblemente en el palacio condal de Provins (Champaña) en el año 1249, y fue conde de Champaña y Brie, con el título de Enrique III. Con catorce años, su hermano Teobaldo lo nombró conde de Rosnay, y, cuando cumplió los dieciséis años, intentó casarlo con Constanza, hija del vizconde de Bearn, para solucionar el contencioso por la herencia del condado de Bigorra, pero las negociaciones fracasaron por las tensiones entre Navarra e Inglaterra y, principalmente, por la oposición del novio, que estaba enamorado de una dama de Lacarra, con la que había tenido un hijo llamado Juan. Esta oposición de Enrique hacia su hermano le costó la expulsión de la corte y del reino.

A pesar de las tensiones que Enrique tuvo con su hermano Teobaldo II, durante el reinado de este ejerció en varias ocasiones la regencia en Navarra y en los condados de Champaña y Brie, destacando el periodo de tiempo en que Teobaldo estuvo en la cruzada de Túnez. En 1269 Teobaldo, nuevamente, le buscó novia a su hermano: Blanca de Artois, sobrina de San Luis IX de Francia, con la que se casó y tuvieron dos hijos: Teobaldo y Juana. También en ese año Teobaldo nombró a su hermano gobernador de su reino y condados, antes de embarcarse para la cruzada de Túnez, donde murió en 1270, por lo que Enrique accedió al trono al no dejar Teobaldo descendencia.

Durante su corto reinado, mostró interés por el pueblo navarro, concediendo privilegios a ciudades como Estella, Los Arcos y Viana. Igualmente, mantuvo relaciones cordiales con la nobleza navarra, así como con los reinos cristianos peninsulares; ello le llevó a rechazar las pretensiones del infante Felipe de Castilla y de Enrique «el Senador», hermanos de Alfonso X «el Sabio», que se sublevaron contra el rey castellano, quien atrajo a Enrique I con un acuerdo firmado en Logroño, por el que intentaron unir lazos mediante la propuesta de matrimonio del hijo de Enrique, Teobaldo, con Violante, hija de Alfonso X, que no se llevó a cabo por la temprana muerte del infante al caer de las almenas de Estella en 1273. Este hecho distanció a los reinos, cuyas relaciones llegaron a enturbiarse más cuando Enrique I y Eduardo I de

Inglaterra firmaron el Convenio de Bonlieu (1273) y se acordó el matrimonio de la infanta Juana con el hijo Enrique del rey inglés.

Cuando falleció Enrique I, por obesidad, se le enterró en la catedral de Pamplona, y heredó el trono de Navarra y los condados de Champaña y Brie su hija Juana I, con solo tres años, pues, siete semanas antes de su muerte, la había nombrado heredera.

JUANA I DE NAVARRA (1274-1305)

Juana nació en Bar-sur-Seine en 1271 y fue reina de Navarra y condesa de Champaña y Brie. Fue prometida por su padre con Enrique de Inglaterra, según el Convenio de Bonlieu.

Heredó el trono con dos o tres años y su madre Blanca de Artois ejerció la regencia. La joven heredera provocó rápidamente la ambición de los estados vecinos: Castilla, Aragón y Francia. Los dirigentes navarros preferían Castilla o Aragón, pues la experiencia con los *champañeses*, los *Teobaldos*, no había sido satisfactoria. Castilla presentó como novio de la heredera a Fernando de la Cerda, hijo de Alfonso X, y Aragón al futuro Alfonso «el Liberal», quien resultó más aceptable para los navarros, dado que Alfonso X presionó con sus tropas en la frontera para forzar la elección de Fernando. Pero Blanca de Artois, como regente, se dirigió a París buscando la protección de su primo hermano Felipe III «el Atrevido». Entonces Juana quedó prometida al segundogénito delfín francés, el futuro Felipe IV «el Hermoso» de Francia, en 1276, cuando el novio tenía ocho años. Ese mismo año murió el primogénito francés, envenenado, a los once años, por lo que Felipe pasó a ser heredero de la corona. Desde esa fecha, el rey Felipe III de Francia, como tutor de los jóvenes prometidos, empezó a regir Navarra y envió un gobernador francés. Esta alianza matrimonial no gustó nada a los navarros, que se rebelaron. Entonces París envió un poderoso ejército que saqueó Navarra, sin que los castellanos, que se habían acercado para socorrer a los navarros, se atreviesen a intervenir. Los nobles rebeldes huyeron a Castilla o Aragón y sus bienes se confiscaron. Esta severa ocupación militar aseguró la anexión de Navarra a Francia durante medio siglo, concretamente hasta 1328.

En el año 1281, el príncipe Sancho, heredero de Alfonso X de Castilla, renunció a los derechos sobre Navarra a favor de Pedro III de Aragón, por lo que debido a la intervención de este en Sicilia (1282) contra Carlos de Anjou, hermano del rey Luis IX de Francia y rey de Sicilia, la rivalidad franco-castellana pasó a rivalidad franco-aragonesa; así, mientras Aragón se apoderó de Sicilia, un ejército franco-navarro entró en Valdonsella y Canal de Berdún (1283).

El matrimonio de Juana I y Felipe «el Hermoso» se celebró en el año 1284, en la catedral de Notre Dame. De esta manera, Felipe se convirtió en rey de Navarra con el título de Felipe I. Del matrimonio nacieron siete hijos: Luis «el Obstinado» —futuro rey de Francia y de Navarra—; Margarita; Blanca; Felipe —también futuro rey de Francia y de Navarra—; Isabel; Carlos —igualmente, futuro rey de Francia y de Navarra—; y Roberto.

Durante el gobierno de la reina Juana I de Navarra, muchos cargos de la administración, alcaides de las fortalezas y oficiales locales fueron confiados a franceses, contraviniendo el Fuero General, por lo que el descontento de los navarros iba en aumento, y los franceses, por orden de Felipe «el Hermoso», reprimieron duramente las rebeliones.

En 1285 murió Felipe III de Francia como consecuencia de una enfermedad contraída durante las luchas en el norte de Cataluña, y le sucedió Felipe «el Hermoso», con título de Felipe IV de Francia, pasando Juana I a ser reina de Francia. Tras ello se firmó una tregua entre Francia-Navarra y Aragón, hasta que, en 1290, se produjo un nuevo enfrentamiento, en el que los navarros conquistaron Salvatierra, pero la paz se impuso de nuevo con el Tratado de Tarascón (1291).

Felipe IV se comprometió a no apoyar las pretensiones de Alfonso de la Cerda, hijo del fallecido heredero al trono de Castilla, en contra de Sancho IV «el Bravo», pero, cuando murió este (1295), cambió de opinión, lo que lo acercaba a navarros y aragoneses, que apoyaban al pretendiente de la Cerda; ambos invadieron tierras sorianas y San Esteban de Gormaz. En el año 1296 llegaron hasta Mayorga (Valladolid), que no pudieron conseguir, y en 1297 tomaron y después perdieron Nájera. Así se continuó, aunque con deseos de paz entre Castilla y Navarra, hasta la muerte de la reina Juana I.

Desde que Felipe IV accedió al trono francés, deseó un estado centralizado y fuerte, por lo que tuvo que recurrir a imponer gravosos impuestos a judíos, llevar a cabo la venta de títulos nobiliarios e imponer diezmos al clero. Esto último llevó a chocar con el papa Bonifacio VIII, quien tras varias peripecias terminó detenido y maltratado por el rey francés en 1302. Tras ser puesto en libertad por el pueblo romano, el Papa murió al mes siguiente. Sus sucesores Benedicto XI (1303) y Clemente V (1305-1314) serían elegidos por el rey francés, quien además trasladó el papado a Aviñón (1309), empezando entonces el Cisma de Occidente, donde coexistieron papas en Roma y Aviñón durante largo tiempo.

En 1305 falleció la reina Juana I en el castillo-palacio de Vincennes y recibió sepultura, según sus deseos, en la iglesia de los franciscanos en París, convento de los Cordeleros. Después, los navarros acordaron guardar el reino para su hijo Luis, pues no querían mantener como rey a su padre Felipe IV.

Se ha de recordar que Felipe IV «el Hermoso» fue, además del responsable del traslado del papado desde Roma a Aviñón, el que impulsó y consiguió que el papa Clemente V disolviera la Orden de los Templarios, pasando las enormes riquezas de estos a las arcas del rey. Los Templarios serían acusados injustamente y torturados, y el Gran Maestre de la Orden, Jacques de Molay, pereció en la hoguera, en París, no sin antes maldecir y emplazar a Felipe IV a encontrarse ante Dios antes de un año. En efecto, ese año de 1314 fue fatídico para la Corona francesa: primero estalló el gran escándalo de la torre de Nesle, o de las nueras adúlteras del rey, que estaban casadas con los príncipes que más tarde accederían al trono, y, después, el monarca murió en Fontainebleau en un accidente de caza, tras el ataque de un jabalí, antes del año a que lo emplazó Jacques de Molay.

En el escándalo de la torre Nesle intervinieron las nueras Margarita de Borgoña, esposa del futuro Luis X de Francia, ya rey de Navarra, y Blanca de Borgoña, esposa del futuro Carlos IV de Francia y I de Navarra, que fueron denunciadas por Isabel de Francia, hija de Felipe «el Hermoso» y futura reina de Inglaterra, por haber engañado a sus maridos con los hermanos d'Aunay, caballeros del palacio real. Los amantes fueron juzgados y condenados por crimen de lesa majestad; fueron despellejados vivos, les cortaron los genitales, los decapitaron y, finalmente, sus cuerpos fueron colgados por las axilas. También castigaron a las adúlteras: Margarita de Borgoña fue rapada y conducida en un carro cubierto de sábanas negras hasta una celda en un torreón, donde murió un año después, puede que estrangulada. Blanca de Borgoña también sería rapada, pero fue mejor tratada que su prima Margarita, aunque estuvo encerrada en un sótano durante siete años y después se le permitió tomar los hábitos de monja. Cuando el marido de esta última llegó a ser rey de Francia y de Navarra (1322), Blanca se convirtió en reina en prisión, pero a los dos meses fue anulado su matrimonio por el papa Juan XXII. También la tercera nuera de Felipe el Hermoso, Juana de Borgoña, hermana de Blanca, esposa del futuro Felipe V de Francia, fue encerrada, por haber guardado en secreto los amoríos de su hermana y su prima, pero al final se reconcilió con su marido, cuando este ya era rey de Francia y de Navarra, convirtiéndose en reina en 1317.

LUIS I (1305-1316), «EL OBSTINADO»

Luis I de Navarra y X de Francia, llamado «Hutin» («obstinado» o «testarudo»), nació en 1289 o 1291 en París y era primogénito de los reinos de Navarra, por parte de su madre Juana I, y de Francia, por su padre Felipe IV «el Hermoso».

En 1305 se casó con Margarita de Borgoña, hija del duque de Borgoña, y en el año 1311 tuvieron una hija, la que en el futuro sería Juana II de Navarra. En 1314 Margarita de Borgoña recibió la acusación de adulterio y permaneció encerrada en un torreón, donde murió un año después, posiblemente estrangulada a instancia de su marido. Ese mismo año, Luis se casó con Clemencia, hija del rey de Hungría, de cuya unión nació Juan «el Póstumo» (pues nació tras la muerte de su padre), que solo vivió cinco días, manteniéndose la sospecha de que fuese envenenado.

Tras la muerte de Juana I de Navarra, en 1305, los estamentos navarros intentaron utilizar a su hijo Luis para separar Navarra del gobierno de Felipe IV «el Hermoso». Así, las buenas villas renovaron su hermandad y después junto al clero pidieron a Luis que viniese a tomar posesión del reino y residiese en él para terminar con las ausencias del monarca desde la muerte de Enrique I (1274). Un año después se reiteró la petición y amenazaron con no obedecer a ningún gobernador si Luis no juraba los Fueros. Pero Luis, de acuerdo con su padre, no se dio por enterado. En 1307, las Cortes unidas en Olite y después en Pamplona reiteraron sus exigencias, por lo que Luis se desplazó a Navarra y juró sus Fueros, pero de inmediato empezó a recorrer el reino y llevó a cabo una amplia represión, encarcelando y deportando a Francia a los cabecillas de la nobleza, impuso multas y disolvió la Orden del Temple. Ese mismo año, regresó a Francia y no volvió nunca más a Navarra. No contento con estas medidas, también envió grupos de inquisidores y reformadores entre 1308 y 1310 y en 1314. En 1312 ordenó fundar la villa de Echarri-Aranaz para evitar los ataques de malhechores guipuzcoanos.

A la muerte de su padre (1314) fue coronado como Luis X de Francia y siguió su política, aunque con menos energía, hasta su prematura muerte. Era buen jugador de pelota y construyó la primera pista de tenis en el interior de un palacio: hay quien lo considera como el primer tenista de la historia. Después de jugar intensamente en Vicennes, bebió gran cantidad de vino frío, lo que al parecer le causó una neumonía o una pleuresía que le llevó a la muerte en 1316, aunque pudo ser que su defunción fuese debida a un envenenamiento. Se le enterró en la basílica de Saint Denis, donde años después le acompaño Clemencia, su segunda esposa.

FELIPE II (1316-1322), «EL LARGO»

Tras la muerte de Luis I, su hermano Felipe ocupó la regencia, pues la esposa del fallecido estaba embarazada. Cuando dio a luz, resultó ser un varón, Juan, que estaba destinado a ser el nuevo rey de Francia y de Navarra pero murió a los cinco días, puede que envenenado como se dijo antes. Entonces, a propuesta de la nobleza francesa, le sucedió su tío Felipe, con los títulos de Felipe V de Francia y II de Navarra. De esta manera, se ignoraron los derechos de Juana, la hija del primer matrimonio de Luis «Hutin» («Obstinado»), según parece debido a que se presentaban dudas sobre la legitimidad de esta, ya que a su madre Margarita de Borgoña se le sorprendió en adulterio y se dudaba de la paternidad de Juana. También estaba en su contra el que nunca una mujer había ocupado el trono de Francia, pues se seguía la Ley Sálica, promulgada precisamente por Felipe durante su regencia, y mediante la cual se prohibía reinar a las mujeres. Es cierto que esta ley podía aplicarse al reino de Francia, pero no al de Navarra, por lo que hubo un gran descontento en este reino.

Felipe nació en Lyon en 1292-1293. Antes de suceder a su hermano Luis, su padre le concedió el título de conde de Poitiers, Par del Reino por su hermano Luis y conde de Borgoña al casarse con Juana de Borgoña. El matrimonio se celebró en 1307 y tuvo una amplia descendencia: Juana, Margarita, Isabel, Blanca, Felipe, Luis Felipe y una segunda Juana; pero solo sobrevivieron al rey las cuatro primeras hijas.

Al morir su sobrino Juan I, con solo cinco días, Felipe fue coronado como rey de Francia y de Navarra en la catedral de Notre Dame de Reims, en 1317, si bien antes tuvo que vencer la oposición de Odón IV de Borgoña, que apoyaba los derechos de su sobrina Juana, la hija del primer matrimonio de Luis «Hutin», un conflicto que se solucionó acordando el matrimonio de Odón con la hija de Felipe, la princesa primogénita Juana, y la concesión de nuevas tierras para Odón en Artois.

Desde el principio de su reinado, Felipe tuvo problemas con Navarra, que reclamaba como reina a su sobrina Juana, la hija de su hermano Luis «Hutin». Ante ello, en 1318, Felipe concertó el matrimonio de su sobrina Juana con Felipe de Évreux, primo del rey francés. Durante dos años, los estamentos navarros se resistieron a reconocer a Felipe como su rey, que no tuvo el detalle de visitar el reino de Navarra ni una sola vez, teniendo que desplazarse los navarros hasta Francia para que firmara los Fueros. Tras ello, Felipe se limitó a gobernar Navarra a través de representantes, dedicándose exclusivamente a los asuntos de Francia.

Durante su reinado reprimió las revueltas de pastores y de los leprosos e impuso elevados impuestos a los judíos, al igual que había hecho su padre. Firmó gran cantidad de ordenanzas reales, impuso la moneda única en el territorio, intentó normalizar los pesos y medidas e inició la cámara de cuentas con el fin de sanear la administración pública. Sus dotes diplomáticas le ayudaron a concluir la guerra con Flandes, que había iniciado su padre.

Murió en Longchamp después de cinco meses de sufrir una disentería con elevadas fiebres, y se le inhumó en la basílica de Saint Denis. Al no tener descendencia masculina, le sucedió su hermano Carlos.

CARLOS I (1322-1328), «EL CALVO»

Carlos I de Navarra y IV de Francia era conocido en Navarra como «el Calvo» y en Francia como «el Hermoso». Nació en el castillo de Creil (Oise) o Clermont en 1294; tercer hijo rey de Felipe IV «el Hermoso» y Juana I de Navarra, recibió en 1414 el condado de Marche.

Se casó en 1307-1308 con Blanca de Borgoña, condenada por adulterio en 1314 y anulado el matrimonio por el papa Juan XXII, por razones de consanguineidad. De este matrimonio tuvo dos hijos —Felipe y Juana—, que murieron durante su infancia. En 1322 se casó con María de Luxemburgo, de cuya unión nació María (1323), que tampoco le sobrevivió. Al año siguiente murió la reina junto al hijo nonato que esperaba en un accidente al volcar su carruaje. Después, en 1325, Carlos se casó con su prima Juana de Évreux, que dio a luz a María. Al morir el rey, Juana estaba de nuevo embarazada, pero nuevamente nació una niña, Blanca. De esta manera, según la Ley Sálica aplicada a las sucesiones, se extinguió la dinastía de los Capetos.

Carlos fue coronado rey en la catedral de Reims. Durante los años de su reinado castigó a los banqueros lombardos por los abusos cometidos durante el reinado anterior, igualmente hizo con los malos jueces y otras personalidades corruptas. Por otra parte, incrementó los impuestos, impuso trabajos onerosos y confiscó propiedades a los que no eran de su agrado.

Respecto a Navarra, después de dos años de acceder al trono, ordenó que una comisión de las Cortes navarras se trasladara a París para realizar el juramento real de los Fueros, pero lo cierto es que, aunque se constituyó la comisión, nunca hizo el viaje y el rey no juró. De este modo, puede decirse entonces que su reinado en Navarra careció de legitimidad legal, por lo que, para gobernar, siempre desde París, tuvo que apoyarse en la fuerza militar. Por esas razones, los navarros y Felipe III de Évreux, esposo de la futura Juana II, nunca lo consideraron como soberano. Tampoco le reconoció como tal su cuñado Eduardo II de Inglaterra. A pesar de todo, un gobernador y dos reformadores se hicieron cargo del gobierno navarro, prestando atención a las fronteras con Guipúzcoa, el saneamiento de la hacienda y la reconstrucción y repoblación de la Navarrería de Pamplona.

El rey Carlos murió en Vicennes y fue enterrado junto a su tercera esposa en la basílica de Saint Denis. Por tanto, si se seguía considerando la Ley Sálica, debía desaparecer la dinastía de los Capetos, sin posibilidad de que su hija María le sucediese. Como su esposa Juana estaba embarazada, se esperó a ver si nacía un hijo, ejerciendo mientras la regencia el primo del rey fallecido, Felipe de Valois, pero nació otra niña. Ante la circunstancia, Felipe de Valois pasó a ser coronado rey de Francia con el título de Felipe VI, lo que trajo consigo una gran oposición, hasta el punto de que sería la mecha que prendería el conflicto anglo-francés que desembocó en la Guerra de los Cien Años. En cambio, en Navarra se acordó, en Puente la Reina, destituir al gobernador, nombrar dos regentes y llamar a Juana, la hija de Luis «el Obstinado», y a su marido Felipe III de Évreux para coronarlos reyes de Navarra.

JUANA II DE NAVARRA (1328-1349)

Nació en 1311 en Conflans (Francia), hija de Luis I «el Obstinado» y Margarita de Borgoña. Se educó en la corte francesa como primogénita heredera y se le propuso el matrimonio con el heredero de los condados de Flandes y Nevers para apaciguar el levantamiento de la nobleza septentrional; posteriormente, no se llevó a efecto tal propuesta.

A la muerte de su padre, sus tíos Felipe y Carlos, sucesivamente, usurparon el poder y se constituyeron en reyes de Francia y de Navarra, basándose en la poca edad de su sobrina Juana y la incierta legitimidad de esta por ser hija de madre adúltera, y por aplicación de la Ley Sálica, que prohibía reinar a las mujeres, aunque esta ley no existía en el reino de Navarra.

Juana se prometió, con seis años, con Felipe de Évreux, primo de su padre y tíos, a instancia de su tío, ya rey Felipe II de Navarra y V de Francia. Cuando se desposaron, tuvieron nueve hijos: Juana; María, futura esposa de Pedro IV de Aragón; Blanca, futura esposa de Felipe VI de Francia; Carlos, heredero y futuro rey de Navarra; Inés; Felipe; Juana Inés; Juana «la Joven», pues su hermana mayor también se llamaba Juana; y Luis.

A la muerte de Carlos «el Calvo», Navarra consiguió la separación de Francia debido a la firme actitud de todos los estamentos navarros, que destituyeron al gobernador y demás funcionarios franceses nombrados por el Carlos «el Calvo» y designaron a dos regentes navarros. Con el respaldo de los navarros, Juana II y su marido llegaron a un acuerdo con Felipe de Valois, coronado rey de Francia, por el que renunciaban a los condados de Champaña y Brie y a cualquier derecho a la Corona francesa, recibiendo a cambio Navarra y los condados de Angulema y Mortain. Tras este pacto, en marzo de 1329, Juana y su marido entraron en Navarra y consiguieron que las Cortes reunidas en Larrasoaña aprobasen la jura de los Fueros que se llevó a cabo en la catedral de Pamplona, convirtiéndose en Juana II y Felipe III de Navarra. Desde el primer momento, Felipe III manifestó su intención de ejercer personalmente el gobierno, por lo que Juana II quedó en un segundo plano; sin embargo, como señora natural del reino, acompañó a su esposo en sus desplazamientos por Navarra.

Pero estos nuevos soberanos de Navarra volvieron a Paris a los tres meses de haber jurado y vivieron siempre en Francia, con escasas visitas a Navarra; enviaron gobernadores franceses, como en los tiempos anteriores, lo que decepcionó mucho a los navarros. Los monarcas se desplazaron en escasas ocasiones a Navarra: para ser jurados y coronados y para confirmar una reforma del Fuero General y al mismo tiempo defender a los judíos, que en los primeros años de su reinado sufrieron una gran persecución en Navarra. Esta defensa de los judíos favoreció también a los reyes, pues las devoluciones que tuvieron que hacer los que habían robado a los judíos nunca llegaron a estos, sino que pasaron a las arcas del reino, así como el dinero de las multas impuestas a los asesinos de judíos y las herencias de los judíos que murieron sin descendencia. Solamente al final de su reinado se presentó Felipe de Évreux en Navarra para colaborar, junto a muchos cruzados extranjeros, con Alfonso XI en la conquista de Algeciras. Allí enfermó y murió en Jerez en 1343.

Durante el reinado a distancia de Juana II y Felipe III se añadieron varios capítulos a los Fueros, se favoreció a la burguesía, se mejoró la administración, se crearon nuevos órganos de gobierno, se aumentó la apertura hacía Europa, se castigó duramente la delincuencia y se reformó la Colegiata de Santa María de Roncesvalles, primer edificio puramente gótico de la Península. Pero también hubo una gran epidemia de peste negra y, en el año 1334, estalló una guerra contra Castilla, que finalizó al año siguiente con la Paz de Fraces, en la que se reconocía la posesión del monasterio de Fitero y del castillo de Tudején para Navarra. Este hecho hizo a los reyes volver momentáneamente a Navarra.

Después de la muerte de su marido, Juana gobernó tanto Navarra como los dominios de Felipe III, los condados de Évreux y Longueville, territorios a los que se trasladó, desde París, fijando en ellos su residencia. Lo cierto es que Juana siguió gobernando con el apoyo de su tío, el monarca francés, a través de gobernadores. De esta forma, el reino de Navarra, que con el ascenso al trono de la reina Juana había logrado separarse de Francia, seguía en cierto modo vinculado a la política del reino francés. Pero también es cierto que, al alejarse de la presión de Felipe VI de Francia, Juana II se implicó personalmente en las labores de gobierno para sanear la gestión y mejorar la imagen de la monarquía en Navarra, y así renovó cargos administrativos que había impuesto su marido bajo la influencia del rey francés.

Seis años después de la muerte de su esposo, murió Juana II de peste negra en el castillo de Breval, cerca de París, y sus restos mortales se sepultaron en la iglesia de Saint Denis de París, aunque su corazón se depositó junto al de su esposo en la iglesia del convento de los Dominicos de París.

CALOS II (1349-1387), «EL MALO»

Carlos II de Navarra, conocido como Carlos de Évreux o, más normalmente, como «el Malo», aunque puede que este sobrenombre fuese exagerado y que se deba a una leyenda negra escrita por un historiador del siglo XV, que le tenía rencor por alguna razón relacionada con su propia familia. Nació en Évreux en 1332, hijo de Juana II de Navarra y Felipe de Évreux y nieto de Luis I de Navarra y X de Francia. Tras la muerte de su padre heredó el condado de Évreux y, en 1349, el reino de Navarra, con solo diecisiete años, tras la muerte de su madre, siendo coronado en Pamplona en 1350. Carlos II «el Malo», tras coronarse rey de Navarra y confiar los principales cargos a navarros, volvió a Francia. Allí vivió entre intrigas y tensiones con los monarcas franceses Valois, el apoyo a los ingleses, en la Guerra de los Cien Años, y los problemas con Castilla; al final, perdió los dominios heredados de sus padres en Normandía y parte de Navarra.

Carlos II contrajo matrimonio con Juana de Francia (1352) y tuvo siete hijos: María, Carlos, heredero y futuro Carlos III «el Noble», Bona, Pedro, Felipe, Juana y Blanca. Fuera del matrimonio tuvo dos hijos: Leonel, con Catalina de Lizaso, y Juana, con Catalina de Esparza.

A lo largo de toda su vida se consideró heredero de la Corona francesa, a pesar de nacer cuatro años después de que, tras la muerte de su tío-abuelo Carlos I de Navarra «el Calvo» y IV de Francia, pasase la Corona francesa a los Valois, con Felipe VI. Para reclamar la Corona francesa se basaba en que él pertenecía a la línea sucesoria directa de Luis X, como nieto, aunque su madre Juana II parece ser que era ilegítima, como ya se comentó, antes que Felipe VI, que solo era primo. Así, trató de hacer valer sus derechos frente a la nueva dinastía francesa de los Valois: empezando por Felipe VI, que comenzó a reinar en 1328, antes de que Carlos «el Malo» naciera en 1332; después siguiendo con Juan II «el Bueno» y finalizando con el hijo de este, Carlos V. A pesar de todo, Carlos II se consideraba heredero de Francia y de Navarra, así como de las posesiones normandas de los Évreux (Angulema, Champaña, Brie y el ducado de Borgoña).

Juan II «el Bueno» intentó congraciarse con Carlos II «el Malo» para que dejase de intrigar, ofreciéndole el nombramiento de teniente general del Languedoc y, después, el matrimonio con su hija Juana. Pero todo fue inútil: «el Malo» participó en el asesinato de Carlos de la Cerda, que era el condestable del rey francés, y acusó a ambos de homosexualidad. Luego, actuó en intrigas entre Francia e Inglaterra y fue apresado por el rey francés y puesto en libertad posteriormente. Participó en varias revueltas, intrigas, asesinatos y traiciones, y al final fue vencido en la batalla de Cocherel por el recién coronado Carlos V de Francia. Firmó con este el Tratado de Saint-Denis (1365), por el que Carlos renunciaba a la Corona francesa y cedía sus posesiones en Normandía a cambio del señorío de Montpellier.

Después, las tropas de Enrique II de Castilla y de Carlos V de Francia rodearon Navarra; como los ingleses estaban debilitados, Carlos «el Malo» volvió a Francia y firmó el Tratado de Vernon (1371), rindiendo vasallaje al rey francés por todo el territorio que poseía en Francia. Parecía que al «Malo» no le quedaba otro remedio que renunciar a la Corona francesa. Además, Enrique II de Castilla pretendía escarmentarlo por no haberlo apoyado contra Pedro I «el Cruel». El navarro se vio obligado a firmar la Paz de Briones (1373), devolviendo Logroño y Vitoria a Castilla y conviniendo el matrimonio del infante Carlos de Navarra con Leonor, hija del rey castellano Enrique II de Trastámara.

Cuando el infante Carlos y dos hijos más de Carlos «el Malo» viajaban a Francia en nombre de este, Carlos V de Francia los detuvo y, con el pretexto de declaraciones comprometedoras de dos hombres de confianza de Carlos «el Malo», ocupó las plazas normandas del rey navarro.

Carlos «el Malo», ante el inminente ataque de Enrique II de Castilla, aliado de Francia, se vio obligado a pedir ayuda a los ingleses en secreto. Ricardo II aceptó, pues de esa manera podía disponer del puerto de Cherburgo a cambio de tropas (1378). Francia, mediante las informaciones que les hicieron llegar sus espías, se enteró del Pacto de Cherburgo, que ponía en cuestión su soberanía, por lo que arrestó al chambelán navarro de Carlos «el Malo» cuando viajaba a París y lo procesó. El chambelán reveló, además del Pacto de Cherburgo, que se planeaba el matrimonio de Ricardo II con una princesa navarra y que tenían intención de envenenar al rey francés. En definitiva, tras todo esto y la intervención francesa, «el Malo» perdió Normandía y Montpellier, Cherburgo quedó en poder de los ingleses, el chambelán y otro cortesano navarro fueron ajusticiados y se revelaron públicamente los crímenes del «Malo». Esto marcó el fin político del rey navarro que, tras traicionar a todos, tenía tantos enemigos que quedó aislado.

Entonces Enrique II de Castilla, como fiel aliado de Francia, atacó Navarra. Esta, tras ceder una veintena de plazas, firmó el Tratado de Briones (1379), que obligaba al navarro a romper con Inglaterra y someter las diferencias con Francia a un arbitraje del rey castellano, por lo que quedaba Navarra a total merced de Castilla. Después de esto, «el Malo», arruinado económicamente, se retiró a Pamplona, y allí reinó con moderación y con el auxilio de préstamos. En 1380, tras la muerte de Carlos V de Francia, se liberó al infante Carlos de Navarra, el futuro Carlos III «el Noble».

Años después de la muerte de Enrique II, su hijo Juan I de Castilla, mediante el Tratado de Estella (1386), reintegró a Navarra varias plazas ocupadas en 1379, gracias a la gestión del príncipe Carlos de Navarra, que tenía gran amistad con su cuñado el rey castellano; se anularon cláusulas onerosas del Tratado de Briones, con la condición de que Carlos II «el Malo» de Navarra apoyara al papa de Aviñón. Pero el rey navarro no llegó a hacerlo, pues pretendía recobrar Cherburgo, ocupada por los ingleses, que apoyaban al papa de Roma, con una iniciativa diplomática por la que casaba a una hija suya con el duque de Bretaña, aliado de Inglaterra.

«El Malo» murió tras un desmayo y ordenar su médico que lo envolvieran en paños impregnados de coñac, que accidentalmente se incendiaron por el descuido de un criado. Según sus deseos, su cuerpo se sepultó en la catedral de Pamplona, su corazón en Santa María de Uxue y sus entrañas en Roncesvalles.

CARLOS III (1387-1425), «EL NOBLE»

Carlos III de Navarra, llamado «el Noble», nació en Mantes en 1361, hijo de Carlos II «el Malo» y Juana de Valois de Francia. A los tres años sería designado heredero del trono navarro. Con cinco años, visitó por primera vez el reino, y con ocho años fue nombrado lugarteniente del reino por ausencia de su padre.

Con doce años se concertó su matrimonio con la infanta Leonor, hija de Enrique II de Trastámara, rey de Castilla, y se casaron en Soria en 1375. Tuvieron ocho hijos: Juana, Blanca —que sería la futura Blanca I de Navarra—, María, Beatriz, Isabel, Carlos, Luis y Margarita. Además, con diversas damas, tuvo varios bastardos: Juana, Lancelot, Godofredo, Francisco, Pascual, otra Juana, Leonel y María.

En 1378, por orden de su padre, encabezó una embajada para dialogar con Carlos V de Francia, pero el rey francés lo encarcelo y embargó las posesiones de Navarra en Francia, excepto Cherburgo. Parece ser que durante el interrogatorio que se practicó a la embajada detenida se descubrieron, entre otras cuestiones, los planes de Carlos II «el Malo» para conquistar Logroño, por lo que se alertó a Enrique II de Castilla, quien invadió Navarra, obligando a Carlos II «el Malo» a firmar el Tratado de Briones. El infante Carlos sería liberado en 1380, a la muerte del rey francés, y se le devolvieron a Navarra los bienes confiscados.

En 1383 el infante Carlos revisó con su cuñado Juan I de Castilla el Tratado de Briones, después de ayudar a este en el sitio de Gijón. Al año siguiente marchó con tropas navarras a la guerra de Portugal, ayudando al rey castellano en los sitios de Coímbra y Lisboa. Ese mismo año, Carlos VI de Francia volvió a confiscar a Carlos II «el Malo» sus bienes transpirenaicos. Después, el infante Carlos volvió nuevamente a Castilla para ayudar a su cuñado en la guerra de Portugal y estando en Peñafiel recibió la noticia de la muerte de su padre.

Cuando subió al trono de Navarra fue el anverso de su padre: pacífico y noble en lugar de ambicioso, intrigante y malvado, aunque es cierto que las circunstancias que rodearon su reinado también le fueron favorables: monarcas castellanos y aragoneses sosegados y pacíficos, buenas relaciones con los reyes de Francia e Inglaterra y el apoyo al papa de Aviñón.

Con su cuñado Juan I de Castilla tuvo una gran amistad y ni siquiera la ruptura del rey navarro con su esposa, la hermana neurasténica del rey castellano que volvió a Castilla en 1388 con sus tres hijas mayores, hizo que se empañasen sus buenas relaciones; la verdad es que la separación de los reyes navarros pudo deberse a varias causas, pero la principal fue la continuada y descarada relación extramatrimonial del rey con María Miguel de Esparza, con la que tuvo cinco hijos ilegítimos. En ese primer año de reinado de Carlos III, Juan I le devolvió varios castillos que se hallaban en poder de Castilla desde el Tratado de Briones.

Con relación al papado, en 1390 Carlos III rechazó la obediencia al papa Urbano VI y reconoció al antipapa Clemente VII de Aviñón y a su sucesor Benedicto XIII —el español papa Luna—, a quien prestó obediencia hasta 1417. Años después reconoció al papa Martín V, nombrado tras el Concilio de Constanza, en el que se resolvió el Cisma de Occidente, durante el cual coexistieron papas en Roma y en Aviñón simultáneamente.

En 1393 Carlos III gestionó la recuperación de Cherburgo, que estaba en poder de Inglaterra.

También Carlos III tuvo buena armonía con el sucesor al trono de Castilla, Enrique III, quien en 1395 hizo volver a su tía Leonor, esposa del rey navarro, desde Castilla a Navarra. Tras siete años de separación, la pareja real restableció la armonía matrimonial, de manera que al año siguiente nació la infanta Isabel y, después, vendrían tres hijos más.

Igualmente, el rey navarro tuvo buenas relaciones con el hermano de Enrique III, el infante Fernando —el llamado después Fernando «de Antequera»—. Carlos III participó en las campañas granadinas del infante castellano y se emparentó con él al casar al hijo de Fernando, Juan, con su hija Blanca, viuda de Martín «el Joven», rey de Sicilia e hijo del rey aragonés Martín «el Humano». «El Noble» también casó a su hija mayor Juana con Juan III de Foix, sin importarle que Navarra pudiera ser anexionada a Francia por el fallecimiento de Carlos, con cinco años, heredero varón navarro, y también de su otro hermano varón Luis, con apenas un año; pero esto no llegó a concretarse por morir Juana sin herederos.

En 1404, «el Noble» firmó con Francia el Tratado de París, por el que renunciaba a sus feudos franceses, Champaña y Brie y otras posesiones. De esa manera pudo gestionar en París de forma pacífica varias de sus antiguas posesiones, si bien después renunció a todos sus derechos de tierras en Francia, incluido Cherburgo, a cambio del ducado de Nemours y ciertas rentas, una sabia decisión que le reportó beneficios económicos y le evitó probables problemas políticos.

Carlos III «el Noble», mediante el Privilegio de la Unión (1423), promulgó la unión, en un único municipio, de los tres núcleos urbanos de Pamplona. También instituyó el título de Príncipe de Viana (1423) para su nieto Carlos, hijo de su primogénita Blanca y del futuro Juan II de Aragón, siguiendo la costumbre europea de crear títulos para los herederos de las coronas —Príncipe de Gales (1283), Delfín de Francia (1346), Príncipe de Asturias (1388) y Príncipe de Gerona (1414)—. Igualmente, «el Noble» sobresalió como impulsor de las artes, con la reconstrucción de la catedral de Pamplona y la construcción de los palacios de Tafalla y Olite y del castillo de Tudela, así como las obras realizadas en las residencias reales de Puente la Reina, Monreal y Sangüesa. Además, fue un rey aficionado a los libros, las joyas y los trajes ricos y ostentosos. Preocupado por las artes y la cultura, se rodeó de músicos, juglares, pintores, etc. Para terminar, también se han de destacar sus aires de grandeza, su innegable bondad y su generosidad, que lo llevó a repartir numerosos títulos nobiliarios y espléndidos regalos y dotes a sus familiares.

Murió en el palacio de Olite y se enterró en la catedral de Pamplona, junto a su esposa.

BLANCA I DE NAVARRA (1425-1441)

Blanca I de Navarra nació en Pamplona en 1385-1386, segunda hija del rey Carlos III «el Noble» y Leonor de Trastámara, que era hija de Enrique II de Castilla. En 1402 se concertó su boda con Martín «el Joven», rey de Sicilia e hijo del rey aragonés Martín «el Humano». Se trasladó a Catania, donde se celebró el matrimonio por poderes, y meses después desembarcó en Sicilia, donde se ratificó su enlace matrimonial con Martín «el Joven», que era viudo de la reina María de Sicilia, muerta un año antes. Nació de este nuevo matrimonio su hijo Martín, que, por haber fallecido su hermanastro Pedro, nacido del primer matrimonio de Martín «el Joven», se erigió en heredero de Sicilia y de Aragón, como único nieto de Martín «el Humano». Pero este infante murió también a los ocho meses.

El principio del reinado de Blanca en Sicilia no fue fácil, pues sufrió malos tratos y privaciones. Al parecer los sirvientes llegaron a provocarle un aborto a los pocos meses de matrimonio. Hasta 1404 no recibió la asignación de su dote, consistente en la posesión de varias ciudades. Cuando su marido viajó a Aragón, en 1405, se le nombró regente de Sicilia, teniendo que hacer frente a una conjura en Mesina que, finalmente, pudo sofocar. En 1408 Blanca ejerció nuevamente la regencia, cuando su marido llevó a cabo una expedición militar a Cerdeña, de donde no regresó, ya que murió víctima de la malaria. Desde ese momento Martín «el Humano» sucedió a su hijo en Sicilia y confirmó en la regencia a su nuera, cargo que Blanca ostentaría incluso después de la muerte de su suegro Martín «el Humano», ocurrida en 1410. En esta fecha Blanca fue sitiada mediante una revuelta encabezada por Bernardo de Cabrera, en Marqueto (Siracusa), pero la intervención diplomática de su padre Carlos III «el Noble» ante las cortes catalanas y la Corona francesa y el envío de fuerzas militares, dio sus frutos y consiguió la libertad de Blanca en 1412.

Como ya se comentó en el capítulo 7, después de la muerte de Martín «el Humano», al no contar con heredero para el trono de Aragón, y tras un interregno de dos años, el antipapa Benedicto XIII propuso una votación para elegir al sucesor del reino de Aragón entre seis candidatos posibles, resultado elegido Fernando «de Antequera» (Compromiso de Caspe, 1412), quien nombraría a Blanca lugarteniente de Sicilia, por lo que siguió ejerciendo el gobierno de la isla.

Mientras, en Navarra habían fallecido los dos herederos masculinos —Carlos y Luis— y, en 1413, murió también la primogénita Juana, por lo que Carlos III «el Noble» pidió a Blanca que volviera a su lado para ser la heredera del trono de Navarra. De esta manera, en 1415, tras ser relevada como lugarteniente de Sicilia por el hijo de Fernando «de Antequera», el infante Juan, Blanca abandonó la isla después de haber gobernado y vivido en ella durante trece años.

Blanca había tenido, desde que quedó viuda, al menos cuatro proposiciones matrimoniales, pero al final no cuajó ninguna. Años más tarde, en 1418, se llegó al acuerdo de desposarla con el infante Juan, conde de Peñafiel y hermano de Alfonso V «el Magnánimo», rey de Aragón, y ambos, hijos del fallecido Fernando «de Antequera», al que ya conocía Blanca, pues la sustituyó como lugarteniente de Sicilia. Se casaron en 1419 en Olite y se celebró la boda en Pamplona en 1420, cuando el novio tenía veintidós años y la novia treinta y cuatro, con la condición exigida por las Cortes navarras de que, a la muerte de Blanca, el título de rey recayera en la descendencia de ambos. Los nuevos esposos se trasladaron a Peñafiel y tuvieron cuatro hijos: Carlos, el primogénito, para quien su abuelo Carlos «el Noble» creó el título de Príncipe de Viana, que desde entones ostentarían los herederos de la Corona navarra; Juana, que murió a los dos años; Blanca y Leonor, que serían también reinas de Navarra.

Al morir Carlos III «el Noble», Blanca I y su consorte Juan I accedieron al trono de Navarra. Debido a las injerencias de Juan I en Castilla, su tierra de nacimiento y donde poseía un inmenso patrimonio, los reyes de Navarra no se coronaron en la catedral de Pamplona hasta 1429, después de que Juan fuera definitivamente expulsado de Castilla el año anterior.

Debido al fuerte carácter de Juan I y a la abulia de Blanca, el reino navarro quedó sometido al marido y sus intereses, lo que conllevó la pérdida de territorios fronterizos con Castilla tras la intervención militar de Juan II en Castilla. Después, en 1436, se firmó la Concordia de Toledo, que implicaba la paz entre Navarra y Castilla, la recuperación de los territorios perdidos anteriormente por Juan I y la boda de la infanta Blanca de Navarra con el príncipe heredero Enrique de Castilla, futuro Enrique IV «el Impotente», que se celebró en Valladolid en 1440. Después, cuando la reina Blanca viajaba por Castilla, tras la boda de su hija, en una peregrinación a Guadalupe, enfermó y murió en Santa María la Real de Nieva (Segovia). Se le enterró en el monasterio de Nuestra Señora de la Soterraña, aunque ella había manifestado el deseo de ser enterrada en Santa María de Uxue.

Se ha de considerar que, desde el ascenso al trono de Navarra, Blanca I estuvo retirada en Olite, donde vivió piadosamente y enfermiza, rodeada de médicos musulmanes y judíos a los que trasmitía su piedad. Durante las largas ausencias de su marido, gobernó el reino atinadamente, se exaltó su devoción y se tornó mística, dedicándose a actos piadosos; fundó capellanías, ermitas y cofradías, y fue especialmente devota de la Virgen del Pilar. Igualmente, fue una apasionada de la música.

CARLOS IV (1441-1461), «EL PRÍNCIPE DE VIANA», BLANCA II (1461-1464) Y JUAN I (1441-1479)

Cuando murió la reina Blanca I, al considerar su testamento, se suscitó un problema sucesorio, de manera que hubo dos reyes: uno de derecho, *de iure,* su hijo Carlos IV, y otro de hecho, *de facto,* su esposo Juan I de Navarra.

Carlos de Viana —Carlos IV de Navarra— nació en 1421 en el castillo de Peñafiel, y era hijo de Blanca I de Navarra y Juan de Aragón —Juan I de Navarra y después Juan II de Aragón—. Con un año fue jurado como heredero del reino de Navarra y con dos años recibió el título de Príncipe de Viana, creado para él por su abuelo Carlos III «el Noble». Se crió en el Palacio Real de Olite y pasó un tiempo en Italia, donde entró en contacto con el Renacimiento. Recibió una educación muy completa sobre literatura, idiomas, música, administración y deportes —remo, caza y equitación—, y le gustaban, como a su abuelo, los trajes ricos y ostentosos, las joyas, las fiestas y los muebles suntuosos.

En 1439 se casó con Inés de Clèveres en Olite, y, tiempo después, ejerció por primera vez el gobierno de Navarra por ausencia de sus progenitores; su padre normalmente estaba en Castilla o Aragón y su madre estaba en ese momento acompañando a su hija Blanca para desposarse con el Príncipe de Asturias, futuro Enrique IV de Castilla. Tras nueve años de matrimonio, murió su esposa sin dejar descendencia. Al poco tiempo, se proyectó el matrimonio de Carlos de Viana con la infanta Isabel, futura reina Isabel «la Católica», pero el padre de Carlos procuró por todos los medios deshacer el compromiso, pues ello le daría a su hijo un prestigio y una fuerza que el padre no deseaba, por lo que trató de casarlo con Catalina de Portugal, hija de Eduardo I de Portugal, pero en este caso se opuso Enrique IV de Castilla, el hermanastro de Isabel y casado en segundas nupcias con Juana de Portugal, hermana de la candidata Catalina. Más tarde, en 1451, Carlos se casó con Leonor de Velasco, hija del condestable de Castilla, pero por razones desconocidas no se consumó el matrimonio y la novia ingresó en un monasterio. Eso sí, Carlos tuvo varias amantes: con María de Armendáriz, la doncella de su hermana Leonor, tuvo una hija, Ana; con Brinda de Vega tuvo un hijo, Felipe, que podría haber sido su heredero, pero, dado el carácter pacífico del padre y para evitarle problemas al niño, propondría como heredera a su hermana Blanca; con una doncella llamada Cappa tuvo otro hijo, Juan; y tuvo algunas amantes más, con las que no tuvo descendencia. Existe una curiosa leyenda en la que se cuenta que Carlos de Viana y Margalida Colom, hija del teniente Joan Colom, del castillo mallorquín de Santueri, tuvieron un hijo, Cristóbal, al que algunos identifican con Cristóbal Colón, el almirante que descubriría América.

Según las capitulaciones matrimoniales de Blanca I de Navarra y del infante Juan de Aragón, los derechos de la Corona pasarían al hijo de ambos, y, si la reina fallecía antes que el esposo, sin descendencia, el marido tendría que abandonar el reino. Pero la reina, dos años antes de morir, estipuló que su hijo Carlos de Viana sería el heredero, aunque no debía proclamarse rey sin el consentimiento y bendición de su padre Juan I, a pesar de saber la reina que su marido la ignoraba. Ella creía que, de esa forma, se conseguiría la paz entre padre e hijo, pero solo condujo a un odio irreconciliable, pues ninguno de los dos quiso renunciar al derecho a la Corona que creían que les correspondía.

Juan I no pensó ni por un momento en nombrar rey a su hijo, y, para conformarlo, le otorgó el cargo de lugarteniente general del reino, pues él estaba entonces implicado en una guerra civil en Castilla. Carlos aceptó, pero dejó claro que él tenía los derechos soberanos a la Corona y que, si consentía, en ese momento, el nombramiento que su padre le hacía, era por respeto a la persona del rey padre y no porque reconociera el derecho de su progenitor al reino navarro. Entonces, desde 1441 a 1445, tiempo en el que Juan I estuvo ocupado en la guerra castellana, Carlos gobernó sin la intromisión de su padre. Pero esto cambió cuando Juan I volvió después de perder la guerra y, sobre todo, cuando se casó, en 1447, con Juana Enríquez, hija del Almirante de Castilla. Esto último propició el malestar de los partidarios de Carlos, que consideraban que con esta acción Juan I perdía cualquier derecho sobre Navarra.

Juan I, al perder rentas castellanas, heredadas de su familia, tuvo necesidad de recurrir a una administración paralela a la de su hijo para contentar a sus partidarios castellanos. Esta situación, unida a las rivalidades de los linajes navarros y al enfrentamiento de las dos regiones navarras, la montaña con ganadería y lenguaje vasco, y la ribera con agricultura y lenguaje romance, provocó una guerra civil. El príncipe participó con los del norte, los beamonteses, cuyo líder era Juan de Beaumont, y el rey con los del sur, los agramonteses, liderados por Pedro de Agramunt. Castilla, por su parte, apoyó a Carlos de Viana en esta contienda. En 1451 rompieron relaciones definitivamente padre e hijo, lo que aprovechó el condestable Álvaro de Luna y Juan II de Castilla para apoyar a Carlos. En la batalla de Aibar (1451) cayó prisionero el príncipe Carlos y la guerra prosiguió con mayor o menor intensidad. Dos años después, Carlos sería puesto en libertad cuando acordó con su padre, en Zaragoza, que compartirían la gobernación de Navarra. Carlos incumplió el acuerdo y se unió de nuevo a los beamonteses. Algún tiempo después se firmó la Concordia de Valladolid con un año de tregua (1454). Finalizado el armisticio, se volvió a la guerra, y Juan I, que ahora era lugarteniente de Aragón y Cataluña por designación de su hermano Alfonso V «el Magnánimo», que estaba en Nápoles, desheredó públicamente (1455) a Carlos de Viana y a su hermana Blanca y nombró herederos a Leonor, su hija preferida, y a su marido Gastón de Foix, para contar con el apoyo militar que este aportaba. Carlos creyó que lo mejor era exteriorizar sus derechos, por lo que peregrinó por Europa en 1456, pero no logró ayudas. Sí consiguió que su tío Alfonso «el Magnánimo» aceptara ser árbitro en el conflicto, lo que llevó a la consecución de una tregua de seis meses entre agramonteses y beamonteses, pero, al final, la mediación no pudo cumplir el objetivo por la muerte del juez, en 1458.

Tras el fallecimiento del «Magnánimo», su hermano Juan I de Navarra accedió al trono aragonés con el título de Juan II. Carlos, que estaba en Sicilia, logró que el parlamento siciliano propusiera a Juan II que nombrara a su hijo Carlos virrey de Sicilia, como primogénito que ahora era de la corona de Aragón, pero Juan II no lo hizo y en cambio nombró a su segundo hijo, futuro Fernando «el Católico» e hijo de Juana Enríquez, duque de Montblanc, dignidad reservada al heredero de la Corona aragonesa. Al mismo tiempo ordenó a Carlos que regresara, lo que este hizo desplazándose a Mallorca y esperando una reconciliación con su padre. En 1459/60 se firmó la Concordia de Barcelona, en la que Carlos se comprometía a devolver a su padre la parte de Navarra que le era fiel a cambio de su perdón y de la recuperación del título de Príncipe de Viana, pero se le prohibía residir en Navarra o en Sicilia y no se le reconocía como heredero de la Corona aragonesa, posiblemente por tres motivos: temor por parte de su padre a perder poder, no fiarse de Calos y la idea de legar las coronas de Aragón y Navarra a su hijo Fernando.

Desde Mallorca, Carlos pasó a Barcelona, donde tuvo una superficial reconciliación con su padre, al que acompañaba su esposa Juana y su hijo Fernando, con apenas ocho años. Entonces, Carlos contactó con Enrique IV de Castilla para concertar su matrimonio con la hermanastra del rey castellano, la futura Isabel «la Católica», que contaba nueve años, pero Juan II, enterado de este compromiso pidió a Carlos que se desplazase a Lérida para concertar su boda con Catalina de Portugal, pues creía que el enlace matrimonial con Isabel buscaba la unión de Carlos a Castilla y que, así, podría arrebatarle el reino de Aragón. En el viaje, Carlos fue informado, por miembros del séquito de Enrique IV, de que Juan II deseaba a Isabel para su hijo Fernando, de que pretendía arrebatarle Navarra para unirla a Aragón, que heredaría Fernando, y de que intentaba envenenarlo, por lo que consideró que lo mejor era irse a Castilla para desde allí emprender una guerra y conseguir sus derechos a las coronas de Aragón y de Navarra. Juan II, espoleado por su esposa Juana, apresó de nuevo a Carlos de Viana, en 1460, lo que avivó la guerra civil en Navarra, provocó un levantamiento en Cataluña y el rechazo de muchas cortes europeas. A Carlos se le puso en libertad en 1461 y regresó a Barcelona triunfalmente, al tiempo que los beamonteses se levantaron de nuevo, lo que obligó a Juan II a pasar de Zaragoza a Sangüesa para hacerles frente, mientras que su esposa negociaba con las instituciones catalanas, llegando a la firma de las Capitulaciones de Vilafranca, que prohibían a Juan II la entrada en Cataluña sin permiso de las instituciones. Tres días después se proclamó en la catedral de Barcelona a Carlos de Viana como lugarteniente general de Cataluña. Pero dos meses después, Carlos murió en Barcelona, según parece de tuberculosis, que posiblemente arrastrara desde su estancia en Italia, agravada ahora por los largos periodos de prisión y tensiones que lo debilitaron, aunque hay sospechas de que fue envenenado por Juana Enríquez. Se le sepultó en la catedral de Barcelona y en 1472 sus restos mortales se trasladaron al monasterio de Poblet. La noticia de la muerte causó una gran conmoción en Navarra y en Barcelona, convirtiéndolo en poco menos que en un santo: los catalanes le llamaban «sant Carles de Catalunya».

En su testamento, Carlos de Viana donó treinta y seis mil florines a sus hijos naturales y dejó como heredera a su hermana Blanca, como Blanca II de Navarra.

Se ha de destacar en el aspecto cultural que, durante su permanencia en prisión, Carlos aprovechó para iniciar la *Crónica de los Reyes de Navarra*, y, durante su estancia en Italia, tradujo textos de Aristóteles y Plutarco. Era poseedor de una imponente biblioteca.

Blanca II de Navarra había nacido en Olite en 1424 y era hija de Blanca I y Juan I de Navarra. Tras la Concordia de Toledo (1436), con la firma de paz entre Castilla y Navarra, se acordó su matrimonio con el Príncipe de Asturias, futuro Enrique IV de Castilla; ella tenía doce años y él once, con la dispensa papal correspondiente, pues los novios eran primos. Esta boda resolvería el conflicto sobre las reclamaciones del padre de la novia, Juan I de Navarra, respecto a su enorme patrimonio en Castilla, que permanecía incautado. La ceremonia de compromiso de la boda se celebró, al año siguiente, en Alfaro prolongándose las fiestas durante quince días. Después, la princesa volvió a Olite con su madre y hermanos hasta llegar a la edad de poder casarse y consumar el matrimonio.

Ello ocurrió en 1440, año en que se desposaron Blanca y Enrique en Valladolid, con la asistencia de su madre Blanca I de Navarra. El matrimonio fue anulado por el Papa, en 1453, al no haberse consumado, lo que el príncipe justificaba por una impotencia recíproca debida a influencias malignas. Blanca volvió a Navarra, repudiada y sin bienes. Fue retenida en Olite por su padre, que se encargó de sus necesidades sin mucho interés. Tampoco gozó del cariño de su hermana Leonor, que no simpatizaba con ella. Por otra parte, la esposa del padre, Juana Enríquez, estaba deseando que desapareciera. Solamente su hermano Carlos de Viana la quería y, en 1460, la incluyó en sus negociaciones con Luis XI de Francia, contemplando la posibilidad de casarla con Filiberto de Génova, sobrino del monarca francés.

Durante su retención en Olite, su padre intentó casarla con el duque de Berry, hermano de Luis XI de Francia, pero Blanca rechazó la propuesta, pues lo que Juan I quería era alejarla de sus partidarios beamonteses, que deseaban liberarla después de la muerte de su hermano Carlos, que la había nombrado su heredera. Enfadado su padre, la entregó a su hija Leonor y su marido, que la llevaron hasta Béarn en 1462. En el camino, en San Juan de Pie de Puerto, Blanca redactó su testamento sucesorio en favor de su exmarido, ya Enrique IV de Castilla, lo que, de llevarse a cabo, supondría la unión de Navarra y Castilla. Otras fuentes señalan que este testamento lo expidió en Salvatierra, donde la llevó su padre, que tenía una entrevista con Luis XI de Francia, posiblemente para concertar la boda de Blanca con el hermano del rey francés.

A su llegada a Béarn, Blanca sería encerrada en la Torre Moncada, en Orthez, donde murió, en 1464, en extrañas circunstancias. Se especula, aunque puede ser una leyenda, que murió envenenada por un bebedizo que le dio Leonor y que antes de morir maldijo a su asesina diciéndole que, si algún día llegaba a reinar, no aguantaría más de quince días. Hay también quien considera que fue asesinada por su propio padre. Sus restos mortales descansan en la iglesia catedral de Lescar.

En contra del legítimo testamento de Blanca II, su padre siguió como rey *de facto* y Leonor como reina *de iure* de Navarra hasta la muerte de Juan I en 1479.

LEONOR I DE NAVARRA (1479), REINA POR QUINCE DÍAS

Leonor de Navarra nació en Olite en 1426, hija de Blanca I de Navarra y Juan I de Navarra y II de Aragón. Predilecta de su padre, ya en 1427 fue jurada en la línea sucesoria al trono de Navarra por las Cortes de Pamplona, aunque reconocieron como herederos, antes que ella, a sus hermanos Carlos y Blanca. Con solo ocho años se comprometió con el conde Gastón IV de Foix, celebrándose el matrimonio en 1442, después de la muerte de su madre (1441), y fijaron su residencia en Béarn, en la ciudad de Pau. Esta unión matrimonial fue muy prolífera, pues tuvieron cuatro hijos y siete hijas. Su hijo mayor Gastón, el heredero, se casó con Magdalena de Francia, hija del rey Carlos VII, y tuvieron dos hijos, que llegarían a ser monarcas de Navarra: Francisco Febo y Catalina.

Cuando su padre desheredó a sus hermanos en 1455, se constituyó en heredera de la Corona navarra junto con su esposo Gastón. Entonces continuaron los enfrentamientos entre los beamonteses y los agramonteses. Al año siguiente de la muerte de Carlos de Viana, Juan I firmó el Tratado de Olite con su hija y yerno, mediante el cual se reconocía al padre como rey y a Leonor como su sucesora, para lo que debía de desaparecer la heredera legítima, su hermana Blanca, que sería entregada a Gastón, quien la encerró en la torre Moncada. Allí murió en 1464. Tras esta muerte, Leonor pasó a ser la legítima heredera de Navarra.

A pesar de ser Leonor la preferida de su padre y de ejercer como heredera y lugarteniente en Navarra, esta mantenía frecuentes disputas con su padre, instigada por los navarros del norte, los beamonteses, que la apoyaban frente a los agramonteses de Juan II. La guerra civil se prolongó con atroces episodios como el asesinato del obispo de Pamplona, en 1468, por parte de Juan I. Después, este destituyó a su hija en favor de su nieto Gastón, el hijo de esta, pero la muerte del joven obligó a Juan I a designar definitivamente como heredera y lugarteniente a Leonor (1471), aunque con la renuncia al reino de Aragón, si bien esto no influyó en el estado de guerra en que estaba sumido el reino navarro.

En 1472 murió su marido Gastón de Foix, y entonces, Leonor se sintió acosada por Francia, Aragón y Castilla, por lo que el reino navarro, del que ni siquiera era titular, estaba amenazado. Desde entonces se fue acercando a las posiciones de su padre y a los agramonteses, al tiempo que los beamonteses buscaron el apoyo del príncipe Fernando, en el futuro Fernando «el Católico». Así, Leonor continuó gobernando Navarra hasta la muerte de su padre en 1479, siendo jurada entonces como reina de Navarra en Tudela, donde murió quince días después, sin conocerse bien el motivo de su defunción. En su testamento nombró a su nieto Francisco Febo heredero, ya que su hijo Gastón ya había fallecido, recomendándole que adoptara la protección del rey de Francia.

FRANCISCO I (1479-1483), «FEBO»

Francisco I de Navarra o de Foix, apodado «Febo» o «Phebus», nació en 1469 en Pau (Francia). Era hijo de Gastón de Foix, que a su vez era hijo de Leonor I de Navarra y Gastón IV de Fox, y Magdalena de Francia, hermana de Luis XI de Francia. Estos antecedentes familiares limitaban la libertad de los navarros, viéndose obligados a seguir las consignas de París so pena de que sus reyes se viesen desposeídos de sus feudos franceses, heredados del marido de la reina Leonor.

A la muerte de su abuelo Gastón IV de Foix, Francisco I heredó, en el año 1472, el vizcondado de Béarn, el condado de Foix y Bigorra y otras posesiones, con apenas tres años. Después, a la muerte de su abuela Leonor I, accedió al trono de Navarra con solo once años, ejerciendo la regencia su madre viuda, Magdalena de Francia, desde su residencia en Pau, profesando de lugarteniente en Navarra el cardenal Pedro de Foix, cuñado de Magdalena. Francisco I fue apoyado por los agramonteses frente a los beamonteses, que eran partidarios de Fernando «el Católico», que fue el artífice de un protectorado militar castellano sobre Navarra para evitar la intervención francesa. Tras una serie de negociaciones de paz y periodos de conflictos continuados entre los agramonteses y los beamonteses, Francisco I viajó a Navarra y fue coronado en la catedral de Pamplona, en el año 1481. Después, se dispuso a recorrer el reino. Mientras, Fernando «el Católico» propuso a Francisco I el matrimonio con su hija Juana («la Loca»), lo que no llegó a buen fin por la ascendencia que Luis XI de Francia tenía sobre su sobrina, la regente Magdalena, que se llevó el niño, de frágil salud, a Béarn en el año 1482, por problemas de seguridad y también económicos. Como consecuencia, Luis XI propuso para esposa de Francisco I a Juana «la Beltraneja», la supuesta hija de Enrique IV de Castilla, pero tampoco se llevaría a cabo este compromiso debido a que el joven rey murió inesperadamente de un proceso infeccioso en el castillo de Pau, con solo quince años, después de dejar como heredera a su hermana Catalina. Durante un tiempo se sospechó que se había envenenado con una flauta, recayendo la autoría del magnicidio en Fernando «el Católico». Su cadáver se inhumó en la catedral de Lescar, aunque su deseo era que sus restos mortales reposaran en la catedral de Pamplona, donde había sido coronado rey.

CATALINA I DE FOIX (1483-1512), LA ÚLTIMA REINA DE NAVARRA

Catalina I de Navarra o de Foix nació en Mont-de-Marsan en 1470, hermana de Francisco I de Navarra, a quien sucedió, con solo trece años, tras la repentina muerte de Francisco. La regencia la ejerció su madre Magdalena de Francia. Inmediatamente su tío Juan de Foix, amparándose en la Ley Sálica, que prohibía reinar a las mujeres, disputó el trono a Catalina, lo que suscitó una guerra civil entre los beamonteses y los agramonteses que duraría hasta 1492, cuando Juan de Foix consiguió algunas villas en la vertiente francesa de Navarra.

Por otra parte, los «Reyes Católicos» y Luis XI de Francia propusieron pretendientes para Catalina, como se comentó en el capítulo anterior. Los «Reyes Católicos» propusieron al infante Juan de Castilla, que era aceptado por los navarros del norte y del sur. Pero las cortes ultrapirenaicas de los Foix aceptaron la propuesta del rey francés: Juan de Albret o Labrit, que solo tenía siete años. Además, los jóvenes novios estaban muy unidos a Luis XI. Tras la boda (1484-1486), no se consumó el matrimonio hasta la mayoría de edad del novio, en 1491. En el año 1494 se produjo la coronación, tras un tratado de paz, pero los nuevos reyes no tuvieron la aprobación de todos los navarros. Al año siguiente de la coronación murió Magdalena de Francia, madre y regente de Francisco «Febo» y de Catalina. Catalina y Juan tuvieron cinco hijos, pero solo sobrevivió a la niñez Enrique, que al final sería el heredero. Después, tuvieron otros seis hijos más.

Tras la muerte, en 1504, de la segunda hija de los reyes de Navarra, Magdalena, hasta ahora la heredera, pues la primogénita ya había muerto, rehén de Fernando «el Católico» en Medina del Campo desde 1496, se produjeron nuevas guerras civiles. En esta situación, la independencia de Navarra, constituida por un conglomerado de territorios entre montañas, no era viable, y, en un futuro más o menos lejano, se anexionaría a Francia o a Castilla-Aragón. Tras varias negociaciones para repartirse Navarra entre las potencias señaladas, parecía que, dada la predilección de los reyes navarros, Catalina y Juan de Albret, sería Francia la receptora del reino navarro. Para fortalecer estos deseos, se iniciaron negociaciones para casar al Príncipe de Viana, el primogénito Enrique, con una hija de Luis XII. Pero al final fue Fernando «el Católico» el que conquistó la Navarra cispirenaica y la anexionó a Castilla-Aragón.

Como ya se dijo en el capítulo 7, la ocupación de Navarra por Fernando «el Católico» fue como sigue: en 1511 se creó la Santa Liga, integrada por el papa Julio II, el dux de Venecia y Fernando «el Católico», a la que se adhirió Enrique VIII de Inglaterra, para expulsar a los franceses de Italia. Al año siguiente Fernando ocupó la Navarra peninsular e invadió Francia desde el Pirineo, con la ayuda de los ingleses que desembarcaron en Guipúzcoa; los navarros quisieron ser neutrales, pero Luis XII de Francia, mediante ciertas concesiones, los instó a que impidieran el paso a las tropas de la Santa Liga y de los ingleses por su territorio. Entonces Fernando denunció este hecho como un ataque contra la Santa Liga y la Iglesia y solicitó bula de excomunión para los reyes navarros como aliados de Francia, al tiempo que ordenó la ocupación de Navarra por el duque de Alba, con la colaboración de los navarros del norte. La familia real tuvo que huir y buscar refugio en Lumbier y más tarde en Francia, donde Catalina se consideró reina de Navarra hasta su muerte en 1517. Se le sepultó en la catedral de Lescar.

En 1513 las Cortes de Navarra, con asistencia solo de los navarros del norte, los beamonteses, proclamaron rey a Fernando «el Católico». En 1515 las Cortes de Burgos aceptaron la incorporación de Navarra a Castilla, sin la presencia de navarros, aunque Navarra conservó su condición de reino distinto hasta la muerte de Fernando «el Católico».

La reina Catalina intentó recuperar el reino, pero no lo consiguió. En cambio, su hijo Enrique II de Navarra logró reinar en la Baja Navarra (traspirenaica) de 1530 a 1555, al cedérsela Carlos I, nieto de los «Reyes Católicos», por el difícil control de la zona. A Enrique II le sucedió su hija Juana III de Albret, que reinó en esa zona desde 1555 a 1572. Después su hijo, Enrique III, la heredó, y, más tarde, fue coronado rey de Francia, como Enrique IV. Este consideró siempre a Navarra como patrimonio propio y separado de la Corona francesa. Así Navarra continuó conservando los *Estados Generales* como órgano legislativo sucesor de las Cortes del reino, existiendo una clara separación entre Francia y Navarra hasta la Revolución Francesa. Después, en 1790, se creó el departamento de Bajos Pirineos y se establecieron los distritos de Pau, Orthez, Olorón, Mauleón, Saint Palais y Ustarrit, que incluye Bayona, dándose por abolido el reino de Navarra.

IX. LA CORONA DE CASTILLA

La corona de Castilla surgió con Fernando III «el Santo», quien unió el reino de Castilla, heredado de su madre Berenguela, con el reino de León, heredado de su padre Alfonso IX.

En 1217 la reina Berenguela proclamó rey de Castilla a su hijo Fernando, como Fernando III. Posteriormente, en 1230, murió Alfonso IX de León y se presentó el problema de su sucesión, pues el rey, antes de su defunción, se había inclinado por ceder el trono a sus hijas Sancha y Dulce, hijas de su primera esposa Teresa de Portugal, en lugar de a Fernando, hijo de su segunda esposa Berenguela de Castilla. El problema sucesorio se solucionó mediante la Concordia de Benavente o Tratado de Tercerías, tras una negociación de las dos reinas viudas de Alfonso IX: Teresa y Berenguela. Como consecuencia de este tratado, Fernando heredaría el trono de León a cambio de una renta de treinta mil maravedíes anuales para sus hermanastras, que, además, recibirían varias fortalezas, que volverían a la Corona cuando muriesen.

De esta manera, Fernando fue rey de los reinos de Castilla y de León, con el título de Fernando III. Estos reinos permanecerían unidos dinásticamente desde entonces, constituyendo la corona de Castilla, aunque quedaron tres unidades administrativas diferentes: Castilla, León y Galicia. Realmente, el proceso de unificación de Castilla y León no fue tan fácil, pues algunos nobles y obispos, principalmente de Galicia, se opusieron durante unos tres años, hasta su pacificación total en 1233.

En definitiva, puede considerarse que el nacimiento de la corona de Castilla se consiguió en el momento de la unión de los reinos de Castilla y León, con sus respectivas entidades, con Fernando III «el Santo», o con la unión de las Cortes conjuntas de ambos reinos unos años después, en tiempos de Alfonso X «el Sabio», quien también hizo oficial la lengua castellana.

La historia de Fernando III «el Santo» se detalla en el capítulo 6. Fernando III puede considerarse como el último rey de León, el último de Castilla y el primero de la corona de Castilla, al que sucedieron trece monarcas más hasta que el nieto de los «Reyes Católicos», Carlos I, heredó las coronas de Castilla y Aragón, que, tras la anexión del reino de Navarra, constituyeron el actual reino de España.

ALFONSO X (1252-1284), «EL SABIO»

Alfonso X de Castilla, llamado «el Sabio», hijo de Fernando III «el Santo» y Beatriz de Suabia, nieta del emperador Federico Barbarroja, nació en Toledo en 1221. Su ama de leche fue Urraca Pérez y se crió con su ayo García Fernández de Villamayor, mayordomo de su abuela Berenguela, en las propiedades que este tenía en Galicia, donde aprendió el galaicoportugués. Más tarde, pasó a residir en Toledo, donde recibió una esmerada educación influenciada por su culta madre.

Con solo nueve años, el príncipe Alfonso parece que acompañó a Álvaro Pérez de Castro ,«el Castellano», en una campaña de devastación por los reinos musulmanes de Córdoba y Sevilla, si bien pudo ser otro Alfonso el que se refiere en esta gesta: el infante Alfonso de Molina, hermano de su padre. En cualquier caso, los ejércitos partieron de Salamanca hacia Andújar y, desde allí, devastaron tierras de Córdoba y llegaron hasta Palma del Río, donde exterminaron a sus habitantes. Después prosiguieron hacia Sevilla y llegaron a Jerez, donde derrotaron a las tropas de Ibn Hud en 1231.

La muerte, en 1235, de la madre del príncipe Alfonso, a la que estaba muy unido, fue un duro golpe para el adolescente.

En 1240, a los diecinueve años, Alfonso utilizó oficialmente el título de heredero del trono de Castilla, que poseía desde que se jurara en Burgos a los quince meses. Fue entonces cuando su padre le otorgó residencia propia. Desde ese momento, participó en diversas operaciones militares. En 1242 recibió el nombramiento de alférez real e intervino en el aplastamiento de la rebelión de Diego López de Haro.

Después, como ya se dijo en los capítulos 6 y 7, Fernando III, mientras reconquistaba el sur peninsular, implicó a su hijo Alfonso en la conquista del levante peninsular: Alfonso se estableció en Murcia, tras firmar en 1243, en la localidad de Alcaraz, un acuerdo con el rey musulmán murciano Abenhud, hijo de Ibn Hud, que veía cómo Jaime I de Aragón amenazaba el reino de Murcia mediante un pacto con Alhamar, rey de Jaén y Granada. Como las ciudades de Lorca, Mula y Cartagena opusieron resistencia a tal acuerdo, Alfonso se vio obligado a utilizar las armas para conseguir la sumisión. Después, Alfonso firmó con Jaime I el Tratado de Almizra (1244), para fijar la expansión hacia el sur del aragonés. Al mismo tiempo se concertó el matrimonio de Alfonso con Violante, la hija de Jaime I.

Entonces Alfonso, por motivos de enfermedad de su padre, dirigió la conquista del reino de Murcia, considerando el Tratado de Almizra, incorporando a Castilla las ciudades de Alicante, Elche, Orihuela, Murcia, Lorca, Mula y Cartagena.

Es posible que, en el año 1246, Alfonso participase en el asedio y conquista de Jaén, dirigida por su padre. Después, intervino en la guerra civil de Portugal apoyando a su rey Sancho II, desposeído del trono por el Papa a favor de su hermano Alfonso III. Este hecho hizo chocar a Alfonso con su padre, Fernando III «el Santo». Posteriormente colaboró en la conquista de Sevilla, también dirigida por su padre (1247-1248).

Para Alfonso se había concertado el matrimonio con Blanca de Champaña, hija de Teobaldo I de Navarra, en 1234. Ulteriormente se proyectó también el compromiso matrimonial con Felipa de Ponthieu, hermana de su madrastra, la reina Juana, pero al final se casó, en 1246 —aunque no se celebró la boda hasta 1249 en Valladolid—, con Violante de Aragón, la hija de Jaime I «el Conquistador». Con el tiempo, Alfonso estuvo a punto de rechazar a su esposa Violante por estéril, pero, al final, quedó embarazada en Alicante, tras su conquista en 1248. Más tarde, Violante le dio once hijos: Berenguela; Beatriz; Fernando de la Cerda, el heredero —que se casó en 1269 con Blanca de Francia, hija de Luis IX, con la que tuvo dos hijos—; Leonor; Sancho, que sería Sancho IV de Castilla; Constanza; Pedro; Juan; Isabel; Violante y Jaime. Aparte de esta numerosa prole legítima, el rey tuvo cinco hijos ilegítimos conocidos: tres antes de su matrimonio con Violante —Berenguela, con María de León, hija ilegítima de Alfonso IX de León; Alfonso Fernández, «el Niño», con Elvira Rodríguez de Villada; y Beatriz, con Mayor Guillén de Guzmán— y dos más después de su matrimonio —Martín y Urraca, de madres desconocidas—. Se ha de resaltar que con sus hijos ilegítimos tuvo mejores relaciones que con los legítimos, quienes en más de una ocasión se pusieron en su contra. Se ha de destacar el cariño que tenía a su hija ilegítima Beatriz, futura reina de Portugal, y a su hijo Alfonso Fernández «el Niño», que tantos servicios le prestó como capitán de sus tropas.

Alfonso X, apenas subir al trono tras la muerte de su padre, impulsó la reconquista haciendo vasallo al rey de la taifa de Niebla y ocupando Tejada y Jerez (1252-1253), y en 1257 tomó el Puerto de Santa María y Cádiz. A continuación, organizó una cruzada, autorizada por Roma, para la conquista del norte de África, que al final solo quedó en expediciones de rapiña y la invasión de algunas plazas costeras como Taount (1257) y el puerto de Salé en Rabat (1260), pero no consiguió el principal objetivo: la conquista de Ceuta. Dos años más tarde, en 1262, conquistó Jerez, Medina-Sidonia, Lebrija y Cádiz. Procedió entonces a la repoblación del reino de Sevilla, con la doble finalidad de explotar el territorio y proteger los enclaves más vulnerables.

Posteriormente, Alfonso X renovó el pacto que Alhamar tenía con Fernando III y recibió apoyo del granadino para la conquista de Niebla y Huelva (1262), mientras que Alhamar intentó conquistar Ceuta, pero sufrió una importante derrota.

Como se dijo en el capítulo 7, al poco tiempo Alhamar se vio amenazado por Alfonso X, por lo que se alió con los benimerines del norte de África y con los mudéjares de Jerez, Medina Sidonia, Alcalá de los Gazules, Vejer y Murcia, que se sublevaron contra el rey castellano en 1264. En vista de la situación, Alfonso X, por mediación de su esposa Violante, mandó aviso a su suegro Jaime I de Aragón para que le auxiliara en el levantamiento de Murcia. Jaime I envió al príncipe heredero aragonés, que en el futuro sería

Pedro III «el Grande», quien conquistó Murcia (1265-1266) y dejó allí a diez mil aragoneses y catalanes, sin tener en cuenta que, según el Tratado de Almizra, Murcia pertenecía a Castilla, así que, poco después, el rey aragonés devolvió la ciudad a Alfonso X, que la repobló con castellanos. Por otra parte, las tropas de Alfonso X, tras varios hostigamientos a los rebeldes, ocuparon Cádiz, Jerez y otras ciudades de la Bética, terminando en 1269 con la expulsión de la mayor parte de los mudéjares.

Al final de la vida de Alhamar se le sublevaron sus gobernadores de Málaga y Guadix, que se sentían celosos y desplazados por la llegada de los benimerines. En consecuencia, el granadino sitió Málaga y, después de tres meses sin lograr conquistarla, llegó a un acuerdo de vasallaje con Alfonso X para que dejara de apoyar a los rebeldes a cambio de un importante tributo anual y la renuncia a Jerez y Murcia. Por otra parte, en 1272, Alhamar apoyó a los nobles castellanoleoneses, que se habían sublevado contra Alfonso X por el recorte de privilegios y se exiliaron en Granada, causando graves daños a su paso, a cambio de su ayuda en la toma de Antequera. Pero al final, gracias a Fernando de la Cerda, heredero de Alfonso X, se consiguió la reconciliación de los nobles con Castilla y la paz del reino castellano con Granada.

El sucesor de Alhamar, su hijo Mohamed II (1273-1302), continuó un pacto con Alfonso X para que este dejase de apoyar a los rebeldes de Málaga y Guadix. Pero, al romperlo el castellano, se produjo una invasión de los musulmanes africanos, cuando el emir granadino pidió auxilio a los benimerines, que conquistaron Tarifa y Algeciras y saquearon el valle del Guadalquivir. Los africanos consiguieron una victoria en Écija en 1275-1276 y Mohamed II logró apoderarse de Martos.

En 1278 los benimerines se anexionaron Málaga, por lo que Mohamed II recurrió a Alfonso X, que bloqueó Algeciras con una flota, con la idea de aislar a los benimerines de sus bases africanas, pero los barcos cristianos fueron hundidos y el rey castellano se vio obligado a pedir una tregua, firmada en 1279. En ese mismo año, el rey granadino recuperó Málaga a cambio de una indemnización al gobernante malagueño y la cesión a este de Almuñécar y Salobreña. Después, nuevamente, Mohamed II se alió con los benimerines para evitar que Alfonso ocupase Algeciras. Tras derrotar al castellano, Mohamed II rompió con los africanos por incumplimiento de pacto, lo que dio lugar a una alianza de los benimerines con Alfonso X. Los benimerines atacaron Granada en 1280 y 1282, pero los derrotaron; entonces, Mohamed II aprovechó los problemas dinásticos del rey castellano para aliarse con el rebelde Sancho, segundo hijo de Alfonso X, y con el rey aragonés Pedro III.

En efecto, a Alfonso X se le sublevó su hijo Sancho en 1282, por no estar de acuerdo con que los herederos de la corona fueran los hijos del primogénito Fernando de la Cerda, que había muerto en 1275 en Villa Real (actual Ciudad Real), cuando se dirigía a enfrentarse a una nueva invasión norteafricana. La cuestión fue como sigue: según el derecho castellano, Sancho tenía razón, pero, aplicando las Siete Partidas de Alfonso X, conteniendo el derecho romano, el heredero al trono sería Alfonso de la Cerda, el primogénito del príncipe muerto.

Al parecer, al principio, Alfonso X reconoció como heredero a Sancho, pero su esposa Violante y Felipe III de Francia, tío de los infantes de la Cerda, lo presionaron para que beneficiara a los herederos de Fernando de la Cerda, Alfonso y Fernando, a los que Alfonso X quiso ceder un reino separado en Jaén. Entonces, su hijo Sancho «el Bravo», de fuerte carácter y gran estatura, con más de dos metros, apoyado por buena parte de la nobleza y su propia familia, su madre, tíos y hermanos, se enfrentó a su padre, sublevándose y deponiéndolo como rey. Las tensiones familiares llegaron a tal extremo que la reina, junto a su nuera e hijos de Sancho, huyeron a Aragón en busca de la protección de Pedro III, sin el permiso de Alfonso X, quien hizo ajusticiar a su propio hermano Fadrique y al yerno de este. A Alfonso X solo permanecieron fieles las ciudades de Sevilla, Murcia y Badajoz. Por todo ello, Alfonso X desheredó a su hijo Sancho y se alió con los benimerines para empezar a recuperar posiciones.

En esta situación murió el rey Alfonso X en Sevilla a causa de la hidropesía, tendencia a la deshidratación, y desarreglos intestinales que, al igual que su padre, padecía. Al parecer, en su lecho de muerte maldijo a su hijo Sancho, aunque hay quien opina que manifestó voluntad de perdonarlo, pero esto último pudo ser solo una leyenda lanzada como propaganda por los partidarios de Sancho con la finalidad conseguir más fácilmente su legitimidad como nuevo rey de Castilla. Inmediatamente después de la muerte de su padre, Sancho fue coronado en Toledo como Sancho IV, a pesar de haber sido desheredado, pero con la oposición de los infantes de la Cerda, que eran apoyados por la corona de Aragón, por lo que Sancho IV tuvo que aliarse con Francia para consolidar el trono.

Alfonso X «el Sabio» fue el rey más esclarecido de su época, con una gran proyección cultural. Fue el fundador de la Escuela de Traductores de Toledo, las Escuelas del Latín y Arábico de Sevilla y la Escuela Murciana, e impulsó la Universidad de Salamanca a rango europeo. Debido a sus profundos conocimientos generales se le considera autor o coautor de obras históricas como *Crónica General y General e Grand Estoria*; jurídicas, donde sobresalen *El código de las siete partidas, Espejo de todos los derechos* y *Fuero Real*; científicas como *Libros del saber de astronomía* y *Las Tablas Alfonsíes*; de entretenimiento como *Los libros de ajedrez, de los juegos y de las tablas*; y literarias como las *Cantigas de Santa María*, que se considera como la única obra exclusiva del rey, mientras que en las demás solo intervino como coautor, corrector y director. En el terreno musical, creó la cátedra de música de la Universidad de Salamanca y fue protector de trovadores. Por otra parte, llevó el peso principal del grupo de sabios musulmanes, judíos, castellanos e italianos que trabajaban a sus órdenes.

En otro orden de cosas, Alfonso X fomentó el comercio, homogeneizó los territorios que gobernaba y creó veinticinco nuevas ferias, cuyas celebraciones hizo coincidir con fiestas religiosas; instituyó el Honrado Consejo de la Mesta, que controlaba la actividad ganadera en todos los territorios; desarrolló una política fiscal y aduanera para aumentar los ingresos de la Corona, sumida casi en la quiebra por los enormes gastos de la reconquista impulsada por su padre; igualmente, renovó y unificó diversos fueros de sus dominios en un Fuero Real, promulgó nuevas leyes y creó nuevos cargos, como los de adelantado y almirante. Algunas de estas iniciativas no gustaron a la nobleza y ciudadanos, que veían como sus privilegios se acortaban.

En el aspecto militar, Alfonso X tuvo éxitos contra los musulmanes, aunque no como los de su padre, pero, en otros campos, sufrió fracasos como el intento de anexionarse El Algarve, que quedó unido a Portugal al acordarse algún usufructo temporal a favor del rey castellano y el matrimonio del monarca portugués Alfonso III con Beatriz, la adorada hija ilegítima de Alfonso X de su relación juvenil con Mayor Guillén. Igualmente, tuvo que renunciar a Gascuña, en poder de Castilla desde tiempos de Alfonso VIII, que pasó a los ingleses como dote de su hermanastra Leonor, quien se desposó con el heredero del trono inglés. Tampoco consiguió el trono navarro que pretendía o por lo menos deseaba que fuera su vasallo, ya que los navarros consiguieron una alianza con los franceses y los aragoneses de Jaime I; su propio hermano Enrique de Castilla «el Senador» y varios nobles se rebelaron contra Alfonso X por esos motivos en 1255, rebelión que coincidió con la de López de Haro en Vizcaya. Al año siguiente se firmaron las Paces de Soria, que solucionan los problemas del rey castellano con su suegro Jaime I. Tampoco consiguió ser emperador del Sacro Imperio Romano Germánico, al que por vía materna podía optar, a pesar de intentarlo durante gran parte de su vida, invertir grandes recursos en ello y ser apoyado por la mayor parte de los príncipes alemanes, debido a la oposición del papado, que estaba interesado en debilitar al imperio, aunque la verdad es que Alfonso X no puso todo el empeño, pues nunca llegó a pisar Alemania, al contrario que su adversario Ricardo de Cornualles, que enseguida se aprestó a viajar a Aquisgrán, donde fue coronado emperador junto a la tumba del emperador Carlomagno. A la muerte de Ricardo, en 1272, Alfonso X viajó a Roma, apoyado por Francia, Inglaterra y parte de Italia, pero el papa Gregorio X se decidió por Rodolfo de Habsburgo como nuevo emperador del Sacro Imperio Romano Germánico.

Alfonso X fue el más sabio y universal de nuestros reyes medievales, adelantado a su tiempo, pero también el más incomprendido en su época y el más desgraciado por sus malas relaciones con la familia. Su cuerpo recibió cristiana sepultura en Santa María de Sevilla, cerca de los restos mortales de sus padres.

SANCHO IV (1284-1295), «EL BRAVO»

Sancho IV, llamado «el Bravo», hijo de Alfonso X «el Sabio» y Violante de Aragón y nieto, por tanto, de Fernando III «el Santo» y de Jaime I «el Conquistador», nació en Valladolid en 1258. Como su hermano mayor, Fernando de la Cerda, recibió una buena educación, tanto en el aspecto cultural como en el manejo de las armas. Al igual que su hermano, participó, durante el reinado de su padre, en las luchas contra los musulmanes benimerines en Andalucía, siendo nombrado por su progenitor alférez y almirante de la Orden Militar de Santa María, en 1272.

En 1269 su padre formalizó los esponsales de Sancho, que solo contaba once años, con la catalana Guillerma de Montcada, descrita en su época como rica, fea y brava, hija del vizconde de Bearne, aunque nunca se consumó el matrimonio. Después, en 1281, Sancho se casó con María de Molina, nieta de Alfonso IX de León y Berenguela de Castilla, por parte de su hijo Alfonso de Molina, hermano de Fernando III «el Santo». Este matrimonio suscitó el rechazo de su padre y del papa Martín IV, quien no lo permitió por razones de parentesco, por lo que los hijos serían ilegítimos hasta que, en 1301, la reina María de Molina, ya viuda, consiguió que el papa Bonifacio VIII reconociera la legitimidad del matrimonio y, por tanto, de su descendencia. Tuvieron siete hijos: Isabel, que se casaría con Jaime II de Aragón y después, cuando este la hizo volver a Castilla, con el duque Juan III de Bretaña; Fernando, futuro Fernando IV; Alfonso; Enrique; Pedro, que se casaría con María, hija de Jaime II de Aragón; Felipe, que se casaría con Margarita, hija de Alfonso de la Cerda; y Beatriz, que se casaría con Alfonso IV de Portugal. Fuera del matrimonio, Sancho IV tuvo cuatro hijos conocidos: Violante y Teresa, concebidas en su relación con María Alfonso Téllez de Meneses; Alfonso, de su relación con Marina Pérez; y Juan, nacido de una dama desconocida.

Tras la muerte de su hermano Fernando en 1275, Sancho se hizo cargo del ejército y, en 1275-1276, se enfrentó a una coalición de musulmanes granadinos y benimerines, siendo derrotado en Écija, y perdió, algún tiempo después, la localidad de Martos, que pasó a pertenecer al reino granadino.

Dos años más tarde, en 1278, su padre procedió a la jura de Sancho como heredero de la corona de Castilla según el derecho consuetudinario castellano, pero, según el derecho romano, introducido en Las Siete Partidas del propio Alfonso X, la sucesión debía recaer sobre los herederos del fallecido príncipe Fernando, los llamados infantes de la Cerda: Alfonso y Fernando. Pero Alfonso X fue presionado por su esposa y por el rey francés Felipe III, tío de los infantes de la Cerda, para que beneficiara a los hijos del fallecido Fernando. Entonces, Alfonso X quiso llegar a un acuerdo de compromiso, por el que Sancho sería el heredero de la corona de Castilla y Alfonso de la Cerda de un reino separado en Jaén. Pero Sancho no estuvo de acuerdo y se sublevó en 1282 contra su padre, al igual que buena parte de la nobleza, incluida su familia, ciudades y clero que estaban disgustados por algunas medidas económicas y tributarias impuestas por Alfonso X y por la admiración que este tenía hacia la cultura islámica y judía. Durante la sublevación se depuso a Alfonso X, aunque conservando el título regio. Entonces Alfonso X desheredó y maldijo a Sancho en su testamento e inició, con solo el apoyo de Sevilla, Badajoz y Murcia y con la ayuda de sus antiguos enemigos los benimerines, una guerra civil, pero, cuando empezaba a recuperar otras ciudades, le sobrevino la muerte en Sevilla en el año 1284.

De inmediato, Sancho, sin respetar la voluntad de su padre, fue coronado en Toledo rey de la corona de Castilla, respaldado por la mayoría de los nobles y ciudades, pero con la oposición de una facción bastante numerosa que defendía a los infantes de la Cerda, que tuvieron que refugiarse en Aragón.

Durante todo el reinado de Sancho IV hubo luchas internas. Primero, con los infantes de la Cerda, que reclamaban el reino. Después, con su hermano el infante Juan, que le reclamaba los reinos de Sevilla y Badajoz que le había dejado su padre en su último testamento. También con Lope Díaz de Haro, señor de Vizcaya, cuñado del rey y suegro del infante Juan, que tuvo un enorme poder y confianza del rey, pero, tras el apoyo de Lope a los infantes de la Cerda y los desacuerdos con el rey sobre las políticas a seguir con Francia y Aragón, llevaron al monarca a retirarle la confianza. Durante una reunión en Alfaro, tras la intransigencia del infante Juan y de Lope, el rey ordenó a su guardia la detención de ambos. Al instante, Lope intentó atacar al rey con un puñal, pero la guardia real le cercenó la mano que empuñaba el arma y el rey, no contento con ello, remató a Lope con su espada y posteriormente se dirigió a Diego López de Campos, primo de Lope, y lo mató dándole varios golpes en la cabeza con un palo. Su hermano Juan se libró de la muerte por la intervención de su cuñada María de Molina, pero quedaría cautivo en prisión. Por otra parte, Sancho también ordenó ejecutar a cuatro mil seguidores de los infantes de la Cerda, que serían pasados a cuchillo en Badajoz, más cuatrocientos en Talavera y otros muchos en Ávila y Toledo. Es posible que sea por estos hechos por los que se le conoció después como «el Bravo», o tal vez fuese porque tenía un fuerte y colérico carácter y poseía una enorme estatura que, según parece, sobrepasaba los dos metros.

En 1285, los benimerines desembarcaron en Andalucía, asediaron Jerez y saquearon los alrededores de Sevilla, por lo que Sancho IV se vio obligado a firmar un tratado de paz con su líder Abu Yusuf Yaqub, conocido como los Acuerdos de Peñacerrada, localidad próxima a Jerez, con respecto al comercio a ambos lados del Estrecho y a una indemnización por parte del benimerín. En 1291, Sancho IV y Mohamed II de Granada firmaron una alianza para expulsar a los benimerines de Tarifa, Algeciras y Ronda, que estaban apoyados por el infante Juan, que había sido perdonado y excarcelado por Sancho IV. Tarifa fue ocupada en 1292, tras cinco meses de asedio, por los castellanos con la ayuda de aragoneses y genoveses. Pero, como los granadinos no consiguieron la sumisión de Algeciras y Ronda ni la cesión de Tarifa, prometida por Sancho IV, pactaron con el sultán de Ceuta en 1294 la cesión a este de Tarifa a cambio de Algeciras y Ronda. Lo cierto es que el famoso episodio de resistencia en Tarifa de Alfonso Pérez de Guzmán, conocido como Guzmán «el Bueno», cuyo hijo fue degollado por los benimerines, aliados con el infante Juan, al negarse el leonés a entregar la plaza, hizo desistir a los africanos, que después cedieron las plazas de Algeciras y Ronda a Mohamed II en 1295. De esta manera Granada recuperó la totalidad territorial de su reino y Mohamed II, además, aprovechando problemas sucesorios de Sancho IV, tras su muerte, tomó las plazas jienenses de Quesada (1295) y Alcaudete (1300), esta última en tiempos de Fernando IV, el sucesor de Sancho IV.

En el campo internacional, Sancho IV tuvo que mantener un complicado equilibrio con Francia, a la que necesitaba para que intercediera ante el Papa a fin de que este aprobase su matrimonio con María de Molina, y con Aragón, que estaba enemistado con Francia y el papado desde que los aragoneses conquistaron Sicilia. Así, Sancho IV firmó con Pedro III de Aragón una alianza por la que el castellano se comprometía a ayudar al rey aragonés frente a un posible ataque de Francia, a cambio de que el monarca aragonés encarcelase a los infantes de la Cerda, que estaban exiliados en Aragón, lo que haría en el castillo valenciano de Játiva. Para grajearse la amistad de Felipe IV «el Hermoso» de Francia, Sancho IV le envió una embajada para que les retirase el apoyo a los infantes de la Cerda e intercediera ante el Papa para que aprobase su matrimonio, pero el rey francés le propuso que dejara a su esposa y se casara con su hermana, lo que molestó mucho a Sancho IV, que hizo encarcelar al abad García Gómez de Valladolid, que había ejercido de embajador jugando a dos barajas. Este murió pronto en la cárcel, aunque hay quien sostiene que al abad se le concedió un exilio político al nombrársele obispo de la lejana sede de Mondoñedo. Ese mismo año de 1285, el rey francés invadió tierras catalanas y Sancho IV tuvo la excusa para no ayudar a Aragón por estar involucrado contra un desembarco de los benimerines en Andalucía, con los que Sancho llegó a un pacto en la persona de Abu Yusuf Yaqub, como ya hemos comentado antes.

Pero después, todo cambió. El nuevo papa Honorio IV fue más flexible respecto a la situación matrimonial de Sancho IV y Felipe «el Hermoso» firmó el Tratado de Lyon con el rey castellano, lo que no gustó al nuevo monarca Alfonso III de Aragón, que apoyó a los infantes de la Cerda y proclamó rey de Castilla a Alfonso de la Cerda, en Jaca, en 1288. Posteriormente, el rey aragonés dirigió una breve campaña por Castilla, derrotando a Sancho IV en la batalla de Pajarón (Cuenca), en el año 1290. Los frentes se mantuvieron estables hasta la muerte del monarca aragonés (1291), cesando entonces las hostilidades al firmar el nuevo rey aragonés Jaime II la Concordia de Monteagudo, donde Sancho IV se comprometía a ayudar a Aragón contra Francia a cambio de la colaboración de aquel en la reconquista de Andalucía, al tiempo que se concertó el matrimonio de Isabel, hija de Sancho IV, con Jaime II.

También con Portugal, Sancho IV tuvo tensiones al principio, pues este reino apoyaba a los infantes de la Cerda, pero después se llegó a una prolongada alianza tras pactarse el matrimonio del príncipe heredero Fernando y Constanza, hija de Dionisio de Portugal, nieto de Alfonso X «el Sabio».

En el último año de su vida (1295), Sancho IV deseaba tomar Algeciras para controlar mejor el Estrecho, pero su estado de salud, tras varios años de padecer tuberculosis, empeoró, y murió dejando como heredero a su hijo Fernando con solo nueve años, por lo que ejerció la regencia su madre María de Molina. Los restos mortales de Sancho IV reposan en la Catedral de Toledo, según sus deseos testamentarios.

En el aspecto cultural, Sancho IV fue casi tan activo como su padre y puede considerársele como puente literario entre su progenitor y el sobrino de este, don Juan Manuel. Además del libro titulado *Castigos y Documentos del rey Sancho*, prácticamente atribuido al rey y que dedicó a su hijo Fernando, promovió la traducción de dos grandes enciclopedias: el *Libro del tesoro* y el *Lucidario*, que prologó él mismo y donde afirmó que «el rey tiene que servir a Dios primero con los hechos y en segundo lugar con sus dichos». También se escribió durante su reinado la *Gran conquista de Ultramar*, donde principalmente se resaltan las Cruzadas a Tierra Santa y leyendas relacionadas con las gestas y la literatura caballeresca. Igualmente apareció la obra denominada el *Caballero Zifar*, considerada como la primera novela de caballería de la literatura española. Tampoco se debe olvidar la continuación de la *Primera Crónica General*, sobre la reconquista, iniciada por su padre. Por otra parte, impulsó iniciativas universitarias en Sevilla, Alcalá de Henares, Valladolid y Salamanca.

FERNANDO IV (1295-1312), «EL EMPLAZADO»

Fernando IV «el Emplazado», hijo de Sancho IV «el Bravo» y María de Molina, nieta de Alfonso IX de León, nació en Sevilla en 1285. Apenas con un año se juramentó como heredero de la corona de Castilla, en Zamora, donde pasó sus primeros años. Su crianza estuvo a cargo de su madre y la tutoría la llevó a cabo Enrique de Castilla «el Senador», hijo de Fernando III de Castilla y tío abuelo de Fernando. En 1291, con solo seis años, se concertó su matrimonio con Constanza, que solo contaba veinte meses de edad, hija de Dionisio de Portugal, dentro de un pacto entre Castilla y Portugal. Después, en 1294, su padre planteó casarlo con Blanca, hija de Felipe IV de Francia, pero la muerte del rey castellano en 1295 cercenó estas negociaciones.

Tras la muerte de su padre, Fernando heredó el trono, con solo nueve años, y su madre ejerció la regencia. María de Molina era una mujer de temple, de gran inteligencia y dominio político, que, durante la minoría de edad de su hijo —y también durante su reinado—, procuró aplacar a la nobleza e impedir que, en varias ocasiones, fuese destronado. Fernando y su madre tuvieron varios opositores: Enrique de Castilla el «Senador», que no quería perder la tutoría y exigía la regencia; el infante Juan de Castilla «el de Tarifa», tío del nuevo rey, que reclamaba el trono; y Alfonso de la Cerda, que, apoyado por Aragón y Francia, pretendía también el trono; así como el señor de Vizcaya, don Diego López V de Haro, Nuño González de Lara, Juan Núñez de Lara y el infante don Juan Manuel, primo hermano de Sancho IV y sobrino del infante Enrique de Castilla, que se intitulaba infante sin tener derecho a ello, entre otros. También Fernando IV tuvo dificultades con el reino de Francia, que ahora gobernaba Navarra, y, sobre todo, con los reinos de Aragón y Portugal, que vieron la oportunidad de reducir la preponderancia política y territorial de la corona de Castilla, que ejercía desde tiempos de Fernando III «el Santo».

Enrique de Castilla, tras arrebatarle María de Molina la custodia y regencia de Fernando en las Cortes de Valladolid, se dirigió hacia Portugal e intentó tomar Badajoz, pero, al no conseguirlo se apoderó de Coria y del castillo de Alcántara e instigó a Dionisio de Portugal a luchar contra Castilla. Una epidemia de peste y los beneficios territoriales concedidos por la Corona a algunos nobles hicieron que los enemigos del rey se replegaran en ese primer año del reinado de Fernando IV. De este modo, se ratificó el matrimonio del joven rey con Constanza de Portugal y se concertó el compromiso de Beatriz, la hermana de Fernando, con el heredero portugués, Alfonso, tras la entrega de varias plazas fronterizas a Portugal.

Después, Jaime II de Aragón devolvió a Castilla a la infanta Isabel, hermana de Fernando IV, sin haberla desposado, y le declaró la guerra a este reino al tiempo que apoyaba a Alfonso de la Cerda, quien, en Sahagún (León), se proclamó rey de Castilla, Toledo, Córdoba, Murcia y Jaén. Pero realmente, a Jaime II, lo que le interesaba era el reino de Murcia, pues, de ese modo, Aragón hacía frontera con el reino nazarí de Granada, del que podía obtener beneficios territoriales y tributos. También Juan de Castilla se rebeló a principios de 1296 y tomó las plazas palentinas de Astudillo, Paredes de Navas y Dueñas y Masilla (León) y se proclamó rey de León, Sevilla y Galicia. Entre tanto, Enrique de Castilla se dirigió a Granada para concertar la paz, pues los granadinos atacaban todas las posesiones castellanas de Andalucía.

Mientras tanto, Juan de Castilla esperaba las tropas portuguesas para sitiar a María de Molina y Fernando IV en Valladolid; Jaime II atacó Murcia y Soria; Dionisio de Portugal lo hizo en la línea del Duero y López de Haro sembraba el desorden en Vizcaya. Entonces, la reina María amenazó a Portugal con romper los acuerdos firmados el año anterior, por lo que el rey portugués, viendo además que muchos nobles y ciudades se acercaban a la reina, se retiró, aunque se apoderó de ciertos municipios fronterizos, y firmó el Tratado de Alcañices (1297), que confirmaba los matrimonio entre las familias reales de Castilla y Portugal. Además, se fijaron las fronteras y Portugal rompería con Aragón, Alfonso de la Cerda, el infante Juan de Castilla y Juan Núñez de Lara.

El monarca luso aportó ayuda militar contra Juan de Castilla, hasta ahora su aliado, que se retiró a León y renunció al trono en el año 1300. Alfonso de la Cerda se retiró a Aragón y Enrique de Castilla regresó, temeroso de perder la tutoría del rey, si bien antes, presionado por sus caballeros, atacó a los musulmanes granadinos en Arjona (Jaén) y perdió la batalla.

Jaime II, en tres campañas consecutivas, entre 1296 y 1300, como se comentó en el capítulo 7, ocupó diversas plazas alicantinas y murcianas. Entonces, la reina María de Molina cercó los castillos de Alcalá y Mula (Murcia) y sitió Murcia, y estuvo a punto de capturar a Jaime II, que escapó con la ayuda de Juan y Enrique de Castilla, que querían tener buenas relaciones con el rey aragonés.

En 1301, coincidiendo con la mayoría de edad de Fernando IV, con dieciséis años, su madre envió al papa Bonifacio VIII diez mil marcos de plata para que publicara una bula que legitimara el antiguo matrimonio del difunto Sancho IV y·ella misma. El Papa accedió, legitimando por tanto a Fernando IV como heredero, al tiempo que dispensaba también el matrimonio del joven rey con Constanza de Portugal, que eran parientes. Tras estas novedades, los pretendientes al trono, Juan de Castilla y Alfonso de la Cerda, se quedaron sin argumentos, y muchos nobles se aprestaron a tomar nuevas posiciones, cercanas al rey Fernando.

En 1302, Fernando IV se casó con Constanza de Portugal en Valladolid. Tuvieron tres hijos: Leonor, que se casaría con Alfonso IV de Aragón; Constanza, que falleció siendo niña; y Alfonso, heredero y futuro Alfonso XI de Castilla.

Mientras tanto, los pretendientes a la corona de Castilla siguieron las intrigas, a las que se unieron otros nobles como don Juan Manuel. También continuó la pugna con Aragón, que quería indisponer al rey Fernando IV con su madre, de manera que se desestabilizara el reino y se dividiese nuevamente en dos —León y Castilla—, se depusiera a Fernando IV y se entregase Murcia a Aragón y Jaén a Alfonso de la Cerda. En estas intrigas participaron activamente el nuevo mayordomo del rey, Juan Núñez de Lara, y los infantes Enrique y Juan, que influyeron mucho para que rey se distanciara de su madre, lo que consiguieron con las falsas acusaciones de que la reina se apropiaba de los subsidios concedidos por las Cortes a la Corona, cuando, en realidad, la reina había contribuido con sus propias rentas al sostén de la monarquía.

Por otra parte, los musulmanes granadinos, gobernados por Mohamed III, atacaron Castilla y conquistaron Bedmar (Jaén). Firmaron a continuación un acuerdo con Aragón y otro con los benimerines en 1302. Después, en 1303, falleció Enrique de Castilla «el Senador», y su sobrino don Juan Manuel intentó heredar sus posesiones, que no consiguió y retornaron a la Corona, pero sí se apoderó de todos los objetos y joyas valiosos que había en el lugar donde estaba Enrique en su lecho de muerte. Mientras, Fernando IV pactó con Mohamed III, de manera que este se quedaría con las plazas jienenses de Alcaudete, Quesada y Bedmar y los castellanos con Tarifa, Cazalla, Medina Sidonia, Vejer y Alcalá. El rey granadino se declaró vasallo del castellano y se comprometió a pagarle parias.

Después Fernando IV, reconciliado con su madre y siguiendo sus consejos, no aceptó la repoblación catalano-aragonesa de las plazas conquistadas en el reino de Murcia, hasta que la Sentencia Arbitral de Dionisio de Portugal (Torrellas, Zaragoza, 1304) y el posterior Tratado de Elche (1305) establecieron que Aragón se anexionara toda la ribera izquierda (la parte norte) del río Segura y la cuenca del Vinalopó, incluyendo las plazas alicantinas de Alicante, Elche, Orihuela, Novelda, Elda, Villena y otras, mientras que Castilla se quedaba con las de Murcia, Monteagudo, Alhama, Lorca, Molina de Segura, Yecla y Cartagena. Igualmente, a los hermanos de la Cerda se les proporcionaría una serie de señoríos dispersos, para evitar un microestado, a cambio de la renuncia al trono de Castilla, cuestión que aceptaron al principio, pero no se resolvió definitivamente el conflicto hasta 1331 en Burguillos, en tiempos del heredero de Fernando IV, el rey Alfonso XI.

Entre 1305 y 1308 no cesaron los conflictos entre diversos nobles por la posesión del señorío de Vizcaya, y también hubo otros problemas internos de la corona de Castilla, que se resolvieron siempre con la acumulación de privilegios por parte de la nobleza.

Asegurada la paz en Castilla y Aragón, tras la Sentencia Arbitral de Torrellas, Mohamed III arrebató Ceuta a sus antiguos aliados benimerines. En esta situación, en 1308, los castellanos y aragoneses firmaron la Alianza de Vistas de Campillo y el Tratado de Alcalá de Henares, con un triple objetivo, como se comentó en el capítulo 7: primero, el compromiso de Leonor, heredera de Fernando IV, con Jaime de Aragón, hijo de Jaime II, pero el matrimonio no se celebró porque el novio huyó durante la celebración de esponsales y, después, renunció al trono y profesó en una orden religiosa. La novia se casaría años después con Alfonso IV de Aragón, sucesor de Jaime II y hermano del novio huido. El segundo objetivo fue reanudar las campañas contra los musulmanes y repartirse el territorio. Finalmente, el tercer objetivo pretendía satisfacer los compromisos con Alfonso de la Cerda: Fernando IV le entregó doscientos veinte mil maravedíes y Alfonso le devolvió las villas de Deza, Sarón y Alcalá.

Referente a la guerra contra los musulmanes, tras el Tratado de Alcalá, los reyes Fernando y Jaime enviaron embajadores a Aviñón para que el papa Clemente V concediese una bula para una cruzada contra los musulmanes de Andalucía, privilegio que se concedió, aparte de la dispensa matrimonial para la infanta de Castilla y el heredero de Aragón. Después, Jaime II tomó Almería y Fernando IV asedió Algeciras en 1309, pero Mohamed III recurrió nuevamente a los benimerines e hizo retroceder a los castellanos, aunque Gibraltar sí capituló a manos de estos; Mohamed tuvo que ceder Ceuta a los africanos, pero contuvo los avances cristianos. Pero los fracasos de Mohamed III provocaron su abdicación en favor de su hermano Al-Nasr, hijo nacido de las relaciones que mantuvo su padre con una concubina cristiana. En la campaña castellana ayudaron Dionisio de Portugal, quien aportó setecientos caballeros, Jaime II, que puso diez galeras, y el papa Clemente V, quien dictó una bula por la que cedía a Castilla la décima parte de las rentas eclesiásticas castellanas durante tres años. Hasta el último momento hubo desacuerdos entre los nobles participantes, quienes querían saquear la vega de Granada, y el rey castellano, que estaba empeñado en Algeciras. Al final se decidió sitiar Algeciras, y durante el sitio padecieron penosas situaciones por la falta de recursos —el rey tuvo que empeñar las joyas de su esposa—, la enfermedad y muerte de nobles importantes y la deserción de Juan de Castilla, don Juan Manuel y quinientos caballeros más, por el impago de soldadas por parte del rey castellano, entre otras desavenencias.

Después, en 1310, bajo el gobierno del musulmán Al-Nasr, los castellanos levantaron el asedio de Algeciras a cambio de Quesada, Bedmar, cincuenta mil doblas de oro y un vasallaje de once mil doblas anuales. Asimismo, Jaime II levantó el asedio de Almería, por falta de víveres esencialmente.

Después de las campañas contra los musulmanes, en 1311, Fernando IV intentó acabar con la vida del desertor Juan de Castilla, aunque la reina madre consiguió que Juan huyera y después acordó una concordia. Pero, nuevamente, los nobles se sublevaron, a la cabeza de Juan de Castilla y Juan Núñez de Lara, hasta conseguir nuevos privilegios con la Concordia de Palencia (1311).

Ese mismo año, o a principios del siguiente, se reunieron en Calatayud los reyes de Castilla y Aragón para la celebración del matrimonio del hermano de Fernando IV, el infante Pedro, con la hija de Jaime II, María. Fernando IV aprovechó el viaje para entregar su hija al rey aragonés, para ser educada y casarse después con el heredero de aquel reino. También en el año de 1312 se casó don Juan Manuel con Constanza, hija de Jaime II, en Játiva.

Durante las Cortes de Valladolid de 1312, Fernando IV impulsó la reforma de la administración de justicia y la de todos los ámbitos de la administración, al tiempo que intentó reforzar la autoridad real frente a la de la nobleza.

A continuación, se retomó la reconquista del reino de Granada. Así, en el año 1312, el infante Pedro sitió Alcaudete y hacia allí se dirigía el rey desde Jaén cuando se detuvo en Martos para ordenar la ejecución de los hermanos Carvajal, acusados de dar muerte en Palencia a un privado del rey. Al parecer, los encerraron en una jaula de hierro con puntas afiladas en su interior y fueron arrojados desde la peña de Martos. Pero, antes de morir, los hermanos Carvajal, considerándose inocentes pues la muerte del privado del rey había sido en defensa propia, emplazaron a Fernando IV a comparecer ante un tribunal de Dios antes de treinta días. En este hecho tiene su origen el alias del «Emplazado».

Después de la ejecución de los Carvajal, Fernando continuó hacia Alcaudete, y durante el cerco de esta ciudad, enfermó y se trasladó a Jaén. En septiembre de 1312 se rindió la guarnición de Alcaudete después de tres meses de asedio, y el infante Pedro se dirigió hacia Jaén para hacérselo saber a su hermano el rey, que murió al llegar Pedro, dos días después de la toma de Alcaudete, con solo veintiséis años, a los treinta días del emplazamiento, mientras dormía la siesta. Puede que muriese de infarto de miocardio, hemorragia celebrar, edema pulmonar, angina de pecho, trombosis coronaria, embolia, síncope u otra causa. Hay quien ve una relación entre este emplazamiento y el que realizó dos años después Jacques de Molay, gran maestre de los Templarios, que murió en la hoguera en París, al papa Clemente V, al rey Felipe IV «el Hermoso» y a su ministro Nogaret, los cuales murieron antes de un año.

El cadáver de Fernando IV se depositó en la Mezquita-Catedral de Córdoba, a pesar de que debía reposar junto a su padre en la catedral de Toledo o en la de Sevilla, junto a su abuelo Alfonso X «el Sabio» y su bisabuelo Fernando III «el Santo». En 1728, el papa Benedicto XIII expidió una bula por la que la capilla Real de la Mezquita-Catedral se adscribía a la iglesia de San Hipólito de Córdoba y, ese mismo año, el rey Felipe V autorizó el traslado de los restos mortales de Fernando IV y de su hijo Alfonso XI a dicha iglesia.

Fernando IV tuvo un carácter infantil y caprichoso, obsesionado por la caza. Era débil y desconfiado hasta con su propia madre, quien fue su salvadora en muchas ocasiones. Enfermizo, afeminado y de escasa inteligencia, fue dominado y manipulado por la nobleza, que le seguía la corriente en sus caprichos con el fin de conseguir beneficios y privilegios, aunque también fue bondadoso, pero, en definitiva, fue más un rey bueno que un buen rey.

ALFONSO XI (1312-1350), «EL JUSTICIERO»

Alfonso XI de Castilla, denominado «el Justiciero», hijo de Fernando IV y Constanza de Portugal, nació en Salamanca en 1311.

Accedió al trono de Castilla con solo un año y fue proclamado rey en Jaén por su tío Pedro, el mismo día de la muerte de su padre. Mientras se producían diversas disputas de la nobleza para ejercer la regencia, el pequeño rey sería llevado a la iglesia de San Salvador de Ávila para ser custodiado por su madre. La regencia se la disputaban el infante Pedro, tío del rey, que contaba con el apoyo de la reina Constanza, y el infante Juan, tío abuelo del rey; no se llegaban a poner de acuerdo los dos aspirantes y sus seguidores, pero, a la muerte de Constanza, en 1213, el infante Juan se acercó al partido del infante Pedro y de su madre María de Molina, abuela del niño rey, y llegaron al Acuerdo de Palazuelos (Guadalajara), mediante el cual María de Molina asumió la tutela y trasladó al rey a la ciudad de Toro. Las hostilidades entre los dos tíos infantes —Pedro y Juan— continuaron hasta la muerte de ambos en la batalla de la Vega de Granada (1319), donde participaron por separado para causar más daño a los musulmanes pero, a pesar de eso, ganaron los granadinos. Después de este hecho quedó en solitario María de Molina como tutora y regente hasta su muerte (1321). La reina recibió cristiana sepultura en el monasterio de Las Huelgas (Burgos). Tras estos sucesos, Castilla quedó inmersa en la confusión y el caos, que vinieron a incrementarse por las malas cosechas y, consecuentemente, el hambre, lo que a su vez dio lugar a un descenso de la población, que aprovecharon los musulmanes granadinos para campar a sus anchas por todo el territorio castellano.

Fue entonces cuando el infante Felipe —tío del rey y hermano del infante Pedro, apoyado por León, Galicia y Andalucía—, don Juan Manuel —tío segundo del rey e hijo de Fernando III, apoyado por Toledo y Extremadura— y Juan de Haro «el Tuerto» —hijo del fallecido infante Juan, apoyado por Castilla— dividieron el reino con el fin de ocupar la regencia. Por estos hechos, las ciudades y villas organizaron una Hermandad General en las Cortes de Burgos de 1325, que Alfonso XI suprimió al tomar las riendas del poder ese mismo año, a la edad de catorce, actuando enérgicamente y con inteligencia contra los nobles levantiscos. Alfonso XI tenía unas magníficas dotes de gobernante y le llamaron «el Justiciero» por sus duras y ejemplares sentencias, pues no tenía reparo en ajusticiar, a veces mediante asesinatos y emboscadas, a los nobles intrigantes, como fue el caso de Juan «el Tuerto» y Alvar Núñez de Osorio. Pero su logro más importante fue contra los musulmanes, si bien sus primeras tentativas no tuvieron el éxito deseado.

El rey comenzó a gobernar nombrando un nuevo Consejo, cuyos miembros eran afines al infante Felipe, por lo que despertó el recelo de don Juan Manuel y Juan «el Tuerto», que pactaron entre ellos acordando el matrimonio de Constanza, hija de Juan Manuel, con «el Tuerto». Enterado el rey, para evitar conflictos, propuso a Juan Manuel su propio matrimonio con Constanza, levantándole así la novia al «Tuerto», por lo que Juan Manuel rompió con el exnovio. Posteriormente se celebró la boda real, en 1325, en Valladolid. Más tarde, «el Tuerto» intentó reconciliarse con el rey, que lo atrajo con halagos y promesas hasta Toro, pero

Juan Manuel metió cizaña y el rey, de manera impulsiva, ordenó ejecutar al «Tuerto» y confiscar sus bienes, que repartió entre sus consejeros.

En 1326, con la minoría de edad de Mohamed IV de Granada, los castellanos, al mando de don Juan Manuel, derrotaron en la batalla de Guadalhorce a los musulmanes africanos, que habían venido a auxiliar a los granadinos. Al año siguiente, Alfonso XI conquistó las plazas gaditanas de Olvera y Torre Alháquime, Pruna (Sevilla) y Ayamonte (Huelva).

En el año 1327, Alfonso XI aceptó la propuesta matrimonial para desposarse con María, hija de Alfonso IV de Portugal, a pesar de estar casado con la hija de Juan Manuel, por lo que este se puso al servicio del rey de Granada y juntos iniciaron hostigamientos contra el rey castellano, quien recuperó el alcázar de Cuenca y el castillo de Huete y sitió Escalona. Juan Manuel respondió en 1328 con el sitio de Huete. El consejero del rey Alvar Núñez de Osorio, para aumentar su influencia, intentó casarse con la hermana del rey, la infanta Leonor, pero una asamblea de caballeros de Valladolid, donde vivía la infanta, convenció a Alfonso XI para que prescindiera de su consejero, que se alió entonces con Juan Manuel. Ese mismo año, Alfonso XI se casó en Alfaiantes (Portugal) con María de Portugal, sin haberse anulado el matrimonio con la hija de Juan Manuel ni haber recibido la dispensa papal para el nuevo matrimonio, ya que los contrayentes eran primos hermanos; el papa concedió ambas solicitudes al año siguiente. También en 1328 se concertó el matrimonio de la hermana de Alfonso XI, Leonor, con el rey de Aragón. En cuanto a Alvar Núñez de Osorio, fue asesinado, confiscados sus bienes y quemado su cadáver, por traición.

Alfonso XI tuvo trece hijos y una sola hija. Su primer matrimonio, con la jovencísima Constanza Manuel, con tan solo ocho años, no se consumó. Años más tarde, con la legítima esposa María de Portugal, tuvo dos hijos: Fernando, que murió antes de cumplir el año, y el heredero, el futuro Pedro I «el Cruel». Pero su verdadero amor fue la noble viuda sevillana, un año mayor que él, Leonor de Guzmán, con la que tuvo nueve hijos y una hija, naciendo alguno de ellos antes de que lo hicieran sus hijos legítimos. Los ilegítimos fueron los siguientes: Pedro y Sancho, que murieron niños; Enrique, que sería Enrique II de Castilla; y su gemelo Fadrique; Fernando; Tello; Juan; Juana; Sancho y Pedro. Puede decirse con seguridad que Alfonso XI mantuvo dos casas: la de la reina María y la de la amante Leonor, que ejercía de reina de hecho y era consejera del rey. Tras la muerte de Alfonso XI, Leonor fue encarcelada y decapitada por orden de la reina María, que la había soportado durante todo su matrimonio.

En el año 1329 falló la alianza con Alfonso «el Benigno» de Aragón (Tarazona), por aliarse el castellano al mismo tiempo con los musulmanes. Posteriormente, con el apoyo de Portugal, se produjo la toma de Teba (Málaga, 1330) y de las torres de Cuevas y Ortejícar, tras lo cual se firmó una tregua por un año con el reino de Granada, que presentó vasallaje a Alfonso XI, así como el pago de parias.

En 1331 se produjo la renuncia definitiva de Alfonso de la Cerda a la Corona castellana, en lucha dinástica desde la época de su tío Sancho IV, tras la muerte de su padre Fernando de la Cerda, ambos hijos de Alfonso X. Al año siguiente, Alfonso XI sofocó una revuelta de Juan Manuel y Alfonso IV de Portugal. También ese mismo año, el rey castellano tuvo que enfrentarse a Juan Manuel y a Juan Núñez de Lara. Igualmente, en 1232, Alfonso XI se hizo coronar en el monasterio de las Huelgas (Burgos) por una talla articulada del apóstol Santiago, y aprovechó esa estancia para armar a más de cien caballeros de la ciudad y fundar la Orden de la Banda.

Todos los acontecimientos anteriores provocaron la ralentización de la reconquista, y, en 1333, Alfonso XI perdió Gibraltar a manos de Mohamed IV, quien recibió ayuda de los benimerines y naves genovesas. El rey granadino fue asesinado ese mismo año por los nobles resentidos por la alianza con los sultanes de Marruecos. Le sucedió su hermano Yusuf I.

Después, un pacto de tregua de cuatro años con los musulmanes de Granada y los benimerines sirvió para que Alfonso XI lograse pacificar los conflictos con la nobleza, tras rigurosas negociaciones con unos y con otros. A continuación, empezarían los problemas con los musulmanes.

Alfonso XI consiguió que Pedro «el Ceremonioso» de Aragón le enviara la flota aragonesa-catalana para que lo auxiliara contra la amenaza de los benimerines. El rey aragonés desembarcó en Andalucía en 1339, pero fue derrotado. Al año siguiente llegó un inmenso ejército musulmán que derrotó a la flota castellana. Pero, poco después, una coalición entre Alfonso XI y su suegro Alfonso IV de Portugal, con la colaboración de Aragón, derrotó a los musulmanes de Yusuf I en la batalla de El Salado (Cádiz, 1340), a pesar de que el ejército musulmán doblaba en número al cristiano. Esta batalla se consideró tan importante como la de Las Navas de Tolosa (1212) e hizo que Alfonso XI fuese loado en toda Europa; para festejar esta hazaña, el rey ordenó construir el monasterio de Guadalupe.

Ese mismo año, Alfonso XI cercó Alcalá de Benzayde, la cual tomó, tras un asedio de ocho meses, el quince de agosto de 1341, a pesar de las trampas que le tendieron en la vega de Granada, Sierra Elvira y Moclín, siendo en esta última villa donde se establecieron después los musulmanes derrotados. Tras esta conquista cambió el nombre de Alcalá de Benzayde por Alcalá la Real. Días después se apoderó de las plazas cordobesas de Priego y Rute y los castillos de Carcabuey, Benamejí y Matrera. Luego, la victoria de los castellanos junto al río Palmones (Cádiz, 1343) propició la toma de Algeciras (1344), con la ayuda de los aragoneses de Pedro «el Ceremonioso» y otras fuerzas extranjeras. Aunque no se pudo ocupar Gibraltar, sí se disipó totalmente el peligro de una nueva incursión africana en la Península, debilitándose así el reino de Granada.

Por otra parte, Alfonso XI completó su reinado con alianzas con Francia —al comienzo de la Guerra de los Cien Años— y sobre todo con Inglaterra, proyectando el matrimonio de su heredero con la hija de Eduardo III, y con una tregua con los musulmanes. Cumplida la tregua, inició un largo asedio a Gibraltar (1349), donde murió el propio rey de peste negra. Su cadáver se trasladó a Jerez, donde se embalsamó, y después la comitiva se dirigió a Sevilla. Allí permaneció hasta que, en 1371, se le llevó a la Mezquita-Catedral de Córdoba, desde donde se le trasladó, junto a su padre, a la iglesia de San Hipólito de Córdoba, en 1736.

Alfonso XI, como otros muchos monarcas de la época, fue muy aficionado a la caza, desplazándose frecuentemente a la localidad de Valporquero (León). Durante su reinado se escribió el *Libro de la Montería de Alfonso XI*, al parecer atribuido en parte al propio rey, quien también fue el autor de unas cantigas de amor hacia su amante Leonor de Guzmán. Igualmente, durante su extenso reinado se escribió la *Crónica de Alfonso XI* y el *Poema de Alfonso Onceno*, narrando en ambos los acontecimientos políticos del reinado y las guerras de Alfonso XI. Se ha de destacar también la creación de un código legislativo, basado en los principios del derecho romano, conocido como el *Ordenamiento de Alcalá* (1348), mediante el cual el monarca fortaleció el poder de la Corona frente a la nobleza.

PEDRO I (1350-1369), «EL CRUEL»

Pedro I de Castilla, hijo de Alfonso XI y María de Portugal, nació en 1334 en Burgos, en la torre de defensa del monasterio de las Huelgas. Debido a que su padre lo dejó con su madre en el alcázar sevillano, para atender a su amante Leonor de Guzmán, el infante estuvo fuera de la corte y su educación fue deficiente.

Pedro I fue un personaje controvertido, considerado como cruel («el Cruel») por sus detractores y como paladín de la justicia («el Justo» o «el Justiciero») por sus partidarios: cruel por los muchos asesinatos que cometió y justiciero por ser defensor de los judíos y los débiles y ser enemigo de los poderosos. Algunos estudios consideran que los ramalazos de crueldad del rey eran debidos a que, en su infancia, sufrió una parálisis cerebral que le causó la muerte de muchas neuronas, lo que confirma la deformidad de su cráneo, cuyo hemisferio derecho era más pequeño que el izquierdo.

El inicio de su reinado, con dieciséis años, estuvo marcado por las luchas de las facciones que se disputaban el poder: sus hermanastros bastardos —hijos de Leonor de Guzmán—, los infantes aragoneses —primos carnales del rey, hijos de Alfonso IV de Aragón y Leonor de Castilla y hermanos de Pedro IV «el Ceremonioso»— y su madre, María de Portugal. Controlado el poder por esta última, con la ayuda del portugués Juan Alfonso de Alburquerque, ayo del rey, lo primero que se hizo fue encarcelar y después ejecutar a Leonor de Guzmán en la fortaleza de Talavera. Después se intentó, ante la sospecha de conflictos, la detención del conde Enrique «de

Trastámara» y de su gemelo Fadrique, hermanos bastardos del rey, lo que provocó la primera rebelión de estos, pero pronto fue sofocada, y los rebeldes fueron perdonados por el rey.

Pedro I, tras superar una enfermedad, levantó el sitio de Gibraltar, donde había muerto su padre, y se trasladó a Sevilla, donde permaneció convaleciente hasta 1351. Luego, empezó la persecución de la familia Haro, para despojarla del señorío de Vizcaya, que junto a otras villas incorporó a Castilla. Años después, asesinó al infante Juan de Aragón y a su propio hermanastro Tello, así como a sus consortes, que eran familiares de los Haro.

En 1351-1352 se celebraron las importantes Cortes de Valladolid que sancionaron un Ordenamiento de menestrales: se condenó la vagancia, se prohibió la mendicidad, se tasó el valor de los salarios y las horas de trabajo y descanso y se fijó el valor de los productos y artículos; igualmente, se confirmó y enmendó el *Ordenamiento de Alcalá*, ordenanzas de tiempos de Alfonso XI; se aprobaron leyes contra malhechores, se reorganizó la administración de justicia, se fomentó el comercio, la agricultura y la ganadería y se trató de aliviar la vida de los judíos, permitiéndoles vivir en barrios apartados con sus propios alcaldes. Finalmente, Pedro I estableció alianzas con las ciudades y con comerciantes y artesanos, lo que le llevó a enemistarse con los nobles, que entendían que, con ello, perdían privilegios.

Más tarde, en 1352, mientras sofocaba una rebelión en Aguilar de la Frontera (Córdoba), tuvo que ausentarse para contener dos insurrecciones promovidas por sus hermanos bastardos Enrique, en Asturias, y Tello, quienes se sometieron con grandes muestras de arrepentimiento. Truncadas las rebeliones, el rey regresó nuevamente a Aguilar y ajustició al rebelde del lugar (1353).

Por entonces Pedro I, que era amante de María Padilla, con la que tuvo cuatro hijos, se casó con Blanca de Borbón, mediante la intercesión de Alburquerque, quien fue el padrino de la boda y el impulsor de una alianza con Francia. Pero Pedro I abandonó a su esposa a los dos días, pues Francia había incumplido el pago de la dote, consistente en trescientos mil florines. El rey encerró a Blanca en la villa de Arévalo y no volvió a verla más; después ordenó su encierro en Sigüenza y, más tarde, en el alcázar de Toledo. La reclusión de Blanca provocó la ruptura con

Francia, la caída en desgracia de Alburquerque y que muchos nobles, con Enrique «de Trastámara» al frente, se sublevaran en Toledo y otras ciudades. En 1354, sofocada la rebelión, el rey castellano destituyó a la mayoría de las autoridades nombradas por Alburquerque, sustituyéndolas por familiares de su amante María de Padilla, a la que ya no hacía mucho caso, pues se había encaprichado con la viuda Juana de Castro, con la que tuvo un hijo. Juana, al principio, no consintió, pues consideraba que Pedro I estaba casado con Blanca, pero el rey consiguió que los obispos de Salamanca y Ávila arreglaran la anulación del matrimonio con Blanca, por lo que, después, el obispo de Salamanca casó a Pedro y Juana, aunque, al parecer, Pedro la repudió al día siguiente. Tras estos hechos, María de Padilla solicitó al Papa una licencia para abrir un monasterio de monjas clarisas y retirarse allí, pero, cuando se fundó el monasterio, María volvió nuevamente con el rey. Al parecer, Pedro I y María de Padilla se casaron en secreto en fecha desconocida, lo que legitimó su descendencia. Pedro I tuvo otros hijos con al menos tres amantes más: María González de Hinestrosa, prima de María Padilla, con la que tuvo un hijo; Teresa de Ayala, con la que tuvo una hija; Isabel de Sandoval, con la que tuvo tres hijos, y otras amantes desconocidas, que tuvieron otros hijos. Hasta el papa Inocencio VI le recriminaba su desenfrenada vida sexual y lo amenazó con la excomunión por abandonar a su esposa Blanca, pero el rey nunca le hizo caso.

Nuevamente creció el descontento entre los nobles partidarios de que el rey volviera con Blanca de Borbón, sus hermanastros, Alburquerque —que murió ese año con sospechas de haber sido envenenado por el rey—, los infantes aragoneses y su madre Leonor de Castilla, la propia madre del rey y la familia de Juana de Castro. Estos nobles se afincaron en Toro, donde vivía la reina madre. Entonces el rey, con apenas veinte años, se trasladó hasta allí, donde fue recibido y tratado poco menos que como un prisionero. Allí cedió, en apariencia, a cuantas demandas le hicieron, hasta que, en un descuido de la guardia, pudo escapar, mientras cazaba, y huyó a Segovia.

Después pasó a Burgos, donde consiguió subsidios para someter a los rebeldes, y a Medina del Campo, donde ordenó matar a importantes personajes implicados en la rebelión; luego marchó a Toledo, donde venció a los rebeldes (1355), ejecutó a dos caballeros y a veintidós vecinos y ordenó encerrar a su esposa Blanca en Sigüenza. Seguidamente, se dirigió a Toro, que sitió hasta su rendición (1356). Enrique «de Trastámara» huyó y su hermano gemelo Fadrique sería apresado.

En este último año, Pedro I empezó la guerra con Pedro «el Ceremonioso» de Aragón —la Guerra de los Dos Pedros—, como se comentó en el capítulo 7. Al parecer, el inicio de dicha guerra se debió a que Pedro «el Cruel» quiso vengar la afrenta sufrida por su abuelo Fernando IV de Castilla, al tener que ceder parte del reino de Murcia a Jaime II de Aragón. Por ello, «el Cruel» rompió un pacto firmado con anterioridad y ocupó Alicante (1356). Pero, además, «el Ceremonioso» también quería recuperar la parte del reino de Murcia al que su abuelo Jaime II había renunciado en 1304. Asimismo, existían otros motivos para aquella guerra: los castellanos decidieron aliarse con los genoveses, que eran enemigos acérrimos de la pretendida integración mediterránea del «Ceremonioso»; los vasallos de las dos coronas se disputaban los pastos del ganado en el sistema Ibérico; y los castellanos se aliaron con Inglaterra en la Guerra de los Cien Años, mientras que los aragoneses lo hicieron con Francia.

Ocurrió también el conflicto de Sanlúcar de Barrameda (Cádiz), donde nueve galeras aragonesas, que arribaron allí para conseguir víveres y después poder auxiliar a Francia en contra de Inglaterra, apresaron dos barcos genoveses, que estaban en guerra contra Aragón. Pedro «el Cruel», que estaba allí, exigió la liberación de los barcos genoveses y, como no lo hicieron, se quejó al rey aragonés, que no le hizo caso, constituyendo estos hechos un motivo más para la Guerra de los Pedros.

Como ya se comentó en el capítulo 7, Pedro «el Cruel» declaró entonces la guerra a Aragón, empezando con la conquista del castillo de Bijuesca y de Tarazona (Zaragoza, 1357). «El Ceremonioso» se defendió con todos los medios, recurriendo incluso a Enrique «de Trastámara», que era pretendiente del trono castellano y residía ahora en Aragón. Se firmó una tregua de un año y «el Cruel» regresó a Sevilla, donde, para buscar recursos, profanó los sepulcros de sus antepasados Alfonso X «el Sabio» y Beatriz de Suabia y consiguió apoderarse de sus joyas y coronas. Fue entonces cuando pretendió seducir a María Coronel, hermana de Aldonza, otra de sus amantes, que, para evitarlo, se abrasó el rostro con aceite hirviendo y entró después en el convento de Santa Inés, donde llegó a ser primera abadesa. Su tumba se encuentra en el coro de ese convento sevillano.

Al año siguiente (1358), «el Cruel» mató a su hermanastro Fadrique en Sevilla y, de inmediato, almorzó tranquilamente delante del cadáver. Igualmente, ejecutó al infante Juan de Aragón y Castilla, hijo de Alfonso IV de Aragón, prendió a la madre y a la esposa del infante ejecutado y confiscó sus bienes.

Ese mismo año, su hermanastro Enrique llegó a la provincia de Segovia o Soria y el infante Fernando de Aragón invadió el reino de Murcia e intentó apoderarse de Cartagena. Pedro, mientras, se hizo con una flota de galeras con la ayuda de Portugal y del emir granadino Mohamed V.

En 1359, para vengarse del infante Fernando, «el Cruel» mató a su madre, Leonor de Castilla; asimismo, asesinó, por odio, a su hermanastro Tello y a su esposa y, después, envenenó a la viuda del infante Juan de Aragón.

Después, con su flota, partió desde Sevilla y llegó hasta Barcelona, que tras dos ataques no logró conquistar, y entonces se trasladó a Ibiza. Viendo que se acercaban los aragoneses, se retiró a Almería, donde se enteró de que sus tropas habían sido derrotadas en Araviana (1359) por Pedro «el Ceremonioso», con el apoyo de Enrique «de Trastámara». «El Cruel», irritado, dio muerte a sus hermanastros Juan y Pedro, de diecinueve y catorce años.

En el año 1360, Enrique se apoderó de Nájera (La Rioja), por lo que, por venganza, «el Cruel» hizo asesinar a tres nobles y al arcediano de Salamanca. Tras ello, con un gran ejército, el rey castellano se dirigió a Nájera, donde, antes de entrar en batalla, un clérigo le anunció que, si atacaba a su hermano, moriría a sus manos: «el Cruel» quemó vivo al clérigo y ese mismo día venció a Enrique, que tuvo que encerrarse en Nájera.

Pedro I volvió a Sevilla, donde ejecutó a la tripulación de cuatro galeras aragonesas apresadas por su flota. Igualmente convino un acuerdo con el rey de Portugal para la entrega de refugiados —uno de ellos era el padre de Leonor de Guzmán, la amante de

Alfonso XI—, a los que ajustició, al igual que a tres nobles, y desterró al arzobispo de Toledo a Portugal.

En 1361, «el Cruel» arrebató a Aragón las fortalezas de Berdejo, Torrijo y Alhama. Pero, ante la amenaza de los musulmanes granadinos, firmó la paz con Pedro «el Ceremonioso» (Paz de Terrer), mediante la cual se obligaban ambos reyes a devolverse los lugares conquistados. Ese mismo año mueren Blanca de Borbón, con veintidós años, al parecer envenenada con una poción de hierbas que le dio su marido, y María de Padilla, con veintisiete años. Pedro declaró herederos legítimos suyos a los hijos habidos con María de Padilla: Beatriz, primogénita, que murió el mismo año que su padre; Constanza, que se casaría con el duque de Lancaster, hijo de Eduardo III de Inglaterra; Isabel, que dio su mano al duque de York, también hijo de Eduardo III; y Alfonso, que moriría siendo niño.

En 1361, los granadinos de Mohamed VI invadieron el reino de Castilla e incendiaron Peal de Becerro (Jaén). Tras ello, varios caballeros salieron de Úbeda para ocupar los pasos del Guadiana Menor y posteriormente derrotar a los musulmanes en la batalla de Linuesa (Huesa, Jaén). Luego, en 1362, los musulmanes vencieron en Guadix. Poco después, «el Cruel» se apoderó de las plazas cordobesas de Iznájar, Sagra, Cesna y Benamejí. Mohamed VI, seguidamente, se dirigió hacia Baena (Córdoba), desde donde, acompañado por el prior de la Orden de San Juan, partió hacia Sevilla para solicitar la paz al «Cruel». Este, a los pocos días, lo mató personalmente en Tablada, paraje cercano a Sevilla.

En 1362, Pedro «el Cruel» declaró heredero a su único hijo varón, Alfonso, habido de su relación con María de Padilla, con solo tres años, pero murió poco después. Ese mismo año, Pedro I se entrevistó con Carlos II «el Malo» de Navarra, prometiéndose mutua ayuda, y el castellano reforzó sus lazos de amistad con Inglaterra mediante un tratado con Eduardo III y su hijo Eduardo de Woodstock, «el Príncipe Negro». Después, Pedro «el Cruel» invadió Aragón por sorpresa, aprovechando que el rey aragonés estaba en Perpiñán, y tomó los castillos zaragozanos de Ariza, Ateca, Terrer, Moros, Cetina y Alhama, pero no pudo conseguir Calatayud. Al año siguiente los castellanos, con la ayuda de Portugal y Navarra, consiguieron las plazas zaragozanas de Fuentes, Arándiga, Tarazona, Magallón y Borja. Pedro «el Ceremonioso» firmó un tratado con Francia y otro secreto con Enrique «de Trastámara»; mientras, «el Cruel» tomó Cariñena (Zaragoza), Teruel, Segorbe y Sagunto y los castillos de Almenara (Castellón) y Chiva y Buñol (Valencia), entre otros, llegando hasta las murallas de la propia capital valenciana. Por la mediación del nuncio apostólico se firmó la Paz de Murcia (1363), que reconocía la hegemonía castellana en la Península, según parece, con las condiciones secretas de que «el Ceremonioso» diese muerte a Enrique «de Trastámara» y al infante Fernando de Aragón. De hecho, al último lo asesinaron poco después.

Reaparece Enrique «de Trastámara», retirado ahora en Francia. Este contrató a las Compañías Blancas, mercenarios franceses, y firmó el Tratado de Monzón (1363) con Pedro «el Ceremonioso», por el que este recibiría recompensas territoriales si Enrique salía victorioso frente a Pedro I.

Por otra parte, «el Cruel» no ratificó el acuerdo de Paz de Murcia y, en el año 1364, se apoderó de las ciudades alicantinas de Alicante y Elda y de la valenciana Gandía y otros lugares, llegando hasta la huerta de Valencia, donde estuvo a punto de verse sorprendido. Persiguió después a la flota aragonesa, pero una tempestad lo hizo volver a Murviedro (actual Sagunto) y después a Sevilla.

Enrique, en el año 1366, invadió Castilla tomando Calahorra (La Rioja), donde se proclamó rey de Castilla, y después Navarrete (La Rioja) y Briviesca (Burgos). Pedro, que estaba en Burgos, marchó a Toledo y después a Sevilla, donde hizo matar al hermano del gobernador de Calahorra. En menos de un mes, buena parte del reino castellano estaba en poder de Enrique, exceptuando Galicia, Asturias, León, Sevilla y algunas plazas más. «El Cruel» tuvo que huir, primero a Portugal, luego a Galicia —donde asesinó al arzobispo de Santiago—, y, finalmente, a Bayona (Francia).

Allí firmó el Tratado de Libourne (1366) con los ingleses del «Príncipe Negro», que se anexionaron Vizcaya y Castro Urdiales, y con los navarros, que se anexionaron Guipúzcoa, Vitoria y parte de La Rioja; después, triunfó rotundamente en la batalla de Nájera (1367) contra las tropas de su hermanastro Enrique. Recuperó el trono y asesinó como represalia a varios personajes en Toledo, Córdoba y Sevilla. Pero, en los siguientes meses, rompió con los ingleses, que no veían cumplirse las promesas del castellano. Enrique, que se había refugiado en Francia, pasó por Aragón, llegó a Calahorra, después a Burgos, y luego se apoderó de Córdoba, Castilla la Vieja y Toledo. En el año 1368 era dueño de la mitad del reino.

Pedro «el Cruel», con la ayuda de los musulmanes de Granada, se defendió en Andalucía, y en el año 1369 decidió ir a Toledo. En el camino encontró a su hermanastro Enrique, con sus mercenarios franceses, al que derrotó en Montiel (Ciudad Real); después, Pedro se encerró en la fortaleza, sitiado por Enrique. Con engaños, el francés Bertrand du Guesclin, aliado de Enrique, condujo a Pedro a una tienda en la que se encontraron los dos hermanastros, posiblemente con la idea de llegar a un acuerdo. Allí se inició una lucha en la que Pedro cayó encima de Enrique, y entonces el francés pronunció la famosa frase «No quito ni pongo rey, pero ayudo a mi señor» y tiró de una pierna de Pedro, de modo que cayó debajo de Enrique, quien aprovechó para apuñalarlo y acabar con su vida. Después, al parecer, la cabeza de Pedro fue clavada en una lanza y paseada por diversas ciudades, aunque también se dice que, después de haberle cortado la cabeza, su cuerpo se puso entre dos tablas en las almenas de Montiel. Los restos mortales de Pedro permanecieron años en el castillo de Montiel y, después, los trasladaron a la iglesia de Santiago de Puebla de Alcocer; en 1446, Juan II de Castilla los ubicó en el convento de Santo Domingo el Real de Madrid. Cuando este se demolió, en 1869, los restos mortales de Pedro I pasaron al Museo Arqueológico Nacional, y en 1877 se trasladaron a la Capilla Real de la Catedral de Sevilla.

Pedro I fue impulsor de varios edificios como el Palacio Mudéjar de Pedro I, construido sobre los restos del alcázar de Sevilla; en Carmona erigió el alcázar de Arriba, una de sus estancias favoritas, que hoy es el Parador Nacional de Carmona. «El Cruel» destacó como defensor de las minorías musulmanas y judías, entre las que tenía buenos amigos, y de los débiles frente a los poderosos. También chocó con la Iglesia, no solo por asesinar a varios prelados sino por cuestiones fiscales y el repudio de la reina Blanca, lo que le costó la excomunión en dos ocasiones. No fue ni más ni menos cruel que otros monarcas de su época, pero la *Crónica de los Reyes de Castilla*, escrita por López de Ayala, durante el reinado de su enemigo y sucesor Enrique II «de Trastámara», constituye una verdadera leyenda negra de Pedro I.

ENRIQUE II «DE TRASTÁMARA» (1369-1379)

Enrique II de Castilla es conocido también como Enrique «de Trastámara», por haber heredado el condado de Trastámara en 1335 y ser confirmado como conde por orden real en 1345; «el Fratricida», por asesinar a su hermanastro Pedro I «el Cruel»; «el Bastardo», por ser hijo ilegítimo; o «el de las Mercedes», por las muchas concesiones que otorgó a diferentes personajes que en algunos momentos le sirvieron y ayudaron. Enrique fue, junto con su hermano gemelo o mellizo Fadrique, el cuarto hijo ilegítimo de Alfonso XI y Leonor de Guzmán, tataranieta de Alfonso IX de León. Nació en Sevilla en 1334. Enrique, con solo un año, fue adoptado por Rodrigo Álvarez de las Asturias, del que heredó a su muerte el señorío de Noreña y el condado de Trastámara, que posteriormente su padre le confirmó, junto a varios señoríos y villas en Galicia, por lo que, en poco tiempo, Enrique reunió un extenso patrimonio en la zona.

Tras la muerte de Alfonso XI, Enrique mantuvo una pugna intermitente con su hermanastro Pedro I, el legítimo heredero de la corona de Castilla, hasta la muerte de este en Montiel en 1369, como se ha narrado en los párrafos anteriores, donde se hacía referencia al reinado de Pedro I «el Cruel».

Enrique se casó en 1350, en Toledo, con Juana Manuel, hija de don Juan Manuel, adelantado mayor de Murcia y señor de Villena, posiblemente el noble más poderoso durante el reinado de Alfonso XI. Enrique tenía diecisiete años y la novia once. Del matrimonio nacieron tres hijos: Juan, futuro Juan I de Castilla; Leonor, que se casaría con Carlos III de Navarra; y Juana, que murió siendo niña. De relaciones extramatrimoniales tuvo al menos trece hijos reconocidos de, al menos, nueve madres diferentes; puede decirse que Enrique era tan semental como su hermanastro Pedro «el Cruel», su padre Alfonso XI o su tatarabuelo Alfonso X «el Sabio».

Enrique II, nada más proclamarse rey, tuvo que hacer grandes concesiones a los nobles, de ahí que recibiese el sobrenombre de Enrique «de las Mercedes». Como la alta nobleza de parientes constituía un peligro para la monarquía, tuvo que apoyarse en la nobleza de servicios, a la que concedió cargos en su gobierno. También tuvo dificultades con los reinos de Portugal, Aragón, Francia e Inglaterra, así como con los duques de York y Lancaster, que le reclamaban el trono de Castilla al estar desposados con Isabel y Constanza respectivamente, hijas del difunto Pedro «el Cruel».

Respecto al reino de Aragón, como se comentó en el capítulo 7, a pesar de las promesas hechas por Enrique al rey aragonés Pedro IV para que apoyara sus pretensiones frente a Pedro I «el Cruel», el rey de Aragón no consiguió el reino de Murcia y varias plazas fronterizas con Aragón, porque Enrique «de Trastámara» no cumplió su promesa. Por estos motivos, estuvo a punto de empezar de nuevo la guerra, que no estalló por las dificultades económicas y por el hartazgo de las coronas implicadas, que firmaron la paz definitiva años después (Almazán, 1375), renunciando Aragón a cualquier territorio a cambio de una indemnización pecuniaria y la devolución de Molina (Guadalajara) y otras comarcas a Castilla. Asimismo, se concertó el matrimonio del heredero Juan de Castilla con Leonor, la hija de Pedro IV. Así pues, terminó la Guerra de los Pedros, sin vencedores ni vencidos pero con las penurias derivadas de la contienda, a las que se añadieron los estragos de la sequía, las plagas de langostas y la peste negra.

En el sur, Mohamed V, que había conseguido conquistar Ronda (1361-1362) y Gibraltar, arrebatándoselas a los benimerines, supo aprovechar la confusa situación de la Castilla de Enrique «de Trastámara», tras el asesinato de su hermano Pedro I, para apoderarse de Algeciras (1369), ciudad que destruiría diez años más tarde antes de ser conquistada por los cristianos.

Igualmente, en esta época, el rey castellano derrotó a Fernando I de Portugal en las llamadas «guerras fernandinas», en las que el rey portugués reclamaba el trono castellano, como bisnieto de Sancho IV de Castilla. Tras ocupar Braganza, Enrique impuso al rey portugués la Paz de Alcoutim (1371), y posteriormente resurgió la amenaza portuguesa, por lo que Enrique II ocupó Almeida y Viseo y bloqueó el puerto de Lisboa, lo que forzó el Tratado de Santarém (1373). Finalmente, también hubo enfrentamientos durante 1381-1382.

De igual forma, la ascensión de Enrique II al trono consolidó la alianza, del año anterior, con los franceses (Tratado de Toledo, 1368).

Como, por otra parte, el duque de Lancaster, yerno del difunto Pedro I, pretendía el trono castellano, apoyado por los ingleses, al reanudarse la Guerra de los Cien Años, los castellanos lucharon al lado de Francia. La marina de Castilla consiguió un gran éxito en La Rochelle (1372), y en los años siguientes saqueó la isla de Wight y las costas inglesas. Además, a la muerte de su hermano Tello, poseedor del señorío de Vizcaya, Enrique II anexionó esta posesión, que quedó integrada en Castilla.

Tras las intrigas de Carlos II «el Malo» de Navarra por la pretensión del reino de Francia, al que ayudaba Enrique II de Castilla, quien además pretendía escarmentar a Carlos II «el Malo» por no haberle ayudado en su lucha contra Pedro «el Cruel», como se reflejó en el capítulo 8, el rey navarro se vio obligado a firmar la Paz de Briones (1373), mediante la cual devolvía Logroño y Vitoria a la corona de Castilla y se convenía el matrimonio del infante Carlos de Navarra con Leonor de Castilla, hija de Enrique II.

Del mismo modo, Carlos «el Malo», ante el inminente ataque de Enrique II, aliado de Francia, se vio obligado a pedir ayuda a los ingleses en 1378, lo que aceptó el rey inglés Ricardo II ya que, a cambio, podría disponer del puerto de Cherburgo. Entonces Enrique II atacó Navarra, que cedió una veintena de plazas, y se firmó la Paz de Santo Domingo de la Calzada (1379), con la condición de que «el Malo» rompiera con Inglaterra y de someter las diferencias con Francia a un arbitraje de Castilla, por lo que Navarra quedaba a total merced de Enrique II.

Enrique II, durante su reinado, fijó como prioridad la estabilización y reconstrucción del reino, que estaba dañado económicamente por las guerras civiles y la de los Dos Pedros, y por calamidades como la peste o la hambruna, así como por los numerosos favores que él mismo tuvo que pagar a Francia, a Aragón y a la nobleza, que le ayudaron a conseguir el trono, por lo que había dejado exhaustas las arcas del reino. Enrique II también protegió a los judíos, tras haberlos perseguido años atrás, transformó la administración y convocó numerosas Cortes. Igualmente, estableció alianzas matrimoniales entre sus hijos y los de los reyes de Portugal, Navarra y Aragón, consiguiendo así el afianzamiento y expansión de su dinastía Trastámara.

Si Pedro I fue cruel, su hermanastro Enrique no se quedaba atrás. Basta para confirmar esto la siguiente historia: en 1371 hizo un trato con el maestre de la Orden de Calatrava, por el que este se comprometía a entregarle la plaza de Carmona, uno de los núcleos partidarios de Pedro I, después de su muerte, a cambio de que no hiciera daño a dos hijos de Pedro I, habidos con Isabel de Sandoval, que estaban bajo la custodia del maestre. Enrique tomó posesión de Carmona, pero no respetó el acuerdo, pues ordenó el traslado de los niños: uno, con seis años, al castillo de Toro, donde murió al año siguiente; y el otro, llamado Sancho, con un solo año, al castillo de Curiel, donde permaneció encerrado cincuenta y cinco años; allí incluso tuvo descendencia con la hija del alcaide, y una de sus propias hijas fue la que intercedió años después ante Juan II de Castilla para que le diera la libertad, tras la cual murió unos años más tarde.

Enrique «de Trastámara» murió en Santo Domingo de la Calzada, en el año 1379, posiblemente envenenado por unos borceguíes que le envió el rey de Granada, aunque otra versión dice que murió de un ataque de gota. Su cadáver se trasladó a Burgos, después a Valladolid y, posteriormente, a Toledo, donde sus restos mortales permanecen en la Capilla de los Reyes Nuevos de la Catedral.

JUAN I DE CASTILLA (1379-1390), TAMBIÉN FUGAZ REY DE PORTUGAL

Juan I de Castilla, hijo de Enrique II «de Trastámara» y Juana Manuel de Villena, nació en Épila o Tamarite de Litera (Aragón) en 1358, cuando su padre estaba allí exiliado. Frágil y pálido, se crió en la corte aragonesa con estrecha relación con los hijos de Pedro IV «el Ceremonioso». En el año 1370, a la muerte de su tío Tello, recibió el señorío de Vizcaya.

Juan se casó en 1375 con Leonor de Aragón, hija de Pedro IV «el Ceremonioso», en Soria, en virtud del acuerdo de la Paz de Almazán (1375), ambos con la misma edad, y tuvieron tres hijos: Enrique, futuro Enrique III de Castilla; Fernando, llamado después Fernando «de Antequera», que sería el futuro Fernando I de Aragón; y Leonor, que murió recién nacida, al igual que la reina, que lo hizo en el parto, en Cuellar (Segovia), con solo veinticuatro años.

Al acceder al trono, tras la muerte de Enrique II, Juan I continuó la línea política de su padre. Su alianza con Francia, a la que proporcionó naves para combatir a los ingleses, propició que en el Cisma cristiano de Occidente se decantara por el papa Clemente VII de Aviñón.

Juan I de Castilla tuvo muy buenas relaciones con su cuñado Carlos de Navarra, futuro Carlos III «el Noble», hasta el punto de que hizo anular cláusulas onerosas del Tratado de Briones (1373), aunque con la condición de que el padre del infante Carlos —Carlos II «el Malo» de Navarra— apoyara al papa de Aviñón. Tal era la amistad entre Juan I y Carlos de Navarra que el primero comprendió y aceptó que la esposa de Carlos —ya Carlos III de Navarra—, hermana del rey castellano, volviese a Castilla dejando solo a su marido, harta de las infidelidades de este.

Por otra parte, las disputas entre castellanos y portugueses, estos apoyados por el duque de Lancaster, hijo de Eduardo III de Inglaterra, se solventaron con la Paz de Elvas (1382). En otro orden de cosas, se concertó el matrimonio de Juan I, que había enviudado de Leonor de Aragón, con Beatriz, de solo diez años, la heredera de Fernando I de Portugal, sobrino materno de la madre del rey castellano, por lo que el portugués se consideraba legítimo descendiente de Alfonso X. En 1383, en Salvaterra de Magos, se estipularon las capitulaciones matrimoniales, mediante las cuales se señalaba el deseo de no unir las coronas de Castilla y Portugal, por lo que el primogénito de Juan I, Enrique, sería rey de Castilla, y el rey de Portugal sería uno de los posibles hijos de Beatriz, que no hubo lugar, al no tener esta descendencia. El legado pontificio Pedro de Luna, el futuro antipapa Luna, inició los esponsales en mayo en Elvas, y, a los tres días, tuvo lugar la ceremonia en la catedral de Badajoz, a la que no asistió el rey portugués por enfermedad. A los seis meses murió Fernando I de Portugal, y entonces su viuda Leonor, según las capitulaciones de Salvaterra de Magos, se encargó de la regencia en nombre de su hija Beatriz. Más tarde, Juan I de Castilla entró en Portugal para hacerse cargo del reino en nombre de su esposa; ambos se proclamaron reyes, con el consentimiento de la reina madre regente y del maestre Juan de Avis, hijo bastardo de Pedro I de Portugal y hermanastro de Fernando I, así como del papa de Aviñón.

Pero después surgió el rechazo y la oposición en muchos lugares, como Lisboa, Elvas y Santarém, ante el temor a un monopolio comercial, al dominio de Castilla y a la pérdida de la independencia portuguesa, por lo que se impulsó la candidatura del infante Juan, hijo ilegítimo de Pedro I de Portugal —habido con Inés de Castro— y hermanastro de Fernando I, que estaba refugiado en Castilla por haber asesinado a su esposa, la hermana de la reina Leonor de Portugal. El infante Juan fue entonces apresado por Juan I de Castilla y encerrado en el alcázar de Toledo. También el maestre de la Orden de Avis se rebeló junto a la burguesía, obligando a la regente Leonor a huir de Lisboa y refugiarse en Alenquer. Después se propuso el matrimonio de la reina Leonor con el maestre Juan de Avis, para ejercer la regencia conjuntamente, pero la reina rechazó la propuesta y huyó a Santarém. Más tarde, ante las noticias de la llegada de Juan I de Castilla, el maestre de Avis fue elegido regente del reino, para defender los derechos del infante Juan. La reina Leonor procedió a reclutar un ejército y llamó a su yerno Juan I para que controlara la situación en Portugal; a principios de 1384, la reina Leonor renunció a la regencia y al gobierno en favor de Juan I y Beatriz, lo que hizo que muchos caballeros y gobernadores de castillos les juraran obediencia.

A pesar del apoyo de la aristocracia, Juan I fracasó en Coímbra y Lisboa, lo que, unido a una epidemia de peste, le obligó a dejar guarniciones en las plazas de sus partidarios y volver a Castilla para solicitar ayuda a Francia y a su cuñado Carlos III «el Noble» de Navarra, para contrarrestar el apoyo solicitado a Inglaterra por el maestre de Avis. También ahora la reina Leonor se rebeló y fue encerrada por Juan I en Tordesillas. Después, el maestre Juan de Avis, tras intentar apoderarse de plazas de adversarios, se dirigió a Coímbra, cuyas Cortes declararon ilegítima a Beatriz y también al infante Juan y lo proclamaron rey como Juan I de Portugal. El nuevo rey se dirigió al norte y se enfrentó a Juan I de Castilla, que entró de nuevo en Portugal y fue derrotado en Troncoso y Aljubarrota (1385), con la ayuda de los arqueros ingleses. El rey castellano huyó a Santarém y, desde allí, a las cercanías de Lisboa, desde donde volvió a Castilla con su flota, dando por terminada la aventura portuguesa.

Poco después, aprovechando el desastre portugués, Juan de Gante, duque de Lancaster, casado con Constanza, hija del fallecido Pedro I «el Cruel», desembarcó en Galicia con su hija Catalina (1386), penetró en tierras leonesas y estableció la corte en Orense, pero encontró una tenaz resistencia popular que lo obligó a retirarse y firmar el Acuerdo de Bayona (1388). Este episodio puso fin al conflicto de Inglaterra con Castilla, pues se casaría el heredero castellano Enrique con Catalina de Lancaster. En aquel momento se instauró el título de Príncipe de Asturias, que desde entonces ostentarían los herederos de Castilla, y, después, los de España.

Juan I, que reunió diferentes Cortes, continuó las reformas iniciadas por su padre. En las Cortes de Burgos se promulgó una ley que consideraba que solo estas cámaras podían modificar las leyes que en ellas se aprobaran, y se puso fin a las concesiones de señoríos o mercedes. En las Cortes de Segovia se consolidó la organización de la Audiencia o Chancillería y se fijó su sede permanente en Valladolid, donde estaba la segunda Universidad del reino. Asimismo, se reformó el cómputo del tiempo, de manera que se comenzó a contar desde el nacimiento de Cristo. En 1385 se creó el Consejo Real para reorganizar la monarquía. En el aspecto institucional, mejoró las leyes y el ejercicio de la justicia, y en el aspecto social, puso límites a los excesos de la nobleza. También se reguló la Mesta, organización de ganaderos, como uno de los principales sustentos de la economía castellana.

Juan I, muy piadoso y profundamente católico, decidió vivir con fidelidad la ley de Dios, extendió la disciplina del clero y persiguió el concubinato, les obligó a vestir ropa talar, cuidó que los bienes de la Iglesia no fueran enajenados y aseguró el aislamiento de juderías y morerías para evitar su influencia sobre los cristianos; ello llevó aparejado una ola de antijudaísmo.

Juan I de Castilla falleció, en los extramuros del Palacio Episcopal de Alcalá de Henares, a causa de la caída de un caballo que le habían regalado, y se mantuvo su muerte en secreto durante varios días, hasta resolverse la cuestión de la regencia de su hijo Enrique III, que era menor de edad. El cadáver se trasladó a Toledo y quedó depositado en la Capilla de los Reyes Nuevos de la catedral.

ENRIQUE III (1390-1406), «EL DOLIENTE»

Enrique III de Castilla fue apodado «el Doliente» por su mala salud, pues padeció tifus y viruela, entre otras enfermedades. Hijo de Juan I de Castilla y Leonor de Aragón, nació en Burgos en 1379. Fue criado por Inés Lasso y su infancia estuvo a cargo de los obispos de Tuy, primero, y de Santiago, después, siendo su ayo Juan Hurtado de Mendoza.

El infante Enrique, siendo niño, se prometió a la princesa Beatriz de Portugal, en virtud de un tratado de paz entre Castilla y Portugal durante las guerras fernandinas, pero, al quedarse viudo su padre, fue este quien desposó a la portuguesa. Después, Enrique se casó, en 1388, con Catalina de Lancaster, de acuerdo con el Tratado de Bayona, que solucionó el conflicto dinástico tras la muerte de Pedro I «el Cruel», pues el duque de Lancaster, casado con Constanza, hija de Pedro I, pretendía el trono castellano. El matrimonio se celebró en la catedral de San Antolín de Palencia. Realmente, el matrimonió hubo de ser confirmado más tarde por la corta edad de los contrayentes. El mismo día de la boda, Enrique sería nombrado Príncipe de Asturias, siendo el primero en ostentar tal título. El matrimonio tuvo dos hijas y un hijo: María, que se casaría con Alfonso V de Aragón; Catalina, que se desposaría con el infante Enrique, hijo de Fernando I de Aragón; y Juan, el heredero del trono castellano, como Juan II.

Cuando Enrique tenía once años, su padre barajó la posibilidad de abdicar en su favor para conseguir el reconocimiento de los portugueses, lo que al final no hizo por disuasión del Consejo Real y por morir el rey ese mismo año de 1390.

Durante su minoría de edad, que duró aproximadamente tres años, con un Consejo de regencia propuesto por las Cortes de Madrid (1391), Enrique no pudo imponer su autoridad. Existía una total anarquía y confusión, con enfrentamientos entre la gran nobleza, constituida principalmente por sus propios parientes, la mayoría bastardos del fallecido Enrique II «de Trastámara» (Fadrique, conde de Benavente; Alfonso Enríquez, marqués de Villena; y Leonor, reina de Aragón), y la pequeña nobleza, que llevaron a Castilla al borde de una guerra civil. Además, debido a los incendiarios sermones del fanático arcediano de Écija contra los judíos, se desencadenó una terrible persecución que arrasó las principales aljamas de las ciudades castellanas —Sevilla, Córdoba, Carmona, Écija, etc.— y se extendió después a las aragonesas —Barcelona y Valencia—, lo que suponía un perjuicio económico para la Corona, pues dejaba de recibir los impuestos de los judíos, que iban directamente a sus arcas.

Todos los problemas mencionados obligaron a adelantar la mayoría de edad de Enrique III, que en 1393 asumió el poder, con solo trece años, aunque le faltaban dos meses para cumplir catorce. Durante su reinado pacificó a la nobleza de parientes y restauró el poder real apoyándose en la pequeña nobleza. También saneó la economía e hizo disminuir las persecuciones a los judíos. En cuanto a Alfonso Enríquez, el marqués de Villena, este se sublevó y se refugió en Gijón; después llegó a un acuerdo con Enrique III para someterse a un arbitraje de Carlos VI de Francia, quien se negó a dar sentencia, pero aconsejó a Alfonso someterse al rey castellano. La crisis se solventó cuando un incendio devastó Gijón, que fue abandonada por sus defensores, por lo que Alfonso Enríquez dejó de ser un peligro para Enrique III.

En el plano internacional, Enrique III se caracterizó por el pacifismo. Continuó la alianza con Francia y mejoró ostensiblemente las relaciones con Inglaterra, aunque la flota castellana consiguió varias victorias sobre Inglaterra. Como otros monarcas anteriores, Enrique III apoyó primero al antipapa aviñonés Clemente VII y al morir este, en 1394, a su sucesor Benedicto XIII, el aragonés papa Luna. Tuvo buena sintonía con Carlos III «el Noble» de Navarra e hizo volver a su tía Leonor, esposa de Carlos III, en 1395, desde Castilla a Navarra, quitándose además Enrique el problema de tan intrigante dama. También el hermano de Enrique III, el infante Fernando, el llamado después «de Antequera», tuvo buenas relaciones con el Carlos III «el Noble», quien participó en las campañas granadinas del infante castellano.

En 1400, Enrique III envió una flota contra los piratas de Tetuán. También se alió con los tártaros de Tamerlán, líder turco-mongol, a quien envió dos embajadas en prevención del peligro otomano que rondaba el Mediterráneo. Por otra parte, apoyó al aventurero francés Jean de Béthencourt para iniciar la colonización de las islas Canarias en 1402, preludio del interés castellano por dichas islas.

En 1396, Juan I de Portugal rompió el tratado de paz firmado con Enrique III tres años antes en Setúbal y atacó por sorpresa Badajoz y, apoyado por la nobleza castellana descontenta, ocupó Tuy en 1398. El rey castellano reaccionó y envió una flota que se adueñó del mar, y, al mismo tiempo, sus tropas terrestres obligaron a levantar el cerco de Alcántara, incendiaron el Viseo (La Coruña) y ocuparon Miranda de Duero, por lo que el rey portugués se vio obligado a firmar una tregua en 1398, que fue después prolongada a diez años más tras la firma de un nuevo acuerdo en 1402.

Respecto al reino nazarí de Granada, Mohamed VII aprovechó la minoría de edad de Enrique III de Castilla para iniciar una serie de incursiones contra los cristianos, principalmente en Murcia y Jaén. Estas algaradas se sucedieron por ambos bandos, pero solo con la idea de saquear cosechas y rebaños. Más tarde, las tropas de Castilla perdieron Ayamonte, pero ganaron la importante batalla de Collejares, cerca de las plazas jienenses de Úbeda y Baeza, en 1406, al mando de Fernando «de Antequera», hermano del rey, al que este, por estar mal de salud, había encargado las acciones contra Granada. Después, Enrique III reunió las Cortes de Toledo, que acogieron bien el proyecto del rey para atacar nuevamente a los granadinos, pero, durante los preparativos del ejército, que pretendía dirigir él mismo, se agravó su estado de salud y murió en Toledo. Lo cierto es que, ya en los últimos años de su reinado, por su escasa salud, había delegado el poder en su hermano Fernando «de Antequera». Su cuerpo recibió sepultura en la capilla de los Reyes Nuevos en la catedral de Toledo.

JUAN II DE CASTILLA (1406-1454)

Juan II de Castilla, hijo de Enrique III «el Doliente» y Catalina de Lancaster, nació en Toro en 1405. Al morir su padre no contaba aún con dos años y se encargaron de la regencia su madre Catalina de Lancaster y su tío Fernando «de Antequera», duque de Peñafiel, por expreso deseo del rey fallecido. De igual forma, por deseo de Enrique III, la educación y custodia del niño corrió a cargo de Juan Velasco, camarero mayor, Diego López de Estúñiga, justicia mayor, y Pablo de Santa María, obispo de Cartagena.

Durante la regencia de Juan II, debido al mal entendimiento de los regentes, se dividió el reino. A Fernando le correspondió el sur, lo que aprovechó para impulsar la guerra contra el reino de Granada, como se comentó en el capítulo 7, y consiguió de las Cortes las subvenciones para la toma de Pruna (Sevilla) y Zahara de la Sierra (Cádiz, 1407), pero no pudo con Setenil (Cádiz). Firmó una tregua de dos años que le propuso el rey musulmán granadino Yusuf III, y una vez cumplida, tomó Antequera (Málaga, 1410), aunque Yusuf recuperó Gibraltar ese mismo año, al manifestarse el problema sucesorio de Aragón y Fernando —llamado, desde entonces, «de Antequera» por el éxito contra los musulmanes conseguido allí— presentar su candidatura para optar al título de soberano para este reino. Tras el Compromiso de Caspe (1412), Fernando recibió la Corona aragonesa, como Fernando I, aunque sin dejar la regencia castellana de Juan II, que se la gestionaron sus hijos —los llamados infantes de Aragón—, como lugartenientes. Estos consiguieron un gran poder durante los años de servicio que su padre prestó a Castilla, como se reseñó en el capítulo 7, de manera que puede decirse que eran más poderosos que el propio rey castellano.

Tras la muerte de Fernando I en 1416 y de Catalina de Lancaster en 1418, los infantes de Aragón concertaron el matrimonio de Juan II con la hermana de los infantes, María, diez años mayor que él, en Medina del Campo, y meses después, en 1419, el monarca castellano se declaró mayor de edad, con solo catorce años, en las Cortes de Madrid.

Durante el reinado de Juan II intervinieron tres facciones: la de Álvaro de Luna, segundón de origen aragonés, en el que el rey depositó su confianza por haber sido desde su niñez compañero de juegos; la de los infantes de Aragón y la de los altos nobles castellanos, que a veces apoyaban al rey y otras veces a los infantes de Aragón.

En 1420, el infante aragonés Enrique dio un golpe de Estado, denominado el Atraco de Tordesillas, aprovechando la ausencia de su hermano Juan, que estaba contrayendo matrimonio con Blanca de Navarra. Enrique se apoderó del rey y lo llevó hasta Talavera, al tiempo que destituyó de sus cargos a los nobles afines a su hermano Juan. Igualmente, Enrique consiguió casarse con Catalina, hermana del rey Juan II, y que este celebrase su boda con María, hermana de los infantes de Aragón. Pero los planes de Enrique fallaron, pues el rey pudo huir, ayudado por Álvaro de Luna, al parecer, durante la celebración de la boda de Enrique y Catalina, y se refugió en el castillo de la Puebla de Montalbán, tras cuatro meses y medio de secuestro. Enrique lo cercó con sus tropas, pero tuvo que levantar el asedio debido a que su hermano Juan amenazó con su ejército. El infante Juan, seguidamente, se puso al servicio de Juan II de Castilla y este concedió el condado de Santisteban de Gormaz a Álvaro de Luna por haberlo ayudado en su huida hasta Puebla de Montalbán.

Del matrimonio de Juan II y María, celebrado en Medina del Campo, nacieron cuatro hijos: Catalina, Leonor y María, que las tres murieron en su infancia, y Enrique, Príncipe de Asturias y heredero de la corona de Castilla, futuro Enrique IV «el Impotente». En 1445 falleció la reina María y Juan se casó entonces con Isabel de Portugal, en 1447, en Madrigal de las Altas Torres (Ávila), a instancias de Álvaro de Luna, aunque el rey hubiese preferido una infanta francesa. Posteriormente, Juan II acabó muy enamorado de su nueva esposa, que era mucho más joven que él y muy hermosa. De este matrimonio nacieron dos hijos: Isabel, futura reina Isabel «la Católica», y Alfonso, Príncipe de Asturias y heredero de su hermanastro Enrique «el Impotente».

En 1421 seguía el enfrentamiento entre los infantes Enrique y Juan y este estaba al lado de Juan II, que ejerció como padrino en el bautizo del hijo del infante Juan, Carlos de Viana, en Olmedo. En 1423 Juan II apresó al infante Enrique, que no acataba órdenes reales, y lo encerró en el castillo de Mora, mientras su esposa y partidarios huyeron a Aragón, y se le desposeyó de sus bienes y títulos, que pasaron a su hermano Juan, excepto el título de condestable de Castilla, que se le otorgó a Álvaro de Luna, con el que, al parecer, el rey tenía relaciones carnales.

En 1425 nació el primogénito de Castilla, el futuro Enrique IV «el Impotente». Por entonces intervino Caros III de Navarra, como suegro del infante Juan de Aragón, para evitar el enfrentamiento entre Castilla y Aragón. Todos estos hechos provocaron la intervención de Alfonso «el Magnánimo» de Aragón, hermano de Enrique y Juan, que volvió de Sicilia para ayudar a sus hermanos, desplegando su ejército en la frontera, y consiguió que el infante Juan saliese de Castilla para poder negociar un acuerdo entre Castilla y Aragón. En el año 1425, se firmó el Tratado de Arciel, donde se acordó la libertad de Enrique, que recobró su cargo de maestre de la Orden de Santiago, así como sus restantes bienes.

Después, en 1427, parte de la nobleza castellana, unida a los infantes de Aragón, exigió al rey el destierro de Álvaro de Luna, lo que el monarca dictaminó con una duración de un año y medio, pero a los cinco meses volvió nuevamente Álvaro de Luna y se reconcilió con los infantes de Aragón. Al poco tiempo se inició nuevamente el enfrentamiento del infante Enrique, ahora aliado con el rey castellano, contra su hermano Juan, ya rey consorte de Navarra, quien al final fue convencido por Juan II de Castilla para que se retirara a su reino de Navarra.

En 1429 se propuso la firma del Tratado de Tordesillas para alcanzar la paz de los tres reinos —Castilla, Navarra y Aragón—, pero Alfonso V de Aragón no firmó y, tras conseguir la reconciliación de sus hermanos, todos ellos se prepararon para la guerra. Gracias a la intervención de María, esposa de Juan II y hermana de los infantes de Aragón, se evitó el enfrentamiento, pero los infantes de Aragón persistieron haciéndose fuertes en varias localidades, por lo que Juan II reclutó un ejército y los forzó a firmar, por cinco años, la Tregua de Majano (1430), aunque los infantes Enrique y Pedro no la respetaron. Los castellanos lograron apoderarse de todas las posesiones de los infantes de Aragón en Castilla, que fueron cedidas a la nobleza y a Álvaro de Luna, quien se convirtió en el hombre más poderoso del reino. La Tregua de Majano supuso la derrota de Navarra y Aragón y de los infantes de Aragón, quienes no podrían volver ni reclamar nada hasta pasados cinco años.

En Granada, las tropas de Juan II de Castilla, bajo el mando de Álvaro de Luna, vencieron a los nazaríes en la batalla de Higueruela, y, nuevamente, Mohamed IX fue depuesto, esta vez por Yusuf IV, con la ayuda del rey castellano, convirtiéndose Granada en un protectorado de Castilla. No aprovechó Juan II esta debilidad de los granadinos, posiblemente por sus propios problemas internos con los infantes de Aragón, para derrotar completamente al reino de Granada, pudiéndose haber terminado entonces la reconquista iniciada por Pelayo en Asturias en el año 718. El rey castellano no tuvo una visión correcta de la situación, pues dio prioridad a los problemas internos, aunque de menor importancia, dejando la lucha en Granada y volviendo triunfante a Castilla. Mohamed IX, tras su derrocamiento, huyó a Almería, pero después recuperó otra vez el poder (1432-1445), y Yusuf sería degollado, o tal vez huyó a Castilla. Tras la batalla de Higueruela, Castilla ganó varias plazas al reino de Granada: Jimena de la Frontera (Cádiz, 1431), Huelma (Jaén) y Huéscar (Granada, 1434), aunque estas dos últimas fueron recuperadas años después por los musulmanes. Más tarde, en 1439, se llegó a la firma de una tregua.

Continuaron los problemas de los infantes de Aragón con el rey de Castilla, aunque en 1434 el rey de Aragón y sus hermanos cayeron cautivos en Italia. El infante Juan, ya rey de Navarra, fue puesto en libertad para conseguir el rescate de sus hermanos Alfonso y Enrique; mientras, debido al disgusto por estos hechos, murió la madre de los infantes, Leonor de Alburquerque, en Medina del Campo. Tras la puesta en libertad de los infantes de Aragón, se consiguió la paz definitiva con Castilla, en 1436, con la Concordia de Toledo, donde se acordó el matrimonio del Príncipe de Asturias, Enrique, con la infanta Blanca de Navarra, hija del infante aragonés Juan.

En 1437 fue apresado por rebeldía el adelantado Manrique, hermano del almirante Fadrique, cuya hija Juana se casaría con Juan I de Navarra, al quedar viudo de la reina Blanca. Manrique huyó al año siguiente junto a su familia. En 1439 hubo nuevas protestas de la nobleza, fomentadas por los infantes de Aragón, para que se desterrase a Álvaro de Luna. También se unieron a ellas Manrique, Fadrique y el príncipe Enrique. Estas quejas llevaron al rey a tener que desterrar a Álvaro de Luna por dos veces: una durante seis meses, y la otra durante seis años, quedando el reino en manos del almirante Fadrique; del príncipe Enrique, apoyado por Juan Pacheco; de los infantes de Aragón y de la nobleza. En ese año se casaron el heredero Enrique y Blanca de Navarra, apadrinados por el almirante Fadrique.

Así trascurrió el tiempo, quedando el gobierno desatendido, con pérdida del patrimonio real y la desconfianza del pueblo. En 1443 se produjo el golpe de Rágama, cerca de Madrid, y el rey se vio obligado a deambular de un sitio a otro para evitar la presión de los infantes de Aragón. Al año siguiente, en Rágama, se secuestró al rey y se le envió a Tordesillas, pero Álvaro de Luna consiguió organizar un movimiento para su liberación, al que se unió el príncipe Enrique. Juan de Navarra entró con tropas hasta Olmedo y Álvaro de Luna las cercó con el ejército castellano. El conflicto terminó con la liberación del rey castellano y su victoria en la batalla de Olmedo (1445). El infante Enrique murió poco después, debido a las heridas de la batalla. Los demás infantes de Aragón disminuyeron mucho su poder y el almirante de Castilla fue apresado junto a otros nobles, que después de dos años serían liberados por el príncipe Enrique, quien, junto a Juan Pacheco, no obedecía a su padre Juan II de Castilla.

En 1448 surgió un nuevo levantamiento de la nobleza partidaria de Juan I de Navarra para desbancar a Álvaro de Luna, que contaba con el apoyo de los reinos de Granada, Portugal y Aragón. El condestable intentó reconciliarse con los nobles, el rey ordenó la prisión de adversarios del condestable y el resultado fue el caos del reino. En esta situación, Juan II y su nueva esposa Isabel de Portugal visitaron a Álvaro de Luna en Escalona, y la reina sintió envidia y malestar al darse cuenta de que el condestable gozaba de un nivel de vida superior al del propio rey.

En 1449, todos seguían en contra de Álvaro de Luna, menos el rey. Por otra parte, el rey musulmán granadino, ayudado por Juan I de Navarra, llegó con sus tropas a Baena (Córdoba) y Utrera (Sevilla), pero, en 1452, los granadinos fueron derrotados por los castellanos en la batalla de Alporchones, cerca de Lorca (Murcia).

Después, tras la caída en desgracia de Álvaro de Luna, impulsada por la nueva reina Isabel, siguieron ganando influencia el príncipe Enrique y su favorito, Juan Pacheco. En efecto, la reina Isabel infundió un progresivo desapego del rey por Álvaro de Luna, que, finalmente, sería detenido en Burgos y, dos meses después, ejecutado en la Plaza Mayor de Valladolid, en 1453.

Juan II falleció el año siguiente en Valladolid, a causa de unas fiebres cuartanas y consumido por los remordimientos de haber ordenado ejecutar a Álvaro de Luna de manera injusta. Su cadáver recibió cristiana sepultura en la iglesia de San Pablo de esa ciudad, mientras se concluía la construcción del panteón Trastámara de la Cartuja de Miraflores.

Juan II se caracterizó por su débil carácter. Fue amante del lujo, los juegos, las justas, los espectáculos palaciegos, la ostentación y los placeres y se inclinó por la vida fácil, cómoda y sin preocupaciones. Por comodidad, dejó el poder en manos de Álvaro de Luna, limitándose a ser una figura decorativa. Se aficionó al cultivo de las letras, reuniendo un grupo selecto de poetas, historiadores y literatos, que crearon un oasis de humanismo en medio de la anarquía existente en el reino. En definitiva, como rey, no hizo nada importante, excepto que introdujo la cultura renacentista italiana en Castilla, dedicándose él mismo a la música y a la poesía, además de a la caza. Fue su valido Álvaro de Luna el que llevó el peso del gobierno, enfrentándose a la alta nobleza y a los infantes de Aragón. Por otra parte, se logró la reconciliación con Inglaterra, Flandes y Portugal y la consolidación de la amistad con Francia y, después de expulsar a los infantes de Aragón, se reanudó la reconquista iniciada por Fernando «de Antequera», consiguiendo la importante victoria en la batalla de Higueruela, y se estuvo a punto de derrotar definitivamente al reino granadino, con lo que hubiese terminado la ocupación musulmana de la Península sesenta y un años antes de que lo hicieran los Reyes Católicos en 1492.

ENRIQUE IV (1454-1474), «EL IMPOTENTE»

Enrique IV de Castilla, llamado «el Impotente», hijo de Juan II de Castilla y María de Aragón, nació en Valladolid en 1425. Álvaro de Luna, valido de su padre, intentó controlar su educación y sus amistades, entre las que se encontraba Juan Pacheco, el futuro hombre de confianza de Enrique IV. A los tres meses de nacer se juramentó Príncipe de Asturias, y, con diecinueve años, fue el primer y último Príncipe de Jaén.

Débil de carácter, retraído, abúlico y enfermizo, Enrique, dominado por Juan Pacheco, convirtió la corte castellana en un prostíbulo feminoide inspirado en ambientes magrebíes. El rey se dedicaba a la danza, la música y la caza, se daba a prácticas deshonestas sin ningún recato y era aficionado a las costumbres musulmanas en el vestir y comer, incluyendo además un servicio de guardia mora generosamente pagado.

En 1440, con quince años, Enrique se casó con su prima Blanca de Navarra, matrimonio que se había acordado en la Concordia de Toledo cuatro años antes. Este matrimonio no tuvo descendencia y sería más tarde anulado, pues Blanca adujo que Enrique sufría impotencia sexual, aunque él argumentó que era debido a un maleficio, pues había prostitutas que confirmaban haber tenido relaciones sexuales satisfactorias con él. Al parecer, hicieron reconocimientos médicos a la reina, que resultó seguir siendo virgen, y al rey, que resultó tener un miembro viril inservible.

En 1445 participó en la guerra civil castellana, que terminó con la batalla de Olmedo, donde fueron derrotados los infantes de Aragón. Por estos servicios, su padre le donó varias ciudades y su consejero Juan Pacheco recibió el condado de Villena y otros bienes. Tras este episodio se debilitó el poder de Álvaro de Luna y se incrementó el de Enrique y Pacheco.

En 1453, Enrique empezó a negociar con Portugal su matrimonio con su prima Juana, hermana de Alfonso V de Portugal, antes de producirse la anulación del matrimonio con Blanca de Navarra, que fue declarado nulo por el obispo de Segovia y corroborado después por el papa Nicolás V. En 1454, al morir su padre, Enrique subió al trono de Castilla, y al año siguiente se celebró la boda del nuevo rey con Juana de Portugal, con dieciséis años y espléndida belleza, en Córdoba. Para tener descendencia se recurrió, al parecer, a diferentes recursos: devotas oraciones y ofrendas, diversos brebajes y pócimas con efectos vigorizantes enviados desde Italia, la búsqueda del cuerno del unicornio —para lo que se sufragaron expediciones a África—, y hasta se recurrió a unos médicos judíos que utilizaron una fina cánula de oro para inseminar a la reina con el semen del rey. Hasta siete años después no tendría la reina descendencia, la princesa Juana, que a los pocos meses se la juró en las Cortes de Madrid como Princesa de Asturias y heredera de

Castilla. Juana fue llamada «la Beltraneja» por considerarla hija de Beltrán de la Cueva, tras las relaciones adúlteras de este con la reina, al parecer incentivadas y consentidas por el propio rey para acallar las acusaciones sobre su impotencia. A Enrique IV también se le tachó de homosexual, atribuyéndosele relaciones con nobles que lo auxiliaban en sus tareas de gobierno, lo que justificaba que las reinas no le provocaran erecciones en sus intentos de procrear. Al parecer, solo una vez en toda su vida se sintió atraído por una dama, una portuguesa del séquito de la reina Juana a la que, para evitar escenas de celos por parte de su esposa, el rey le puso casa y criados fuera de la corte y la convirtió en condesa de Treviño, aunque al final esta testificó en contra del rey al afirmar que tampoco tuvo relaciones sexuales con él.

El gobierno de Castilla quedó desde el inicio del reinado en manos de Juan Pacheco, marqués de Villena y hermano de Pedro Girón, maestre de Calatrava, pero, pronto, el rey incorporó otros consejeros como Beltrán de la Cueva, con el fin de diluir el poder del primero.

En otro orden de cosas, Enrique IV convocó las Cortes de Cuéllar (Segovia) para lanzar la ofensiva contra los musulmanes granadinos. Esta incursión se concibió como una guerra de desgaste a base de talar y devastar las vegas granadinas, aunque se recuperó Gibraltar en 1462 y después Archidona (Málaga), durante los reinados de Yusuf V y Abu Nasr Said. Además, los granadinos siguieron pagando tributos a los castellanos y no tuvieron ayuda de sus correligionarios africanos, que se limitaban a enviarles dinero, armas y regalos. Pero, realmente, la guerra de Granada despertó grandes críticas entre los nobles por las pérdidas económicas que supuso y por los inexistentes éxitos conseguidos, debido a la cobardía del rey al no entrar en combates campales.

Más tarde empezó la oposición nobiliaria en la corte de Castilla, apoyada por el infante aragonés Juan —que, en 1458, sucedió a su hermano Alfonso V como Juan II de Aragón—, que pedía una mayor presencia de los nobles en el gobierno, el control de los gastos y que se aceptase al príncipe Alfonso, hermanastro del rey, como Príncipe de Asturias y, por tanto, heredero del trono. Enrique IV reaccionó apoyando a Carlos de Viana en contra de su padre Juan I de Navarra y II de Aragón, saliendo victorioso.

Después se llegó a una situación caótica, cuando los catalanes insurrectos contra Juan II de Aragón ofrecieron a Enrique IV de Castilla el principado catalán, tras la muerte del Príncipe de Viana (1462). El monarca castellano aceptó, aunque después, debido a sus indecisiones, lo rechazó al acatar la Sentencia de Bayona (1462), dictada por el rey Luis XI de Francia, que hacía de árbitro.

En 1464, tras varias entrevistas de nobles en Cigales y Cabezón, se formaron dos bandos opuestos: uno a favor del rey, apoyado por Beltrán de la Cueva, y otro en su contra, apoyado por Juan Pacheco, su hermano Girón y el tío de ambos, Carrillo, arzobispo de Toledo. Entonces, la liga nobiliaria adversa al monarca lo forzó, ante la debilidad de este, a que aceptara como heredero a su hermanastro Alfonso, un auténtico juguete en manos de los nobles, y que se casara con la heredera castellana Juana «la Beltraneja», hija de la reina Juana de Portugal y al parecer de Beltrán de la Cueva, y no del rey Enrique IV. Después se llegó a la incalificable Farsa de Ávila (1465), en la que se proclamó rey a Alfonso, con solo once años, y se depuso a Enrique IV, despojándolo simbólicamente de sus atributos regios por medio de un muñeco vestido de luto. Empezó entonces una guerra civil que duraría casi tres años.

Al final, Enrique IV pudo salvar la situación cuando los consejos constituyeron la Hermandad General y el rey consiguió vencer a sus rivales en la segunda batalla de Olmedo, en 1467, aunque perdió Segovia, sede del tesoro real, y entregó como rehén a la reina Juana. Esta sería trasladada al castillo de Alaejos (Valladolid), donde durante el cautiverio se enamoró del hijo del alcaide, un biznieto de Pedro I «el Cruel», y quedó embarazada, aunque el embarazo del que al parecer hubiese sido un varón se malogró a los siete meses. Según parece, después tuvo otros dos hijos y, más tarde, se fugó del castillo con su amante y acabó sus días en el convento de San Francisco de Madrid, a los treinta y seis años, pocos meses después de la muerte de Enrique IV.

Al año siguiente, 1468, murió en Cardeñosa (Ávila) el infante Alfonso, víctima de la peste o, tal vez, envenenado al comer truchas en una posada. Hay quien especula con que tras esta muerte estaba la mano de Juan Pacheco, e incluso la de su propia hermana Isabel. De inmediato, la nobleza eligió en Segovia a Isabel como heredera, pensando que podrían controlarla, pero la princesa llegó a un acuerdo con su hermanastro Enrique IV mediante el que se reconocía a este como rey de Castilla y a ella como su heredera (Pacto de los Toros de Guisando, 1468), con el compromiso de Isabel de aceptar el marido elegido por su hermanastro, lo que suponía descartar los derechos sucesorios de la supuesta hija del rey, Juana «la Beltraneja».

Poco después, Isabel se casó casi en secreto con Fernando, hijo y heredero de Juan II de Aragón, en lugar de hacerlo con Alfonso V de Portugal, como era el deseo de la liga nobiliaria y del rey Enrique IV, quienes, además, habían acordado el matrimonio de Juana «la Beltraneja» con algún hijo del rey portugués. Enrique IV entendió que se rompía lo pactado con su hermanastra Isabel y proclamó heredera a su hija Juana (1470). Además, Enrique IV casó a su hija con el duque de Guyena, hermano de Luis XI de Francia, aunque el esposo nunca pisó Castilla y murió dos años después sin haber conocido a Juana. Al mismo tiempo, se produjo un clima de confusión entre los partidarios de Enrique IV y los de su hermana Isabel. En seguida tuvo lugar un cordial encuentro entre Enrique e Isabel, en Segovia, con la idea de que Enrique nuevamente cambiase de opinión y nombrara heredera a Isabel, pero, durante la indecisión del rey, le llegó la muerte en 1474, a consecuencia de una úlcera gástrica, de obstrucción de la orina o, posiblemente, envenenado, en Madrid, en absoluta soledad. Después, Isabel fue rápidamente proclamada reina de Castilla, aunque se inició una guerra civil que enfrentaba a los partidarios de la alianza con Portugal, el bando de Juana, con los del acercamiento al reino de Aragón, partidarios de Isabel. El cadáver de Enrique se depositó en el panteón del Monasterio de Guadalupe (Cáceres).

ISABEL I (1474-1504), «LA CATÓLICA»

La reina Isabel, tan loada como vilipendiada, tenía una rica, compleja y desbordante personalidad. Los cronistas contemporáneos hablaron de su modestia y mansedumbre, agudeza, discreción e ingenio, prudencia, sabiduría y honestidad, castidad y devoción, humanidad y bondad, pudor e inteligencia, gran corazón y pureza de alma, etc.

Isabel, hija de las segundas nupcias de Juan II de Castilla con Isabel de Portugal, nació en Madrigal de las Altas Torres (Ávila) en 1451. Allí se bautizó, en la iglesia de San Nicolás de Bari, y pasó sus primeros años en el palacio de Madrigal. Al morir su padre en 1454, Isabel sería enviada a Arévalo (Ávila) —junto a su madre y su hermano Alfonso, dos años menor que ella, llamado «el Inocente»—, donde llegaron a tener problemas económicos. En Arévalo, bajo la tutela de su madre, de la que aprendió el portugués, se educó según los deseos de su difunto padre, aprendiendo los rudimentos educativos, lectura, escritura y cálculo, además de gramática, retórica, filosofía e historia y las materias consideradas adecuadas para la educación femenina de la época, como bordado, música, pintura y danza.

Isabel tuvo que soportar los ataques de locura que sufría su madre. Esta padeció celos irracionales de damas cortesanas y también de Álvaro de Luna, el valido de su esposo. A tal punto llegaron los ataques de celos que en una ocasión encerró a Beatriz de Silva en un baúl durante tres días, hasta que un pariente de la joven encerrada la pudo liberar. A Álvaro de Luna le tenía celos porque el rey pasaba con él tanto días en sus tareas de gobierno como noches de diversiones y fiestas, y la verdad es que había sospechas de probable homosexualidad o bisexualidad tanto del rey como de su valido. Lo cierto es que la portuguesa, mujer inteligente y astuta, consiguió que Álvaro de Luna cayera en desgracia, fuese detenido y después ajusticiado, como ya se comentó antes. Por todas estas razones, la reina madre empezó a sufrir remordimientos que la llevaron a una depresión que terminó en demencia, que después acrecentó en locura, cuando sus hijos Isabel y Alfonso fueron requeridos por su hermanastro Enrique en 1461 y enviados a Segovia, y cuando posteriormente murió Alfonso en 1468.

Con diez años, Isabel pasó a la corte itinerante de su hermanastro Enrique IV, residiendo principalmente en Segovia, al igual que su hermano Alfonso. Este acercamiento de Enrique IV hacia sus hermanastros obedecía a que deseaba tener cerca a la bella Isabel para negociar sus matrimonios con pretendientes que interesaran al rey, y, además, porque así mantenía a los príncipes lejos de la nobleza que los podía predisponer contra él. En 1464, tras varias entrevistas de nobles en Cigales y Cabezón, se formaron dos bandos opuestos: uno a favor del rey, apoyado por Beltrán de la Cueva, y otro en su contra, apoyado por Juan Pacheco, su hermano Pedro Girón y el arzobispo Carrillo de Toledo, tío de los anteriores. En 1465 una rebelión de nobles depuso a Enrique IV en la Farsa de Ávila y proclamó rey a su hermanastro Alfonso, con solo doce años. Tras una guerra civil en la que Enrique IV ganó la definitiva batalla de Olmedo (1467), aunque sin la toma de Segovia, sede del tesoro real, aconteció la muerte de Alfonso en Cardeñosa. Los nobles pretendieron proclamar reina a Isabel, pero esta rechazó la propuesta; entonces, Enrique IV le otorgó el título de Princesa de Asturias en la Concordia de los Toros de Guisando, por lo que se constituía en heredera de la corona de Castilla, delante de su sobrina y ahijada Juana «la Beltraneja», posible hija de Enrique IV. Desde entonces Isabel se trasladó a Ocaña, bajo la supervisión de Juan Pacheco.

Desde antes de este momento, Isabel fue moneda de cambio de varios acuerdos-compromisos matrimoniales: a los tres años la prometieron con el que al final se desposó, el infante Fernando, hijo de Juan II de Aragón; cuando Isabel tenía nueve años, su hermanastro Enrique IV rompió el compromiso anterior para prometerla con Carlos de Viana, hermanastro de Fernando, a lo que se opuso Juan II de Aragón, padre de Carlos y de Fernando. Asimismo, Enrique IV quiso desposarla con Alfonso V de Portugal, que fue rechazado por la princesa, ya que el portugués le llevaba veinte años y ella tenía solo trece; luego, con dieciséis años, su hermanastro la comprometió con el maestre de Calatrava, el brutal y vicioso Pedro Girón, que contaba con cuarenta y tres años y era hermano de Juan Pacheco, con la idea egoísta del rey de atraerse a su bando al pretendiente, pero este murió inesperadamente, posiblemente por la infección de una postema, por caerse del caballo o, más bien, por causas desconocidas, cuando iba a encontrarse con la princesa. Más tarde, mediante el Tratado de los Toros de Guisando (1468), Enrique IV convino nuevamente el matrimonio de Isabel con Alfonso V de Portugal y de Juana «la Beltraneja» con el heredero portugués Juan, de manera que, pasara lo que pasara, en un futuro se unirían Castilla y Portugal, pero nuevamente la princesa Isabel se negó. Tras esta negativa, Isabel rechazó a otros dos candidatos, a cuál peor: el duque de Guyena, hermano de Luis XI de Francia y luego esposo de Juana «la Beltraneja», y el jorobado Ricardo de Gloucester.

Después de esto, Juan II de Aragón negoció en secreto con Isabel la boda con su hijo Fernando. Isabel, que estaba en Ocaña custodiada por Juan Pacheco, con la excusa de visitar la tumba de su hermano Alfonso en Ávila, se desplazó a Valladolid, donde llegó Fernando, después de atravesar Castilla disfrazado de mozo de mulas de unos comerciantes. Allí se casaron en 1469, él con diecisiete años y ella con dieciocho, en el palacio de la familia Vivero, con una celebración de fiestas y juegos de siete días, demasiados para ser una boda casi en secreto. Como eran primos segundos, solicitaron la dispensa al papa Paulo II, pero, al denegarla el Sumo Pontífice, se utilizó una bula falsa amañada por el arzobispo Carrillo, más que nada por ir en contra de Enrique IV, que no sabía nada y era el que tenía que dar el consentimiento de la boda, según el pacto de los Toros de Guisando. Posteriormente, el papa Sixto IV envió al cardenal español Rodrigo Borgia, futuro papa Alejandro VI, para que, entre otros asuntos, arreglara la bula que dispensara de consanguineidad a Fernando e Isabel. El cardenal la proporcionó a cambio de la ciudad de Gandía (Valencia) para su hijo Pedro Luis.

Tras la boda de Isabel y Fernando, Enrique IV dio por roto el compromiso de los Toros de Guisando, por no haber sido él quien eligiera el marido de Isabel, y nombró heredera a su hija Juana «la Beltraneja» en Valdelozoya en 1470. Entonces se creó un clima de confusión entre los partidarios de Enrique IV y los de su hermanastra Isabel. Durante los próximos años, Isabel fue consolidando una buena fama: dio a luz a su heredera Isabel, lo que le hizo ganar simpatías y apoyos nuevos de la nobleza; igualmente, los reinos de Borgoña, Francia e Inglaterra miraron con simpatía a la princesa Isabel; y, por otra parte, llegó la verdadera dispensa papal para el matrimonio de Isabel y Fernando. En 1473-1474 se produjo un cordial encuentro entre Enrique y los esposos Isabel y Fernando en Segovia, donde, nuevamente, Enrique parece que cambió de opinión y consideró heredera a Isabel, pero, debido a su proverbial indecisión, antes de resolver definitivamente la sucesión al trono, le llegó la muerte en 1474. Entonces Isabel fue rápidamente proclamada reina de Castilla en Segovia, aunque se inició una guerra civil que enfrentaba a los partidarios de Isabel y a los de su supuesta sobrina Juana «la Beltraneja».

Esta confrontación civil por la sucesión castellana se prolongó desde 1474 a 1479 y se internacionalizó: Aragón apoyaba a Isabel y Portugal a Juana, que se había casado en Plasencia con Alfonso V de Portugal, quien no dudó en quitar la novia a su hijo, con el que estaba comprometida Juana. Además, Portugal estaba ayudado por Francia, que quería evitar que Aragón, su enemigo en Italia, se uniera a Castilla.

Fernando consiguió en 1475, después de arduas discusiones con la recelosa nobleza castellana, proclamarse corregente de Castilla, mediante la Concordia de Segovia (Sentencia Arbitral de Segovia). Realmente Fernando se consideraba, por la línea de varón, como el más directo sucesor de Enrique IV. Isabel aceptó figurar detrás de Fernando en la titulación oficial, pero, a cambio, el reino de Castilla antecedería al de Aragón. Después, Fernando contribuyó activamente en la guerra de sucesión, sobre todo con la victoria en la batalla de Toro (1476) y en la posterior de La Albuera (1979), aunque los portugueses ganaron la batalla naval de Guinea (1478) en el Atlántico. Mientras, en 1476, se creó la Santa Hermandad, precursora de la Guardia Civil, para actuar contra el bandolerismo en Castilla.

La guerra finalizó con la firma del Tratado de Alcaçovas (1479), mediante el cual Juana renunció al trono y a su matrimonio con Alfonso V y se le exigió la entrada en el convento de las clarisas de Coímbra. Además, se produjo la reconciliación hispanoportuguesa, se logró la pacificación de Extremadura y la consolidación de Isabel en el trono de Castilla, y Portugal consiguió la hegemonía en el Atlántico, con excepción de las islas Canarias.

El mismo año del fin de la guerra civil castellana (1479), Fernando sucedió a su padre Juan II en Aragón. En 1480 se celebraron unas importantes Cortes en Toledo, donde se juró al príncipe Juan como Príncipe de Asturias y heredero de los reinos de Castilla y Aragón, se convirtió el Consejo Real en el principal órgano del gobierno de Castilla en detrimento de las Cortes, se saneó la hacienda gracias a un estricto sistema financiero, se incentivó la ganadería ovina y el comercio de la lana, se recortaron privilegios económicos a la nobleza, se empezó a poner orden y a finalizar las luchas entre nobles y se robusteció la autoridad monárquica, al tiempo que la reina se constituía en el paladín de la justicia.

En los años 1480 y 1481, el papa Sixto IV instituyó la Inquisición en Castilla, que, unida a la de Aragón, creada en 1248, constituyó la Inquisición Española. También durante ese mismo año, Isabel viajó por primera vez a Aragón, donde quedó nombrada corregente de ese reino.

En 1481 los reyes, alertados por la pérdida de Zahara a manos de los musulmanes granadinos, iniciaron la reconquista del reino de Granada. Esta guerra de Granada fue prácticamente misión del rey Fernando, como se describe en el capítulo 7, pero la reina Isabel, a pesar de estar siempre preocupada por el bienestar y formación de sus hijos, tuvo decisivas intervenciones y no se limitó a esperar los acontecimientos: se preocupó de dar cobertura espiritual a los guerreros mediante oraciones con sus damas y puso gran insistencia en crear, proveer y ordenar hospitales de campaña para atender a los enfermos y heridos de guerra. Una intervención notable la realizó la reina en la toma de Baza: la ciudad estaba sitiada desde hacía mucho tiempo, los soldados cristianos no podían conseguirla y estaban desmoralizados. Entonces, el rey pidió a su esposa que se presentara en el campo de batalla para infundir moral a las tropas, lo que hizo acompañada por varias damas y su primogénita Isabel. Ello causó un gran impacto, no solo en los guerreros cristianos, sino también en los musulmanes, que iniciaron su rendición y propiciaron la toma definitiva de la ciudad (1489). Tras ello se sometió toda la costa granadina, si bien en Salobreña hubo una rebelión favorable a Boabdil en 1490.

Al final de la contienda, con la toma de Granada en enero de 1492, por acuerdo de Fernando e Isabel, el reino de Granada fue incorporado a la corona de Castilla, completándose así la empresa de la reconquista iniciada en 718 en Asturias por el rey Pelayo.

En 1492 se promulgó un decreto que forzaba la conversión de los judíos (los marranos) o la expulsión de los que no quisieran hacerlo, en los reinos de Castilla y Aragón, a pesar del quebranto económico que ello suponía para los reinos, pero obligados por la Santa Sede y los reinos europeos que ya habían dado este paso antijudío. Ese mismo año, el papa Inocencio VIII impuso el nombre de «Reyes Católicos» a Fernando e Isabel.

También ese año de 1492, la reina Isabel continuó con el proyecto de conquista de las islas Canarias iniciado por su abuelo Enrique III, añadiendo a la conquista de la isla Gran Canaria (1484) la de la isla de La Palma. Ello coincidió con el impulso dado, principalmente por la reina, al proyecto de Cristóbal Colón, consistente en buscar una ruta a las Indias, alternativa a la mediterránea, ahora totalmente inviable tras la toma de Constantinopla por los turcos (1453), cuyos barcos no cesaban de hostigar a los convoyes comerciales cristianos. Todo esto culminó con el descubrimiento de América. Durante los sucesivos viajes de Colón al Nuevo Mundo, se llevó a cabo la organización de la administración de las tierras descubiertas (América) incorporadas a Castilla, con especial empeño de la reina por la cristianización de sus gentes y la redacción de normas para que los habitantes de América viviesen en libertad; con el tiempo, obviamente, el cumplimiento de la legislación se relajó.

Otro hito importante acontecido en 1492 fue la publicación de la *Gramática castellana* de Elio Antonio de Nebrija, que dedicó a la reina Isabel. A todo este conglomerado de acontecimientos hay que añadir que Isabel ejerció un mecenazgo y patrocinio continuado, durante todo su reinado, de las artes y las letras. Además, la reina, que siempre había sido amante de la lectura, sobre todo de libros relacionados con la religión católica, aprendió el latín y también algo del griego.

En el año 1493, el papa español Alejandro VI dividió el Nuevo Mundo entre España y Portugal: desde el meridiano que pasa por las islas Azores hacia las tierras desconocidas correspondería a España, y desde dicho meridiano hacia oriente a Portugal. Al año siguiente se firmó el Tratado de Tordesillas, por el que esa línea de demarcación se desplazaba hacia occidente en trescientas setenta leguas, por lo que Portugal pudo hacerse con Brasil.

También fue este Papa el que concedió a Fernando e Isabel el título, en 1494, de «Verdaderos Reyes y Príncipes Católicos», y les confirmó el de «Reyes Católicos» en 1496, título que desde entonces se extendió a todos los monarcas españoles, hasta el actual Felipe VI. Posteriormente, en 1500, este Papa concedió a la reina la distinción honorífica de «Rosa de Oro de la Cristiandad».

A finales de 1492, Fernando sufrió un atentado en Barcelona, donde recibió una grave estocada que pudo costarle la vida, lo que preocupó mucho a Isabel. Los años siguientes fueron muy alegres, con bodas de la princesa Isabel, del príncipe Juan y de la princesa Juana, aunque empezaron las penas al morir la madre de la reina en Arévalo, en 1496. En este último año se completó la incorporación de las islas Canarias con la conquista de Tenerife, y en 1497 se realizó la toma de Melilla. En el año 1500 tuvo lugar una terrible rebelión de los mudéjares, musulmanes que pagaban tributos por permanecer en territorio cristiano, y moriscos, musulmanes conversos al cristianismo que, tras la toma de Granada, optaron por asentarse en la Alpujarra. Dos años más tarde se produjo la expulsión de los mudéjares o la conversión de los que quisieran quedarse.

La reina Isabel siempre estuvo muy pendiente de su descendencia, inculcándoles a todos sus hijos el sentido del deber y dándoles una sólida formación espiritual y cultural. Para ello buscó a los mejores maestros entre los eruditos de la época. Tuvo cinco hijos: Isabel, que contrajo matrimonio con Alfonso de Portugal, quien murió al año al caer del caballo, por lo que entonces Isabel se casó con Manuel I de Portugal y murió al dar a luz a Miguel —que también murió dos años después en Granada—; Juan, que se casó con Margarita de Austria, hija del emperador germánico Maximiliano I de Habsburgo, y murió de tuberculosis o tal vez de viruela antes de que su esposa tuviese a su hija, que nació muerta; Juana, que se casó con Felipe el Hermoso, también hijo de Maximiliano I, y heredaría la corona de Castilla; María, la cuarta, que contrajo matrimonio con el viudo de su hermana Manuel I de Portugal; y la benjamina, Catalina, que se casaría con el príncipe Arturo de Gales y que, al quedar viuda, sin haber consumado el matrimonio, se desposó con el hermano del difunto, el futuro Enrique VIII de Inglaterra.

Todos estos acontecimientos supusieron momentos de alegría y gozo y también desazones, pero, después la reina Isabel sufrió una serie de desgracias familiares: la muerte de su único hijo varón, aborto de la esposa de este, muerte de la primogénita Isabel y de su hijo Miguel (que iba a unir los reinos de Castilla-Aragón y Portugal), presunta locura de su hija Juana, desaires de su yerno Felipe «el Hermoso» e incertidumbre de su hija Catalina tras la muerte de su primer esposo. También la reina sufrió mucho las infidelidades de su marido; ya antes de su matrimonio, Fernando había tenido un hijo natural, a pesar de solo tener dieciséis años, pero también durante su matrimonio tuvo otros dos hijos ilegítimos conocidos, lo que produjo ataques de celos de la reina, que no se fiaba de las cortesanas jóvenes, por lo que decidió que estas fueran todas mayores. Lo cierto es que Isabel amaba mucho a Fernando y no comprendía como este podía preferir a otras mujeres despreciándola a ella, teniendo en cuenta que Isabel era simpática, muy guapa y atractiva, de piel blanca, cabellos largos y rubios o rojizo-dorado-azabaches, y ojos entre verdes y azules, así como poseedora de unas hermosas proporciones, y que vestía, además, con pulcritud y lujo. Tenía un gran parecido a su madre Isabel de Portugal, que igualmente fue muy hermosa. También, por lo visto, la reina Isabel tuvo en su juventud un enamoramiento con Gonzalo Fernández de Córdoba, quien entró en la corte a los catorce años al servicio del príncipe Alfonso y, al morir este, continuó sirviendo a Isabel, quedando ambos prendados uno del otro.

Todas las preocupaciones a las que estaba sometida y, sobre todo, las prematuras muertes de sus seres queridos, le llevaron a una gran depresión que la hizo vestir de luto riguroso y aceleró su muerte, en 1504, en Medina del Campo. El motivo de la muerte fue un cáncer de útero o recto, al que por su gran sentido de pudor se negó a poner todo remedio posible. Según sus deseos, sería inhumada en el monasterio de San Francisco de la Alhambra (Granada), y, después, sus restos mortales recibieron sepultura en la Capilla Real de Granada, junto a los de su marido Fernando, su hija Juana, su yerno Felipe «el Hermoso» y su nieto Miguel.

En su testamento, la reina Isabel nombró heredera a su hija Juana y, posiblemente debido a algunas divergencias que tuvo con ella el año anterior a su fallecimiento, y con la duda de que no estuviese en condiciones de reinar, dados sus ataques de histeria, al rey Fernando encargó la administración y gobierno de Castilla, al menos hasta que el infante Carlos, primer hijo de Juana, cumpliese veinte años.

Isabel fue considerada como precursora de los derechos humanos, y en 1957-1958 se inició el proceso de su beatificación en Valladolid, basándose en sus grandes y muchas cualidades: carácter piadoso, caridad, benevolencia, generosidad, apoyo a las reformas eclesiásticas, preocupación por la moral, etc. El proceso de beatificación aún no ha terminado, según algunas fuentes, por la oposición de un *lobby* judío y por ciertas cualidades no dignas de santidad, relacionadas con la práctica del gobierno, como la astucia, la ambición, la ira, el autoritarismo, la capacidad de negociación interesada, etc., así como la expulsión de los judíos y el ostracismo al que sometió a su sobrina Juana «la Beltraneja», aunque se preocupó siempre de que estuviese bien atendida durante su residencia-prisión portuguesa.

JUANA I DE CASTILLA (1504-1555), «LA LOCA», Y FELIPE I (1504-1506), «EL HERMOSO»

Juana I de Castilla, llamada «la Loca», tercera de los hijos de los «Reyes Católicos», nació en Toledo en 1479. Recibió una educación propia de una infanta no destinada a reinar: urbanidad, danza, música, equitación, lenguas romances de la península ibérica, francés, latín y comportamiento religioso, todo bajo el control de sus padres y de los mejores maestros elegidos por ellos. Vivió desde niña los episodios de celos de su madre Isabel, provocados por las infidelidades del rey Fernando. Con dieciséis años dio muestras de escepticismo religioso y poco interés por la práctica de la religión católica, hechos que preocuparon mucho a su madre y que se silenciaron.

Debido a las políticas matrimoniales, propias de los reinos europeos de la época, Juana fue propuesta para esposa del delfín Carlos, heredero del trono francés, y con posterioridad pedida por el rey Jacobo IV de Escocia, pero, al final, los «Reyes Católicos» se inclinaron por el archiduque de Austria, Felipe «el Hermoso», un año mayor que Juana, hijo de Maximiliano I de Habsburgo, al tiempo que se concertó también el matrimonio del príncipe heredero Juan con Margarita, hermana de Felipe. Con esta alianza se evitaban la hegemonía de Francia y sus pretensiones. Para cumplir con el pacto, Juana partió desde Laredo en la mayor flota montada para una misión de paz, compuesta por veinte naves y sesenta navíos mercantes que, tras diversas vicisitudes, llegaron a Flandes, donde la princesa no fue recibida por el novio, quien estaba de visita en la corte imperial de su padre, posiblemente, además, para no disgustar a los consejeros francófilos de Felipe, que deseaban más una alianza con Francia que con los «Reyes Católicos». Tardó Felipe más de un mes en encontrarse con su prometida, pero, cuando se conocieron, de inmediato se enamoraron y, al parecer, esa misma tarde se casaron en la colegiata de San Gumaro de la ciudad de Lier, en 1496. Pero pronto Felipe, acostumbrado a las fiestas y la opulencia, al embarazar a Juana y tener que guardar la abstinencia conyugal consiguiente, perdió el interés, lo que provocó en la princesa unos patológicos celos, aunque fundados, pues el príncipe no había abandonado sus contactos amorosos del pasado. Esas desavenencias entre los esposos se unían a las derivadas de dos cortes, la española y la flamenca, de costumbres muy distintas, y a la fijación del archiduque por la corte francesa, que era adversa a los intereses de los «Reyes Católicos». Por entonces, Juana se resistía a confesar y asistir a misa, lo que preocupaba mucho a su madre Isabel. Entre partos y embarazos se alternaban arrebatos amorosos y peleas conyugales entre los esposos. Para evitar las desavenencias, Felipe encerró a su esposa en sus habitaciones. Además, la vida de Juana en Flandes nunca fue fácil, pues ella estaba acostumbrada a la austeridad de la corte de Castilla y la de Flandes era disipada y muy liberal, aparte de que su séquito castellano era menospreciado por los nobles flamencos; y, a veces, padecía escasez de medios, porque Felipe no le hacía llegar el dinero que recibía de Castilla.

Del matrimonio nacieron seis hijos y todos llegaron a ser monarcas: Leonor, reina consorte de Portugal y después de Francia; Carlos, futuro Carlos I y V de Alemania, que nació en un retrete del castillo de Gante, cortándole el cordón umbilical la propia madre, quien, por su afán de vigilar al esposo por los enormes celos que sufría, asistió a la fiesta que allí se celebraba en avanzado estado de gestación; Isabel, reina consorte de Dinamarca, Suecia y Noruega; Fernando, emperador del Sacro Imperio; María, reina consorte de Hungría y Bohemia; y Catalina, reina consorte de Portugal.

Al morir el Príncipe de Asturias Juan, en 1498, ya barajó Felipe «el Hermoso», con enorme ambición, la posibilidad de reclamar las coronas de Castilla y Aragón, con el apoyo del rey de Francia. Desde ese momento, los Reyes Católicos empezaron a mostrar abiertamente desconfianza hacia su yerno, dadas además las noticias que les llegaban de las dificultades de su hija Juana en la corte flamenca. Mientras, Felipe, haciendo gala de su inoportunidad e insensatez, firmó un pacto con la corte francesa (Bruselas, 1498), oponiéndose a los deseos de sus suegros e incluso a los de su padre. A pesar de las presiones que recibió, no renunció a la alianza firmada.

Entonces, los Reyes Católicos nombraron herederos a su hija Isabel y su marido Manuel I de Portugal. Pero, a la muerte de Isabel, de parto, y de su hijo Miguel de la Paz dos años después, en 1500, la princesa Juana se convirtió en heredera de Castilla y Aragón, por lo que, junto a su esposo, sin prisas y dejando a sus tres hijos nacidos en Flandes, se desplazaron a Castilla a través de Francia, en un viaje de seis meses, deteniéndose en la corte francesa y mostrando su amistad a Luis XII, a pesar de saber las dificultosas relaciones que este tenía con su suegro Fernando y también con su padre Maximiliano. Allí fue llamado «hermoso» por el rey francés, y, desde entonces, así fue conocido. A raíz de esa reunión, las relaciones entre suegro y yerno fueron malas. Algún tiempo después, en el año 1502, en la catedral de Toledo, Juana y Felipe prestaron juramento como herederos. Luego, Felipe volvió a Flandes, a pesar de la insistencia de la reina Isabel para que permaneciera más tiempo en el reino que sería suyo en el futuro. Su esposa Juana, con gran disgusto por separarse de su marido, quedó en Castilla a petición de sus padres y porque estaba embarazada de su cuarto hijo, Fernando. La vuelta de Felipe, que según él era para resolver asuntos urgentes en Flandes, se hizo lenta nada más salir de la corte: Felipe fue despacio hasta Sigüenza, donde pasó la Navidad, en vez de hacerlo con su esposa y familia; después pasó a Francia, donde firmó el Tratado de Lyon (1503) con el rey francés, acordando, entre otras cuestiones, el matrimonio de su hijo Carlos con la princesa Claudia; luego visitó a su hermana Margarita, que se había vuelto a casar después de enviudar del Príncipe de Asturias, en Saboya; y, finalmente, viajó a la corte imperial para visitar a su padre.

En Castilla, Juana, tras dar a luz a su cuarto hijo, Fernando, intentó volver a Flandes, pero su madre se opuso por tener que atravesar Francia, con la que tenían malas relaciones; como Juana insistió, fue necesario recluirla en el castillo de la Mota, por lo que madre e hija chocaron, pero, al final, Juana consiguió permiso para volver a Flandes en 1504, dejando en Castilla a su hijo Fernando. Al llegar a Bruselas, Juana comprobó que su marido tenía una amante, a la que, en un arrebato de celos, intentó herir con unas tijeras. Desde ese instante, Felipe empezó a pensar que sería bueno enclaustrar a su esposa. Además, Juana consideraba que la amistad de su marido con Luis XII de Francia era desleal para con sus padres; de hecho, Felipe firmó una nueva alianza con Luis XII, por la que se comprometía a ayudar al francés contra Venecia a cambio de mantener el compromiso matrimonial de sus hijos, lo que no gustó en absoluto a los «Reyes Católicos» por no seguir sus consejos, ya que el rey francés lo que intentaba era perjudicar a la monarquía hispánica, de la que Felipe, al fin y al cabo, era heredero; pero, a pesar de todo, poco después, Felipe firmó el Tratado de Blois con Francia, que no llegó a materializarse porque, hábilmente, Fernando «el Católico» prometió el reino de Nápoles para Carlos, el hijo de Felipe.

A la muerte de la reina Isabel, ese mismo año, Fernando proclamó reina de Castilla a su hija Juana, reservándose la gobernación del reino para él, siguiendo el testamento de la fallecida, a la que tampoco gustaba su yerno; pero las injerencias de este, que no estaba dispuesto a renunciar al poder, obligaron a Fernando a firmar la Concordia de Salamanca (1505), por la que se cedía el reino de Castilla, de forma conjunta, a Juana y Felipe, aunque Fernando «el Católico» actuaba como gobernador. Los nuevos reyes permanecieron en Bruselas hasta que Juana dio a luz a su hija María, y, a principios de 1505, partieron, en pleno invierno, por la impaciencia de Felipe, con una flota hacia Castilla. El viaje fue muy accidentado, con la pérdida de varios navíos y un atraque de tres meses en Portland (Inglaterra), que aprovechó Juana para visitar a su hermana Catalina, llegando al final a La Coruña en lugar de a Laredo, donde se les esperaba. Puede que este destino inesperado fuese deliberado, para que, antes de reunirse con el rey Fernando, Felipe pudiera entrevistarse con nobles castellanos, a los que convenció para que lo apoyaran, prometiéndoles prebendas que habían perdido desde tiempos de Enrique IV. También los judeoconversos apoyaron a Felipe, deseosos de que la Inquisición dejase de perseguirlos. Así, con el apoyo de la mayoría de los nobles castellanos, se llegó a la Concordia de Villafáfila (1506), por la que Fernando volvió a Aragón y Felipe I sería proclamado rey de Castilla en las Cortes de Valladolid, a primeros de septiembre de 1506.

Al mismo tiempo, mediante el Tratado de Blois (1405-1406), Fernando «el Católico» neutralizó la influencia francesa sobre Felipe «el Hermoso» y se casó, en el año 1406, con Germana de Foix, sobrina de Luis XII, con la idea de tener un hijo y que los nuevos reyes de Castilla, su hija y su yerno, no heredaran Aragón.

Al comenzar Felipe I su reinado, su principal preocupación fue encerrar a su esposa en un castillo e incapacitarla por demencia, aunque realmente era para librarse de los frecuentes ataques de celos que, con fundamento, sufría. Pero ese mismo mes de septiembre de 1506, Felipe murió en Burgos, en el palacio de los Condestables, hoy Casa del Cordón, acompañado en todo momento por su esposa, que demostró un gran aplomo y entereza. Parece que murió después de comer con exceso e inmediatamente jugar a la pelota y beber mucha agua fría; hubo rumores de que fue envenenado, bien por su celosa y desquiciada esposa o por mano de su suegro. Pero la verdad es que enfermó algún día después de jugar a la pelota y, tras varios días de fiebres y dolores de costado, murió, según se considera hoy día, de peste, agravada por septicemia. En efecto, la peste había aparecido en la corte unos meses antes y el rey pudo contagiarse en alguno de los prostíbulos que normalmente visitaba. Entonces fue cuando empezaron a considerar que Juana estaba loca, pues hizo desenterrar a su esposo, que se había inhumado en la Cartuja de Miraflores de Burgos, e intentó trasladarlo a Granada y enviar su corazón a Bruselas, como había sido el último deseo del difunto, pero, como el rey Fernando era reacio a que su yerno se enterrase en Granada antes que él mismo, procuró que el gran séquito que acompañaba a Juana con el féretro de su esposo se limitara a recorrer una área reducida de Castilla durante ocho meses, viajando por las noches. En esa peregrinación nació, póstumamente, su hija Catalina, en Torquemada (Palencia). Después de esta peregrinación, los restos mortales de Felipe se depositaron en el convento de Santa Clara, y, en 1525, por orden de su hijo Carlos, se trasladaron a la Capilla Real de la catedral granadina.

Tras la muerte de Felipe, los nobles acordaron un Consejo de Regencia presidido por el cardenal Cisneros, pero una facción de ellos creía que la administración del gobierno debía desempeñarla el emperador Maximiliano, y la otra parte proponía a Fernando «el Católico», como había sido el deseo testamentario de Isabel «la Católica». Pero Juana trató de gobernar sola e intentó restaurar el Consejo Real. Entonces, Cisneros llamó a Fernando, que volvió tras tomar posesión del reino de Nápoles y se entrevistó con su hija, acordando que el padre volviera a asumir el gobierno de Castilla, en 1507. Dos años más tarde, Fernando encerró a su hija en Tordesillas, debido al desequilibrio mental de Juana, aunque puede ser que eso solo fuese un pretexto y hubiese otros motivos diferentes que conviniesen al monarca: evitar que se formase un partido nobiliario en torno a Juana; o impedir las apetencias del príncipe Enrique de Inglaterra, que pretendía casarse con Juana, pero, a la muerte del rey inglés, ese mismo año, le sucedió el príncipe Enrique, como Enrique VIII, que se desposó entonces con la viuda Catalina, la hermana de Juana, terminando así la oposición inglesa. Finalmente estaba el interés del emperador Maximiliano, que quería llevar a Castilla a su nieto Carlos y gobernar él en su nombre, para evitar que el posible hijo de Fernando y Germana hiciera peligrar la sucesión de su nieto, máxime conociendo que Fernando «el Católico» prefería al príncipe Fernando, hermano de Carlos, por haber sido nacido, criado y educado en Castilla.

Entonces nació el hijo de Germana y Fernando, pero murió a las pocas horas de su alumbramiento, por lo que se vino abajo el proyecto del rey aragonés para que su hijo fuese el heredero. Fernando «el Católico» aprovechó la debilidad del emperador en Italia frente a Venecia para firmar un acuerdo en Blois (1509) por el que, a cambio de compensaciones económicas, el emperador renunciara a la regencia de Castilla, que en 1510 las Cortes dieron a Fernando.

Como se dijo en el capítulo 7, en el año 1513 las Cortes de Navarra, con asistencia solo de los navarros del norte, proclamaron rey a Fernando «el Católico», y, dos años después, las Cortes de

Burgos anexionaron Navarra a Castilla, sin la presencia de navarros, aunque conservando su condición de reino distinto. Desde ese momento puede considerarse que tuvo lugar el nacimiento de la monarquía hispánica, tras unir a Castilla y Aragón los reinos de Granada y Navarra, las islas Canarias, Melilla y otras plazas africanas, constituyendo la actual España, con excepción de Olivenza (Badajoz), que pertenecía a Portugal, y de Ceuta, ambas incorporadas más tarde.

A la muerte de Fernando «el Católico» (1516), su hija Juana, por testamento, se convirtió en la primera reina no solo de Castilla, que ya lo era, sino también de Aragón, además de Navarra y Granada, pero varias instituciones aragonesas no la reconocieron por lo que ejerció la regencia de Aragón el arzobispo de Zaragoza, Alfonso de Aragón, hijo natural de Fernando «el Católico», y la regencia de Castilla el cardenal Cisneros, hasta la llegada del príncipe Carlos desde Flandes. Carlos correinó con su madre, incapacitada por demencia, tanto en Castilla como en Aragón, pero, en la práctica, Juana no tuvo ningún poder, continuando su encierro en su palacio-cárcel de Tordesillas.

En 1520 se produjo el levantamiento comunero, que reconoció a Juana como soberana y rechazaba a Carlos I y la corte de extranjeros flamencos que le acompañaba. Los sublevados llegaron al palacio de Tordesillas y obligaron al marqués de Denia a que les permitiese hablar con la reina, que entonces se enteró de la muerte de su padre y de los acontecimientos ocurridos desde entonces. Después, Juan de Padilla le explicó a Juana que la Junta de Ávila pretendía acabar con los abusos de los flamencos y devolverle el poder a ella, lo que aceptó la reina, aunque negándose a firmar nada. La Junta de Ávila se trasladó a Tordesillas, y desde allí hicieron frente a Carlos I, cuyo ejército derrotó a los comuneros a finales de 1520, volviendo Juana a su cautiverio a cargo del marqués de Denia.

En su encierro de Tordesillas, hasta 1525, con su hija Catalina, que entonces la dejó porque su hermano Carlos I había decidido casarla con el rey de Portugal, y después, en soledad, no siempre fue bien tratada, sino que a veces sufrió amenazas y torturas, sobre todo cuando no quería confesarse y ni oír misa. También es cierto que el nuevo marques de Denia, hijo del anterior, al que sucedió en 1536, suavizó su cautiverio. El mismo rey Carlos I aumentó las visitas a su madre, que a veces se prolongaban durante semanas e, incluso, alguna vez llegó su duración a un mes. En las Navidades de 1536 fue visitada por toda la familia real, y más emotiva aún fue la visita que recibió en 1543 por parte de su nieto Felipe, futuro Felipe II, y de su esposa María Manuela de Portugal. Pero, aun así, Juana pasó cuarenta y seis años dentro de sus habitaciones del palacio de Tordesillas, hasta su muerte en 1555, encerrada por locura, cuestión que convino a su padre primero y a su hijo después para legitimar sus reinados, por lo que cuidaron de que no se conservase ningún documento referente al encierro. Realmente, no es de extrañar que Juana terminase loca después de tantos años de cautiverio en condiciones casi siempre adversas.

Durante la larga reclusión, la salud de Juana se fue degradando no solo psíquica sino físicamente, sobre todo después de la marcha de su hija Catalina. A los episodios depresivos se unieron los problemas en sus piernas, que al final la dejaron paralítica; además, se recrudeció su indiferencia religiosa, por lo que algunos religiosos consideraban que, aparte de loca, estaba endemoniada. Entonces se le envió a Francisco de Borja, futuro San Francisco, que desmintió que la reina estuviese poseída o embrujada. Poco después, tras recibir la extremaunción, se negó a confesarse y murió, en 1555. Su cuerpo quedaría depositado en el convento de Santa Clara en Tordesillas, y, en el año 1573, sus restos mortales se trasladaron a la Capilla Real de la catedral de Granada.

A Juana I de Castilla puede considerársele como la última reina de la corona de Castilla, y a ella y a su hijo Carlos I como los primeros reyes de la España que hoy conocemos. Carlos heredó los reinos de sus cuatro abuelos, lo que lo convirtió, posiblemente, en el más importante monarca que haya existido.

BIBLIOGRAFÍA

Adot, A. (2005). *Juan de Albret y Catalina de Foix o la defensa del Estado Navarro (1483-1517)*. Pamiela.

Álvarez, C. (2010). *Fruela de León; Carlos III el Noble*. Diccionario Biográfico Español. Real Academia de la Historia.

Álvarez, V. (1996). Fernando II, rey privativo de León. En Álvarez, C. (coord.), *Reyes de León: monarcas leoneses del 850 al 1230*. Edilesa.

Álvarez, V. (2008). *Historia de España en la Edad Media*. Ariel.

Alvira, M. (2002). *Muret 1213. La batalla decisiva de la cruzada contra los cátaros*. Ariel.

Alvira, M. (2010). *Pedro el Católico, rey de Aragón y conde de Barcelona. Documentos, testimonios y memoria histórica*. Institución Fernando el Católico. Zaragoza.

Ansón, F. (1998). *Fernando III*. Palabra.

Aram, B. (2001). *La reina Juana*. Marcial Pons.

Aram, B. y otros. (2001). *La reina Juana: gobierno, piedad y dinastía*. Marcial Pons.

Aramburu, F. (1996). Alfonso II el Casto. En Bermejo, V. y Mases, J. A. (dir.), *Asturianos universales*. Páramo.

Arié, R. (1992). *El reino nazarí de Granada*. Mapfre.

Azcona, T. (2002). *Isabel la Católica. Vida y reinado*. La Esfera de los Libros.

Barragán, M. (1997). *Archivo General de Navarra (1322-1349)*. Eusko Ikaskuntza.

Barrau-Dihigo, L. (1989). *Historia política del reino asturiano*. Silveiro Cañada.

Belenguer, E. (1999). *Fernando el Católico, un monarca decisivo en las encrucijadas de su época*. Península.

Belenguer, E. (2008). *Jaime I y su reinado*. Milenio.

Benito, E. (2002). *Los infantes de Aragón*. Real Academia de la Historia.

Benito, E. (2003). *Sancho el Mayor de Navarra*. Real Academia de la Historia.

Bermejo, V. y Mases, J. A. (dir.). (1996). *Asturianos universales*. Páramo.

Besga, A. (2000). *Orígenes hispano-godos del reino de Asturias*. Real Instituto de Estudios Asturianos.

Besga, A. (2003). Sancho III el Mayor. Un rey pamplonés e hispano. Historia 16.

Besga, A. (2011). El reparto del reino de Pamplona en el año 1076. En Suárez, F. y Gambra, A. (coord.), *Alfonso VI. Imperator totius orbis Hispanie*. Sanz y Torres.

Bordel, S. (2009). *Bobastro*. Atlantis.

Bosch, J. y Molina, E. (1998). *Los almorávides*. Universidad de Granada.

Bueno, F. (2004). *Los reyes de la Alhambra. Entre la historia y la leyenda*. Miguel Sánchez.

Bueno, M. L. (2010). Blanca I de Navarra; Blanca II de Navarra. En *Diccionario Bibliográfico Español*. Real Academia de la Historia.

Buesa, D. (1996). *Sancho Ramírez, rey de aragoneses y pamploneses (1064-1094)*. Caja de Ahorros y Monte de Piedad de Zaragoza.

Burgo, J. (1992). *Historia general de Navarra*. Rialp.

Cabal, C. y Benito, E. (1991). *Alfonso II el Casto*. Grupo Editorial Asturiano.

Calderón, J.M. (2001). *Felipe el Hermoso*. Espasa-Calpe.

Calvo, J. (1993). *Enrique IV el Impotente y el final de una época*. Planeta.

Cantalapiedra, L. (2005). *Juana la Loca: reina de España*. Edimat Libros S.A.

Cañada, A. (1992). Las relaciones entre Córdoba y Pamplona en la época de Almanzor (977-1002). *Príncipe de Viana* (53).

Cañada, A. (2011). En los albores del reino, ¿dinastía Íñiga?, ¿dinastía Jimena? *Príncipe de Viana* (253).

Cañada, A. (2012). ¿Quién fue Sancho Abarca? *Príncipe de Viana* (255).

Cañas, F. (2007). *Itinerario de la corte de Juan II de Castilla (1418-1454)*. Silex.

Cañas, F. (2014). *Itinerario de Alfonso XI. Espacio, poder y corte (1325-1350)*. La Ergástula.

Caro, J. (2003). *Los pueblos de España*. Alianza Editorial.

Carrasco, J. (1993). *Historia ilustrada de Navarra. 1. Edades Antigua y Media*. Diario de Navarra.

Carrasco, J. (2010). Felipe V de Francia; Carlos I de Navarra. En *Diccionario Bibliográfico Español*. Real Academia de la Historia.

Carretero, A. (2001). *El antiguo reino de León*. Edilcsa.

Carriedo, M. (1994). Nacimiento, matrimonio y muerte de Alfonso III el Magno. *Asturiensia medievalia* (7). Oviedo.

Carriedo, M. y Estepa, C. (1997). *Historia de León. En el reino de León en la Edad Media*. La Crónica de León.

Castro, J. A. (2019). Pelayo. Rey de Asturias (¿-737). En *Diccionario Biográfico Español*. Enciclopedia Española de la Historia.

Ceballos, A. (2000). *Reyes de León II*. Ordoño III (951-956), Sancho I (956-966), Ordoño IV (958-959), Ramio III (966-985), Vermudo II (982-999). La Olmeda.

Cepas, J. A. (2019). *Biografías de varios monarcas*. Revista de Historia. http://revista-dehistoria.es.

Chalmeta, P. (1994). *Invasión e islamización. La sumisión de Hispania y la formación de al-Ándalus*. Mapfre.

Charlo, L. (1999). *Crónica latina de los reyes de Castilla*. Akal.

Ciganda, R. (2006). *Navarros en Normandía en 1367-1371. Hacia el ocaso de Carlos II en Francia*. Eunsa.

Ciganda, R. (2012). Juana II de Navarra. En *Diccionario Bibliográfico Español*. Real Academia de la Historia.

Ciganda, R. (2019). Carlos II de Navarra. En *Diccionario Bibliográfico Español*. Real Academia de la Historia.

Collins, R. (2005). *La España visigoda*. Crítica.

Collins, R. (1991). *La conquista árabe (710-797)*. Historia de España (3). Crítica.

Collins, R. (2012). *Califas y reyes*. Blackwell.

Coria, J. J. (1999). *Reinado de Fernando IV (1295-1312)*. Aretusa.

Cotarelo, A. (1992). *Alfonso III el Magno: último rey de Oviedo y primero de Galicia*. Gráficas Góngora. Madrid.

Cruz, F. (2006). *Berenguela la Grande: Enrique I el Chico (1179-1246)*. Trea.

Cuevas, J. (2007). *Historia de Asturias y León. El nacimiento de España*. Trabajo de Camino (León).

Del Burgo, J. (1992). *Historia general de Navarra*. Rialp.

Desdevises, G. (2000). *Don Carlos de Aragón. Príncipe de Viana. Estudio sobre la España del Norte en el siglo xv.* Gobierno de Navarra.

Díaz, L. V. (1995). *Pedro I. 1350-1369.* Diputación Provincial de Palencia.

Díaz, L. V. (2007). *Pedro I el Cruel.* Trea.

Durán, A. (1993). *Ramiro I de Aragón.* Ibercaja.

Edwards, J. (2004). *Isabel la Católica, edad y fama.* Marcial Pons.

Edwards, J. y Lynch, J. (2008). *Edad Moderna: el auge del Imperio, 1474-1598.* Crítica.

Egido, A. (2014). *La imagen de Fernando el Católico en la Historia, la Literatura y el Arte.* Institución Fernando el Católico (Zaragoza).

Elizari, J. F. (2003). *Sancho VI el Sabio, rey de Navarra.* Mintzoa.

Eslava, J. (2010). *Califas, guerreros, esclavas y eunucos.* Espasa.

Espalader, A. M. y Salrach, J.M. (1995). La corona de Aragón: plenitud y crisis. De Pedro el Grande a Juan II (1276-1479). En *Historia de España* (12). Historia 16.

Esparza, J. J. (2009). *La gran aventura del reino de Asturias. Así empezó la reconquista.* La Esfera de los Libros.

Espinosa, A. (1998). *Almazor, Al-Mansur el victorioso.* Alderabán.

Estal, J. M. (2009). *Itinerario de Jaime II de Aragón (1291-1327).* Institución Fernando el Católico (Zaragoza).

Falcón, M. I. (1993). Juan II. En Redondo, G. (1993), *Los reyes de Aragón.* Caja de Ahorros Inmaculada (Zaragoza).

Fernández, J. (1993). *La guerra civil a la muerte de Enrique IV.* Instituto de Estudios Zamoranos.

Fernández, J. M. (1995). *El reino de León en la Alta Edad Media. La monarquía astur-leonesa. De Pelayo a Alfonso VI (718-1109).* Taravilla Impresor.

Fernández, J. M. (1999). *Reyes de León. Alfonso V (999-1028). Vermudo II (1028-1037).* La Olmeda.

Fernández, M. (2003). *Isabel la Católica.* Espasa-Calpe

Fernández, M. (2005). *Juana la Loca, la cautiva de Tordesillas.* Espasa-Calpe.

Fernández, E. y Pérez, J. (2007). *Alfonso VI y su época. I. Los precedentes del reinado (966-1065).* León.

Fernández, E. y Pérez, J. (2008). *Alfonso VI y su época. II. Los horizontes de Europa (1065-1109).* León.

Ferrer, M. T. (2005). *Entre la paz y la guerra: la Corona catalana-aragonesa y Castilla en la Baja Edad Media.* Institución Mila y Fontanals (Barcelona).

Floristan, A. (2011). *Historia de España en la edad Moderna.* Ariel.

Fortún, L. J. (1993). *El reino de Pamplona y la cristiandad occidental.* Diario de Navarra.

Fortún, L. J. (2000). *La quiebra de la soberanía navarra en Álava, Guipúzcoa y el Duranguesado (1199-1200).* Revista Internacional de Estudios Vascos.

Fortún, L. J. (2010). García Ramírez y Navarra. En *Diccionario Biográfico Español.* Real Academia de la Historia.

Fortún, J. L. y Jusué, C. (1993). *Historia de Navarra I. Antigua y alta edad Media.* Gobierno de Navarra.

Fuertes, M. y otros. (1997). Fruela I. En *Asturianos universales* (1). Páramo.

Fusi, J. P. (2012). *Historia mínima de España.* Turner.

Galán, F. (2008). *El emirato de Bayyasa.* Baeza.

Gallego, J. (1994). *De Enrique I a Carlos I (1270-1328).* Mintzoa.

Gallego, J. (1994). *Enrique I, Juana I y Felipe el Hermoso, Luis I el Hutin, Felipe el Largo, Carlos el Calvo (1270-1328).* Mintzoa.

Galter, F. (1993). *La epopeya de nacer: de los condes a los reyes.* Caja de Ahorros de la Inmaculada de Aragón.

Gambra, A. (1997). *Alfonso VI. Cancillería, curia e imperio*. Caja España y el Archivo Histórico Diocesano de León.

García, A. (2008). *El diploma del rey Silo*. Fundación Pedro Barrié de la Maza.

García, C. (2019). *Varias biografías de reyes*. MCNBiografías. http://mcnbiografias. com

García, J. I. (2006). *Don Pelayo, el rey de las montañas*. Esfera de los Libros.

García, J. L. (2008). *Historia de Covadonga*. Laria.

García, J. J. (2008). *Castilla en tiempos de Fernán González*. Dossoles.

García, M. R. (1998). *Archivo General de Navarra (1234-1253)*. Eusko Ikaskuntza.

García, M. R. (2010). *La dinastía de Champaña en Navarra*. Trea.

García, P. (1996). *El rey don Pedro el Cruel y su mundo*. Marcial Pons.

García, R. (2008). *Carlos IV pierde el trono*. Arlanza.

García-Osuna, J. M. M. (2008). *El astur rey de León Fruela II Adefóniz el Leproso*. Asociación Cultural Monte Irago.

Gargallo, A. J. (1993). *Alfonso II*. Caja de Ahorros de la Inmaculada (Zaragoza).

González, C. (1995). *Fernando IV: 1295-1312)*. La Olmeda; (2002). *El proyecto político de Sancho II de Castilla (1065-1072)*. Institución Tello Téllez de Meneses.

González, C. (2010). Fernando IV de Castilla. En *Diccionario Biográfico Español*. Real Academia de la Historia.

González, E. (1992). *Tragedia de la reina Juana*. Gráficas Andrés Martín.

González, J. (1991). *Crónica de veinte reyes*. Ayuntamiento de Burgos.

González, L. (2006). *Las conquistas de Fernando III en Andalucía*. Maxtor Librería.

González, M. (1993). *Alfonso X, 1252-1284*. La Olmeda.

González, M. (2004). *Alfonso X el Sabio*. Ariel.

González, M. (2006). *Fernando III el Santo: el rey que marcó el destino de España*. Fundación José Manuel Lara.

González, V. (1999). *Isabel la Católica y su fama de santidad. ¿Mito realidad?* Ediciones Internacionales Universitarias.

Hernández, J. A., Ayuso, F. y Requero, M. (2009). *Historia de España*. Akal.

Herreros, S. (1998). *Las tierras navarras de ultrapuertos (siglos XII-XVI)*. Gobierno de Navarra.

Hinojosa, J. (2004). *Jaime II. El esplendor mediterráneo de la corona de Aragón*. Nerea.

Hinojosa, J. (2005). *Jaime y el esplendor de la corona de Aragón*. Nerea.

Hinojosa, J. (2019). *Jaime I el Conquistador (1208-1276)*. Universidad de Alicante.

Ibars, M. (1998). *El Príncipe de Viana*. Ediciones del Bronce.

Javierre, J. M. (2004). *Isabel la Católica: el enigma de una reina*. Sígueme.

Jiménez, L. (2014). *Los papas que marcaron la historia*. Almuzara.

Jiménez, L. (2016). *Ocho siglos de moros y cristianos*. Avant.

Jiménez, L. (2019). *Caudillos rebeldes durante la permanencia de los musulmanes en España*. Avant.

Jimeno, J. M. y Jimeno R. (1998). *Archivo General de Navarra (1194-1234)*. Sociedad de Estudios Vascos.

Jover, J. M. (1991). *La España cristiana de los siglos VIII al XI. El reino Asturleonés (722-1037)*. Espasa Calpe.

Jover, J. M. (1991). *La reconquista y el proceso de diferenciación política (1035-1217)*. Espasa Calpe.

Jover, J. M. (1994). *Historia de España. España musulmana (711-1031)*. Espasa Calpe.

Jover, J. M. (1998). *Historia de España*. Espasa Calpe.

Juanto, C. (2004). *Sancho III de Pamplona. Integración territorial de Aragón y Castilla en el reino de Pamplona*. Universidad Pública de Navarra.

Lacarra, J. M. (1998). *Aragón en el pasado*. Espasa Calpe.

Lacarra, J. M. (1998). *La reconquista y el proceso de diferenciación política (1035-1217)*. Espasa Calpe.

Lacarra, J. M. (2000). *Historia del reino de Navarra en la Edad Media*. Caja de Ahorros de Navarra;

Ladero, M. A. (2016). *Los últimos años de Fernando el Católico*. Dykinson.

Laliena, C. (1996). *La formación del estado feudal: Aragón y Navarra en la época de Pedro I*. Instituto de Estudios Altoaragoneses.

Laliena, C. (2000). *Pedro I de Aragón y de Navarra*. La Olmeda.

Laliena, C. (2008). *El reino y la corona. La formación de Aragón (siglos XI-XIII)*. La Esfera de los Libros.

Lapeña, A. I. (2004). *Sancho Ramírez, rey de Aragón (¿1064? -1094) y rey de Navarra (1076-1094)*. Trea.

Lapeña, A. I. (2008). *Ramiro II de Aragón: el rey monje (1134-1137)*. Trea.

Lema, J. A. (2008). *Alfonso I el Batallador, rey de Aragón y Pamplona (1104-1134)*. Trea.

Levering, D. (2008). *El crisol de Dios. El Islán y el nacimiento de Europa (570-1215)*. Paidós.

Liss, P. K. (1998). *Isabel la Católica: su tiempo y su vida*. Nerea.

López, P. (1998). *El nacimiento del reino de Valencia*. Levante.

López, P. (1991). *Crónica del rey don Enrique III de Castilla y de León*. Planeta.

Losada, J. C. (2006). *Batallas decisivas de la historia de España*. RBA.

Manzano, E. (2006). *Conquistadores, emires y califas. Los Omeyas y la formación de Al-Ándalus*. Mapfre.

Manzano, E. (2018). Épocas medievales. En Fontana, J. y Villares, R. (dir.), *Historia de España* (2). Marcial Pons.

Marañón, G. (1997). *Ensayo biológico sobre Enrique IV y su tiempo*. Espasa Calpe.

Marqués de Lozoya (1998). *Historia de España. De la cultura románica a los reinos y condados cristianos*. Salvat.

Martín, A. (1990). *Gran Enciclopedia de Navarra. Sección de Historia Medieval*. Caja de Ahorros de Navarra.

Martín, A. (2006). *Sancho III Garcés el Mayor, rey de Pamplona*. Príncipe de Viana.

Martín, A. (2010). Andregoto Galíndez de Aragón. En *Diccionario Bibliográfico Español*. Real Academia de la Historia.

Martín, A. J. (1993). *Génesis del reino de Pamplona*. Diario de Navarra.

Martín, A. (1997). *Singularidades de la realeza medieval navarra*. Gobierno de Navarra.

Martín, A. (1999). El reino de Pamplona. En *La Historia de España de Menéndez Pidal*. Espasa Calpe.

Martín, A. (2002). *La restauración de la monarquía navarra y las órdenes militares (1134-1194)*. Espasa Calpe

Martín, A. (2002). *Sancho VI el Sabio y el Fuero de Vitoria*. Príncipe de Viana.

Martín, A. (2002). *Vasconia en la Alta Edad Media. Somera aproximación histórica*. Príncipe de Viana.

Martín, A. (2007). *Sancho III el Mayor de Pamplona, el rey y su reino (1004-1035)*. Gobierno de Navarra.

Martín, A. L. (2002). *Vasconia en la alta edad media: somera aproximación histórica*. Príncipe de Viana.

Martín, J. L. (1993). *Manual de Historia de España. La España medieval*. Historia 16.

Martín, J. L. ((1995). *Reinos y condados cristianos: de don Pelayo a Jaime I*. Historia 16.

Martín, J. L. ((2003). *Enrique IV de Castilla: Rey de Navarra, Príncipe de Cataluña*. Nerea.

Martínez, G. (1993). *Fernando III (1217-1252)*. La Olmeda.

Martínez, G. (1993). *Alfonso III*. Diputación Provincial de Palencia.

Martínez, G. (1995). *Alfonso VIII (1158-1234). Rey de Castilla y Toledo*. La Olmeda.

Martínez, G. (2003). *Alfonso VI: señor del Cid, conquistador de Toledo*. Temas de Hoy.

Martínez, G. (2004). *El condado de Castilla*. Temas de Hoy.

Martínez, G. (2005). *El Condado de Castilla (711-1038). La historia frente a la leyenda*. Junta de Castilla y León.

Martínez, G. (2007). *Sancho III el Mayor de Pamplona, Rex Ibericus*. Marcial Pons.

Martínez, G. (2007). *Alfonso VIII, rey de Castilla y Toledo (1158-1214)*. Trea.

Martínez, G. (2010). Alfonso VIII; Berenguela de Castilla. En *Diccionario Bibliográfico Español*. Real Academia de la Historia.

Martínez, H. S. (2003). *Alfonso X el Sabio. Una biografía*. Polifemo.

Masiá, C. (2010). *Al-Ándalus*. Albor.

Masiá, C. (2010). *Tres culturas. Cristianos, moros y judíos*. Albor.

Masías, A. (1992). *Las pretensiones de los infantes de la Cerda a la Corona de Castilla en tiempos de Sancho IV y Fernando IV. El apoyo aragonés*. Medievalia.

Menéndez, L. R. (1995). *Transformaciones y evolución en la Asturias Transmontana: de la Romanización al reino de Asturias*. Férvedes. Lugo.

Mestre, J. y Sabaté, F. (1998). *Atlas de la reconquista*. Península.

Mínguez, J. M. (2000). *Alfonso VI: poder, expansión y reorganización interior*. Nerea.

Mínguez, J. M. (2004). *La España de los siglos VI al XIII. Guerra, expansión y transformaciones. En busca de una frágil unidad*. Nerea.

Molinos, N. (2019). *Introducción a la historia del reino astur. Pelayo y el origen del reino de Asturias*. Arteguías. En línea.

Montero, R. y Sánchez, A. (1999). *Castilla y León en el siglo XI. Estudio del reinado de Fernando I*. Real Academia de la Historia.

Moxo, F. (1997). *Estudio sobre las relaciones entre Aragón y Castilla (ss. XIII-XV)*. Institución Fernando el Católico (Zaragoza).

Muñoz, A. (1991). *La Córdoba de los Omeyas*. Planeta.

Nicolle, D. (2011). *La España islámica y la reconquista*. RBA.

Nieto, J.M. (1994). *Sancho IV: 1284-1295*. La Olmeda.

O'Callaghan, J. (1996). *El Rey Sabio. El reinado de Alfonso X de Castilla*. Universidad de Sevilla.

Orcástegui, C. y Sarasa, E. (2001). *Sancho III el Mayor*. La Olmeda.

Orella, J. L. (1999). *Historia de Euskal Herria. I. Los vascos de ayer*. Txalaparta.

Pallarés, M. C. y Portela, E. (2006). *La reina Urraca*. Nerea.

Parra, F. (2003). Ramiro III; (2003). *Sancho I el Gordo*. Gran Enciclopedia de España. Ediciones Enciclopedia de España.

Pascal, A. (2002). *Las razones del Príncipe. Una biografía de Carlos de Viana*. Mintzoa.

Pastor, R. (2000). Urraca Alfonso. En C. Martínez et al. (dir.), *Mujeres en la Historia de España*. Enciclopedia biográfica. Planeta.

Pavón, J. (2010). Galindo Aznárez II de Aragón. En *Diccionario Biográfico Español*, Real Academia de la Historia.

Pérez, B. (1996). *La corte de Carlos IV*. Círculo de Lectores.

Pérez, F. (1997). *Alfonso X el Sabio. Biografía*. Studium Generalis.

Pérez, J. (1994). *Los comienzos de la reconquista*. Espasa-Calpe.

Pérez, J. (1997). *Isabel y Fernando: los Reyes Católicos*. Nerea.

Pérez, J. (2002). *La España de los Reyes Católicos*. Nerea.

Pérez, M. (1997). *Crónica del emperador Alfonso VII de León*. Universidad de León.

Pérez, M. (1997). *Crónica de emperador Alfonso VIII*. Universidad de León.

Pérez, R. y Calderón, J. A. (1995). *Reyes de Castilla y León: Felipe I (1506)*. La Olmeda.

Pérez, R. y Calderón, J. A. (1998). *Enrique IV, 1454-1474*. La Olmeda.

Porras, P. (1995). *Juan II. 1406-1454*. La Olmeda.

Rabadé, F. (1997). *Alfonso X el Sabio: biografía*. Studium Generalis.

Ramírez, E. (1990). *Juan II, Leonor y Gastón IV de Foix, Francisco Febo*. Mintzoa.

Ramírez, E. (1993). *Historia de Navarra. II. La Baja Edad Media*. Gobierno de Navarra.

Ramírez, E. (1995). *Los resortes del poder en la Navarra Bajomedieval (siglos XII a XV)*. AEM.

Ramírez, E. (2001). *El Príncipe de Viana*. Gobierno de Navarra.

Ramírez, E. (2003). *Blanca y Juan II*. Mintzoa.

Recuero, J. M. (2000). *Documentos Medievales del Reino de Galicia: Fernando II (1155-1188)*. Xunta de Galicia.

Recuero, J. M. (2003). *Alfonso VII (16-1157). Rey de León y Castilla*. La Olmeda.

Ríos, M. (1995). *Diccionario de los reyes de España*. Alderabán.

Ríos, M. (1996). *Isabel I de Castilla: la Reina Católica (1451-1504)*. Alderabán.

Rivero, P. y Serrano, L. (2006). *Alfonso II 81162-1196)*. Heraldo de Aragón.

Rodríguez, J. (1997). *Reyes de León: García I (910-914), Ordoño II (914-924), Fruela (924-9245), Alfonso IV (925-931); (1998). Ramiro II, rey de León*. La Olmeda.

Rodríguez, M. (1997). *Alfonso X. Aportaciones de un rey castellano a la construcción de Europa*. Editora Regional de Murcia.

Rodríguez, M. (2001). *Alfonso X y su época. El siglo del Rey Sabio*. Carroggio.

Rodríguez, M. (2004). *Historia de la región de Murcia*. Murcia.

Rodríguez, P. (2008). *En torno a Sevilla del siglo XIII: Fernando III el Santo y Alfonso X el Sabio*. Asociación Cultural Alfonso X el Sabio.

Rodrigo, M. L. (1992). *La reconquista aragonesa y Navarra con Alfonso I el Batallador (1104-1134)*. Institución Fernando el Católico.

Rubio, A. (2004). *Breve historia de los reyes de Aragón*. DELSAN.

Ruiz, F. (2008). *Las crisis medievales: 1300-1474*. Crítica.

Ruiz, J. I. (2001). *La monarquía asturiana*. Nobel.

Ruiz, J. I. (2002). *La monarquía asturiana (718-910)*. Nobel.

Ruiz, J. I. (2010). Favila, rey de Asturias; (2010). Alfonso I de Asturias; (2010). Fruela I de Asturias. En *Diccionario Biográfico Español*. Real Academia de la Historia.

Ruiz, M. T. (1997). *Archivo General de Navarra (1349-1387). Documentos reales de Carlos II (1349-1369)*. Eusko Ikaskuntza

Ruiza, M. y otros. (2004). Biografías de varios reyes. *Biografías y Vidas de la Enciclopedia Biográfica en línea*. Barcelona. https://www.biografiasyvidas.com/.

Ryder, A. (1992). *Alfonso el Magnánimo, rey de Aragón, Nápoles y Sicilia (1396-1458)*. Alfons.

Salas, V. (2007). *La genealogía de los reyes de España*. Visión.

Salvador, H. (2003). *Alfonso X el Sabio*. Polifemo.

San Miguel, E. (1998). *Isabel I de Castilla, 1415-1504*. La Olmeda.

Sánchez, A. (1999). *Castilla y León en el siglo XI. Estudio del reinado de Fernando I*. Real Academia de la Historia.

Sánchez, A. y Montero, R. M. (1999). *Castilla y León en el siglo XI, estudio del reinado de Fernando I*. Real Academia de la Historia.

Sánchez, A I. (1995). *Alfonso II rey de Aragón, conde de Barcelona y marqués de Provenza. Documentos (1162-1196)*. Institución Fernando el Católico (Zaragoza).

Sánchez, C. (2005). *Historia Medieval del reino de Navarra*. Fundación Lebrel Blanco.

Sánchez, E. (1994). *Cortes, monarquía y ciudades en Aragón durante el reinado de Alfonso el magnánimo (1416-1458)*. Institución Fernando el Católico (Zaragoza).

Sánchez, M. J. (1993). *Petronila. Los reyes de Aragón*. Caja de la Inmaculada.

Sánchez, M. P. (1991). *Crónica anónima de Enrique IV de Castilla, 1454-1474*. Ediciones de la Torre.

Sánchez-Albornoz, C. (2005). *España, un enigma histórico*. Adhasa.

Sánchez-Arcilla, J. (2008). *Alfonso XI (1312-1350)*. Trea.

Sánchez-Marco, C. (2005). *Historia medieval del reino de Navarra*. Fundación Lebrel Blanco.

Sarasa, E. (1994). *Sancho Ramírez, rey de Aragón, y su tiempo (1064-1094)*. Instituto de Estudios Altoaragoneses.

Sarasa, E. (1996). *Fernando II de Aragón, el rey católico*. Institución de Fernando el Católico (Zaragoza).

Senac, P. (1999). *Estudio sobre los primeros condes aragoneses*. Universidad de Zaragoza.

Serrano, B. (2006). *Navarra. Las tramas de la historia*. Euskara Kultur Elkargoa.

Sesma, J. A. (2000). *La corona de Aragón. Una aproximación histórica*. Caja de Ahorros Inmaculada (Zaragoza).

Sesma, J. A. (2000). *La corona de Aragón. Una introducción crítica*. Caja de Ahorros Inmaculada (Zaragoza).

Sesma, J. A. (2011). *El Interregno (1410-1412). Concordia y compromiso político en la corona de Aragón*. Institución Fernando el Católico (Zaragoza).

Suárez, L. (1991). *La España musulmana y los inicios de los reinos cristianos*. Gredos.

Suárez, L. (1993). *Enrique III, rey de León y Castilla. El cambio institucional (1391-1396)*. Archivos leoneses.

Suárez, L. (1994). *Enrique III. 1390-1406*. Diputación Provincial de Palencia.

Suárez, L. (1994). *Juan I de Trastámara. 1379-1390*. La Olmeda.

Suárez, L. (1998). *Claves históricas en el reinado de Fernando e Isabel*. Real Academia de la Historia.

Suárez, L. (2001). *Enrique IV de Castilla: la difamación como arma política*. Ariel.

Suárez, L. (2002). *Isabel I, reina: 1451-1504*. Ariel.

Suárez, L. (2004). *Fernando el Católico*. Ariel.

Suzuki, Y. (2019). Carlos III el Noble; Juan II de Aragón; Juan II de Castilla. *Revista de Historia*. http://revistahistoria.es.

Tanco, J. (2011). *Blanca de Navarra (1385-1341), reina prudente y peregrina*. Asociación Mayores de Navarra «Sancho el Mayor».

Torres, M. (2010). Bermudo II. En *Diccionario Biográfico Español*. Real Academia de la Historia.

Torres, M. C. (1999). *Linajes nobiliarios de León y Castilla (siglos ix-xiii)*. Junta de Castilla y León.

Tuñón, M. y otros. (1991). *Historia de España*. Labor.

Ubieto, A. (1991). *Los orígenes de los reinos de Castilla y Aragón*. Universidad de Zaragoza; (1993). *Crónica de Alfonso III*. Anubar.

Uría, J. y otros. (1997). Silo de Asturias. En *Asturianos universales* (11). Páramo.

Usunáriz, J.M. (2006). *Historia Breve de Navarra*. Silex.

Val, M.I. (2004). *Isabel la Católica. Reina de Castilla*. Ámbito.

Valdeón, J. (1996). *Enrique II. 1369-1379*. Diputación Provincial de Palencia.

Valdeón, J. (2001). *Los Trastámara. El triunfo de una dinastía bastarda*. Temas de Hoy.

Valdeón, J. (2001). *Abderramán III y el califato de Córdoba*. Debate.

Valdeón, J. (2002). El reino asturleonés. En Carrasco, J. et al. (2002), *Historia de las España medievales*. Crítica.

Valdeón, J. (2002). *Pedro I el Cruel y Enrique de Trastámara*. Santillana Ediciones Generales.

Valdeón, J. (2002). *Pedro I el Cruel y Enrique de Trastámara. ¿La primera guerra civil española?* Aguilar.

Valdeón, J. (2003). *Alfonso X el Sabio. La forja de la España moderna*. Temas de Hoy.

Valdeón, J. (2003). *La España medieval*. Actas.

Valdeón, J. (2006). *La reconquista. El concepto de España: unidad y diversidad*. Espasa Calpe.

Valdeón, J. (2010). Alfonso XI de Castilla. En *Diccionario Biográfico Español*. Rea Academia de la Historia.

Valdeón, J. y Salvador, N. (1995). *Castilla se abre al Atlántico: de Alfonso X a los Reyes Católicos*. Historia 16.

Valle, F. (2000). *El solar de un Viejo Reino (Cangas de Onis-Covadonga-Picos de Europa)*. Nobel.

Valle, R. (2000). *María de Molina: el soberano ejercicio de la concordia*. Alderabán.

Vallvé, J. (2003). *Abderramán III: califa de España y Occidente*. Ariel.

Veas, F. (2003). *Itinerario de Enrique II*. Ediciones de la Universidad de Murcia.

Vicens, J. (2003). *Juan II de Aragón (1398-1479). Monarquía y revolución en la España del siglo XV*. Urgoiti.

Vicens, J. (2006). *Historia crítica de la vida y reinado de Fernando II de Aragón*. Institución de Fernando el Católico (Zaragoza).

Viguera, M. J. (1992). *Los reinos de taifas y las invasiones magrebíes (Al-Ándalus del XI al XIII)*. Mapfre.

Viguera, M. J. (2007). *Los reinos de taifas y las invasiones magrebíes: Al-Ándalus del XI al XIII*. RBA.

Villacañas, J. L. (2003). *Jaime I el Conquistador*. Espasa Calpe.

Villacañas, J. L. (2006). *La formación de los reinos hispánicos*. Espasa Fórum.

Viñayo, A. (1999). *Fernando I, el Magno (1035-1065)*. La Olmeda.

Viruete, R, (2008). *Aragón en la época de Ramiro I*. Universidad de Zaragoza.

VV. AA. (1990). *Gran Enciclopedia de Navarra*. Caja de Ahorros de Navarra.

VV. AA. (1991). *Enciclopedia Universal Ilustrada Europeo-americana*. Espasa Calpe.

VV. AA. (1996). *Asturianos universales*. Berma.

VV. AA. (1996). *Reyes de León*. Edilesa.

VV. AA. (1996). *El poder real en la corona de Aragón (siglos XIV-XVI)*. Gobierno de Aragón.

VV. AA. (2000). *Aragón, reino y corona*. Gobierno de Aragón.

VV. AA. (2002). *La época de la monarquía asturiana*. Real Instituto de Estudios Asturianos.

VV. AA. (2003). *Gran Enciclopedia de España*. Ed. Enciclopedia de España.

VV. AA. (2004). *Isabel la Católica en la Real Academia de la Historia*. Real Academia de la Historia.

VV. AA. (2020). *Biografías y vidas*. La Enciclopedia Biográfica en línea; *Biografías de diversos monarcas*. Biografías arteguías.com; *Biografías de diversos monarcas*. Real Academia de la Historia en línea; *Biografías de diversos monarcas*. La web de las Biografías. MCNBiografías.com; *Biografías de diversos monarcas*. EcuRed; *Biografías de diversos monarcas*. Revista de Historia en línea.

Zabalza, M. (1998). *Colección diplomática de los condes de Castilla*. Junta de Castilla y León.

Zabalza, M. I. (1998). *Archivo General de Navarra (1322-1349)*. Eusko Ikaskuntza.

Zurita, J. (2005). *Historia del rey Don Fernando el Católico. De las empresas y ligas de Italia; Anales de Aragón*. Institución Fernando el Católico (Zaragoza).

Cronología de los reyes de los reinos de Hispania en la época musulmana

Año	Reino de Asturias	Emiratos musulmanes
710	Pelayo (718-737)	Tarif (710)
		Tariq (711)
		Musa (712-714)
		Abd al-Aziz ben Musa (714-716)
		Ayyub (716)
		Al-Hurr (716-719)
720		Al-Sahm (719-721)
721		Al Gafiqi (721-722)
		Anbasa (722-726)
		Udhra (726)
730		14 gobernadores moros (726-755)
731	Fafila (737-739)	
	Alfonso I	
740	(739-757)	
741		
750		
751		
760	Fruela I (757-768)	Abd al-Rahman I (756-788)
760		
770	Aurelio (768-774)	
771	Silo (774-783)	
780		
781	Mauregato (783-788)	
790	Bermudo (788-791)	Hisham I (788-796)
791	Alfonso II el Casto (791-842)	
800		Al-Hakam I (796-822)

Año	Reino de Asturias	Condado de Castilla	Reino de Pamplona	Condado de Aragón	Condados catalanes	Emiratos o califatos musulmanes
801			Íñigo Íñiguez (810-852)	Aureolo (800?-809)		
				Aznar Galíndez I		
810				(809-820)		
811				García Galíndez I		
820				(820-833)		
821						Abd al-Rahman II (822-852)
830						
831				Galindo Garcés		
840				(833-844)		
841	Ramiro I (842-860)		Regente García Íñiguez I	Galindo Aznárez I		
	Ordoño I					
850	(850-866)		(841-842)	(844-867)		
851		Conde Rodrigo (860-873)	García Íñiguez I (852-870)			Mohamed I (852-886)
			García Jiménez			
860			(870-882)			
861	Alfonso III (866-910)			Aznar Galíndez II		
870				(867-893)		
871		Diego Rodríguez Porcelos			Wifredo el Velloso	
880		(873-885)			(878-897)	

Año	Reino de Asturias/León	Condado de Castilla	Reino de Pamplona	Condado de Aragón	Condados catalanes	Emiratos o Califatos musulmanes
881 890			Fortún Íñiguez (882-905)			Al-Mundir (886-888) Abd Allah (888-912)
891 900				Galindo Aznárez II (893-922)	Wifredo Borrell (897-912)	
901 910	García I (910-914)		Sancho Garcés I (905-925)			
911 920	Ordoño II (914-924)					Abd al-Rahman III (912-961)
Año	Reino de Asturias	Condado de Castilla	Pamplona-Aragón		Condados catalanes	Emiratos o califatos musulmanes
921 930	Fruela II (924-925) Alfonso IV (925-931)		Andregoto (922-943) García Sánchez I (925-970)			
931 940	Ramiro II (931-951)	Fernán González (932-970)				
941 950					Miró (947-966) Borrell II (947-992)	
951 960	Ordoño III (951-956) Sancho I (956-958) Ordoño IV (958-960) Sancho I (960-966)					
961 970	Ramiro III (966-984/85)	García Fernández (970-995)	Sancho Garcés II (970-994)			Al-Hakam II (961-976)
971 980						Hisam II (976-1009) Almanzor
981 990	Bermudo II (884/85-999)					
991 1000	Alfonso V (999-1028)	Sancho García (995-1017)	García Sánchez II (994-1000) Interregno (1000-1004)		Ramón Borrell (992-1017)	
1001 1010			Sancho Garcés III (1004/5-1035)			Abd al-Malik (1002-1008) Sanchelo (1008) (9 califas en 20 años)
1011 1020		García Sánchez (1017-1029)			Berenguer Ramón I (1017-1035)	
1021 1030	Bermudo III (1028-1037)	Sancho Garcés III (1029-1035)				Hisam III (1027-1031)

Año	Reino de Castilla-León	Reino de Pamplona	Reino de Aragón	Condados catalanes	Emiratos o califatos musulmanes
1031	Fernando I (1035-1065)	García Sánchez III (1035-1054)	Ramiro I (1035-1063)	Ramón Berenguer I (1035-1076)	
1040					
1041					
1050					
1051		Sancho IV (1054-1076)			
1060					

Año	Reino de León	Reino de Castilla	Reino de Pamplona	Reino de Aragón	Condados catalanes	Emiratos musulmanes
1061	Alfonso VI (1065-1109)	Sancho II (1065-1072)		Sancho Ramírez I (1063-1094)		Yusuf ibn Tashufin (1069-1106)
1070						

Año	Reino de Castilla-León	Aragón y Pamplona	Condados catalanes	Emiratos musulmanes
1071	Sancho II (1065-1072 Alfonso VI (1072-1109)	(Sancho Ramírez I de Aragón y V de Pamplona (1076-1094)	Ramón Berenguer II (1076-1082) Berenguer Ramón II (1076-1097)	
1080				
1081			Ramón Berenguer III (1097-1131)	
1090				
1091		Pedro I (1094-1104)		
1100				
1101	Urraca (1109-1126)	Alfonso I (1104-1134)		Ali (1106-1143)
1110				
1111				
1120				
1121	Alfonso VII (1126-1157)			
1130				

Año	Reino de Castilla-León	Reino de Pamplona	Corona de Aragón	Emiratos musulmanes
1131	Alfonso VII (1126-1157)	García Ramírez VI (1134-1150)	Ramiro II (1134-1137) Petronila (1137-1164) Ramón Berenguer IV (1137-1162)	Al-Mumin (1133-1163)
1140				
1141		Sancho VI (1150-1194)		Ishaq ibn Ali (1145-1147)
1150				

Año	Reino de León	Reino de Castilla	Reino de Navarra	Corona de Aragón	Emiratos musulmanes
1151	Fernando II (1157-1188)	Sancho III (1157-1158) Alfonso VIII (1158-1214)			
1160					
1161			Sancho VI (1150-1194)	Alfonso II (1162-1196)	Abu Yusuf (1163-1184)
1170					
1171					
1180					
1181	Alfonso IX (1186-1230)				Al-Mansur (1184-1198)
1190					
1191			Sancho VII (1194-1234)	Pedro II (1196-1213)	Al-Nasir (1198-1213)
1200					
1201					
1210					
1211		Enrique I (1214-1217) Fernando III (1217-1252)		Jaime I (1213-1276)	Al-Mustasir (1213-1224)
1220					

Año	Corona de Castilla	Corona de Aragón	Reino de Navarra	Emiratos/califatos musulmanes
1221		Fernando III (1230-1252)		Al-Wahid (1224) Abu Mohamed al-Adil (1224-1227) Al Musún (Yahya) (1227-1232) Ibn Hud (1228-1238)
1230	Fernando III (1230-1252)			
1231			Teobaldo I (1234-1253)	Alhamar (1238-1273)
1240				
1241				
1250				
1251	Alfonso X (1252-1284)		Teobaldo II (1253-1270)	
1260				
1261			Enrique I (1270-1274)	
1270				
1271		Pedro III (1276-1285)	Juana I (1274-1304)	Mohamed II (1273-1302)
1280				
1281	Sancho IV (1284-1295)	Alfonso III (1285-1291)		
1290				
1291	Fernando IV (1295-1312)	Jaime II (1291-1327)		
1300				
1301			Felipe IV (1304-1314)	Mohamed III (1302-1309) Al-Nasir (1309-1314)
1310				
1311	Alfonso XI (1312-1350)		Luis Hutin (1314-1316) Felipe «el Largo» (1316-1322)	Ismail (1314-1325)
1320				
1321		Alfonso IV (1327-1336)	Carlos «el Calvo» (1322-1328) Juana II (1328-1349)	Mohamed IV (1325-1333)
1330				
1331		Pedro IV (1336-1387)		Yusuf I (1333-1354)
1340				
1341	Pedro I (1350-1369)		Carlos II «el Malo» (1349-1387)	
1350				
1351				Mohamed V (1354-1359) Ismail II (1359-1360) Mohamed VI (1360-1362)
1360				
1361	Enrique II (1369-1379)			Mohamed V (1362-1391)
1370				
1371	Juan I (1379-1390)			
1380				
1381	Enrique III (1390-1406)	Juan I (1387-1396)	Carlos III «el Noble» (1387-1425)	
1390				
1391		Martín I (1396-1410)		Yusuf II (1391-1392) Mohamed VII (1392-1408)
1400				
1401	Juan II (1406-1454)	Interregno (1410-1412)		Yusuf (1408-1417)
1410				
1411		Fernando I (1412-1416) Alfonso V (1416-1458)		Mohamed VIII (1417-1419) Mohamed I (1419-1427)
1420				

Año	Corona de Castilla	Corona de Aragón	Reino de Navarro	Emiratos/califatos musulmanes
1421 1430			Juan II (1425-1479)	16 Gobiernos con 6 emires
1431 1440				
1441 1450				
1451 1460	Enrique IV (1454-1474)	Juan II (1458-1479)		
1461 1470				Muley Hacen (1464-1482)
1471 1480	Isabel I (1474-1504)	Fernando II (1479-1516)	Leonor (1479) Francisco Febo (1479-1483)	
1481 1490			Catalina de Foix (1583-1412)	Boabdil (1482-1483) Muley Hacen (1483-1485) «El Zagal» (1485-1486) Boabdil (1486-1492)